国家自然科学基金重大项目

我国重大基础设施工程管理的理论、
方法与应用创新研究系列专著

重大基础设施工程
社会责任

曾赛星　林　翰　马汉阳/著

科学出版社

北　京

内 容 简 介

本书分为两篇，对重大基础设施工程社会责任开展系统、深入的研究：理论研究篇中系统解构重大基础设施工程社会责任的理论体系及知识结构，并提出社会责任治理的理论框架；实证研究篇中综合文献分析、问卷调研等多种研究手段，提出重大基础设施工程社会责任的评价指标体系，分析其驱动因素及耦合机理，并探究其溢出效应及治理机制。

本书适合高等院校工程管理、商业伦理与社会责任等方面的研究者阅读，也可供企业管理人员及政府官员参考。

图书在版编目（CIP）数据

重大基础设施工程社会责任/曾赛星，林翰，马汉阳著. —北京：科学出版社，2018.8

（我国重大基础设施工程管理的理论、方法与应用创新研究系列专著）

ISBN 978-7-03-056260-9

Ⅰ.①重… Ⅱ.①曾… ②林… ③马… Ⅲ.①公用事业-基础设施建设-社会责任-研究 Ⅳ.①F294

中国版本图书馆 CIP 数据核字（2018）第 003199 号

责任编辑：魏如萍 / 责任校对：张凤琴
责任印制：吴兆东 / 封面设计：无极书装

科 学 出 版 社 出版
北京东黄城根北街 16 号
邮政编码：100717
http://www.sciencep.com

北京虎彩文化传播有限公司印刷
科学出版社发行 各地新华书店经销

*

2018 年 8 月第 一 版 开本：720×1000 B5
2018 年 8 月第一次印刷 印张：19 1/2
字数：386 000
定价：156.00 元
（如有印装质量问题，我社负责调换）

序 一

"水之积也不厚，则其负大舟也无力；风之积也不厚，则其负大翼也无力。"重大基础设施工程（以下简称重大工程）是国家强盛必不可少的物质基础，也是现代社会赖以发展的重要支柱。

近年来，我国重大工程建设取得了举世瞩目的成就。从三峡工程到南水北调，从青藏铁路到港珠澳大桥，从"五纵七横"国道主干线到令全世界羡慕的高速铁路网，重大工程建设者创造了一个又一个"世界奇迹"，彰显着"领跑"之志、印证着大国实力、承载着民族希望。重大工程跨域式发展的硕果实现了从量的积累，到质的飞跃，从点的突破，到系统能力的提升，为经济建设、社会发展、民生改善提供了强大保障。然而，重大工程的大规模、开放性、多元化，以及新技术运用等，使得工程复杂性越来越突出，延伸性影响越来越显著，急需我国重大工程管理的科学研究产出创新性成果。在国际化、信息化和可持续发展时代背景下，传统的以项目管理知识体系为核心的工程管理理念、方法与技术驾驭重大工程管理复杂性的能力日渐式微，管理科学界迫切需要重新审视重大工程管理的本质内涵，激发学术创新，以促进工程管理的科学发展、推动工程行业的整体进步。

欣喜的是，由南京大学、哈尔滨工业大学、同济大学、华中科技大学和上海交通大学学者组成的团队在国家自然科学基金重大项目"我国重大基础设施工程管理的理论、方法与应用创新研究"的支持下，在重大工程管理的基础理论、决策分析与管理、组织行为与模式创新、现场综合协调与控制以及社会责任、产业竞争力与可持续发展方面开展了深入的研究，取得了一系列有价值的成果。

这套系列专著汇集了该团队近五年来的相关研究，作者立足于我国重大工程的管理实践，运用创新的学术话语体系对我国重大工程管理实践经验进行了深度解读和理论抽象，为形成具有中国特色的重大工程管理理论体系进行了积极的探索。

在重大工程管理的基础理论方面，作者在科学描绘国内外工程管理理论研究历史演进的基础上，通过重大工程管理知识图谱的精细描绘及重大工程管理理论形成路径的基本规律的揭示，基于系统科学与复杂性科学，构建了重大工程管理基本理论体系架构和基本内容，以具有中国特色和原创性的学科体系、学术体系、话语体系进行了深入的理论思考和学术创新。

在重大工程决策分析与管理方面，作者面向重大工程决策方案大时空尺度有效性与工程-环境复合系统动态演化行为的深度不确定性，系统提出了情景鲁棒性决策基本理论和方法、情景耕耘技术的完整范式和流程，并以港珠澳大桥工程选址、太湖流域水环境治理工程和三峡工程航运等实际决策问题为研究对象进行了验证和研究，开拓了关于重大工程决策大时空情景下复杂整体性的新认知及其方法论创新，并且对重大工程决策治理体系与治理能力现代化、工程战略资源管理决策等做了专门研究。

在重大工程组织行为与模式创新方面，作者详细剖析了我国"政府—市场二元"制度环境对重大工程组织模式的主导作用，从高层领导团队、领导力、跨组织关系网络、良性行为、异化行为等众多角度描述了重大工程组织行为的多元交互、多层复合及动态适应性，并利用组织计算试验模型和技术实现了对独特的"中国工程文化"形成的组织场景和复杂的社会经济系统环境的科学表述，对改造和更新现有工程管理组织模式具有重要作用和方法意义。

在重大工程现场综合协调与控制方面，作者针对重大工程现场管理的空间广度、影响深度和协调难度，从新的角度探讨了重大工程现场资源供应的协调与优化，在集中供应模式下的大宗材料安全库存设置与分拨决策、预制件供应商培育与生产的激励机制以及生产与装配的协同调度、关键设备资源共享与优化配置和考虑空间资源约束的工程调度优化等问题上给出了整体的解决方案，为深刻理解重大工程现场管理范式创新与行为变迁提供了科学的指导。

在重大工程社会责任和可持续发展方面，作者围绕重大工程的可持续发展战略，提出了重大工程社会责任论题，构建了社会责任"全生命期—利益相关者—社会责任"三维动态模型理论、治理框架和评价体系，辨识了驱动和阻滞要素，探究了互动、传导、耦合机理及多层次协同机理和溢出效应，对重大工程未来发展路线图进行了全面思考，体现了深厚的人文关怀精神，为建立系统的重大工程社会责任管理理论奠定了坚实的基础。

从前瞻性出发，作者还提出了"互联网+"时代的智能建造模式，研究了该模式下的工程建造服务集成、工程协同管理、智能工程建造管理和工程建造信息支撑环境，并介绍了"互联网+"环境下工程质量管理、工程现场安全管理和工程材料供应管理等的变革。

"凡是过去，皆为序章。"我国重大工程的伟大实践正孕育着强大的理论创新活力，积极参与具有重大学术价值的重大工程管理理论问题的自主性和原创性研究并贡献中国智慧是当代我国工程管理学者的历史责任。

这套系列专著体现了我国工程管理学界多年来努力对源于我国重大工程管理实践的理论思考，标志着中国工程管理学界在学术研究基本模式和路径上出现的从"跟着讲"到"接着讲"的重要转变、从以"学徒状态"为主到"自主创新"为主的重要转变。同时，我们要看到，重大工程管理实践如此宏大和复杂，科学问题始终在发展，相应的理论也在不断升华，所以，希望这套系列专著为学术界提供的若干理论创新的开场话题能激发更多学者积极、深入地开展具有自主性、原创性的重大工程管理研究，用"中国话语"把重大工程管理理论、方法和应用讲新、讲好、讲透，这不仅能有力地推动我国重大工程管理科学技术的发展，同时也能为人类重大工程管理文明的进步做出积极贡献。

基于此，本人欣之为序。

中国工程院院士

序　　二

　　重大基础设施工程是国家社会经济持续发展的基础性平台与环境保障。过去几十年，我国重大基础设施工程建设取得了举世瞩目的成就，截至 2016 年底，我国高铁运营里程已经超过 2.2 万千米，占世界高铁运营总里程的 60%以上；长度排名前列的全球长大桥梁中，我国占据了一半以上；三峡枢纽、青藏铁路、西气东输、南水北调等超级工程不断提升了我国重大基础设施工程的建设与管理能力，不仅积极促进了我国重大工程建设的科技进步，也成为我国重大工程管理创新研究的巨大推动力。

　　应该看到，由于重大基础设施工程的复杂性，我们对重大工程管理内涵与管理的认知需要不断提高、对工程管理实践经验的总结需要不断深化，而源于国外的项目管理和工程管理理论虽然在我国重大工程管理实践中发挥了重要作用，但也出现了"水土不服"和解决复杂性管理问题时的实际能力日渐式微等问题，因此，我们既要借鉴国外理论，更要结合中国管理实践，运用中国智慧，在新的学术思想与哲学思维指导下，开展重大工程管理理论、方法与应用创新研究。

　　令人欣慰的是，我国重大基础设施工程的伟大实践为这一创新研究提供了丰沃的土壤，也是推动我国工程管理学界开展重大工程管理创新研究的新动能。

　　近几年来，由南京大学、哈尔滨工业大学、同济大学、华中科技大学和上海交通大学的学者组成的研究团队，在国家自然科学基金重大项目"我国重大基础设施工程管理的理论、方法与应用创新研究"的支持下，紧密依托我国重大基础设施工程管理实践，对重大基础设施工程管理的基础理论、工程决策、组织、现场和社会责任等关键问题进行了深入研究，提出了原创性理论体系以及一系列创新性管理方法与技术，并在实践中进行了成功应用，取得了一系列高水平成果，这套系列专著即该研究团队研究成果的系统展示。

　　在基础理论方面，作者立足于系统科学和复杂性科学思想，初步构建了重大基础设施工程管理基础理论体系，为重大基础设施工程管理研究提供重要理论支撑；在重大工程决策方面，作者抓住了重大工程决策所面临的根本性问题，包括情景深度不确定性和决策鲁棒性理论、评价重大工程决策方案质量的鲁棒性度量技术，以及重大工程决策治理体系建立和治理能力现代化、工程战略资源管理决策等，为提高我国重大工程决策质量提供了重要理论依据与关键技术；在重大工程组织方面，作者基于我国独特的体制机制背景，提炼出重大工程组织模式的主要范式和设计逻辑，这对于形成适应我国国情的重大工程组织模式具有重要意义；在重大工程现场管理方面，作者对重大工程现场资源供应的协调与优化提出了新方法，并提出了"互联网+"时代的智能建造模式，讨论了该模式下的工程建造服务集成、工程协同管理、智能工程建造管理和工程建造信息支撑环境和工程质量、安全和工程材料供应管理等方面的变革；在重大工程社会责任治理方面，作者从一个全新的视角提出了重大工程社会责任的新论题，这也是新时代我国重大工程绿色、和谐发展的基本问题，进一步丰富了重大工程可持续性理论，开辟了重大工程管理理论和实践发展的新方向。

以上这些系列成果对于我们深刻认识重大工程管理规律具有基础性和引导性作用，是当前我国工程管理学者对重大工程管理理论、方法与应用创新的重要贡献和突出标志，必将为进一步提高我国重大基础设施的管理水平发挥重要作用。

随着全球社会、经济的不断发展，重大基础设施的内涵和外延也在不断拓展：从关注单个重大基础设施工程建设，到强调基础设施的互联互通；从铁路、公路、机场等传统基础设施到重大科技基础设施、互联网、物联网及信息通信等更广泛的基础设施；从我国国内的基础设施到"一带一路"的全球重大基础设施网络。重大工程管理主体、对象和外部环境的变化对重大工程管理理论的研究提出了更高的要求，因此，希望这套系列专著展现的成果能为重大工程理论界和工程界点燃更多的创新火花，激发更多学者广泛、深入开展具有自主性的重大工程管理学术研究，产出更多原创性成果，并通过我国重大工程管理研究取得的更高水平成果，为世界重大工程管理文明做出更大贡献！

中国工程院院士

前　言

　　重大基础设施工程（以下简称重大工程）是对国家政治、经济、社会、科技发展、环境保护、公众健康与国家安全等具有重要影响的大型公共工程，是现代社会经济发展的生命线。重大工程投资规模巨大、实施周期长、不确定因素复杂、利益相关者（stakeholder）众多、对生态环境潜在影响深远。随着重大工程建设的开放性、主体多元化及新技术运用等所造成的工程复杂性日益突出，我国重大工程管理凸显出一系列问题，也面临着前所未有的严峻挑战，亟须对其未来发展路线图进行全新思考，促进其与人、社会和自然环境的可持续发展。

　　重大工程社会责任是指重大工程利益相关者在项目全生命周期中为增进人类福祉，通过其决策和活动而承担的责任。重大工程利益相关者（尤其是参与方）社会责任严重缺失，如不断出现的质量问题、安全事故、环境污染及与社区的冲突等，其引发的后果已经超越工程本身，演化成一系列严重的社会问题。在"一带一路"倡议和可持续发展国家战略的时代背景下，我国重大工程面临重要的战略机遇期、环境敏感期和价值重构期，其社会责任管理实践与理论研究的紧迫性、特殊性和复杂性日益显现。重大工程社会责任已经成为影响重大工程可持续发展的关键因素之一。与一般工程相比，重大工程具有全生命周期漫长、利益相关者众多的特点。其冲突属性尤为突出，如参与方（组织）目标冲突、公共资源消耗及环境影响与绩效冲突、利益相关者的利益诉求冲突等。这就导致重大工程与一般工程具有显著不同的差异，其社会责任呈现出多维复杂性和互动交叉性。迄今为止，学者在重大工程社会责任的相关方面已经开展了颇有价值的研究工作，但对重大工程社会责任的研究仅侧重于从单一的组织层面（承包商）、单一的阶段（施工期）、有限的视角（环境、安全与健康）出发。关于重大工程全生命周期各个阶段、不同利益相关者、不同维度社会责任之间互动性和传导性的研究有待加强，对重大工程社会责任的影响考量不足，对重大工程社会责任的治理认知有限，总体上处于零散的块状结构，缺少系统性、整体性研究，无法适应我国重大工程管理面临的现实需求。

因此，本书立足我国重大工程管理实践和重大工程可持续发展的目标导向，在国内外现有研究的基础上，整合重大工程管理理论、利益相关者理论和社会责任理论，进而提出重大工程社会治理框架，具体化"全生命周期-利益相关者-社会责任"三维动态模型，初步构建重大工程社会责任的指标及评价体系，通过实证研究辨识重大工程社会责任行为的驱动和阻滞要素，初步探究重大工程社会责任互动、传导、耦合机理及多层次协同机理，研究重大工程社会责任在组织及行业层面的溢出，探索企业与政府在重大工程社会责任治理中的角色，以期为重大工程社会责任和可持续发展提供支撑，并为政府制定政策提供理论依据及建议。

本书的主要研究工作包括以下七个部分。

（1）重大工程社会责任的内涵与外延。重大工程社会责任具有狭义与广义之分，涵盖了项目基础功能实现，工程项目成本、工期、质量控制，项目框架内健康、安全、环境管理，项目框架外对组织、行业、区域层面溢出等不同层次；重大工程社会责任涉及一系列关键议题，同企业社会责任（corporate social responsibility，CSR）相比，具有项目全生命周期动态性（dynamic）、利益相关者异质性及社会责任交互性等特征。

（2）重大工程社会责任的演进及知识结构。利用科学计量学方法，以 Web of Science 核心合集文献中重大工程社会责任研究文献为样本，进行关键词共现和文献共被引网络分析，绘制重大工程社会责任主题网络和知识网络，并运用复杂网络分析方法对主题网络和知识基础网络的结构进行子群体识别。研究发现社会对重大工程社会责任的关注正在快速升温，是全球可持续发展的关键内容之一。

（3）基于"企业—政府—社会"（business-government-social，BGS）的重大工程社会治理框架。重大工程社会责任的治理体现出分布性（distributed）、多样性（diverse）及动态性的特征，其治理难以从企业或政府的单一视角展开，需要企业、政府、社会等利益相关方的协同。重大工程社会治理是一个动态的柔性过程，包括社会参与（social participation）、社会学习（social learning）、社会交互（social interaction）及社会整合（social integration）等；同时还应注重各利益相关方在社会责任实践中决策的审慎性（prudence of decision-making）、行为的合理性，控制的一致性、透明性及可追责性，进而实现各方的利益均衡与价值共创。

以上（1）、（2）、（3）部分内容为本书的理论研究篇。

（4）重大工程社会责任的指标体系。基于"全生命周期-利益相关者-社会责任"三维动态模型，通过总结、梳理和整合文献及资料，开发涵盖重大工程组织层面和项目层面的社会责任评价指标，通过专家访谈、现场考察和问卷调研等方法初步构建重大工程社会责任指标体系，并基于层次分析法（analytic hierarchy process，AHP）对核心指标的权重进行科学分配。

（5）重大工程社会责任的驱动因素及耦合机理。基于重大工程的问卷调研数据，对重大工程参与企业履行社会责任的内外部驱动因素及耦合机理进行识别及实证检验。基于中介模型、被调节的中介模型、被调节的调节模型的数据分析结果，辨识重大工程社会责任的影响因素和耦合机理，分析重大工程参与企业首席执行官（chief executive officer，CEO）自愿通过组织社会责任认知驱动社会责任履行的路径和被公众诉求、规制压力、竞争强度等调节的作用条件，揭示政府、企业、公众、媒体等多利益相关者之间社会责任的传导耦合机理。

（6）重大工程社会责任在组织与行业层面的溢出效应。重大工程社会责任具有微观与中观层面的正效应。重大工程社会责任的担当有利于组织在制度环境中取得合法性（legitimacy）、降低交易成本，从而提升市场竞争力。同时，重大工程社会责任能促进工程建筑行业内资源配置效率提升以及技术创新实现；获取更好的政治与社会资本，为行业发展赢得有利的外部制度环境；还能作为标杆提升整个行业的社会责任标准及绩效。此外，重大工程内外部利益相关者的交互对于上述溢出效应具有差异化的调节作用。

（7）企业与政府在重大工程社会治理中的作用机理。以承包商为代表的我国工程企业的国际化战略，即国际多样性的深度与广度对于社会责任绩效的作用具有异质性。研究表明，一方面，国际承包商不能盲目地进行地理版图的扩张，而应该在增加国际化程度的同时，不断尝试拓展国际业务类型，从而提升其国际声誉和赢得竞争优势；另一方面，从资源基础观（resource based view，RBV）出发，研究发现政府与私人组织合作（public-private partnership，PPP）模式中公共部门投资对工程社会责任的提升具有正向作用。并且，这一正向作用受到项目层面与国家层面风险的调节，较高的项目财务风险、项目自然环境风险及国家层面经济风险均对其具有不利影响。

以上（4）、（5）、（6）、（7）部分内容为本书的实证研究篇。

本书的创新性主要体现在以下几个方面。

第一，系统提出重大工程社会责任论题，并在不同层次、不同维度对重大工程社会责任开展深入研究，在一定程度上可以改变文献中相对碎片化的研究现状。提炼出重大工程社会责任区别于一般企业社会责任的特征，为重大工程社会责任的效应与治理研究提供理论支撑。

第二，利用科学计量学方法，将重大工程社会责任的研究前沿和知识基础描绘成可视化的网络形式，从科学发展的角度清晰地展现重大工程社会责任研究发展的热点、脉络和演进过程，全面、系统地揭示重大工程社会责任管理这一学科领域的发展状况和趋势，构建重大工程社会责任研究的基础理论和知识结构，为重大工程社会责任理论与方法的科学体系提供支撑。

第三，构建重大工程社会责任 BGS 社会治理框架，突破现有文献中仅从公司治理或公共治理视角出发的单一思维，以工程全生命周期多方利益相关者的协同合作为基础，在治理中目标与原则兼容，功能与绩效互补，资源与责任共担，进而推动重大工程可持续发展。

第四，过往的研究针对工程项目可持续发展的评价指标体系往往都是从工程自身的功能或者建造过程出发的，缺乏针对不同工程全生命周期特定阶段的指标。为此，本书构建了涵盖重大工程全生命周期、不同利益相关者及众多社会责任维度的指标体系。研究所得到的重大工程社会责任指标体系反映了当前社会对重大工程参与方履行社会责任的诉求，对于合理引导或驱动重大工程全生命周期不同阶段的众多利益相关者积极、协同地履行其社会责任具有理论价值和指导意义，为后续构建重大工程社会责任指数奠定了基础。

第五，整合制度理论、利益相关者理论、行为动机理论等，构建了重大工程社会责任驱动要素及耦合机理的理论模型，并通过问卷调研进行了实证检验，揭示了组织领导个人心理特质、认知以及和社会情景要素交互对社会责任履行的影响，同时发现了政府在重大工程社会责任履行中的"领头羊"效应和重大工程参与方社会责任履行的"接力棒"式耦合机理。

第六，实证分析了重大工程社会责任的组织与行业的溢出效应，针对现有文献中主要集中在重大工程对宏观层面效应的研究现状，拓展了重大工程社会责任在微观与中观层面效应的探讨。结合社会责任不同维度与内外部利益相关者互动的交互作用，进一步分析重大工程社会责任对组织及产业在经济发展与社会责任提升方面的作用机理。

第七，实证分析了企业与政府在重大工程社会责任治理中的角色。整合不同理论视角，揭示承包商国际化战略对其社会责任绩效的影响，探究公共部门投资与 PPP 模式社会责任的关联，试图挖掘重大工程社会责任治理的多元性与复杂性。

本书的研究受到国家自然科学基金资助，为国家自然科学基金重大项目课题（编号：71390525）、重点国际（地区）合作研究项目（编号：71620107004）、面上项目（编号：71771125）的阶段性研究成果。

受限于笔者水平，书中不妥之处在所难免，恳请同行批评指正。

作　者

2018 年 6 月

目　　录

第1章　导论 ··· 1
　1.1　问题提出 ·· 1
　1.2　研究目标 ·· 5
　1.3　研究内容 ·· 5
　1.4　逻辑结构 ·· 7
　1.5　研究方法和技术路线 ·· 8
　1.6　研究的主要创新点 ··· 11
　1.7　本章小结 ·· 12

重大工程社会责任：理论研究篇

第2章　理论基础与文献综述 ·· 15
　2.1　重大工程的复杂性与可持续发展 ··· 15
　2.2　利益相关者与社会责任 ·· 23
　2.3　重大工程与社会责任 ··· 32
　2.4　本章小结 ·· 41
第3章　重大工程社会责任的概念与理论框架 ···································· 42
　3.1　重大工程社会责任的概念 ··· 42
　3.2　重大工程社会责任的理论框架 ·· 45
　3.3　本章小结 ·· 50
第4章　重大工程社会责任的演进及知识结构 ···································· 52
　4.1　研究目的与目标 ··· 52
　4.2　关键词共现和文献共被引分析 ·· 54

4.3　复杂网络分析 ··· 59
　4.4　方法与设计 ··· 61
　4.5　结果分析 ··· 63
　4.6　本章小结 ··· 75
第 5 章　重大工程社会责任的社会治理框架 ································· 77
　5.1　重大工程社会责任治理：背景 ·· 77
　5.2　重大工程社会责任治理：社会治理的概念与特征 ················· 78
　5.3　重大工程社会责任治理：社会治理的框架 ·························· 81
　5.4　结论与讨论 ··· 88
　5.5　本章小结 ··· 89

重大工程社会责任：实证研究篇

第 6 章　重大工程社会责任的指标体系 ·· 93
　6.1　引言 ·· 93
　6.2　重大工程社会责任 ··· 95
　6.3　方法与设计 ··· 97
　6.4　结果分析 ··· 104
　6.5　本章小结 ··· 117
第 7 章　重大工程社会责任的驱动因素 ·· 119
　7.1　引言 ·· 119
　7.2　理论与研究假设 ·· 120
　7.3　方法与设计 ··· 129
　7.4　结果分析 ··· 133
　7.5　本章小结 ··· 145
第 8 章　重大工程社会责任的耦合机理 ·· 147
　8.1　引言 ·· 147
　8.2　理论与研究假设 ·· 149
　8.3　方法与设计 ··· 155
　8.4　结果分析 ··· 157
　8.5　本章小结 ··· 166
第 9 章　重大工程社会责任的组织与行业效应 ······························ 168
　9.1　重大工程社会责任的组织效应 ·· 168

  9.2　重大工程社会责任的行业效应 187
  9.3　本章小结 202
第10章　重大工程社会责任的企业与政府治理 204
  10.1　承包商企业战略与社会责任：国际多样性的视角 204
  10.2　公共部门与工程社会责任：PPP模式的视角 219
  10.3　本章小结 231
第11章　研究结论与展望 232
  11.1　研究的主要结论 232
  11.2　研究的创新性与实践启示 235
  11.3　研究的局限性与展望 237
参考文献 239
附录1　重大工程社会责任调查问卷 271
附录2　重大工程社会责任AHP权重计算过程 284
附录3　重大工程社会责任AHP权重计算程序 290

第1章 导 论

本章主要阐述研究的出发点、总体目标及研究的总体框架与层次结构，简要介绍本书的研究内容，在此基础上，描述研究设计的关键方法和技术线路，最后提出本书主要的创新点。

1.1 问题提出

重大工程是对国家政治、经济、社会、科技发展、环境保护、公众健康与国家安全等具有重要影响的大型公共工程，是社会经济赖以持续发展的生命线。重大工程包括交通、水利、通信、能源等类型，为社会生产和居民生活提供基础性的公共服务，其投资规模巨大、实施周期长、不确定因素复杂、利益相关者众多、对生态环境潜在影响深远，具有先行性、基础性、不可贸易性、整体不可分性、准公共物品性等特点（Flyvbjerg，2014；Gil and Beckman，2009）。因此，重大工程管理（包括决策、融资、设计、建设和运营等）面临着严峻的挑战，一旦出现失误或错误，不仅对重大工程自身带来巨大损失，还对与工程密切相关的社会、经济、自然环境造成难以预估的危害。

当前，全球产业结构加速调整，基础设施工程，特别是重大工程建设方兴未艾，全球基础设施建设正迎来新一轮发展机遇。麦肯锡公司估计，到2030年，全球预计将需要57万亿美元的基础设施投资。在发展中国家，根据世界银行的统计数据，目前每年基建投入约1万亿美元，但要保持目前的经济增速和满足未来的需求，估计到2020年之前每年至少还需增加1万亿美元。以非洲为例，非洲进出口银行的数据显示，目前在非洲只有40%的民众能用上电，33%的农村人口能够享受运输或交通便利，只有5%的农业用地得到了灌溉，非洲每年的基建需求缺口达1000亿美元。在发达国家，出于更新、升级老化基础设施和刺激经济复苏的双重目的，也陆续推出规模庞大的基础设施建设计划。例如，英国政府

2015年出台《国家基础建设规划》,提出未来10年要在能源、交通、通信和水利项目上加大投资力度,基建投资需求达3830亿英镑。美国土木工程师学会(The American Society of Civil Engineers,ASCE)预测,到2020年之前,如果想让美国的基础设施维持良好的状态,还需要额外3.6万亿美元的投资。因此,作为经济和社会发展的生命线,重大工程的投资建设作为全球可持续发展的核心问题之一受到广泛关注。

随着我国经济的快速发展及在全球影响力的不断增强,基于中国情景的可持续发展更成为全球的焦点,备受关注(Liu and Diamond,2005)。重大工程对于正处于社会、经济的深刻变革与转型期的我国来说,意义更加非凡。虽然我国堪称世界首屈一指的重大工程建设大国,在重大工程关键技术、组织实施、工程战略资源整合与配置等方面积累了丰富的经验,一个又一个举世瞩目的工程顺利完工(表1-1),如世界上规模最大的水电工程之一——三峡大坝、世界上规模最大的调水工程之一——南水北调项目、世界上规模最大的高速公路工程之一——五纵七横国道主干线、世界上最大的电力工程之一——西电东送工程、世界上规模最大的高速铁路网、世界上最长的跨海大桥之一——胶州湾跨海大桥……这一个个的"人造奇迹"是过去30年我国基础设施跨越式发展的累累硕果,也使基础设施从我国经济增长的最大瓶颈之一转化为最显著的"加速器",成为经济增长奇迹的重要构成因素,为我国经济、社会和科学技术发展提供了强劲动力和坚实保障(刘生龙和胡鞍钢,2010)。

表1-1 我国典型的重大工程

项目名称	项目类型	投资/亿元
三峡工程	水利	955
南水北调工程	水利	2289
胶州湾跨海大桥	跨海大桥	95
杭州湾跨海大桥	跨海大桥	118
港珠澳大桥	跨海大桥	1 000
西电东送工程	能源项目	6 000
西气东输工程	能源项目	3 000
酒泉风电基地	能源项目	1 200
国家高速公路网	交通运输	20 000
京沪高铁	交通运输	2 209
青藏铁路	交通运输	671

续表

项目名称	项目类型	投资/亿元
京广深港高铁	交通运输	2 770
北京南站（火车）	交通运输	63
五纵七横国道主干线	交通运输	9 000
北京国际机场 T3 航站楼	交通运输	250
洋山深水港	交通运输	700

但是，随着重大工程建设的开放性、主体多元化及新技术运用等造成的工程复杂性日益突出，我国重大工程的管理暴露出了一系列的问题，也面临着一系列前所未有的严峻挑战。一方面，重大工程在给区域经济发展带来巨大效益的同时（Fan and Zhang，2004；Zheng and Kahn，2013；黄晓霞等，2006；刘生龙和胡鞍钢，2010；王永进等，2010；杨云彦等，2008；张光南等，2010；张学良，2012），也会因为工程涉及的质量、安全及环境问题等对周边地区的生态和经济社会造成巨大的影响。例如，三峡工程带来的环境（Stone，2008）及生态问题（Wu et al.，2003）和青藏铁路建设与环境保护、生态平衡、移民及社会发展之间的问题（Peng et al.，2007；Qiu，2007）。理论上，作为典型的复杂系统，重大工程具有多层次、周期长、跨区域等显著特征，对经济、社会、环境产生深远影响，需要从仅仅关注其建设能力转到更为宽广的理论视野中，系统性、整体性地对其加以审视（Levitt，2007）。现实中，重大工程利益相关者（尤其是参与方）社会责任严重缺失，如不断出现的质量问题、安全事故、环境污染以及与社区的冲突等，其引发的后果已经超越工程本身，从而演化成为一系列严重的社会问题，严重地制约着我国重大工程的可持续发展。另一方面，在"一带一路"倡议的引领下，我国工程企业开始快速扬帆出海，重大工程在国际上的成就举世瞩目。2015 年，我国对外承包工程业务完成营业额 1 540.7 亿美元，同比增长 8.2%，新签合同额 2 100.7 亿美元，同比增长 9.5%，带动设备材料出口 161.3 亿美元。在"一带一路"沿线的数十个国家新签对外承包工程项目合同 3 987 份，新签合同额 926.4 亿美元，同比增长 7.4%；完成营业额 692.6 亿美元，同比增长 7.6%，一大批合作项目得到顺利推进。但是我国部分工程企业轻视社会责任，过分重视经济效益，忽视当地环境和社会发展而屡屡遭受折戟的命运，无法真正进入高端的基础设施工程市场。例如，2015 年我国承包商在各大洲业务分布：占非洲市场的 49.4%、占亚洲市场的 39.7%、占拉丁美洲市场的 12.9%、占北美洲市场的 4.1%、占欧洲市场的 2.5%。又如，中海外波兰 A2 高速公路项目因环保、劳工权益等问题招致抵制抗议，以巨额亏损收场，更招来波兰政府、媒体及

社会对中国企业的广泛批评，导致多个相关投资项目搁浅。再如，"阿根廷事件"暴露了曾经的南、北车恶性竞争问题，导致了阿方整体对中国轨道交通装备价格不信任，带来了恶劣的国际影响。社会责任的缺失严重制约了我国工程企业核心竞争力的培育和提升。

因此，我国重大工程面临前所未有的战略机遇期、环境敏感期和价值重构期，亟须对其未来发展路线图进行全新思考，促进其与人、社会和自然环境的可持续发展。特别是在多重语境下，其社会责任的紧迫性日益凸显，已经成为影响重大工程可持续发展的关键之一（Zeng et al.，2015），需要通过有效的社会责任管理从宏观尺度上构建一个和谐的耦合系统，保障重大工程建设的顺利实施、安全运行和可持续发展（陆佑楣，2005）。在此基础上，重大工程的社会责任表现为重大工程的利益相关者为超越其自身的社会福利而履行的责任（Zeng et al.，2015）。与一般工程相比，重大工程具有全生命周期长、利益相关者多的特点。其全生命周期包括概念、可行性研究、立项、设计、施工、运营等阶段；利益相关者涵盖政府、业主、设计方、承包商（分包商）、监理方、公众（社区）等。此外，重大工程冲突属性尤为突出，如参与方（组织）目标冲突、公共资源消耗及环境影响与绩效冲突、利益相关者的利益诉求冲突等。这就导致重大工程与一般工程具有显著不同的差异，其社会责任呈现出多维复杂性和互动交叉性，社会责任的效应也涉及组织、行业乃至经济社会的可持续发展，影响复杂而深远。社会责任缺失（如建设与运营中的特大事故、工程活动造成的环境破坏、拆迁引发的群体性事件等）带来的后果已经超越工程本身，演化成一系列严重的社会问题。此外，重大工程项目建设的一次性以及社会责任效应的不可逆性使其治理问题愈发突出，我们应当看到，当前重大工程社会责任治理问题严重（如我国个别企业在海外承包工程项目时的不正当竞争行为、国内部分地区为争夺高铁站点而出现的乱象等）。重大工程社会责任的复杂性决定了其治理已经无法简单地从公司治理或政府治理的单一视角出发，而需要一个全新且全面的思路，即社会治理的顶层设计与思考。

然而，迄今为止，学术界尚未建立完整的重大工程社会责任理论体系，相关研究多侧重于单一的组织层面（承包商）、单一的阶段（施工期）、有限的视角（环境、安全与健康），缺少从工程角度，特别是以生命期长、利益相关者众多、影响深远的重大工程为主题的社会责任的研究，更缺乏基于全生命周期动态性、利益相关者异质性和社会责任多维性的立体视角对重大工程社会责任的系统性研究。大多数研究往往针对发达国家企业社会责任动机的探究与验证、企业特征的影响等，基于中国情景，融入中国特色［如二元结构、政府主导、企业多重所有权（ownership）结构、国有企业的治理机制等］的研究相对比较匮乏。在重大工程社会责任效应方面，现有研究多集中于对区域经济这一宏观层面效应的分析，而从产业、组织等中微观层次出发的重大工程社会责任效应的研究仍显不足；在重大工程社会责任治理方面，现有文献多根据学者自身研究领域（如公司治理、公共治理等），从企业或者政府的单一视角开展，而基于重大工程项目全生命周期演进和复杂利益相关者参与的多阶段、多主体、多关系的社会责任治理研究仍非常有限。总体上来看，相关的研究缺乏集成化、系统性研究，难以适应我国重大工程在国内外市场所面临的新需求、新挑战，因此，仍然有一系列令人困扰的问题需要深入研究并加以回答：什么是重大工程社会责任的具体内涵？如何科学且合理地去测度及评估重大工程的社会责任？是什么因素引导或驱动重大工程全生命周期不同阶段的众多利益相关者积极地、协同地履行其社会责任？重大工程社会责任具有哪些影响？如何治理重大工程社会责任？本书将尝试回答这些问题，对这些问题答案的有益探索将为重大工程社会责任理论体系的建立做出贡献，也将大大丰富中国情境下重大工程的管理理论，为重大工程的管理实践提供理论支撑及操作指导。

1.2 研究目标

本书将立足于我国重大工程管理实践和重大工程可持续发展的目标导向，在国内外现有研究的基础上：①整合重大工程管理理论、利益相关者理论和社会责任理论，借鉴现有的工程社会责任探索性研究的成果，具体化"全生命周期-利益相关者-社会责任"三维动态模型（Zeng et al.，2015），初步构建重大工程社会责任的指标及评价体系；②通过实证辨识重大工程社会责任行为的驱动和阻滞要素，初步探究重大工程社会责任互动、传导、耦合机理及多层次协同机理；③从微观、中观分析重大工程社会责任在组织层面、产业层面的效应；④从公司治理、政府治理及社会治理的综合视角出发探究重大工程社会责任治理机制，寻求针对当前我国重大工程社会责任发展的理论解读，以期为重大工程社会责任和可持续发展提供支撑，并为政府政策制定提供理论依据及建议。

1.3 研究内容

本书主要包含以下研究内容。

第一，重大工程社会责任的演进及知识结构。利用科学计量学方法，以 Web of Science 核心合集文献中重大工程社会责任研究文献为样本，进行关键词共现和文献共被引网络分析，绘制重大工程社会责任主题网络和知识网络，并运用复杂网络分析方法对主题网络和知识网络的结构进行子群体识别，研究发现对重大工程社会责任的关注正在快速升温，是全球可持续发展的关键内容之一，重大工程的可恢复性研究和评估指标体系是重要主题，项目管理知识体系和利益相关者理论是目前重大工程社会责任研究的基础理论。

第二，重大工程社会责任的社会治理框架。基于 BGS 模型，构建重大工程社会责任的社会治理框架，提出把握治理中双中心性（dual-centric）、分布性、多样性及动态性的特征，整合企业、政府、社会公众多方面的资源，通过审慎决策，合理行为，一致、透明与可追责的控制手段，追求重大工程可持续共享价值的最大化。

第三，重大工程社会责任的指标体系。基于"全生命周期-利益相关者-社会责任"三维动态模型（Zeng et al., 2015），通过总结、梳理和整合文献及资料，开发涵盖重大工程组织层面和项目层面的社会责任评价指标，通过专家访谈、现场考察和问卷调研等方法初步构建重大工程社会责任的指标体系，并基于 AHP 对核心指标的权重进行科学分配。

第四，重大工程社会责任的驱动因素及耦合机理。基于重大工程的问卷调研数据，对重大工程参与企业履行社会责任的内外部驱动因素及耦合机理进行识别及实证检验。基于中介模型和被调节的中介模型的数据分析结果辨识重大工程社会责任的影响因素，分析重大工程中参与企业 CEO 自恋对于社会责任履行的影响路径，及其被公众诉求、规制压力、竞争强度等调节的作用条件，揭示政府、企业、公众、媒体等多利益相关者之间社会责任的传导耦合机理。

第五，重大工程社会责任的组织与行业效应。考察重大工程社会责任在组织与行业两个层次的溢出：一是剖析重大工程社会责任对于参与组织在经济绩效与社会责任绩效上的影响；二是辨识重大工程社会责任对于所在行业经济发展与社会责任履行方面的影响。

第六，重大工程社会责任的企业与政府治理。从制度理论、利益相关者理论、组织学习理论等视角出发，解读国际化过程中承包商社会责任履行的战略机制；并基于承包商与 PPP 模式的二手数据，从公司与政府两个视角实证分析企业与政府在社会责任治理中的角色与作用。

1.4 逻辑结构

本书共分上下两篇,上篇为理论研究篇(第 2 章至第 5 章),下篇为实证研究篇(第 6 章至第 10 章)。下面分别简要介绍各章内容。

第 1 章:导论。

该章主要阐述研究问题的提出、研究目标、研究内容、逻辑结构、研究方法和技术路线及研究的主要创新点等。

第 2 章:理论基础与文献综述。

该章回顾书中所采用的主要理论工具,包括重大工程管理理论、利益相关者理论、社会责任理论等,详细梳理相关理论在重大工程管理研究中的发展及应用,同时围绕"重大基础设施""社会责任""利益相关者""可持续发展"等关键词,开展重大工程社会责任相关文献梳理,为后续研究奠定理论基础。

第 3 章:重大工程社会责任的概念与理论框架。

该章通过同企业社会责任的对比,分析重大工程社会责任的内涵,并结合案例探讨其外延,具体包括三方面的研究工作:给出重大工程社会责任的定义,区分重大工程社会责任狭义与广义的概念,并介绍相关关键议题;描绘重大工程社会责任的理论框架,明确其相比企业社会责任具有的特征,并构建三维理论模型;以中国高铁建设为案例,分析重大工程社会责任在社会发展方面的外延。

第 4 章:重大工程社会责任的演进及知识结构。

该章基于科学计量方法,利用文献共引网络分析法,绘制并分析重大工程社会责任主题词网络和知识网络,勾勒出重大工程社会责任研究热点的历史演进,辨识重大工程社会责任的基础理论和动态知识结构,为重大工程社会责任理论与方法的科学构建夯实基础。

第 5 章:重大工程社会责任的社会治理框架。

该章通过对现有文献的归纳演绎,综合提出重大工程社会责任的"社会治理"。以 BGS 模型为基础,构建社会治理框架,阐明其社会责任治理双中心性、分布性、多样性及动态性的特征,并分析社会治理的主体与客体,提出社会治理的原则与思路。

第 6 章:重大工程社会责任的指标体系。

该章基于"全生命周期-利益相关者-社会责任"三维动态模型(Zeng et al., 2015),通过总结、梳理和整合文献及资料,初步构建重大工程社会责任指标体系，并利用专家访谈、现场考察和问卷调研等方法得出核心指标的权重分配，为后续构建重大工程社会责任指数奠定基础。

第 7 章：重大工程社会责任的驱动因素。

该章整合制度理论、利益相关者理论、行为动机理论、意义建构理论等，并基于重大工程的问卷调研数据，对重大工程参与企业履行社会责任的内外部驱动因素进行识别及实证检验，以期能合理地引导或驱动重大工程全生命周期不同阶段的众多利益相关者积极地、协同地履行其社会责任。

第 8 章：重大工程社会责任的耦合机理。

该章基于系统的视角和协同的思想，整合制度理论，利用嵌套式规则体系来分析重大工程社会责任的制度性耦合机理，并基于重大工程的问卷调研数据，对重大工程参与企业履行社会责任的耦合机理进行识别及实证检验，以期为重大工程社会责任的实践提供理论基础和指导思想。

第 9 章：重大工程社会责任的组织与行业效应。

该章分析重大工程社会责任在微观与中观层面的效应，分别探讨重大工程社会责任对于参与组织在经济绩效与社会责任绩效上的影响，以及对于工程行业经济发展与社会责任履行方面的影响；同时，该章还引入工程内外部利益相关者的交互作为调节变量，以进一步探究社会责任效应实现的内在机理。

第 10 章：重大工程社会责任的企业与政府治理。

该章聚焦重大工程社会责任治理，从公司与政府两个视角展开：一是从企业承担的社会责任出发，结合我国工程"走出去"的时代背景，分析大型国际承包商在海外业务经营中的多样性战略对于其社会责任绩效的影响。二是从公共部门在工程社会责任治理中的角色出发，以 PPP 模式作为研究视角，揭示工程内外部风险因素的调节作用。

第 11 章：研究结论与展望。

该章在前文研究的基础上，归纳出全书的主要研究结论，总结本书的创新点和主要贡献，并提炼对于重大工程管理和政策制定的实践启示，最后指出本书研究的不足之处以及需要进一步研究的问题和方向。

1.5　研究方法和技术路线

1.5.1　研究方法

本书坚持"规范性、创新性、针对性"三项基本原则，以重大工程管理理论、利益相关者理论、社会责任理论等多种理论为基础，以文献计量学、数理统计学、计量经济学等为主要分析工具，将理论研究与实证研究相结合，以重大工程社会责任研究文献、重大工程的参与方为主要研究样本，选择合适的理论工具和研究方法。虽然对于重大工程社会责任的研究还处于初步阶段，重大工程相关信息的可获得性限制了某些研究方法的采用和相关研究的开展，但是通过对变量测度模型、实证分析方法的开发与选取，确保实证研究的规范性，同时配以翔实的鲁棒性检验，保证研究结论的可靠性和普适性。鉴于重大工程社会责任这一研究问题的复杂性与学科交叉性，本书力图通过不同层次、不同视角、不同手段，运用多种研究方法开展研究。

理论研究与实证检验相结合，理论研究是本书的基础，也是实证研究的前提。在理论部分的研究中，本书基于已有文献，综合制度理论、利益相关者理论、资源基础观、注意力基础观（attention based view，ABV）等，对重大工程社会责任的理论演进历程加以勾勒并对其多层面效应和多主体治理加以理论推演，系统性地构建概念框架并分析其特征及要素构成。实证研究为本书论述提供了有力支撑。在实证部分的研究中，本书立足理论推演提出假设，并运用调查问卷、文本分析等主流方法对假设加以验证和诠释。将理论研究与实证验证相结合，能够保证本书研究结果在理论上的有效性与在实证中的可靠性。

（1）微观视角与中观视角相结合。重大工程社会责任的研究既包括组织乃至个人层面的微观问题，又涵盖产业层面的中观问题，甚至涉及国家经济社会发展等宏观问题。本书立足重大工程管理实践，主要从微观和中观的视角出发，分析重大工程社会责任的相关热点问题。最后，综合上述的多维视角提出重大工程社会治理的思路。

（2）定性分析与定量分析相结合。考虑到重大工程具有"一次性""独特性"的特点，其社会责任的研究既要探究普遍规律，也要考虑到其实践情境。本书的研究采取定性分析与定量分析相结合的方法。在本书的定性分析中，除了深入回顾和评述现有理论文献，还多次深入工程现场开展实践调研，并基于一系列针对基础设施领域学者以及实业界专家的访谈，不断完善本书的理论框架与概念模型。在本书的定量研究中，一方面对工程项目直接参与者开展问卷调查获取了大量一手数据，另一方面通过文本分析、数据挖掘等手段收集了翔实的二手数据，在此基础上应用 Stata 等统计软件进行数据分析与实证检验。

1.5.2 技术路线

本书的技术路线如图 1-1 所示。

图 1-1　本书的技术路线

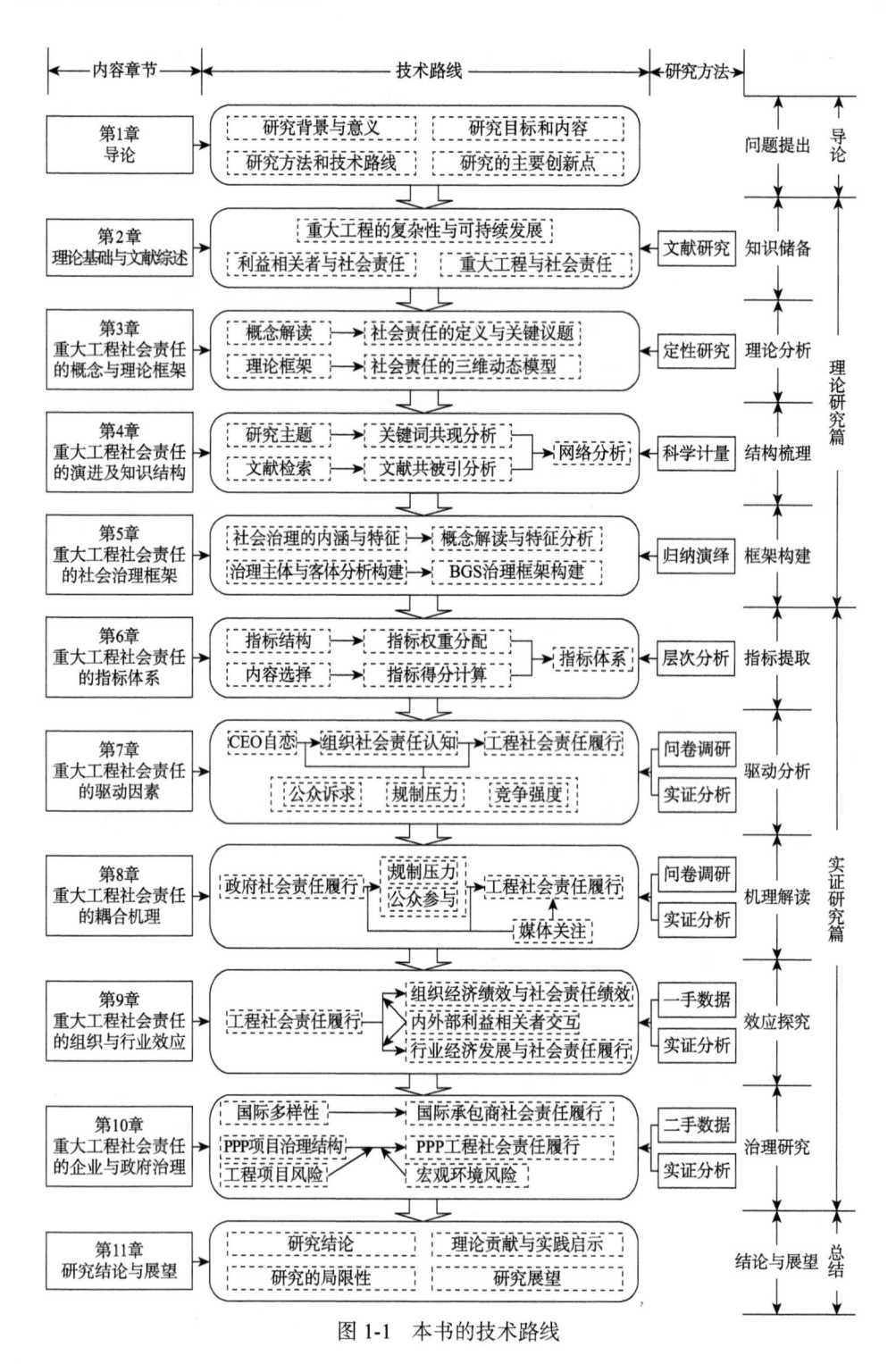

1.6 研究的主要创新点

本书的主要创新点包括以下几点。

创新点之一：利用科学计量学方法，将重大工程社会责任的研究前沿和知识基础描绘成可视化的网络形式，从科学发展的角度清晰地描绘重大工程社会责任研究发展的热点、脉络和演进过程，全面、系统地揭示重大工程社会责任管理这一科学领域的发展状况和趋势，勾勒重大工程社会责任研究的基础理论和知识结构，为重大工程社会责任理论与方法的科学构建提供参考。

创新点之二：针对工程项目可持续发展的评价指标体系往往都是从工程自身的功能或者建造过程出发，缺乏针对不同工程全生命周期特定阶段的指标的不足，本书开发涵盖重大工程全生命周期、不同利益相关者及众多社会责任维度的指标体系。研究所得到的重大工程社会责任指标体系反映当前社会对重大工程参与方履行社会责任的诉求，对于合理地引导或驱动重大工程全生命周期不同阶段的众多利益相关者积极地、协同地履行其社会责任具有理论价值和指导意义，为后续构建重大工程社会责任指数奠定了基础。

创新点之三：整合制度理论、利益相关者理论、行为动机理论等，构建重大工程社会责任驱动要素及耦合机理的理论模型，并通过问卷调研进行实证检验，揭示组织领导个人心理特质、认知及和社会情景要素交互对社会责任履行的影响，同时发现政府在重大工程社会责任履行中的"领头羊"效应和重大工程参与方社会责任履行的"接力棒"式耦合机理。

创新点之四：深化对于重大工程社会责任内涵与外延的解读，系统性剖析重大工程由自身基本功能实现到外部溢出效应等四个不同层级社会责任，并从中指明区别于企业社会责任的关键议题，分析重大工程社会责任全生命周期动态性、利益相关者异质性及社会责任交互性的特征，进而构建重大工程社会责任三维理论框架，为重大工程社会责任效应与治理的机理探究提供支撑。

创新点之五：实证分析重大工程社会责任的多层次效应，针对现有研究多关注重大工程对于宏观经济层面效应这一现状，本书的研究从组织、产业的视角出发，探究重大工程社会责任不同维度（经济与质量、法律与规制、环境与伦理、政治与慈善）对于参与组织及产业在经济发展与社会责任提升方面的作用，并引入内外部利益相关者交互进一步揭示这一效应实现的内在机理，以丰富对于重大工程在微观及中观层面效应的理论解读，为重大工程社会责任治理研究奠定基础。

创新点之六：从企业与政府的视角实证研究重大工程社会责任治理，结合"一带一路"倡议和中国工程"走出去"的时代背景，解析承包商国际化战略对其社会责任绩效的影响，探究国际 PPP 模式中公共部门在工程社会责任中的角色。在此基础上，构建重大工程社会责任 BGS 社会治理框架，综合公司治理、政府治理及非政府治理，提出各利益相关者以创造可持续共享价值为目标，通过审慎决策、规范行动、协调控制等实现各方利益均衡、社会责任共担的治理框架，为企业社会责任管理、政府社会责任治理、重大工程社会责任履行提供支撑。

1.7 本章小结

作为本书的导论部分，本章简要阐明了本书的研究背景、研究动机及其意义，对本书的逻辑分析框架和主要研究内容进行了概括，并对本书的研究方法和技术路线进行了阐述。本章是本书的纲领，将对全书的整体研究起到系统引导和宏观界定作用。

重大工程社会责任：
理论研究篇

第 2 章　理论基础与文献综述

本章将从以下三方面对现有文献展开研究评述：①重大工程管理研究评述，具体包括重大工程的复杂性、冲突性及可持续性研究等方面；②社会责任管理研究评述，具体包括利益相关者理论以及企业社会责任研究等方面；③重大工程与社会责任的管理研究评述，具体包括重大工程效应与治理等方面。

2.1　重大工程的复杂性与可持续发展

由于工程一般都是以项目或者项目群的形式组织，目前工程管理理论主要来源于项目管理的知识体系。项目管理从 20 世纪 50 年代崛起并经过 60 多年的发展，已经形成一套包括 5 大过程组、10 大知识领域和 47 个过程的知识体系，成为产业界的重要标准。传统的项目管理方法采用的是一种可以预见的、固定的模式（Shenhar and Dvir，2007）。随着项目复杂性的日渐突出、经济全球化的日益加深和技术进步，该方法的适用性问题开始显得愈发的突出，对于项目管理理论的研究也开始不断延伸到新的知识领域，采用更为先进的方法，研究的热点从早期的时间管理、成本管理延伸到关系管理、资源管理、风险管理等（Crawford et al.，2006）。为了同时体现研究的传承和时代的背景，英国工程与物理科学研究委员会（The Engineering Physical Sciences Research Council，EPSRC）将 2003 年之前的项目管理理论称为传统的第一代项目管理（project management-1，PM-1），而将考虑项目复杂性、全球化、技术创新管理的项目管理理论称为第二代项目管理（project management-2，PM-2）（Saynisch，2010）。PM-2 的核心理念是项目应当被看成一种社会过程，涵盖了项目涉及的人的行为以及和社会的交互，需要更多地关注利益相关者、政策等要素在项目实践中的重大动态关系，需要从传统的只针对生命周期模式的项目管理开始向基于复杂性的项目管理方向转变，采纳并吸收包括项目和项目管理各个层次的管理复杂性的新理论、新模型（Winter et al.，2006）。

与一般基础设施工程不同，重大工程具有环境、主体、对象、方案、方法等多层次、多领域、多阶段的复杂性，在决策、组织、质量、安全、资源利用、环境与社会影响等方面所遇到的现实问题都远远超越了一般工程项目管理的范畴。除去投资严重估算不足（超预算、超概算）、工程质量品质持续性不强、生产效率与工业化程度低等常见问题，重大工程还因为其自身特点而出现重大安全事故频发、环境破坏严重、社会负面效应深远等问题，这些都是超越工程本身功能的影响（Flyvbjerg，2014；Gil and Beckman，2009）。因此，在理论上需要有适应其特点的重大工程管理理论及方法创新的支持来指导对重大工程的有效管理，实现重大工程高绩效（high-performance）、可持续的建设目标。

随着重大工程日益增加及其社会影响日益增强，重大工程管理研究在20世纪90年代开始在国外引起关注，2000年以后迅速发展，出现了聚焦复杂工程管理、项目协同、重大工程全生命周期管理等领域的重要研究成果。近年来，全世界范围内建立了一批基础设施管理研究中心，如2002年于中国香港成立的基础设施与建筑行业发展中心（Centre for Infrastructure & Construction Industry Development，CICID）、2007年于英国牛津成立的重大项目管理中心（Centre for Major Program Management，CMPM）、2008年于澳大利亚成立的复杂工程管理国际中心（International Centre for Complex Project Management，ICCPM）、2010年于英国曼彻斯特成立的基础设施发展中心（Centre for Infrastructure Development，CID）等。重大工程管理研究受到了学术界广泛而深入的关注，研究内容涉及重大工程决策、风险管理、项目群协同、全生命周期成本控制等（Flyvbjerg et al.，2009；Miller and Lessard，2001）。其中，复杂性、冲突性与可持续性是基础设施管理研究中极为重要的主题（Bosch-Rekveldt et al.，2011；Davies et al.，2009；Flyvbjerg，2014；Levitt，2007）。

根据现代工程实践发展趋势，考虑重大工程的全球化、技术集成性、跨时间周期长、经济社会环境影响大等特点，Levitt（2007）提出了适用于重大工程管理理论研究的方向性建议，认为现代大型工程项目必须基于复杂性高和全生命周期长的特点，重点考量其对经济、环境和社会的影响，即重大工程的可持续发展问题（图2-1）。由于重大工程管理具有环境、主体、对象、方案、方法等多层次、多领域、多阶段的复杂性（van Marrewijk et al.，2008），并且这种复杂性具有从工程物理复杂性向系统复杂性到管理复杂性的转换和传递以及涌现、演化等特点，其规律性又常常隐藏在复杂性的现象之下，故现有的工程（项目）管理知识、经验等往往都不能有效地解释重大工程建设过程中出现的，如决策、组织、现场协调、资源利用、环境与社会影响等复杂管理问题，不能有效揭示其规律并有效指导实践（Williams et al.，2010）。对重大工程的研究要超越单一的工程项目管理范畴（建设阶段），如风险、进度、成本等，向全生命周期的不同阶段，如决策、政策规划阶段转变；开始从系统的、全局的角度研究大型工程的可持续发展管理。

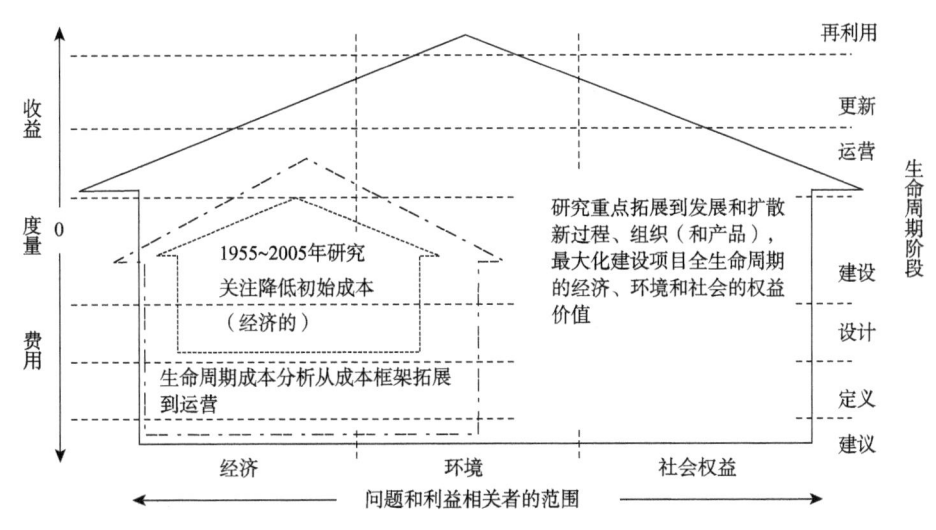

图 2-1　工程管理理论研究趋势演进

资料来源：Levitt（2007）

2.1.1　重大工程的复杂性与冲突性

1. 重大工程的复杂性

重大工程投资巨大、全生命周期长、利益相关者众多，是具有复杂不确定性和高风险性的巨系统，对经济、环境、社会具有长远而深刻的影响（Flyvbjerg et al.，2003；Miller and Hobbs，2005）。随着工程项目的规模、要素关联不断增大，人们开始逐步意识到工程管理的复杂性，复杂性分析成为重大工程管理研究领域的热点。国内外学者对重大工程复杂性进行了深入的研究（Kardes et al.，2013；Salet et al.，2013；Sommer and Loch，2004；van Marrewijk，2007），如表 2-1 所示。Baccarini（1996）基于差异性和依赖性解析了项目复杂性的概念，并在之后得到了不断的完善与发展（Remington and Pollack，2007；高自友等，2006），针对重大工程的复杂性研究也得以发展（Winter et al.，2006），具体包括了组织交互（Antoniadis et al.，2011）、大型复杂网络（Pauget and Wald，2013）、项目间沟通与复杂性（Mok et al.，2015）等。重大工程复杂性由一系列不同因素导致，包括任务、组织、人员和资金，以及众多的不确定性和它们之间的相互作用（Sommer and Loch，2004；van

Marrewijk et al.，2008）。这些因素包括规模巨大、时间跨度长、技术领域交叉度大、参与者众多、跨地区国家、不同利益相关者诉求不同、业主利益波动、随时间不断增长的成本变化、国家风险和不确定性、公众和政治的高关注度等（Kardes et al.，2013；Thiry and Deguire，2007；van Marrewijk et al.，2008）。

表 2-1 重大工程复杂性的相关研究

作者	研究主题	研究结论
Barlow（2000）	基于 Complex Product Systems（复杂产品系统）模型的重大工程复杂性与重大工程创新	工程复杂性和工程供应链碎片化阻碍工程组织间知识传递，严重阻碍了工程行业的组织学习、标准化和工程创新
Davies 等（2009）	重大工程复杂性与重大工程创新	以伦敦希思罗机场第五航站楼为研究对象，提出了工程复杂系统的集成创新模型
Giezen（2012）	重大工程设计阶段复杂性管理	揭示了不同条件下降低重大工程复杂性对于重大工程设计阶段的益处和坏处
Bosch-Rekveldt 等（2011）	重大工程复杂性的解耦	通过成分分析法将重大工程复杂性分为技术复杂性、组织复杂性、环境复杂性三个维度
Salet 等（2013）	重大工程复杂性与重大工程决策	提出培养组织学习氛围可以降低重大工程复杂性对于工程的影响
Kardes 等（2013）	国际重大工程复杂性管理和风险管理	识别了重大工程复杂性构成，并提出了重大工程风险管理框架体系
van Marrewijk 等（2008）	公私合营型重大工程的复杂性与工程设计	项目设计和项目文化能有效解决重大工程复杂性、风险等问题

现有关于重大工程复杂性分析主要研究复杂性表现形式、来源、评估及其应对等。例如，Ottino（2004）在 Nature 上撰文指出，工程人员需要有理解和应对复杂系统的能力；Salet 等（2013）认为重大工程复杂性来源于工程目标和利益的异质性、不断变化和难以预测的可能性和不确定性，组织可以通过适应产业环境和制度环境，从而降低重大工程复杂性对于重大工程的负效应。Bosch-Rekveldt 等（2011）认为重大工程是一个复杂适应系统，抑或是复杂的社会共同体，其复杂性主要表现为结构要素和动态要素以及彼此之间的交互关系，而不仅仅包含技术复杂性，并提出了技术-组织-环境（technical-organizational-environmental，TOE）模型分析重大工程复杂性的构成要素。Vidal 等（2011）研究了工程项目复杂性评估方法。Puddicombe（2011）研究了工程复杂性维度及工程技术复杂性与新颖性之间的关系。Antoniadis 等（2011）认为重大工程管理忽视了组织交互复杂性的认知。Pauget 和 Wald（2013）指出重大工程建设项目表现出网络关联性，项目成员之间的协作及关系管理是一项重要的研究内容。Kardes 等（2013）认为重大工程需要不同边缘学科交叉工程和建造技术支持，提出利益冲突导致的不同利益相关者的合作匮乏以及外部不断变化的环境会增加重大工程组织复杂性，指出复杂性增加了工程预算和建造的风险与不确定性；并提

出重大工程复杂性包括技术复杂性和社会复杂性。技术复杂性主要涉及与重大工程规模相关的一些复杂维度，而社会复杂性由重大工程参与者之间的交互关系产生（Baccarini，1996；Giezen，2012）。表2-2从复杂维度分析了重大工程与其他工程之间的差异。重大工程的规模、参与主体的多样性、低估重大工程风险、控制偏差陷阱等导致重大工程复杂性增加（Kardes et al.，2013）。因此，我们认为重大工程复杂性包含4个维度——技术复杂性、组织复杂性、社会复杂性和环境复杂性（Baccarini，1996；Bosch-Rekveldt et al.，2011；Giezen，2012）。

表2-2 重大工程复杂性特点

复杂维度	一般工程项目	一般复杂工程	中等复杂工程	重大工程
规模	3~4个团队	5~10个团队	>10个团队	多样化团队
时间	<3个月	3~6个月	6~12个月	>1年
成本	<25万美元	25万~100万美元	>100万美元	千万美元级别以上
预算	灵活	较小变化	不灵活	很不灵活
团队构成	内部组建、以前共同承担过工程	内外部共同组建，以前共同承担过工程	内外部共同组建，以前未共同承担过工程	复杂组织结构，能力表现异质性
合同	简单	简单	复杂	高度复杂
客户支持	强	足够	未知	不足够
工程需求	能理解、简单	能理解、稳定	很难理解、波动	不确定、不停演变
政治目的	无	较小	大，影响核心任务	影响范围巨大，包括国家层面、州层面、组织层面
沟通	直接	具有挑战	复杂	特别艰难
利益相关者管理	直接	2~3个利益相关者群体	目标冲突的利益相关者群体	不同类型组织、州和规制部门等
商业模式变化	对现有商业模式无影响	对现有商业模式进行加强	全新模式和文化实践	破坏原有商业模式和组织文化
风险程度	低	中等	高	特别高
外部约束	无外部约束	中等外部约束	关键目标依赖于外部约束	项目成功依赖于外部组织、州、国家和规制者
集成度	无集成要求	中等集成度	较高的集成度	极高的集成度
技术	成熟且组织已经成熟运用	成熟但对组织而言是新技术	成熟、复杂并且由外部组织提供	突破式创新，且工程设计新颖
IT（information technology，信息技术）复杂度	成熟运用传统集成系统	中等成熟地运用传统集成系统	新开发并运用传统集成系统	全新开发不同集成系统

资料来源：Kardes等（2013）

对于重大工程复杂性管理，Giezen（2012）认为重大工程复杂性管理应该从设计阶段开始，前期阶段、设计阶段决定重大工程后期建造和运营复杂性。其独特的设计以及新引进的技术设备等，导致在重大工程管理中很难预测可能发生的事件，应尽量从设计阶段出发减少工程不确定性从而降低重大工程设计阶段的复杂性。Kardes 等（2013）认为从工程训练与学习、项目经理的目标清晰化、合同管理、项目信息披露与工程透明化、项目参与方的合作关系建立、工程控制与组织承诺方面出发能很好地帮助组织解决重大工程复杂性问题，促进重大工程顺利开展。

国内学者对重大工程及其复杂性管理也非常重视，如郭重庆（2007）从中国管理学界的社会责任角度提出中国管理学研究要能与中国工程管理的实践相结合，从而解决复杂工程问题。在复杂性分析方面，晏永刚等（2009）基于复杂系统理论，分析了重大工程项目的系统复杂性；雷丽彩等（2011）从大型工程项目复杂决策的不确定性、涌现性、多目标非线性作用及迭代逼近的动态演化等方面分析了大型工程项目决策的复杂性；盛昭瀚等（2009）从复杂性科学的角度分析了重大工程的"显性"复杂性和"隐性"复杂性，并提出了"复杂性降解"的概念与方法。

2. 重大工程的冲突性

除了类似于一般工程的工期约束、预算限制、质量要求及基本功能实现（如发电、交通运输）等项目经济类目标冲突，重大工程的社会与环境类目标冲突也十分突出。重大工程发展目标通常还包括显著促进区域经济发展、大幅改善居民生活、合理配置公共资源及落实国家战略部署等，而许多重大工程社会责任缺乏导致了其目标矛盾更加激化。例如，工程建设污染造成的负面效应，常常会引发激烈的公众冲突和长期的环境恶化问题。重大工程社会责任履行的关键是要缓解和协调矛盾，这些矛盾具体包括资源消耗、环境影响与项目绩效之间的冲突，以及项目利益相关者的不同利益诉求等。

大多数重大工程都是由政府主导的，在建设和运营过程中投入巨额资本和消耗海量资源，且项目完成通常会对区域经济进行全新的资源配置。因此，这需要从超出项目建设与运营阶段的长远视角来分析重大工程的正面和负面影响。始建于公元前 256 年的都江堰水利工程两千多年来有效发挥了灌溉和抗洪的作用，从而促进了成都平原的繁荣（Li and Xu，2006）；而 1986 年发生在切尔诺贝利核电站的泄漏事故，致使 15 万平方千米范围内受到了核辐射污染，对至少 690 万人口的健康和安全造成了严重危害。重大工程需要数量更为庞大的投资和公共资源，故其对区域经济发展、社会进步及环境变迁的效应是显著且不可逆的。尽管在工程建设当下，项目绩效与公共资源的有效分配具有一致性，但考虑到长远的资源配置及环境影响，未来发展与近期项目实施目标（如工期、成本、质量）之间的冲突常常不可避免。因此，从多维度、高水平、远视角来考虑重大工程在全生命周期可持续性十分必要，但这也需要对项目投入额外的时间与成本。

不同于一般项目，重大工程利益相关者矛盾集中在政府、建筑企业及公众之间。项目的决策、计划、管理、协调需要多主体之间通过战略协同、商业合作、过程协调、信息咨询等活动和过程来完成。这些活动和过程中工程内外部利益相关者的关系与互动会带来复杂的利益矛盾，在项目全生命周期中，矛盾有时会激化进而导致剧烈的社会责任冲突。我国的大多数重大工程都由政府部门发起（如交通部门、水利部门、国家发展和改革委员会等），由国有企业（如中国长江三峡集团公司、中国铁建股份有限公司等）组织设计、建设及运营，同时还有其他政府部门参与监督规制（如环保部门等）。工程各参与方都有其自身利益与立场，如各级政府之间的资源配置矛盾、权利分配与责任承担等矛盾客观存在[①]。此外，在政府强势而规制弱势的背景下，工程参与组织行为异化给社会责任带来了不利影响，如过度的行政干预、公共权力异化、机会主义决策、工程贪污受贿等。公众利益相关者的范围极广且十分复杂（Li et al., 2013）。根据工程的影响程度，重大工程公众利益相关者可以分为社区及公众两大类。社区是指直接被重大工程影响的群众（面临拆迁、移民等）。当环境污染或安全事故发生时，社区很可能成为直接的受害者，但社区也可能成为工程经济效应的受益者，如增加收入和改善生活条件等，而公众受到重大工程的经济、社会和环境绩效的影响是间接的，但其对工程的评价与态度会显著关系到政府形象和公信力，进而干预到重大工程管理（Li et al., 2013；Ng et al., 2013）。

2.1.2 重大工程的可持续发展

现有研究对于重大工程经济可持续进行了深入的研究（Atkinson, 1999；Demetriades and Mamuneas, 2000；Zheng and Kahn, 2013），包含重大工程经济绩效考量及其对于经济融合和行业发展的促进作用，而重大工程复杂性为重大工程可持续性带来了新的挑战，特别是在全球化的视角下，急需考虑新技术融合和全生命周期管理对重大工程的经济、社会和环境的综合影响（Ainamo et al., 2010）。重大工程可持续是指重大工程在经济建设的过程中，不仅考虑重大工程经济目标，还需要考虑自然环境、社会稳定、不同利益相关者诉求等多目标

---

① 2005年三峡工程被国家环境保护总局（现为生态环境部）就环境问题处罚一事引起了长达三个月的争论，最终在国家发展和改革委员会的调停之下才得以解决。

(Levitt，2007；Lin et al.，2016a；Zeng et al.，2015）。重大工程往往是一个多目标的复杂系统工程，涉及更多的直接和间接利益相关者，彼此之间的目标存在冲突，导致重大工程在实施过程中出现目标冲突矛盾，影响重大工程实践和成功（Flyvbjerg et al.，2009；Zeng et al.，2015）。

学者通常使用重大工程案例阐述实现重大工程可持续性的策略（Liu et al.，2013，2016）。例如，Liu 等（2013）基于三峡大坝的实际案例，分析了重大工程的可持续性，将重大工程的可持续性分为三部分——环境可持续性、社会可持续性和经济可持续性，如表 2-3 所示；提出了 10 项实现重大工程可持续性的措施——与中央政府共同协调、从项目初期考虑重大工程可持续性问题、加强国际合作、R&D（research and development，研究与开发）投入、目标之间的平衡、系统思维、资源的持续投入、持续监管、发挥非政府组织（non-governmental organization，NGO）的作用、战略性人力资源管理。Liu 等（2016）指出重大工程可持续性管理需要降低重大工程可能引发的难以预测的社会风险，并提出了社会风险管理模型以解决重大工程社会风险问题。也有不少学者关注了重大工程对社会可持续发展的影响，如关注重大工程正面的区域经济效应（Fan and Zhang，2004；Zheng and Kahn，2013；黄晓霞等，2006；刘生龙和胡鞍钢，2010；王永进等，2010；杨云彦等，2008；张光南等，2010；张学良，2012）以及负面的环境、社会成本（Peng et al.，2007；Qiu，2007；Stone，2008；Wu et al.，2003）。

表 2-3　重大水电工程的可持续性评价标准

环境可持续性	社会可持续性	经济可持续性
空气和水质量	减少贫困和提高生活质量	资金成本和经常性费用
废物管理	对福利、公共卫生有效和持续的补偿	减少温室气体排放和提高空气质量
沉淀物运输与腐蚀	流离失所对个人和社区的影响	投资回收期
稀有濒临灭绝的物种	文化遗产的社区接受保护	
鱼类迁徙	项目的效益公平分配	
水库内的有害物种（动植物）		
健康问题		
施工活动对陆地和水生环境的影响		
独立审计环境管理系统的采用		

资料来源：Liu 等（2013）

但是现有研究对于重大工程可持续性集成化的研究较少，大部分基于重大工程经济可持续性研究，仅少数几篇文献从重大工程可持续发展多角度或重大工程社会责任的概念开展研究（Mok et al.，2015）。Zeng 等（2015）认为重大工程社会责任是指重大工程利益相关者在全生命周期参与到重大工程的相关政策与实践，旨在提高整体社会福利。与一般工程相比，重大工程具有全生命周期长、利益相关者多的特点，其冲突属性尤为突出，如参与方（组织）目标冲突、公共资源消耗及环境影响与绩效冲突、利益相关者的利益诉求冲突等，这就导致重大工程与一般工程具有显著不同的差异，其社会责任呈现出多维复杂性和互动交叉性。Mok 等（2015）分析现有关于重大工程利益相关者管理的文献，提出了四个相关研究主题：利益相关者利益和影响作用、利益相关者管理过程、利益相关者管理方法和利益相关者参与。

2.2 利益相关者与社会责任

2.2.1 利益相关者理论

利益相关者是指能够影响一个组织的目标实现，或者因为一个组织实现其目标而受此过程影响的所有个体和群体（Freeman，1984）。利益相关者直接或者间接地影响组织的合法性与利益，从而决定了组织的生存和发展（Frooman，1999）。任何一个组织的发展都离不开各个利益相关者的投入或参与，组织的目标应该是追求利益相关者的整体利益，而不仅是某些个别主体的利益（Donaldson and Preston，1995）。利益相关者理论的提出把企业从组织边界、法律边界、治理结构边界拓展到了一个更为宽泛的利益相关者边界。企业是一个由利益相关者组成的系统，它和整个社会系统一起给企业的经营活动提供法律和市场基础（Clarkson，1995）。对于企业来说，生存和发展依赖于企业对各利益相关者利益需求的回应，需要把所有存在利益交换主题的权利配置诉求都纳入决策考量当中去，而不仅仅是满足股东的利益（Laplume et al.，2008）。因此，企业可被理解为全体的关联利益相关者的集合，而企业的运营需要管理与协调各个利益相关者。对于不同利益相关者，若它的影响力越大，企业就必须越重视去适应和满足它的诉求。

作为对"股东利益至上"理念的批判和反思（Freeman，1994），利益相关者理论是 20 世纪 60 年代左右在西方国家开始出现的，并在 80 年代中期以后取得了长足进步。其主要原因是西方的企业在 20 世纪 70 年代开始遭遇一系列的现实问题，如伦理、环境和社会责任等，企业的高层管理者也开始对"股东利益至上"的理念进行反思。企业界和学术界的需求催生了利益相关者理论的发展，特别是 Freeman 在其著作《战略管理：利益相关者管理的分析方法》中明确提出了实用主义的利益相关者管理方法后,利益相关者理论逐步成为西方国家真正认识和理解现代企业治理的有力工具。由于与传统的"利益至上"的企业认知不一致(Jensen,2002;Jones,1995),利益相关者理论引发了激烈的争论(Hinings and Greenwood,2002;Margolis and Walsh,2003)。虽然学术界和企业界都出现了不同的声音,但是都一致认为利益相关者的出现激发了企业对其行为所造成的社会影响的思考和关注(Stern and Barley,1996;Weick,1999),企业需要改变习以为常的目标,要为其所有的利益相关者创造财富和价值(Clarkson,1995)。利益相关者理论与传统的企业理论的区别归纳如表2-4所示。

表2-4 利益相关者理论与传统的企业理论的区别归纳

区别	利益相关者理论	传统的企业理论
企业本质	利益相关者关系的联结体	契约的联结体
企业目标	为所有的利益相关者和社会有效地创造财富	所有者(股东)利益最大化
治理模式	通过协商执行各种显性和隐性契约	通过层级和权威行使各种契约关系
两权分布	剩余索取权和剩余控制权分散、对称地分布于企业的物质资本和人力资本所有者	剩余索取权和剩余控制权集中、对称地分布于物质资本所有者

关于利益相关者理论的学术研究最初出现在战略管理领域(Clarkson,1995;Freeman,1984,1994;Frooman,1999),然后扩展到组织理论(Donaldson and Preston,1995;Jones,1995;Stern and Barley,1996;Rowley,1997)和商业伦理领域(Parmar et al.,2010;Phillips and Reichart,2000)。最近,利益相关者理论则延伸到社会责任以及可持续发展的相关研究中(Aguinis and Glavas,2012;Sharma and Henriques,2005;Steurer et al.,2005)。除去理论争论外,涉及利益相关者理论的研究归纳起来主要集中在四个方面:①利益相关者的定义和重要性辨识;②利益相关者行为及响应;③企业行为及响应;④利益相关者与企业绩效(Laplume et al.,2008)。这几个方面实际上反映了组织利益相关者治理的核心问题:3W1H(who、what、how和why),即谁是组织需要关注的利益相关者(who),这些利益相关者有什么利益诉求(what),组织如何实现这些利益相关者的利益诉求(how),组织为什么要关注利益相关者,他们会为组织带来什么(why)。对于本书来说,利益相关者的辨识最为关键。

利益相关者的辨识和分类回答了谁是组织需要关注的利益相关者(who)和不同的利益相关者利益诉求(what)的问题。根据Freeman(1984)的定义,利益相关者是能够影响一个组织的目标实现,或者因为一个组织实现其目标而受此过程影响的所有个体和群体。虽然这个概念对利益相关者的界定相当宽泛，股东、债权人、雇员、供应商、客户、政府、公众、社区、媒体等可以想到的团体（communities）与个人都被纳入了组织的利益相关者范畴之内，但是这个概念直观地描述了组织与利益相关者之间的关系，构成了企业战略管理的认知基础，为利益相关者理论的研究做出了开创性的贡献。为了进一步寻找不同利益相关者之间的差异，Freeman 从所有权、经济依赖性（economic dependence）和社会利益（social interest）三个角度出发对利益相关者进行了分类。例如，企业的股东或股票持有者是对企业拥有所有权的利益相关者，参与企业经营的管理人员、员工以及和企业有直接业务往来的消费者、供应商、竞争者等是对企业有经济依赖性的利益相关者，而政府机构、媒体、NGO、公众等则是与公司在社会利益上有关系的利益相关者。

Freeman（1984）则把利益相关者定义为所有对企业的政策和方针能够施加影响的团体。他从交易关系的类型出发，将利益相关者分为直接和间接利益相关者：那些与企业直接发生市场交易关系的利益相关者被认为是直接利益相关者，包括企业所有者（股东）、员工、债权人、客户、供应商等；与之相对应的是，那些与企业没有直接市场关系的利益相关者被认为是间接利益相关者，包括政府、媒体、公众等。同样，根据是否与企业存在交易性的合同关系的标准，Charkham（1992）将利益相关者分为契约型利益相关者（contractual stakeholder）和公众型利益相关者（community stakeholder）两大类。Clarkson（1995）则提出利益相关者是指在企业中进行了一定的专用性资产投资，从而承担了一定风险的个体或者群体。Clarkson 强调了利益相关者的专用性资产投资属性，这里所谓的专用性资产包括实物资本、人力资本、财务资本或一些有价值的东西等。Clarkson 的定义就将一些集体或个人（如媒体）排除在了利益相关者的范畴之外。在此基础上，Clarkson 提出了两种有代表性的分类方法：①根据利益相关者在企业经营活动中承担的风险种类，将利益相关者分为自愿的利益相关者（voluntary stakeholder）和非自愿的利益相关者（involuntary stakeholder），区分的标准是该主体是否自愿地向企业提供物质资本或非物质资本投资；②根据利益相关者与企业联系的紧密性，可以将利益相关者分为首要的利益相关者（primary stakeholder）和次要的利益相关者（secondary stakeholder）。在实践中，Clarkson 提出了利益相关者管理的 Clarkson 原则（表 2-5），鼓励企业管理人员基于这七项原则去制定、执行更为具体的利益相关者原则，被称为利益相关者管理"原则的原则"，为推动利益相关者管理做出了巨大贡献。

表 2-5　利益相关者管理的 Clarkson 原则

原则	具体内容
原则 1	管理人员应该承认所有法律认可的企业利益相关者,并积极了解他们的想法与需求,在制定企业决策和从事经营生产时,适当考虑他们的相关利益
原则 2	管理人员应该与利益相关者广泛交流,认真听取他们的意见和建议,了解他们所认定的企业生产活动给他们带来的风险
原则 3	管理人员应该采取一种敏感的行为过程和行为模式,以应对每一名利益相关者的诉求和力量
原则 4	管理人员应该明确承认利益相关者的贡献与回报,在充分考虑他们各自的风险与弱点之后,公平分摊责任、义务及利益
原则 5	管理人员应该与其他力量(公共组织及私人团体)积极合作,确保将企业经营活动带来的风险、危害减小到最低限度,并对无法避免的危害进行适当补偿
原则 6	管理人员要坚决避免违反基本人权(如生存权)的活动和造成人权危害的风险,对于这一类危害和风险,利益相关者是断然不能接受的
原则 7	管理人员应该承认自己作为企业的利益相关者与作为其他利益相关者利益的法律、道德责任承担人之间的双重角色冲突,承认和强调这一对冲突的形式有很多,如公开的交流、适当的报告、有效的激励及第三方评议(如果需要的话)等

资料来源:The Clarkson Centre

结合 Clarkson 提出的关系紧密性维度,Wheeler 和 Sillanpa(1998)将社会性维度引入利益相关者的分类中,将利益相关者分为首要的社会性利益相关者、次要的社会性利益相关者、首要的非社会性利益相关者、次要的非社会性利益相关者。其标准是:首要的社会性利益相关者与企业有直接关系,并且与具体的人发生联系;次要的社会性利益相关者通过社会性的活动与企业有间接关系;首要的非社会性利益相关者对企业有直接影响,但不与具体的人发生联系;次要的非社会性利益相关者对企业有间接影响,不与具体的人发生联系。

在前人研究的基础上,Mitchell 等(1997)提出了关于利益相关者三个属性的理论应用。他们认为利益相关者必须具备三个属性中的至少一种:合法性、权利性(power)和紧迫性。合法性是指某一个体或者群体是否被赋予法律上的、道义上的或特定的对于企业的索取权;权利性是指某一个体或者群体是否拥有影响企业决策的地位、能力和相应的手段或方法;紧迫性是指某一个体或者群体的利益诉求能否立即引起企业管理层的关注。根据这三个维度对利益相关者的评判,将企业的利益相关者分为三种类型:核心型利益相关者、预期型利益相关者和潜在型利益相关者。核心型利益相关者,也被称为确定型利益相关者,即同时拥有合法性、权利性和紧迫性的利益相关者。预期型利益相关者,是指拥有其中任意两种属性的利益相关者,其中同时拥有合法性和权利性的是支配型利益相关者,同时拥有合法性和紧迫性的是依赖型利益相关者,同时拥有权利性和紧迫性的是危险型利益相关者。潜在型利益相关者是只具备三种属性中的其中一种属性的利益相关者,其中只拥有合法性的称为自愿型利益相关者,只拥有权利性的是蛰伏型利益相关者,只拥有紧迫性的是需求型利益相关者。这三个属性的详细利益相关者划分如图 2-2 所示。Mitchell 等（1997）提出的评分法提高了利益相关者分类的可操作性，便捷了利益相关者理论的应用。借鉴了 Mitchell 等（1997）的理论，陈宏辉和贾生华（2004）从主动性、重要性和紧急性三个维度上将利益相关者细分为核心利益相关者、蛰伏利益相关者和边缘利益相关者三大类。

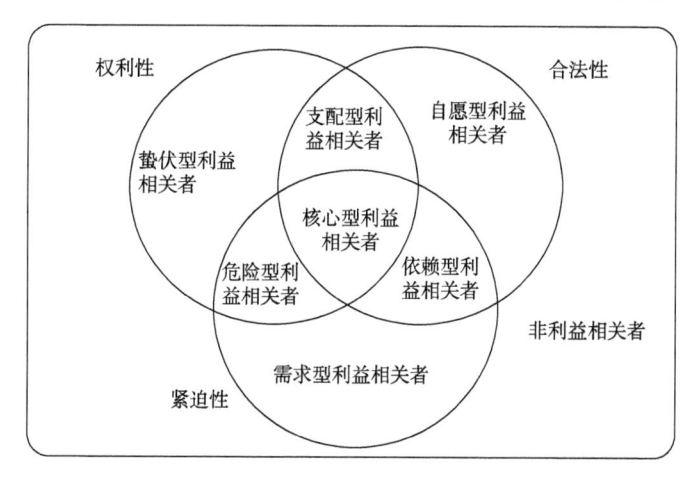

图 2-2 利益相关者划分
资料来源：Mitchell 等（1997）

2.2.2 企业社会责任

社会责任是指组织通过透明及合乎道德的行为，为其决策和活动对社会和环境的影响而承担的责任（ISO 26000），其总体目标是致力于可持续发展。作为可持续性的重要组成部分，社会责任，特别是企业社会责任的概念在 20 世纪 50 年代被首次提出（Bowen，1953；Frederick，1994），并在最近几十年不断演化和发展（Aguilera et al.，2007；Carroll，1979，1991）。自 20 世纪 90 年代以来，企业社会责任已成为管理学研究的热点问题（Aguinis and Glavas，2012；Campbell，2007），如表 2-6 所示。现有的企业社会责任的研究相对较为系统和丰富，其核心内容包括社会问题、环境问题、伦理问题和利益相关者问题（Dahlsrud，2008；周祖城，2011）。学者从制度、组织、个人等不同层面分析了企业社会责任行为的前置因素和后续影响（Aguinis and Glavas，2012）。社会责任的履行受到财务投资、组织规模、经济绩效、资源配置等组织内部因素的制约（Li and Zhang，2010；McWilliams and Siegel，2001），也受到包括市场环境、政府行为、产业发展、国家特征等外部因素的影响（Aguilera et al.，2007；Matten and Moon，2008）。

表 2-6　企业社会责任管理的发展历程

时间	研究内容	代表人物
20世纪50年代概念引入	Social Responsibilities of the Businessman 一书首次提出了企业社会责任的概念	Bowen（1953）
20世纪60年代内涵拓展	学术界不断丰富和完善企业社会责任的定义，指出企业的决策和活动需要满足社会大众的需求与期望，而不仅仅只追求经济利益和技术发展	Davis（1960）、Frederick（1960）、McGuire（1963）、Walton（1967）
20世纪70年代内容丰富	研究内容开始扩散，定义变得更加明确，研究主题偏向于企业社会响应、企业社会表现等	Johnson（1971）、Steiner（1971）、Sethi（1975）、Preston 和 Post（1975）
20世纪80年代实证研究	关于定义的讨论变少，测度和管理企业社会责任的研究增多，开始探究企业社会责任的主题框架	Drucker（1984）、Wartick 和 Cochran（1985）、Epstein（1987）
20世纪90年代主题多样化	研究主题视角多样化，主要包括利益相关者、商业伦理、企业社会表现、企业公民等	Jones（1990）、Wood（1991）、Carroll（1991）
1999年至今	企业社会责任测度创新、理论发展（结合实证研究和实践分析）、全球化	Aguilera 等（2007）、Matten 和 Moon（2008）

企业社会责任的内涵与主题十分丰富，具体研究主要聚焦环境影响、伦理及价值取向、利益相关者作用等方面（Aguilera et al., 2007；Lockett et al., 2006；周祖城，2011）。其研究内容涵盖范围极广，Dahlsrud（2008）在分析了学术界和产业界文献中对社会责任的 37 种定义后，将其划分为环境、社会、经济、利益相关者、自愿性等五个方面。Carroll（1991）提出了经典的社会责任金字塔模型，包括经济责任、法律责任、伦理责任及慈善责任四个维度。此后，学术界对金字塔模型进行了不断完善和发展。Shaw 和 Post（1993）将慈善活动归为伦理责任的一部分；Scherer 和 Palazzo（2011）指出应将企业的政治角色整合进其社会责任之中。由此，企业社会责任的金字塔模型可分解为经济收益、政治绩效、社会需求、伦理价值等维度（Garriga and Melé, 2004）。基于中国国情，国内学者提出，与西方国家相比，我国企业社会责任还涉及就业、诚信、社会稳定与进步三个维度（Xu and Yang, 2010；席酉民等，2003；徐光华等，2007）。此外，企业社会责任的影响因素也非常多。政府、公众、NGO、竞争者、合作伙伴等利益相关者都对企业社会责任履行具有显著影响（Clarkson, 1995；孟晓华和张曾，2013）；组织的社会责任履行依赖于资源的投入、组织规模的大小、经济绩效的高低、资源的松弛度等组织特征，往往制约着社会责任行为（McWilliams and Siegel, 2001）；组织的外部环境，如市场环境、政府行为、行业发展、国家特征等制度要素也对组织社会责任行为影响巨大（Aguilera et al., 2007；Matten and Moon, 2008；黄伟和陈钊，2015）。

企业社会责任理论涉及的领域十分宽泛，且与众多学科相互交叉，其基础理论结构复杂，具有多维度、多视角的特点。Garriga 和 Melé（2004）将社会责任的基础理论分为工具性理论、政治性理论、综合性理论、伦理性理论等（表2-7）。在Friedman（1970）引发了有关企业社会责任内涵的思考后，近些年来社会责任研究不断丰富和发展，有关企业为何要履行社会责任的文献越来越多，其中大多是基于资源基础观（Waddock and Graves，1997）、利益相关者理论（Freeman，1984）、制度理论（Campbell，2007）、合法性理论（Wang and Qian，2011）等视角开展的。

表2-7 企业社会责任的理论基础分析

相关理论	主要内容	研究者
工具性理论：将企业看作创造财富的工具，企业活动的目标只是创造经济价值	股东价值最大化	Friedman（1970）、Jensen（2002）
	竞争优势：将企业社会责任看作社会投资，并基于资源观制定企业社会责任战略	Porter 和 Kramer（2002）、Hart（1995）、Lizt（1996）、Prahalad 和 Hammond（2002）
	善因营销：将企业社会责任看作一种营销手段	Murrary 和 Montanari（1980）、Varadarajan 和 Menon（1988）
政治性理论：关注企业与社会的内在联系以及企业的权力和地位	公司章程	Davis（1960，1967）
	社会契约	Donaldson 和 Dunfee（1994）
	企业公民：将企业视为社区的成员	Wood 和 Lodgson（2002）
综合性理论：关注企业活动对社会需求的满足	突发事件管理：公共事件的反应与处理	Vogel（1986）、Watrick 和 Mahon（1994）
	合法性：探究企业社会绩效	Carroll（1979）、Swanson（1999）
伦理性理论：关注企业对社会的伦理责任	利益相关者：探究各相关方的社会责任及其利益均衡	Freeman（1984，1994）、Donaldson 和 Preston（1995）、Freeman 和 Phillips（2002）、Phillips 等（2003）
	可持续发展：基于人权、环境责任等视角，着眼于全人类的发展	Gladwin 等（1995）
	公共利益：以社会公共财富为导向	Alford 和 Naughton（2002）、Mele（2002）

1. 基于资源基础观的视角

企业通过获取、控制和使用稀缺的、有价值的、无法替代且不可模仿的资源或能力来获取竞争优势（Barney，1991），其社会责任在这一过程中扮演的角色在学术界尚存在争议（Wang and Qian，2011）。

一些学者认为，获取利润就是企业唯一的社会责任（Friedman，1970），而对于慈善捐赠、环境保护等方面的社会责任投入会成为一种无效的资源消耗，并为企业带来额外的成本（Galaskiewicz，1997；Haley，1991）。另外一些学者认为，企业社会责任可视为一种赢得竞争优势的无形资源，从多方面给企业带来收益（Branco and Rodrigues，2006）。社会责任相关活动可以为企业营造良好的内部文化氛围，从而提升员工的企业认同和工作积极性等（Bauman and Skitka，2012）。社会责任倡议的推动可以有效管理人力资源和提高供应链管理效率，从而提高竞争力（Reverte et al., 2016）；企业社会责任实践与创新正相关，社会责任战略的采纳可以成为创意的源泉，形成过程创新（Surroca et al., 2010）；可持续性企业通常伴随高效的利益相关者互动及相应机制，从而有利于其建立竞争优势并超越其他对手（肖海林等，2004）；社会责任行为增加企业的社会资本，提高企业与供应商、政府在优惠条约、商品和服务溢价等方面的交涉能力，从而降低运营成本（Lins et al., 2017）。此外，社会责任的履行及相关信息披露可以有效提高企业形象和产品声誉，从而帮助企业赢得更好的市场环境，进而为企业创造可持续价值（Porter and Kramer, 2006）。

大量文献从资源基础观视角出发开展了针对企业社会责任履行的深入研究。学者首先从环境责任的视角，给出了资源基础观对企业环境保护行为的理论解释（Hart, 1995；Sharma and Vredenburg, 1998），随后又从更多维度的视角进行了进一步的探究（Bansal, 2005；Hillman and Keim, 2001）。这些研究基于社会责任信息披露，总体呈现出两个重要特征：聚焦社会责任绩效与企业财务绩效之间的关系；注重企业文化与企业声誉等作为无形资产在这一关系中的作用（Russo and Fouts, 1997；费显政等，2010）。实证研究结果表明，企业社会责任与企业财务绩效间呈弱正相关关系（Orlitzky et al., 2003；Waddock and Graves, 1997），而企业资源投入、企业规模、经济绩效、资源松弛度、企业自身特征等也显著影响其社会责任行为（Li and Zhang, 2010；McWilliams and Siegel, 2001）。

2. 基于利益相关者理论的视角

利益相关者是指组织内外部环境中受组织决策和行动影响或对组织决策和行动有影响的任何相关方（Freeman, 1984）。利益相关者向组织提供关键资源或对组织具有显著影响，因而决策者有责任满足利益相关者的需要，并平衡具有冲突的利益相关者的诉求（Freeman et al., 2007；孟晓华和张曾，2013），这也成为学术界定义社会责任概念和产业界履行社会责任实践的一个重要维度（Dahlsrud, 2008）。

学术界从企业层面深入研究了不同的利益团体对组织社会责任行为的影响（Brammer and Pavelin, 2006；Cormier and Magnan, 2003；Huang and Kung, 2010；敬嵩和雷良海，2006）。实证研究从不同利益群体的视角分别开展了深入分析，内容涉及企业员工（Dutton et al., 1994）、政府与行业（Christmann and Taylor, 2006）、竞争者（Sharma and Henriques, 2005）、社会媒体（Weaver et al., 1999）、公众社区（Marquis et al., 2007）等。政府类利益相关者通过政

策颁布与实施等规制手段，以推动企业从事社会责任活动来进行社会变革（Aguilera et al.，2007）。公共部门通过激励企业的自发行为、PPP模式及政策规制等方式，推动企业履行社会责任实践（Albareda et al.，2007）。企业类利益相关者可以通过市场竞争、供应链上下游等渠道，促使企业通过模仿性行为与其商业网络中竞争者、合作者实现社会责任实践的同构化，进而影响企业社会责任行为（Matten and Moon，2008）。对于社区类利益相关者而言，其受到企业社会责任的影响是直接的（Li et al.，2013）；相对地，社区类利益相关者产生的制度压力也能影响企业社会责任的决策，塑造企业社会行为，增强企业社会责任的效应或者减少带来的社会问题（Marquis et al.，2007）。

3. 基于制度理论的视角

制度理论已成为解释现代企业战略选择与组织行为的重要视角（Peng et al.，2009；赵康和陈加丰，2001），制度约束在企业外部经济环境与内部组织行为逻辑间起到显著的中介与调节作用，企业社会责任的相关实证研究为此提供了大量佐证（Campbell，2007）。学术界认为企业的制度约束，如市场环境、政府规制、行业竞争等也对其伦理、道德、公司治理、法律遵守等诸多社会责任行为产生显著影响（Aguilera et al.，2007；Matten and Moon，2008；王小锡，2011）。

制度环境，包括国家法律政策、产业环境规章、相关组织监督（如NGO）等，对企业社会责任履行及经济效益提升具有显著作用（Campbell，2007）。在国家层面，国家商业体系（national business systems，NBS）对于企业社会责任履行具有直接影响（Campbell，2006），在不同NBS中，企业必须通过实施社会责任信息披露、开展社会责任活动来应对来自内部和外部不同程度的多样性的规制压力（Aguilera and Jackson，2003）。在企业跨国经营中，不同国家的制度环境差异巨大，且在企业国际化深度和广度拓展中，制度约束具有高度的动态性，因此其社会责任行为会随之显著加强（Hitt et al.，1997；Ma et al.，2016）。在产业层面，特别是行业标准（如产品质量标准、环境标准、劳工标准等）会推动企业履行社会责任（Dowell et al.，2000；刘瑛华，2006）。Jennings和Zandbergen（1995）分析了制度环境在企业实现生态可持续过程中的角色。Qi等（2012）从ISO 14001环境认证出发，阐述了企业在国际化过程中履行环境责任的内在驱动力。在组织层面，Jones（1995）认为企业与利益相关者有效率的交易与互动是基于诚实、信任、有道德的合作基础，而这一基础的来源即企业社会责任的履行。Doh和Guay（2006）基于企业与NGO之间的互动，综合理论与实证分析发现，不同制度结构和政治环境是企业社会责任战略、政府规制、NGO行为间交互的重要影响因素。

4. 基于合法性理论的视角

合法性是指基于当下的社会规范、价值观念和信仰，组织行为在多大程度上为组织利益相关者所接受及容纳（Suchman，1995）。一旦组织行为与制度化的游戏规则相冲突，组织的合法性地位则会受到挑战（Schrempf-Stirling et al.，2016）。基于合法性理论，学者认为社会责任的履行可以帮助企业获取社会政治合法性（Aldrich and Fiol，1994；Wang and Qian，2011）。社会合法性与政治合法性可以帮助企业取得利益相关方的积极回应及政府的经营许可，虽然这一过程并不直接为企业带来经济效益，但对于企业的生存和成功却至关重要（Bansal and Roth，2000；Frooman，1999；Sharma，2000）。

企业的社会合法性来自公众。企业通过履行社会责任可以同社区乃至社会大众建立良好的关系，进而获取其积极的反应、交互、支持（Berman et al.，1999），这一观点同利益相关者理论有异曲同工之处。作为一种工具性的战略选择，企业通过社会责任行为可以显著提高其社会公众声誉，并将这一正面形象延伸到如产品质量、客户关注等方面（Adams and Hardwick，1998），从而获得市场的肯定。

企业的政治合法性来自政府。政治合法性保证了企业政治资源的获取，这对于其在市场竞争中的长期生存和成功十分关键（Hillman，2005；梁建等，2010）。企业对于社会的关注及相应责任的履行可以对政府释放出一种正向的信号，可以帮助政府减轻对于实施一些高成本规制的压力，如有关劳工和消费者权益保护的法规颁布及实施（Adams and Hardwick，1998；Porter and Kramer，2006；马龙龙，2011），这无疑将帮助企业从政府那里获取更友好的政策和相应的支持，这一现象在企业国际化过程中十分明显，企业通过社会责任履行改善与当地政府的关系，从而突破贸易壁垒和降低经营风险（Liang et al.，2015；Ma et al.，2016）。特别是在新兴经济体中，政府缺乏足够的资源与能力发放社区福利和开展社会公共工程时，企业对于这类工程的社会捐赠能帮助政府减少财政支出，相应地，政府也会为其提供税收或其他政策优惠（Dickson，2003）。

2.3 重大工程与社会责任

对于重大工程来说，其复杂性与动态性对社会责任履行及可持续发展的影响尤为显著（Miller and Hobbs，2005；Bosch-Rekveldt et al.，2011）。重大工程项目组织的临时性、工程建设的一次性决定了其不可逆性（Muller et al.，2014）。

随着项目全生命周期的推进，工程项目的实施可视为一个风险降低与复杂性降解的过程（Winch，2001），其社会责任的实践主体及内容呈现出动态演化的趋势（Miller and Hobbs，2005）。同企业社会责任相比，工程社会责任实践贯穿于项目的全生命周期（Keeble et al.，2003）；工程利益相关者既是社会责任的实践主体，也是行为客体，并在全生命周期不同阶段表现出不同的具体类型，其作用也呈现动态演化的特征（Miller and Hobbs，2005）。工程全生命周期涵盖了立项、设计、建设、运营等阶段，社会责任的利益相关者主要包括政府、业主、公众、社区、设计方、承包商、分包商、监理方等（Zhao et al.，2012）。现有研究主要集中于承包商在施工建设阶段的社会责任（吴彦俊等，2014），如学者研究了建筑业施工阶段绿色创新技术的应用（Qi et al.，2010）、安全管理体系集成（Fang et al.，2004）、建设项目环境—健康影响综合量化评价（Tam et al.，2006），内容涉及了工程施工对环境的影响（污染排放、资源消耗）以及对人体的影响（健康损害、施工安全）等。

重大工程复杂性的特征给其在项目全生命周期中经济、社会、环境的可持续发展带来了挑战（Levitt，2007）。传统项目管理文献关注于重大工程管理中成本、工期、质量三大目标的项目治理（Atkinson，1999），而近些年来，有关工程环境与伦理问题的研究不断涌现，如风险控制（Flyvbjerg et al.，2003）、安全保障（Fang et al.，2004）、环境保护（Xue et al.，2015），同时还牵涉到了超越企业社会责任的许多社会问题，如生态平衡（陆佑楣，2005）、工程反腐败（Kenny，2009；张兵等，2015）等，这为重大工程的效应与治理研究带来了挑战。

2.3.1 重大工程效应与社会责任

作为社会先行资本，重大工程对参与项目的企业、工程建筑行业，乃至项目所在地区的可持续发展具有深刻影响。重大工程效应一直是引起广泛关注的主题，现有文献中关于重大工程效应的研究主要集中在宏观经济层面，而关于社会责任效应的研究大多数集中在企业社会责任方面，包括改善组织的经济绩效、提升竞争力、赢得合法性、改善公共形象等。与企业社会责任效应相比，重大工程社会责任带来的效应更为复杂，既包括工程自身功能实现的直接效应，又涵盖超出项目本身的间接（溢出）效应。

1. 社会责任的组织与行业效应

社会责任给组织带来的正向效应涉及许多方面，现有文献大多从制度理论与资源基础观的视角加以解读。

从制度理论出发，社会责任行为能帮助组织获取经济、政治及社会合法性。面向合作方、竞争者、上下游企业等方面的社会责任压力，企业需要推行一系列社会责任举措来为其商业活动获取良好的环境，从而维系其经济可持续性（Jamali and Mirshak，2007）。有利于地区发展的社会责任投资能帮助组织取得政治合法性，从而降低经营风险（Darendeli and Hill，2016；Wang and Qian，2011），而有效的环境信息披露、实质性的社会捐赠等社会责任行为可以帮助企业得到社会公众的认同（Schrempf-Stirling et al.，2016）。

从资源基础观出发，社会责任战略将为组织带来有形资产，降低企业运营成本与潜在风险，进而提高企业财务绩效（Aguinis and Glavas，2012）。良好的社会责任表现可以提高组织声誉、品牌价值等无形资产，从而增强消费者忠诚度，获取更好的市场推广绩效（Li J et al.，2017；Lii and Lee，2012）。更具体地，社会责任还可以帮助企业实现更有效的供应链和人力资源管理，从而建立和维持其竞争优势（Porter and Kramer，2006；Reverte et al.，2016；Spena and Chiara，2012）。有效的信息披露等社会责任实践能降低信息不对称性，减少组织的交易成本（Lins et al.，2017）；有关员工的社会责任实践有利于引发员工对企业文化的共鸣，提升其对企业的认同和归属感，进而减少人才流失和吸引外部人力资本，并促进组织整体人力资源系统的整合（Waddock and Graves，1997）。此外，社会责任能极大地刺激知识的产生和整合，促进企业内部创意的萌生与转化，形成过程创新（Spena and Chiara，2012；Surroca et al.，2010），而如环境规制等外部社会责任压力迫使企业提升技术标准来提高生产效率和降低生产成本，从而增强企业绿色创新能力（Surroca et al.，2010）。

在工程建筑领域，环境保护、工程伦理等社会责任问题已成为项目管理与工程企业组织管理的重要议题（Oladinrin and Ho，2014；何继善等，2008）。在工程实践中，如贿赂、滥用客户和企业资源、徇私、歧视、不公正等伦理问题严重阻碍了工程项目以及工程参与组织的可持续发展（Bowen et al.，2007），从管理与组织、计划与监管、价值与利益三视角出发的社会责任管理已成为解决工程伦理问题的关键（Oladinrin and Ho，2014）。相对地，良好的工程企业伦理表现有利于工程企业形成共享的价值取向，培育组织内部和外部利益相关者的信任（Muller et al.，2014）。严格的道德规范准则的贯彻有利于建立工程企业的行业声誉，在客户、政府和社区建立良好的口碑，在工程行业的声誉不佳的情境下，这一口碑能作为一种重要的资本帮助工程企业维持和提升其竞争优势（Huang and Lien，2012）。例如，绿色建筑方案从健康建造、安全建造、可持续建造等不同视角追求工程建筑的资源循环利用与环境保护（Chang et al.，2016），与传统的写字楼相比，具有绿色建筑特征的低能耗写字楼可以节约超过 55%的能源消耗成本（Lau et al.，2009）。这不仅提升了企业自身社会责任绩效（如促进节能减排、成本降低和建造环境健康状况改善），还能塑造组织绿色文化价值，增强技术创新能力，积累行业声誉，建立竞争优势（Balaban and Oliveira，2016）。

随着产业一体化趋势的增强，企业社会责任会沿着供应链扩展到其上下游企业，最终形成整个行业整体的社会责任（Airike et al.，2016；Spena and Chiara，2012）。现有研究主要集中在以下两个方面。

在行业整体竞争力方面，企业履行社会责任有助于加强企业与利益相关者之间的联系，推进行业内的相互交流和知识共享（Jones et al.，2014），进而提高行业内资源配置的效率。在建筑行业内，绿色建筑中可回收建材的再利用不仅有利于环境保护，还能有效降低建造成本和提高生产率（Coelho and de Brito，2012）。良好的社会责任有效降低行业内的生产和运营成本（Zuo and Zhao，2014），提升行业的声誉（Orlitzky et al.，2003），进而提升产业竞争力，为行业带来更多的市场机会（Zhao et al.，2012）。

在行业整体社会责任表现方面，良好的企业社会责任有利于行业社会责任的提升，企业社会责任提高了行业整体履行社会责任的意愿。政府部门以社会责任良好的企业为标杆，制定相应的法律法规，以提高行业内规制的约束（Egan，1998；Sherratt，2015）。社会责任良好的组织倾向于合同约束等方式促使其上下游企业社会责任的提升，这在客观上推动了行业标准的提高（Lepoutre and Heene，2006）。社会责任实践提高了公众对企业社会责任的期望，进而增加了公众对于行业的监督以及来自媒体的舆论压力（Chernev and Blair，2015；Loosemore and Lim，2017）。社会责任也有助于降低行业内的生产和运营成本，这也提高了行业内的组织提升自身社会责任的意愿（Lau et al.，2009）。社会责任也增强了行业履行社会责任的能力。履行社会责任的过程不但为行业积累了有关社会责任与可持续性的知识和经验（Lepoutre and Heene，2006），还在行业内培养了一批具有良好社会责任意识与能力的人才队伍（Mamic，2005）。

2. 重大工程与产业、区域的可持续发展

从成本的角度来看，重大工程的实施能显著降低产业内的交易成本，进而拉动产业发展。一方面，重大工程的修建或改善可以通过降低货物的运输成本和贸易成本的方式直接促进交易成本的降低。以印度"黄金四边形"高速公路修建项目为例，高速公路质量的改善有助于消除区域之间的交通壁垒，从而显著降低产业链上下游企业之间的交易成本，促进各行业的贸易增长（Datta，2012）；基于印度在被殖民时期铁路数据的实证研究也得出了相似的结论（Donaldson，2017）。另一方面，重大工程还有利于降低产业链中交易的不确定性，降低企业的生产成本、监督成本及议价成本，从而间接促进交易成本的降低。例如，高速公路的修建或改善可以使产业链中企业之间的物流更加便捷，贸易的时间成本和不确定性显著降低，从而使企业通过降低库存水平来节约成本，最终带来行业发展和社会总产出的增加（Datta，2012；李涵和唐丽淼，2015）。

从收益的角度来看，重大工程的实施能够显著提升相关行业的生产效率，进而拉动产业发展。一方面，作为一种生产要素，重大工程的修建或改善能够直接促进企业生产效率的提升（Straub，2011）。基础设施工程（尤其是公路）作为重要的公共资本，其修建能够显著提升交通密集型产业的生产效率（Fernald，1999）。以印度为例，1972~1992 年的 20 年中，印度公路的修建和电力设施的完善为其制造业的发展做出了巨大贡献（Hulten et al.，2006）。另一方面，产业内生产绩效的提升不仅来源于技术变革，还来源于各种类型的规模效应，其中来自公共基础设施的外部冲击是提升产业规模效应的重要因素（Morrison and Schwartz，1996）。交通类重大工程的修建或改善能够促进产业集聚，激发行业发展的规模效应，从而间接促进生产效率的提升（Banister and Thurstain-Goodwin，2011；Venables，2007）。基于英国数据的研究证实了交通基础设施的修建能够带来外部集聚效应，包括服务业、制造业在内的诸多行业均能从这种外部集聚效应中受益（Graham，2007）。基于我国高速公路网络系统的实证研究表明，基础设施的修建能够加快贸易一体化的进程，从而促进产业向核心城市的集聚和企业生产效率的提升（Faber，2014）。

重大基础设施对于区域经济、社会、环境的可持续发展具有显著而深远的影响。在宏观经济层面，重大工程作为社会先行资本和（准）公共物品（Rosenstein-Rodan，1943）对经济增长有直接和间接的促进作用（Banerjee et al.，2012；Donaldson，2017）；作为一种投资（Straub，2011），基础设施对经济的刺激可以直接体现在国内生产总值（gross domestic product，GDP）上（刘生龙和胡鞍钢，2010）；作为一种生产要素，重大工程从产出弹性的角度对经济发展也具有显著的促进作用（Fan and Zhang，2004）。基础设施的使用具有非竞争性和局部排他性，在达到"拥挤点"之前能体现其规模效应，并由此促进区域经济发展（王任飞和王进杰，2007）；交通等基础设施可以优化资源配置、改善区域贸易、实现网络效应和促进区域经济一体化（张学良，2012）。

首先，在经济层面，重大工程，特别是交通基础设施可以改善区域投资环境，吸引外商投资（Zheng and Kahn，2013），促进生产率整体提升（Fernald，1999；刘秉镰等，2010），进而促进相关产业发展（Faber，2014；Shi and Huang，2014）。除了对与工程建设密切相关的建筑业与制造业具有显著推动外（Morrison and Schwartz，1996；Hulten et al.，2006），交通基础设施还可扩大地区农业生产空间选择、促进农业种植结构调整（黄晓霞等，2006；骆永民和樊丽明，2012）。其次，相比经济效应，重大工程的社会效应更为复杂。除了履行项目内社会责任外，重大工程还可能会产生其他溢出效应，如降低失业率（Leigh and Neill，2011；张光南等，2010）、改善社区居民心理健康（Ludwig et al.，2012）、增强地区福利和社区服务（朱玲，1990）等正外部性。重大工程建设也面临一系列社会问题，尤其是移民安置及由此引发的贫困问题（Wu et al.，2003）。研究表明，重大工程投资在时间、空间维度上的分布不均会给社区居民，特别是非自愿移民带来集聚效应的落差，可能产生如次生贫困或介入型贫困之类的负外部性（杨云彦等，2008）。最后，重大工程环境效应主要包括工程建设过程中的环境影响以及由于工程本身对自然改造而产生的环境影响（Liu，1998）。现有文献对前者开展了深入研究，具体涵盖了施工阶段的大气污染、水污染、粉尘污染、光污染等方面（Yang and Shi，2009；Chen et al.，2015；Xue et al.，2015），但拓展到全生命周期的综合环境效应分析并不充分；而针对后者的研究，主要停留在面向项目的环境影响评价体系开发方面（Tam et al.，2006；Ugwu et al.，2006），而针对项目效应的实证检验相对缺乏。

2.3.2 重大工程治理与社会责任

重大工程涉及利益相关者众多，其治理的主体十分复杂，其中既包括政府这一类公共部门，还包括以承包商为代表的这一类私营部门。因此，其社会责任治理既与公共治理相关，又与公司治理有密切联系。随着PPP模式在国内外工程建设中的不断推广与应用，其社会责任治理已成为学术界新的研究方向。

1. 公司治理、公共治理与社会责任

公司治理是指企业管理层对组织内外资源配置和矛盾处理的决策（Daily et al.，2003），其内容涵盖管理学（Harjoto and Jo，2011）、经济学（Pagano and Volpin，2005）、法学（Licht et al.，2005）等众多领域。公司治理涉及了企业管理层的联系、协调、控制、策略、维护、支撑等多种角色（Hung，1998），其传统目标是保护股东及投资者利益。但在现代管理学的理论与实践中，公司治理中领导力、决策、控制、追责等元素都能显著影响企业的社会责任表现，公司治理的目标还涵盖了平衡利益相关者权益、确保有效的信息披露以及评估社会与环境影响等内容（OECD，1999）。

公司治理与企业社会责任两方面的研究具有许多交叉（Jamali et al.，

2008)。现有文献从利益相关者理论、资源基础观、委托代理理论、制度理论等多视角出发分析了公司治理与企业社会责任之间的相辅相成的理论关系（Sacconi，2006，2007；Jamali et al.，2008）。有许多理论研究关注了这一问题，如 Johnson 和 Greening（1999）从公司治理的四个方面及企业社会责任绩效的两个维度出发探究了两者之间的多层次内在联系；Aguilera 等（2006）通过对比英美两国企业的公司治理状况，分析了企业履行社会责任的工具性动机、关联性动机及伦理性动机；此外，还有学者通过在实证研究中引入其他组织要素从而进一步探究了公司治理与企业社会责任之间的关系，如公司财务绩效（Harjoto and Jo，2011）、资源松弛度（Arora and Dharwadkar，2011）、信息披露（Meng et al.，2013）等。

公共治理是指为维护国家和公众利益在公共决策与实施过程中的正式与非正式机制安排（OECD，2005）。对比公司治理，公共治理更面向管理决策的社会与环境影响。公共治理可以被视为各利益相关者共同作用进而影响公共政策产出的过程（Bovaird and Löffler，2003）。尽管学术界仍存在关于"无政府治理"（governance without government）的争论（Rhodes，1996），但政府仍然是公共治理决策网络中的核心（Bovaird，2005），而政府的社会责任就是在公共服务中考虑公众利益（Box，1999）。同时，私营部门的社会责任近些年来也成为公共治理关注的热点，其中对公共政策十分敏感的企业与 NGO，已经越来越多地参与到公共治理中（Flinders，2004）。政府的角色已经不仅仅局限于对企业的非伦理性行为的监督，还极大地体现在采取多样性政策从而有效干预企业的社会责任制度及其利益相关者战略（Albareda et al.，2007；Scherer and Palazzo，2011），进而帮助企业实现社会责任意识的提高、行为透明度的增加及社会责任的投入等（Steurer，2010）。

此外，随着现代社会中商业活动与政府行为间的交集越来越多（Scherer and Palazzo，2011），公司治理与公共治理之间在利益相关者管理和社会问题解决中的耦合也日趋凸显（Bovaird，2005；Steurer，2010）。Benz 和 Frey（2007）指出公司治理需要从公共治理中汲取经验，进而规范企业在公共事务中的行为，特别是在商业丑闻发生时的合理应对。类似地，Box（1999）、Kobrin（2009）的研究表明，公共治理可以从公司治理中得到灵感，进而提高对公共事务的治理效率。随着重大工程的发展越来越多地依赖 PPP 模式，公司治理与公共治理的交互成为重大工程治理的必然发展趋势。

2. 工程治理与社会责任

重大工程通常基于一个临时性组织（如项目指挥部），其治理具有决策权力分散、资源配置要求高、利益相关者网络复杂的特点（Muller，2012；曾晖和成虎，2014），这与公司治理及公共治理相比都有很大的不同。现有文献分析了项目治理的多种要素和研究主题（Too and Weaver，2014）。基于交易成本理论，Winch（2001）提出了项目全生命周期治理的概念模型；Clegg 等（2002）关注了工程项目治理中组织合作文化的重要性；Abednego 和 Ogunlana（2006）基于PPP 模式研究了其风险分配与治理；Crawford 等（2008）从业主的视角出发分析了项目治理的有效性；Crawford 和 Helm（2009）结合公共部门参与探究了项目投资的价值期望与实现；等等。

除了关注工程超支、超工期、交付失败等传统的项目治理问题外（Miller and Lessard，2001；Davies et al.，2009；Flyvbjerg et al.，2009；Ansar et al.，2014），利益相关者管理也是近年来工程治理文献中最为常见的关键词之一（Muller et al.，2014），工程社会责任与可持续性逐渐成为现代项目治理研究的热点。对于重大工程，其治理蓝图需要面向特定工程和特定背景下的责任复杂性（Miller and Hobbs，2005），利益相关者价值管理、透明度、问责制等许多公共工程项目中社会责任治理问题已开始受到学术界的关注（Klakegg et al.，2008；Zhai et al.，2009；Galloway et al.，2012；Shiferaw et al.，2012；乐云等，2013）。

PPP 是指公共部门通过与私人部门建立伙伴关系来提供公共产品或服务的一种方式。PPP 工程具有基础设施和公用事业的特殊性质，投资规模大、涉及面广、建设和经营周期长及面临可变因素多等特征，比起传统模式面临的风险更高也更为复杂（张万宽等，2010）。风险管控是 PPP 工程治理的一个焦点问题，在实践中风险问题导致项目失败的案例并不罕见，近些年已经受到学术界越来越多的关注（Ng and Loosemore，2007）。

对项目风险的有效识别、合理的风险分担及有效的管理措施不仅是对 PPP 项目参与各方的主要挑战，还是实现工程治理，降低成本并提高效益的关键。Grimsey 和 Lewis（2002）基于澳大利亚 PPP 工程实践，将基础设施建设项目采用 PPP 模式时面临的风险分为技术风险、建设风险、运营风险、回收风险、金融风险、不可抗力风险、政策/法规风险、环境风险及项目缺省风险九大类。Li 等（2005a）基于英国 PPP 项目，提出 PPP 模式下的工程按照不同参与者的愿意承担风险的比例分为由政府承担的风险、由私人部门承担的风险、由双方共同承担的风险及由项目的特定环境决定的风险。Li 等（2005b）的另一项研究根据 PPP 项目的风险的不同程度提出了元化分类方法，即宏观程度风险、中观程度风险及微观程度风险。宏观程度风险主要是外在原因导致的风险，主要是国家或者行业层面的风险；中观程度风险是指风险实践及其影响发生在项目系统之内的风险；微观程度风险是指那些在合同管理中由于公私部门内在差异而产生的风险。Iyer和Sagheer（2009）系统性解构了PPP高速公路项目17种不同风险的层级、结构、关系，可以看到，PPP工程的风险因素众多，且结构十分复杂，其中涉及的如安全、环境、就业等议题都同工程社会责任密切相关，PPP项目的社会责任治理对于其风险管控十分关键。进一步地，基于在中国、俄罗斯、波兰等转型国家的调研，张万宽等（2010）识别了评价PPP绩效的11项指标：公共服务质量、性价比、成本控制、服务及时性、满足公众预期、基础设施现代化、环境保护、自然资源的有效利用、创新与技术转移、就业机会的创造、安全保障。

大型公共PPP项目的内在复杂性与战略性影响给其社会责任与可持续发展带来极大挑战（Kumaraswamy and Anvuur, 2008）。Li等（2005a）认为在PPP项目中政府应追求社会责任，而私营部门追求利润，二者互为补充。然而，大型公共PPP项目的社会责任管理需要平衡多方权益，具体涉及成本利用、风险分担、创新、利益相关者参与等多方面，且应保证工程治理的可靠性、及时性、透明性与安全性（Forrer et al., 2010）。尤其是在诸多复杂的利益相关者网络和社会责任议题的情境下，简单地将社会责任治理归结于公共部门是不合理和不可行的。

现有文献中针对PPP工程社会责任的系统性研究较少，但针对PPP工程环境影响、施工安全及社会风险相关的研究已有一定基础。在Iyer和Sagheer（2009）的PPP项目结构化风险模型中，社会责任相关的风险——环境风险、安全风险及移民安置风险等——处于其模型中的较高层次，量化分析难度大，相比其他类型风险的管控要求更高。在环境风险方面，现有研究大多将PPP工程的环境影响作为潜在的工程风险，是工程成功的关键（Grimsey and Lewis, 2002；Zhang, 2005）。以日本为例，对于卫生与环境相关基础设施工程建设，PPP框架下的不同范式选择与治理结构是影响工程绩效与成功交付的重要因素（胡振，2010）。大型公共建设项目施工带来的噪声污染、环境污染是社区与公众关注的焦点，而公共部门在PPP项目中的环境承诺直接影响其公信力（van Marrewijk et al., 2008）。在施工安全风险与员工健康风险方面，El-Gohary等（2006）指出，追求利润的私营部门对公共工程的介入通常使项目安全风险受到利益相关者更多的关注。Ng和Loosemore（2007）基于中国香港PPP工程实践，研究指出公私部门间安全责任的分担是PPP工程顺利实施的保障。在社会风险方面，PPP模式除了有利于社会资本激活与利用这一经济效应外（Tang et al., 2010），其对于提高区域就业水平、增强社会稳定等社会效应也具有正向影响（苏振民等，2010）。

2.4 本章小结

本章针对现有文献中有关重大工程社会责任方面的研究展开回顾与总结，主要研究评述如下。

第一，学术界对于企业社会责任的研究已较为丰富和系统化，现有文献主要基于制度理论、交易成本理论、资源基础观、利益相关者等视角展开，这为本书的研究提供了坚实的理论基础。然而重大工程复杂性、独特性、一次性的特征为其社会责任研究带来了挑战。现有文献中关于工程社会责任的研究主要集中于承包商在建设阶段的企业社会责任，对重大工程管理基础理论的深刻认知及创新与重大工程建设规模和复杂性增长不相匹配，也缺乏对我国国情特点的深刻反映。

第二，现有研究对重大工程可持续性的研究还停留在狭窄的重大工程利益相关者管理的概念方面，需要从多视角进行重大工程可持续管理。对于重大工程社会责任的研究刚刚起步，还停留在概念阶段，缺乏相关案例分析与实证，尤其缺乏全生命周期不同阶段社会责任的评价指标和评价体系的系统性的深入研究，急需从社会责任内涵的角度分析全生命动态性对于重大工程社会责任的影响。

第三，作为物质性建设的重大工程对于国家经济、社会、环境的可持续性具有深远的影响。在重大工程效应的研究中，现有文献主要集中于其对区域经济外部性分析，且取得了丰富的成果，但对社会与环境等维度效应解读得并不充分；大多数有关工程效应的研究仅关注工程基本功能实现带来的溢出，而从工程社会责任效应视角出发的研究还不多见，尤其从组织、产业等多层次角度出发的实证性研究还比较缺乏。

第四，投资高、周期长、影响大的重大工程绩效治理是近些年学术界关注的热点话题。在重大工程治理的文献中，多数研究主要集中在对重大工程在项目管理传统三大目标（成本、工期、质量）的治理上，而对于社会责任治理的关注相对较少；大多学者是从自身领域出发，基于公司治理或公共治理的单一视角开展研究，缺乏综合组织与项目的多层次分析，集企业、政府、公众多维度的重大工程社会责任治理多元性、多边性的系统性讨论仍显不足。

第3章　重大工程社会责任的概念与理论框架

本章提出重大工程社会责任的内涵与外延，具体涵盖两部分内容：①给出重大工程社会责任的定义，区分重大工程社会责任狭义与广义的概念，并介绍相关关键议题；②描绘重大工程社会责任的理论框架，明确其相比企业社会责任具有的特征，构建三维概念模型。

3.1　重大工程社会责任的概念

3.1.1　重大工程社会责任的定义与层次

社会责任是指组织通过透明及合乎道德的行为，为其决策和活动对社会和环境的影响而承担的责任（ISO，2006）。重大工程社会责任涉及直接参与者（政府、工程承包商、设备及材料供应商、设计方、员工等）以及其他利益相关者（公众、社区、NGO 等），其相关活动的实施需要贯穿项目全生命周期（Salazar et al.，2012）。鉴于重大工程在国民经济和地区发展中的关键地位，其透明和合乎道德的行为都与可持续发展密切相关。可持续发展是指组织追求责任担当的总体社会性目标，重大工程社会责任管理目标也是致力于可持续发展，即追求和实现全人类的经济、社会与环境协调发展（ISO，2006）。另外，重大工程行为应符合国家法律、政府规章、国际标准、行业规范，其社会责任需要整合各利益相关者的决策与行为，并实现其利益均衡。综上，重大工程社会责任可以被概述为：重大工程各利益相关者在项目全生命周期内，以可持续发展为目标，通过透明和合乎道德的行为，为其决策和活动对人类社会带来影响而承担的责任。

重大工程社会责任涉及的范围很广，基于其影响范畴由小至大可以划分为工程基本功能的实现、项目管理的传统目标、狭义的工程社会责任、广义的工程社会责任四个层次（图 3-1）。其中，更高层次的工程社会责任涵盖前一层次的内容。具体来说，第一层次的社会责任为工程基本功能的实现，这是工程社会责任的最基本要求，也是履行其他层次社会责任的基础条件。例如，三峡水利枢纽工程的基本工程为抗洪与发电，若工程在建设运营中实现了这一功能，则认为其履行了最基本层次的社会责任。类似的还有，高铁网络通车实现客运、港珠澳大桥等桥梁建成实现通车等。第二层次的社会责任包括第一层次的内容，在此基础上，还要求实现项目管理的传统目标，具体指项目的成本、工期、质量控制等。这一层次内容在学术界有较为丰富的探究与讨论，在实践中也有诸多方法、制度等加以约束，已成为更高层次工程社会责任履行的必要条件。第三层次的社会责任包括第二层次的内容，为狭义的工程社会责任。这与一般企业社会责任的要求类似，具体包括项目框架内的员工的专业培训与职业健康、施工现场的安全保障、建设过程中的环境保护等。这一层次的工程社会责任仍然处于项目管理的框架范围内，其内容既涵盖政策法规与行业规范等涵盖的强制性责任履行，也包括受到社会文化与企业伦理等影响的自愿性责任履行。第四层次的社会责任包括第三层次的内容，其内涵超出了工程项目框架，体现在对于参与组织、行业、区域乃至国家的溢出效应上，在本书中称为广义的工程社会责任。由于广义的工程社会责任依赖于第三层次内容（即狭义的工程社会责任），故在本书中，这一层次的内容也被称作重大工程社会责任效应。例如，高铁建设带来的所在区域的城镇化发展，这一效应超出了工程项目本身，即为广义的工程社会责任（Zheng and Kahn, 2013）。

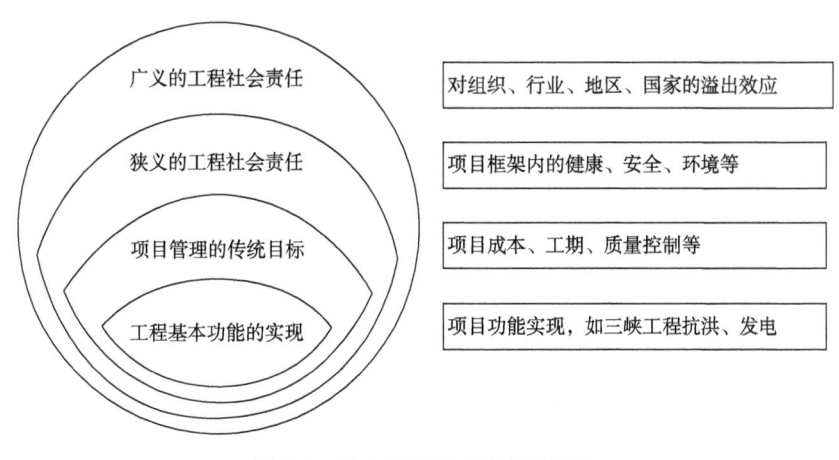

图 3-1 重大工程社会责任的层次

3.1.2　重大工程社会责任的关键议题

社会责任的议题包括人权、劳工、环保、公平、消费者、社区等（ISO，2006）。在中国，企业社会责任主要涉及经济责任、法律责任、环境保护、客户导向、慈善、就业、诚信、社会稳定与进步等方面的内容（Xu and Yang，2010）。我们应当看到，在经济高速发展、社会需求加快、环境压力剧增的多重压力下，中国重大工程面临着前所未有的战略机遇期、环境敏感期和价值重构期。在这一背景下，重大工程社会责任的一系列关键议题受到了更多关注，具体包括以下几个方面。

一是污染控制：重大工程的实施需要消耗大量自然资源，由此带来了建筑垃圾并造成空气污染、水污染及土壤污染。施工活动对环境的负面影响主要来源于粉尘和温室气体排放（Zhao et al.，2012），在中国，建筑业产生的垃圾总量占总固体废物的40%，达到了每年约3 000万吨（Wang et al.，2010）；能源基础设施正以空前的速度增长，而其中大部分以煤作为燃料而排放大量的温室气体（Liu et al.，2008）。

二是生态保护：重大工程能显著改变当地自然环境（包括陆地、海洋、河流、空气）等进而易对区域生态平衡造成影响。工程施工往往会破坏项目所在地的动植物栖息地，损害植被和减少野生动物活动区域，进而对地区生物多样性和生态平衡造成负面影响（Wu et al.，2003）。水利基础设施会改变自然界的水循环和营养循环，水坝工程导致上游大片土地被淹没进而显著影响其陆生生物，同时降低下游地区的水位从而对水生植物和鱼类的生存造成负面效应。三峡工程的生态影响受到了全世界的关注（Shen and Xie，2004），有报道称大约560种稀有陆生植物在三峡蓄水过程中被淹没。此外，如铁路等基础设施会严重影响当地野生动物的迁徙路线（Peng et al.，2007），青藏铁路建设导致约1 500头藏羚羊的迁徙及繁殖受到影响（Qiu，2007）。

三是职业健康与安全：多数重大工程施工活动在野外开展，恶劣的工作环境使建筑业相比其他行业职业健康问题更为严重。施工现场涉及的多参与方和多行为目标带来了环境敏感性和技术复杂性，这导致重大工程职业健康风险与项目安全风险较高，且事故频发。全世界每年约有6万起工程现场事故发生，至少有6万人因此丧生，约每10分钟1人因此丧生（Aires et al.，2010）。根据全欧洲的工作环境调查统计，大约35%的建设工人认为其工作存在健康风险（OSHA，2007）。工程建筑业的死亡率及受伤率相比其他行业要高出50%左右（Loosemore and Phua，2011）。员工健康及安全事件不仅会对工程从业者造成灾难性的后果，还会对重大工程社会责任（如政府形象、承包商声誉）产生负面影响，造成工程成本增加。

四是工程反腐败：重大工程丑闻并不鲜见，特别是在项目的招投标过程中。在国际组织透明国际（Transparency International）发布的贿赂指数中，公共工程与建筑的排名最差。由于重大工程巨额投资规模、独特性、复杂性及剧烈的矛盾冲突，其成本和工期符合制定标准和按计划实行的难度颇高，故在实践中常常存在隐瞒和虚报的现象。此外，重大工程涉及产业众多、具有诸多利益相关方及复杂的合同关系与账务情况，行业标准相对松散，在这一情境下腐败现象滋生。正如地震中坍塌的一系列"豆腐渣"工程所示，腐败严重危害了基础设施的工程质量与安全，还会导致公众不满和政府公信力下降，进而严重影响政府治理（Kenny，2009）。工程腐败往往渗透到了重大工程全生命周期的各个阶段，给其可持续性带来了灾难性的负面作用（Loosemore and Phua，2011；Sohail and Cavill，2008）。

五是移民安置：重大工程移民是一个社会问题，关系到社会公平、区域差异、社会稳定及生态平衡。在过去十余年中，中国约有 1 600 万人因水利基础设施建设而移居他乡。这其中，政府行为、公众需求及经济发展之间的矛盾十分突出，特别是移民适应性及移民补偿问题。因此，合理的补偿和有效的安置政策在重大工程项目初始阶段就需要被审慎考量和规划（Fincher，1991）。

六是防灾减灾：数据表明，95%的自然灾害发生在基础设施不完善甚至严重缺乏的发展中国家（Campher，2005）。发展重大工程可以有效地减轻和避免自然灾害的负面影响，基础设施还能提高所在地区在灾难发生后的自愈复力和抵抗风险能力（Guikema，2009）。例如，水坝可以在一定程度上有效抗击洪涝，完善可靠的交通网络，能在灾害发生时及时运送人员与物资等。

七是贫困消除：重大工程通常会促进生产率的整体提升（Morrison and Schwartz，1996）进而提高地区就业率和消除贫困。当投资充足，特别是在高速铁路、公路等交通基础设施快速发展时，生产力提升会带动许多相关产业的快速发展（Fernald，1999）。然而，重大工程投资在时间、空间维度上的分布不均会对社区居民，特别是非自愿移民带来集聚效应的落差，进而产生次生贫困（Cernea，1988）。也有研究表明交通基础设施投资并不总是提高生产率，有时也会产生负外部性（Fernald，1999）。

3.2 重大工程社会责任的理论框架

重大工程社会责任包含复杂的冲突和一系列关键议题，而这些冲突和议题会随着项目全生命周期推进而不断演化（Miller and Hobbs，2005；Zhou and Mi，2017），重大工程内外部利益相关者和社会责任具体内容亦随之动态变化。具体来说，重大工程社会责任在项目全生命周期如何演化？在演化过程中社会责任的承担主体如何变化？具体多层次的社会责任又如何履行？我们必须看到，从全生命周期的角度，重大工程可以划分为若干典型阶段；从利益相关者的角度，重大工程社会责任具有异质性的参与方和外部利益相关者；从社会责任的角度，重大工程相比一般工程所需承担的战略社会责任更高。

3.2.1 重大工程社会责任的特征

1. 项目全生命周期动态性

重大工程社会责任履行需要贯穿包括初始阶段（概念、可行性研究、立项）、计划与设计阶段、建设阶段、运营阶段在内的项目全生命周期（Miller and Hobbs，2005）。重大工程组织在各阶段从项目层面影响其经济、社会及环境的可持续性（Keeble et al.，2003），随着全生命周期的推进，重大工程的主要参与者及其社会责任的关键议题也会随之发生动态变化（图3-2）。

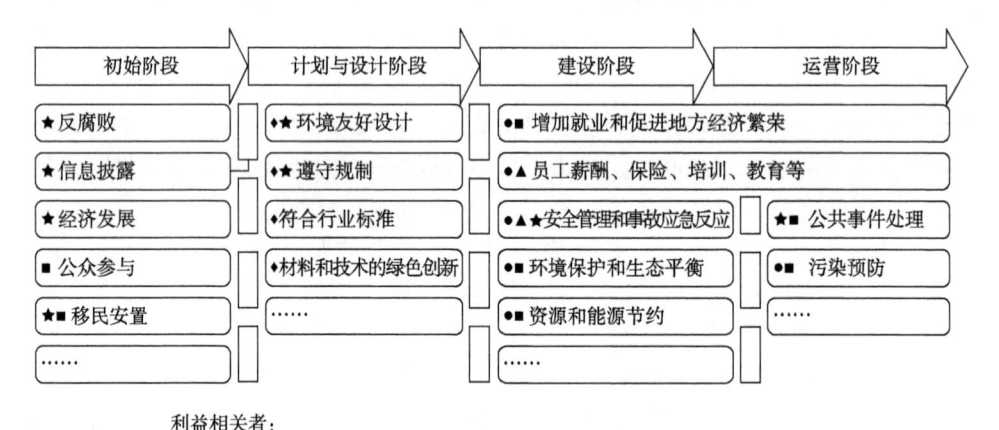

初始阶段	计划与设计阶段	建设阶段	运营阶段
★反腐败	◆★环境友好设计	●■增加就业和促进地方经济繁荣	
★信息披露	◆遵守规制	●▲员工薪酬、保险、培训、教育等	
★经济发展	◆符合行业标准	●▲安全管理和事故应急反应	★公共事件处理
■公众参与	◆材料和技术的绿色创新	●环境保护和生态平衡	●■污染预防
★移民安置	……	●资源和能源节约	
……			

利益相关者：
★政府；■公众、社区和NGO；◆设计方；●承包商、运营商和供应商；▲员工

图3-2 全生命周期视角下的重大工程社会责任

一方面，重大工程项目利益相关者在全生命周期不同阶段扮演的角色不同。初始阶段的主要参与方包括政府、公众、社区。重大工程大多是由政府发起且目标受众为公众，故这些利益相关者在概念阶段就应参与项目必要性探讨以及可行性分析。合适的项目信息披露及参与机制在初始阶段十分重要，并且需要预防政府在决策中的行为异化（腐败）。类似地，设计方在计划与设计阶段、承包商在

建设阶段应承担主要的项目社会责任。另一方面，社会责任在全生命周期不同阶段体现的内容也有不同侧重。例如，公众参与、透明决策、信息披露在项目初始阶段更为重要；而在计划与设计阶段，重大工程社会责任主要涉及绿色创新、过程有效性、环境友好设计等；员工健康保护、现场安全管理、突发事故应急、环境保护、节能减排等内容则更多体现在建设阶段；公共事件处理及生态平衡维护则在运营阶段更为突出。

2. 利益相关者异质性

项目利益相关者是指在项目实施过程中涉及的人及组织，其利益受到项目执行或实施的直接或间接影响。重大工程具有范围极广的利益相关者，包括政府、承包商、供应商、设计方、员工、公众、社区、NGO 等，他们能显著影响项目的目标及产出。因此，重大工程利益相关者管理的关键是实现各方利益均衡（Freeman，1984）。不同利益相关者的影响存在差异，在重大工程社会责任履行中的作用具有异质性。组织间的协同，即内外部利益相关者间的互动、协调、促进、融合，可以促进重大工程社会责任的履行。

对具有高度异质性的利益相关者进行区分是必要的。许多学者从不同角度划分了企业社会责任的利益相关者（Barnett，2007；Clarkson，1995）。基于关系，可以将利益相关者分为合同型利益相关者（员工、客户、分销商、供应商、债权人等）及公众型利益相关者（监督方、政府、媒体、社区等）；基于影响，可以将利益相关者分为直接利益相关者（供应商、管理层、员工）及间接利益相关者（NGO、社区、工会、环保部门等）；基于组织或项目边界，可以将利益相关者分为外部利益相关者（政府、竞争者等）、内部利益相关者（员工）以及媒体利益相关者（环保组织、审计公司等）。综合考虑重大工程的特性，可以将社会责任的利益相关者分为两大类：直接-内部-合同型利益相关者，包括设计方、承包商、供应商、运营商、员工等；间接-外部-公众型利益相关者，包括公众、社区、NGO 等，其中政府在利益相关者网络中的角色较为特殊，既有部门与直接参与工程的组织签订合同，又有部门作为监管方间接参与到重大工程治理中，如图 3-3 所示。

3. 社会责任交互性

重大工程在初始阶段的社会责任需要政府与公众共同承担，在建设及运营阶段的社会责任涉及了国家发展、资源环境等重要议题。重大工程超长生命周期及巨大人力、物力、财力资源投入，使经济、社会、环境效应具有深远影响，具有不可逆性；其社会责任具有多层次且形成十分复杂；从不同利益相关者的不同视角出发，在全生命周期内对经济、伦理、慈善、政治等方面都有不同的社会责任

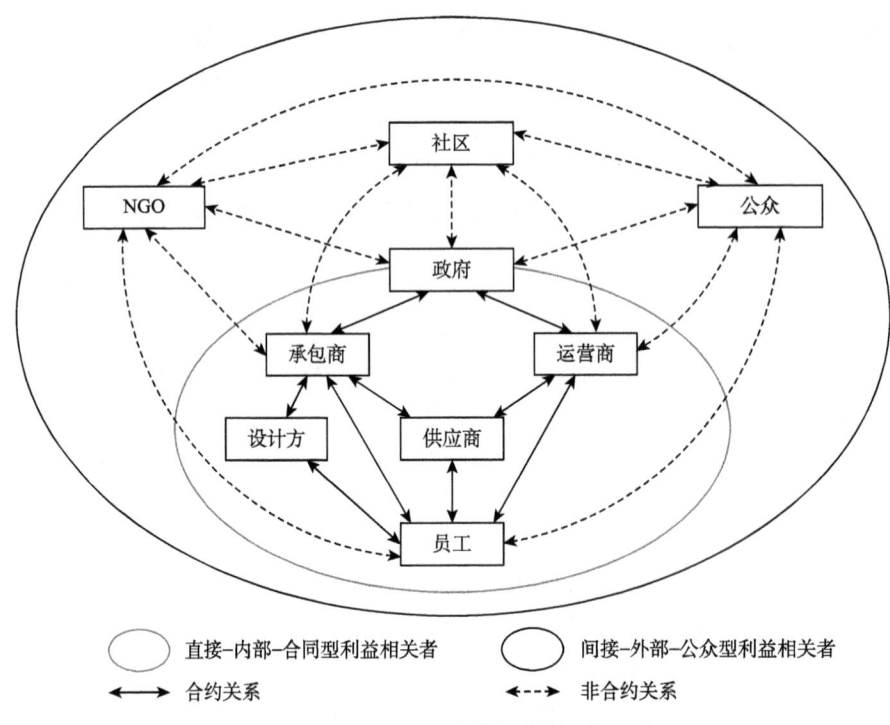

图 3-3　重大工程社会责任的利益相关者

响应。因此，对于社会责任内容的区分及分析是重大工程社会责任履行的关键。基于文献（Carroll，1991；Garriga and Melé，2004；Shaw and Post，1993），本章将重大工程社会责任分解为经济责任、法律责任、伦理责任、政治责任四部分。

经济责任：重大工程是大型公共服务系统，从多方面起着维持或促进国家或地区经济的作用。宏观层面，基础设施作为财政投资的一种生产要素对国民经济具有直接正效应（Fan and Zhang，2004），并且也作为公共产品直接推动 GDP 增长（Straub，2011）；中观层面，重大工程与许多产业密切相关，作为公共产品，基础设施的使用具有非竞争性和局部排他性，在达到"拥挤点"之前能体现其规模效应，并由此促进区域经济发展（Zheng and Kahn，2013）；微观层面，重大工程投资可以创造更多的工作机会而降低失业率（Leigh and Neill，2011），从而提高居民收入。

法律责任：社会责任履行中，组织行为需要同国家法律及政府规制相一致（Carroll，1991）。除此之外，重大工程还需遵守行业准则与国际标准。实践中，发展中国家大量的工程腐败现象、工程安全风险问题大多是行为不规范、不遵守法律所造成的（Bardhan and Mookherjee，2000；Kenny，2009），这也引起了政府、学者及公众的高度重视，故履行法律责任、符合规制要求是重大工程社会责任的基本要求。

伦理责任：重大工程伦理责任是指组织活动及行为要满足社会大众的期望，主要包括人权、慈善及环保三方面。首先，人权贯穿于项目内外，在工程内部主要是指职业健康与安全、薪酬及福利保险、就业公平、休假保障、教育培训等，在工程外部主要包括安全事故的防范、和谐社区的建设、良好信息的披露等；其次，慈善内容涉及对社区给予捐款以及相关福利设施建设等；最后，环保事务包括绿色设计及施工、节能减排、污染防治等。

政治责任：如上文所述，大多重大工程由政府发起并推动且与国计民生密切相关，因此其政治责任要远高于企业社会责任，影响范围也更广。重大工程除了促进就业，还能改善社区居民的身心健康（Ludwig et al., 2012）和提高其幸福感知，从而推动社会进步，这一作用在中国尤为明显（Xu and Yang, 2010）。此外，重大工程还在贫困消除及移民等政治议题中扮演重要角色（Fincher, 1991）。值得注意的是，重大工程社会责任的上述四部分并不是互相独立的而是密切相关的（Schwartz and Carroll, 2003）。例如，重大工程的环保议题既属于法律责任（环保规制）又属于伦理责任（对社区的环境影响）。因此，不同社会责任的耦合使其具有交互性。

3.2.2 重大工程社会责任三维模型

综上所述，重大工程社会责任呈现全生命周期动态性、利益相关者异质性、社会责任交互性三个重要特征。图 3-4 直观展示了重大工程社会责任的三维模型，其中 X 轴表征全生命周期维度，Y 轴表征利益相关者维度，Z 轴表征社会责任维度。图 3-4 同时还展示了两个重大工程社会责任的实例：初始阶段中政府的社会责任以及建设阶段承包商的社会责任。通过分析不同层次的社会责任可以看到，政府在初始阶段需要承担更多的政治责任，而承包商在建设阶段需要承担的责任优先顺序为经济责任、伦理责任、法律责任、政治责任。基于这样的分析可以对重大工程全生命周期不同阶段的各利益相关者的责任进行识别与梳理，从而厘清重大工程社会责任全生命周期的演化规律、利益相关者责任的分布特征以及经济、法律、伦理及政治多层次责任间的交互作用，并且，在重大工程全生命周期的不同阶段，各利益相关者所承担的社会责任层次不同。社会责任履行需要直接-内部-合同型与间接-外部-公众型利益相关者的交互及协同，该交互及协同即社会责任的耦合，表现为相互依赖、协调、促进、融合、动态的关系。该关系从工具性、关系性（relational）及伦理性的多维动机出发，进而实现与个人、组织、国家多层面的交互协同（Aguilera et al.，2007）。特别地，利益相关者在重大工程全生命周期通过资源共享与合作网络共建，在不同层次社会责任履行中相互协调，整合工程系统进而实现重大工程社会责任的协同效应。

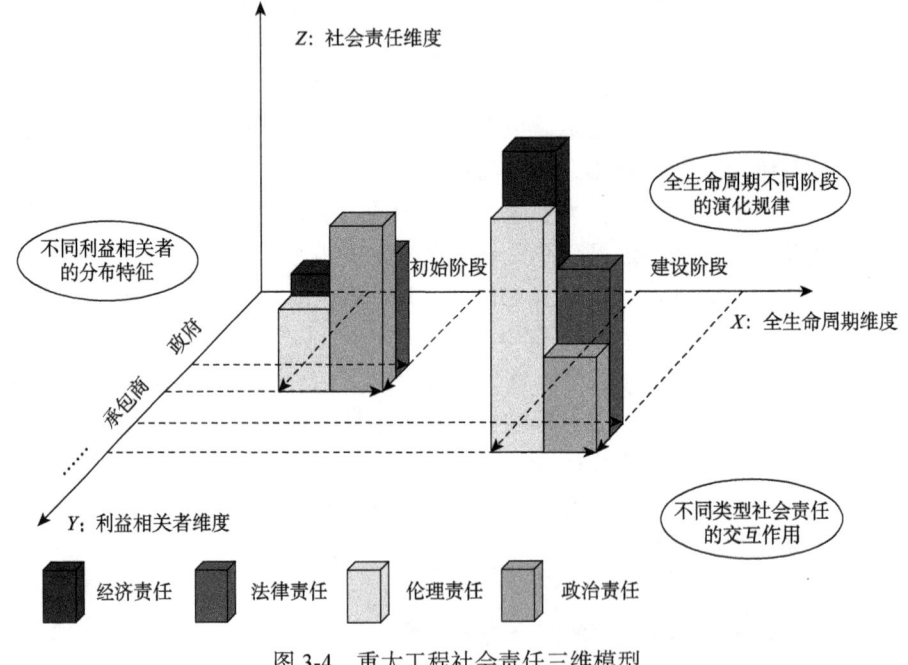

图 3-4　重大工程社会责任三维模型

该三维理论模型体现了重大工程的社会责任耦合，从全生命周期的演化、众多利益相关者的协同及多层次社会责任的三维交互的视角，提供了重大工程社会责任复杂性的降解及可持续发展路径的解析。该概念模型为重大工程社会责任理论研究和实践履行提供系统性思路，尤其是能为重大工程社会责任评价体系提供直接的参考，进而重大工程众多利益相关者可以通过该评价体系及相关政策规范行为，并切实履行社会责任；此外，还可以帮助重大工程参与方通过交互协同实现更好的社会责任决策及行为。例如，政府应根据项目推进动态地考察社会责任的交互性，采取合适的政策及活动（如推动合理的工程信息披露，应对突发事故选择合理的响应机制等）进而降低工程风险和实现可持续发展。

3.3　本章小结

本章解析了重大工程社会责任的内涵与外延。从工程实践中可以看到，重大工程社会责任缺失引起了许多公共事件，并且已超越工程本身带来一系列社会问题。这些问题可以梳理及总结为移民安置、污染防治、生态保护、职业安全健康、反腐败、防灾减灾、贫困消除等社会责任关键议题。重大工程社会责任具有狭义与广义之分，涵盖了项目基础功能实现，项目成本、工期、质量控制，项目内健康、安全、环境管理，项目对组织、行业、区域层面的溢出效应等不同层次。同企业社会责任相比，重大工程社会责任呈现出全生命周期动态性、利益相关者异质性以及社会责任交互性的典型特征。基于此，本章构建了重大工程社会责任"全生命周期-利益相关者-社会责任"的三维概念模型，希望能通过理论框架的构建改变碎片化的、缺乏系统性的研究现状，并为重大工程社会责任的后续研究提供新的思路。

第4章 重大工程社会责任的演进及知识结构

本章利用科学计量学方法，对重大工程社会责任相关文献进行关键词共现和文献共被引网络分析，运用可视化技术描绘重大工程社会责任的历史演进，全面、系统地揭示重大工程社会责任管理这一科学领域的发展状况和趋势，明确其知识结构，为重大工程社会责任理论与方法的科学构建提供参考。

4.1 研究目的与目标

传统的工程管理以"质量、成本、工期"为主要控制目标，虽然近年来在理论研究和政策制定上开始强调工程项目需要关注对经济、环境和社会的影响，但是在实践中，工程项目对于环境保护、社会公平等方面的考量还是比较欠缺的。与一般的工程项目不同，作为现代社会发展的物质性基础的重大工程（Flyvbjerg, 2014; Gil and Beckman, 2009），因投资规模巨大、实施周期长、不确定因素复杂、利益相关者众多、对生态环境潜在影响深远，在决策及实施过程中稍有疏忽，就会导致超越工程本身的严重后果而演化成为一系列严重的社会问题，迫切需要对其未来发展路线图进行全新思考，促进其与人、社会与自然环境的可持续发展（Levitt, 2007）。因此，重大项目不仅仅要取得良好的工程项目管理目标，还需要超越单一的工程项目管理范畴（建设阶段），向全生命周期的不同阶段，如决策、政策规划阶段转变；开始从系统的、全局的角度研究大型工程的可持续发展管理（Ansar et al., 2014; Lin et al., 2016a; Qiu, 2007; Shen et al., 2010a; Xue et al., 2015）。

作为可持续发展的关键话题，重大工程社会责任问题越来越受到关注，并逐步成为工程管理领域新的研究热点。相关研究已经初具雏形,也出现了有价值的研究成果,如关注重大工程正面的区域经济效应(Fan and Zhang, 2004; Zheng and Kahn, 2013; 黄晓霞等, 2006; 刘生龙和胡鞍钢, 2010; 王永进等, 2010; 杨云彦等, 2008; 张光南等, 2010; 张学良, 2012)以及负面的环境、社会成本(Peng et al., 2007; Qiu, 2007; Stone, 2008; Wu et al., 2003)。与一般工程相比,重大工程具有全生命周期长、利益相关者多的特点,但是现有对工程社会责任的研究多局限于从承包商的单一视角,仅关注施工阶段环境保护、职业健康及施工安全或区域宏观影响等主题,未能从重大工程全生命周期各个阶段、不同利益相关者、不同维度社会责任之间进行系统性的研究。仅少数几篇文献从重大工程可持续发展多角度或重大工程社会责任的概念开展研究(Liu et al., 2013; Liu et al., 2016; Mok et al., 2015; Zeng et al., 2015)。Mok 等(2015)分析现有关于重大工程利益相关者管理的文献,提出了利益相关者利益和影响作用、利益相关者管理过程、利益相关者管理方法和利益相关者参与四个相关研究主题。Zeng 等(2015)集成了众多重大工程社会责任的主题,提出了一个综合的"全生命周期-利益相关者-社会责任"三维概念模型。这个三维模型覆盖了重大工程全生命周期的动态性、利益相关者的异质性、社会责任的多维复杂性和互动交叉性。现有重大工程社会责任研究主要是基于主观经验和案例研究,不能清楚地展示和描述重大工程社会责任主题之间的复杂关系,缺乏以重大工程社会责任知识为研究对象来分析其知识结构关系的研究,缺少用定量、客观和可视化的方法来分析重大工程社会责任的知识结构和关系的研究。

在这种环境下,需要对国内外当前重大工程社会责任研究的发展现状进行深入分析、总结和反思,实事求是地评价当前重大工程社会责任的知识状态。科学理论并不是概念与原理的简单堆砌,也不是论据与论点的机械组合,而是一种系统化的逻辑知识体系。重大工程社会责任的研究也应当通过对大量的工程实践经验和科研知识进行整理和总结,从科学范畴来讲它是科学实践经验客观性存在的理论形态。重大工程社会责任这一领域的研究边界和结构尚未有权威的共识,缺乏定量的、客观的研究。本章拟从科学计量学的角度,借助复杂网络方法揭示重大工程社会责任这一研究领域的发展状况和趋势,明确其知识结构,发现现阶段重大工程社会责任研究的缺陷和不足,促进现有理论的创新发展,把握其未来趋势和走向,满足新时期我国重大工程实践的需求,为重大工程的决策、组织、现场协调、战略构建等方面的理论研究提供基础性依据,为重大工程社会责任理论与方法的科学构建提供参考。

本章的具体思路是从重大工程社会责任的概念出发,设计合适的文献主题检索式,基于 Web of Science 的核心合集数据库获取目标文献的题录和摘要以及详细的引用参考文献的记录、论文被引用情况及相关文献记录,然后利用科学计量学的分析工具进行关键词共现和共被引分析，再通过复杂网络算法进一步构建重大工程社会责任的主题网络及子网络、作者合作网络、研究机构网络和知识结构网络及子网络，从而实现重大工程社会责任的历史演进，全面、系统地揭示重大工程社会责任管理这一科学领域的发展状况和趋势，明确其知识结构，为重大工程社会责任理论与方法的科学构建提供参考（具体流程见图4-1）。

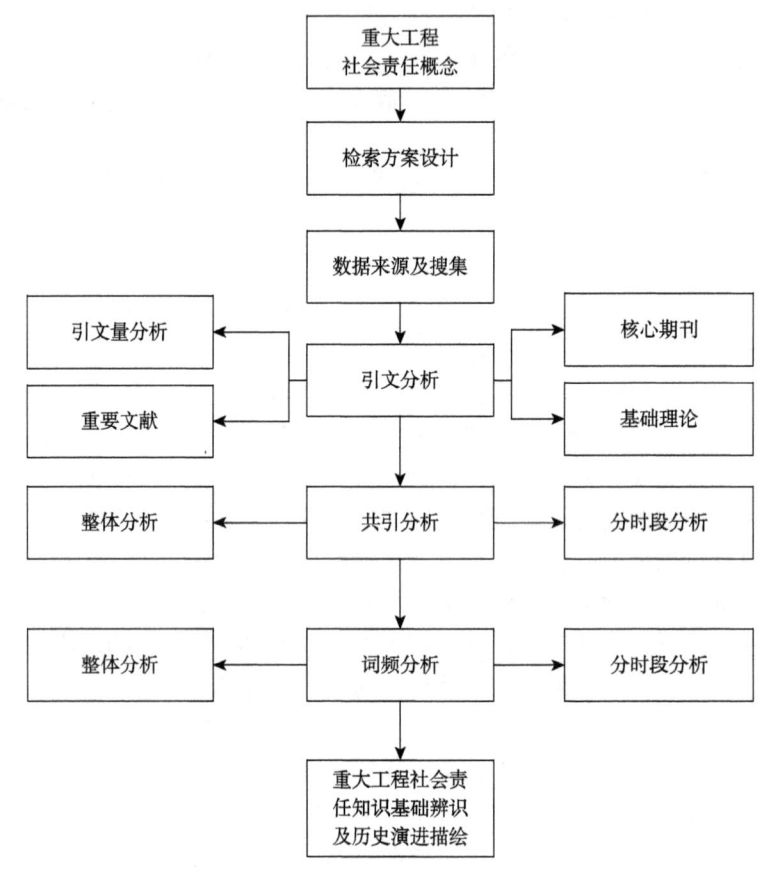

图 4-1　重大工程社会责任演进研究路线图

4.2　关键词共现和文献共被引分析

科技文献是知识的重要载体，科学研究的不断推进、科学知识的快速积累主要表现在文献和出版物的数量增长和结构变化上。文献之间的相互利用和生产形成了科学知识间的联系，通过这些联系构成的知识网络，表征了科学发现间知识上的关联。这种关联的变化体现了科学研究发展的动态性和复杂性。作为科学学最基本、最成熟的定量研究方法，文献计量学方法（bibliometric methods）集成数学、情报学等学科方法，利用可视化的定量工具来分析文献这一知识载体间联系的演化变迁（Bayer et al., 1990；Small, 1999）。本章采用了关键词共现和文献共被引分析方法，将重大工程社会责任的研究前沿和知识基础描绘成可视化的网络形式——主题网络和知识基础网络，并深入分析其知识内容和结构。其中主题网络基于科技文献的关键词这一特殊的知识要素及其共现关系来构建；知识基础网络则基于科技文献中引文的共被引关系来构建。

4.2.1 关键词共现分析

在众多文献计量方法中，共词分析法是一种利用文献集中词汇对或名词短语共同出现的情况来确定文献集所代表学科中各主题之间关系的常用的方法。一般认为一个词汇对在同一篇文献中出现的次数越多，则表示这两个主题的关系越紧密。共词一般包括关键词和主题词共现，统计一个文献集的关键词或主题词在特定文献中出现的频率，便可绘制由这些词对关联所组成的共词网络，在这网络中节点之间的远近便反映了主题内容的亲疏关系（张勤和马费成，2007）。由于科学文献的关键词是反映某一特定科学领域或学科知识组成的基本单元，可以间接映射出该领域内研究热点的关系和结构（Su and Lee, 2010），只要掌握了关键词的共现特征，就容易发现对应文献之间的相互关系和研究的交叉点，因此，研究者往往选用关键词共现分析。关键词共现分析源于共词分析法，将文献关键词作为分析对象，利用包容系数、聚类分析等多种数学统计分析方法，把众多分析对象之间错综复杂的共词网状关系以直观简单的数值、图形表达出来，从而实现挖掘隐含信息的目的，并进而反映这些关键词所代表的学科和主题的结构变化，在广义上是属于内容分析方法。针对某一特定领域的科技文献进行关键词共现分析，就可以形成一个虚拟的关键词网络。从拓扑网络的角度来看，关键词就是这个虚拟网络中的节点，节点之间的联系表征了共现的关系。因为是否共现和共现频次存在差异，每个节点在整个虚拟网络中具有不同的地位。从时间范围来看，有些关键词反映的是该主题当前的研究热点；有些关键词表示的内容则处于相对不成熟的状态；同时有些关键词之间的联系非常紧密，有些关键词在网络中则显得比较孤立。关键词共现分析，可以展示隐藏在真实关系网背后的关系网络，对于了解特定领域的研究主题的成熟度、知识结构、研究的规模及历史演化等状况都具有非常重要的意义。关键词共现分析的优势还在于关键词可以人工抽取，可以在文献题目、摘要、关键词，甚至全文来提取关键词，具有良好的灵活性。

在关键词共现分析中，共现频率是一个重要指标。共现频率是指词汇对在特定的文本范围内出现的次数，可以是一句话、一个段落或者一篇文章。如果两个关键词在特定的文献集中出现频率很高，则说明在这一领域研究中它们之间的关系密切。通过对关键词对共现频率进行计量化分析，就可以揭示这些关键词对的关系，实现对特定学科结构、研究热点、学科发现、动态演进的分析和描绘。在关键词共词分析中，为方便关键词对共现频率的运算，需要设计关键词共词矩阵。若存在 N 个高频关键词，就需要形成一个 $N \times N$ 的关键词共词矩阵。而在实际的量化分析中，关键词对的频率是个绝对值，并不能完全反映出关键词对之间真正的相互依赖程度，因此必须进行包容化处理，使结果能真正反映出关键词对之间的紧密程度，目前比较流行的包容化处理方法有以下三种。

（1）包容指数法（Ding et al., 2001），其计算公式为

$$I_{ij} = C_{ij} / \min(C_i, C_j)$$

其中，C_{ij} 表示关键词对 D_i 和 D_j 在文献集合中的数量，即两个关键词的共现频数；C_i 表示关键词 D_i 在文献集合中的出现频次；C_j 表示主题词 D_j 在文献集合中的出现频次；$\min(C_i, C_j)$ 表示 C_i 和 C_j 两个频次数值中的最小值。这个公式用来计算那些出现频次相对高的关键词。

（2）临近指数法，其计算公式为

$$P_{ij} = (C_{ij} / C_i C_j) \cdot N$$

其中，C_{ij}、C_i、C_j 的定义与包容指数法相同；N 表示文献集合中文献的数量。与包容指数法相反，临近指数法反映了关键词对中出现频率相对较低的关键词。

（3）相互包容系数法（Callon et al., 1991），其计算公式为

$$E_{ij} = (C_{ij} / C_i) \cdot (C_{ij} / C_j) = (C_{ij})^2 / (C_i \cdot C_j)$$

其中，C_{ij}、C_i、C_j 的定义与上面两种方法相同。由于 E_{ij}（值在 0~1）可以同时计算出主题词 i 和 j 出现在彼此集合中的频数，此方法也被称为等价系数法。除去这三种方法，国内外学者经过研究，还提出过多种类似的计算方法，如 Dice 系数、Ochiia 系数、Equivalenc 系数、Jaccard 系数、扩展 Jaccard 系数等（吴晓秋和吕娜，2012）。

关键词共词矩阵的计算是关键词共词分析中的重要一步，在此基础上还需采用统计学方法来揭示关键词共词中的信息。最为常用的算法是使用聚类方法使一些联系紧密的、与研究主题相近的、被重点关注的关键词凸显出来，其中比较常用的有简单中心算法、K-means 算法、Modularity Maximization 算法等（吴晓秋

和吕娜，2012）。

简单中心算法：该算法是关键词共词分析领域中的著名算法，由于其简单易操作，已经被广泛地应用于关键词共词研究中。简单中心算法主要包括 Pass1 和 Pass 2 两个阶段。其中 Pass1 阶段是形成类内的连接关系（内部链接）；Pass2 阶段是形成类与类之间的连接关系（外部链接）。

在第一阶段（Pass1）开始之前，先对关键词 i 和 j 设定共现频数 C_{ij} 的最小值、内部链接的最大值及外部链接的最大值。然后进入第一阶段（Pass1），计算关键词之间的相似度，并取其中的最高值建立第一条链，再按照广度优先的算法从第一条链的两个节点出发，选取最大的相似度来建立链接。在这个网络拓展过程中，如果有关参数超过预先设定的值，则停止继续建立内部链接，并将已经处理的关键词移除。再按照相同的方法循环处理网络中剩余的节点，直至不再有多余的关键词为止，第一阶段至此结束。接着是第二阶段（Pass2）：建立所有第一阶段的节点到当前主题网络的节点之间的链接，按照相似度指数排列寻找最小共现频数的关键词对。如果没有发现满足最小共现频数条件的关键词对，或者链接的总数达到了预设的最大值，则停止建立新链接，再选择下一个主题网络进行处理。

简单中心算法比较简单易用，主要通过两个阶段的聚类过程找出类内关系和类间关系，并且能够自动地返回标注聚类结果，目前已经被用于很多关键词共词分析的研究当中。

K-means 算法：该算法也是一种简单易用的算法，其核心思想是初始选择 K 个聚类中心，然后分别计算各个数据点与聚类中心的距离，根据距离值的大小将数据点归入距离较近的类，再以各个类的均值作为新的聚类中心，重复迭代计算直到聚类结果不再有明显的变化。K-means 算法也已经被用于很多关键词共词分析的研究当中。其缺陷在于初始聚类中心点的选择直接影响了聚类的结果和聚类的速度，使其具有较大的不确定性。

Modularity Maximization 算法：该算法的计算公式如下。

$$Q = \frac{1}{2L} \sum_{i,j} \left[A_{ij} - \frac{k_i k_j}{2L} \right] \delta(i,j)$$

其中，Q 表示模块特征；A_{ij} 表示邻接矩阵中的第 i 行第 j 列的元素，邻接矩阵是表征两个关键词直接存在联系的矩阵，对于位置元素，值为 1 表示两个关键词有联系，否则为 0；L 表示网络链接的总数量；k_i 表示节点 i 的度；k_j 表示节点 j 的度。若 i 和 j 相同，那么 $\delta(i,j)$ 等于 1，否则为 0。

Modularity Maximization 算法首先要计算子类的模块特征 Q。若其特征向量的值为负数或者是 0，那么该子类不可分，若特征向量是正数，则进一步计算整

个网络的模块特征 Q。如果 Q 值变大，则对其进行分类；如果 Q 值变小，则不分类，并继续对其他子类进行计算。这样不断重复，直至 Q 达到最大或每个子类都不能再分。该算法通常用来确定网络中那些相互连接紧密，但与网络中的其他部分联系不大的节点，因此适合用于那些较为孤立、独立性强的专业文献分析，方便研究人员从中发现学科内的知识联系。

4.2.2 文献共被引分析

引文分析（citation analysis）也是文献计量学中最为常用的方法之一（Uysal，2010；Zhao，2006）。引文分析是运用数学的方法描述文献的引用和被引用现象，分析其规律，从而实现可视化地展示蕴含的知识发展特征和演化路径。与其他的方法相比，引文分析法有着特有的优越性和独到之处。例如，文献间的相互引用可以勾勒文献以及学科之间的相互联系，为文献结构和学科结构提供研究基础；文献中引用的时间序列特征，揭示了学科的发展史及演化规律；被引用的次数可以有效地评价研究成果的价值及研究者的影响力；引用习惯和引用方式等构成的模式则反映了研究者的偏好及行为。

引文分析包括了引用分析和共被引分析。引用是指一篇文献在给定的文献集合中被其他文献引用的情况，反映了文献之间单向知识流动的过程。其中被引频次（cited frequence）是最为常用的指标。一篇文献的被引频次越高，说明被引文献所含知识量的影响越大，对其他文献的知识影响力也越大（侯剑华等，2008）。文献间被引频次的差异展示了知识流动的不平衡，一般来说，知识势差高的文献常常会得到更多其他文献的引用。引用分析是文献分析的基础方法，引用分析的结果可以初步识别某一研究领域的重要文献、核心期刊及关键学者，这也是后续的深入分析的信息基础，特别是结合信息可视化技术，高被引文献的搜索有利于准确定位学科领域发展的关键节点，进一步探明学科的发展背景和演进路径。

当一组文献（被引文献）同时被同一篇或同一组文献（施引文献）引用时，则被引文献就构成了共被引关系，对其的分析被称为共被引分析（Uysal，2010）。共被引分析包括文献、作者、机构、期刊和学科等内容。文献之间的共被引关系是动态变化的，会随着新发表的文献得到加强或者构建新的联系。这种关系客观地体现了文献的相似程度，而这种同中求异、异中求同的相似性勾画了知识的创造过程。从知识的累积性来看，被引文献为施引文献提供了知识基础，它们之间基于引证与被引证而形成的网络也就构成科学知识发现的脉络。被引文献共同被引用的频次被定义为共引强度，是进行文献聚类的一个重要指标

（Small，1999）。与关键词共现分析类似，共被引聚类也是利用相似性尺度来衡量文献之间关系的亲疏程度，并以此来进行分类。基于文献共被引的聚类反映了知识的不断积累和扩散以及继承和发展。

引文分析的一个重要任务是绘制共被引网络。虽然通过共被引形成的文献网络错综复杂，但是文献之间的共被引关系是明确的，在绘制共被引网络的科学图谱基础上，根据不同变量进行文献聚类可以把期刊、文献、作者等分析对象之间的复杂关系简化为较少的若干聚类群之间的关系，勾勒学科演进的结构和特点。共被引网络图谱中的关键节点是连接两个以上不同聚类，并且中心度和被引频次相对较高的节点（Chen，2004）。根据网络分析理论，节点的中心度是指网络中通过该节点的任意最短路径的条数，度量了节点在整个网络中所起连接作用的大小。文献共被引网络中的节点是给定文献中引用的参考文献，它们之间的共被引关系构成了节点之间的连接，而共被引强度则是它们之间连接的权重。因此，从学科的知识领域来看，在共被引网络中，关键节点文献的中心度大，往往是具有重大理论创新的经典文献，也是最有可能引领科学研究前沿的热点文献。特别是一个学术领域的核心期刊既可以揭示本学科文献数量在期刊中的分布规律，也能够反映本学科文献质量和学术影响力的分布规律以及本学科的热点及其前沿。核心期刊上的文章往往中心度更大，具有更加重要的影响。

4.3 复杂网络分析

在现实世界中，许多复杂系统都可以通过复杂网络的形式进行刻画和描述，如病毒的传播路径、人们通过移动网络的通信等。这些网络都可以看成是众多节点按某种方式构成的复杂系统。自小世界网络（Watts and Strogatz，1998）和无标度网络（Barabási and Albert，2006）两个重要概念被提出后，学者突破了仅仅从数学角度对复杂网络进行解读的局限，开始更多地考虑从复杂网络本身的结构特性和整体特征研究复杂网络的演化。本章就利用了无标度网络模型和模块度最优法对重大工程社会责任历史演进的知识网络整体特征和结构进行分析。

4.3.1 网络特征分析

网络特征一般包括节点的网络属性分析和网络的整体特征分析。

1. 节点的网络属性分析

网络中的节点有多种属性，通常用来描述在网络中节点是如何被连接的、节点与其他节点相比的重要程度、从特定节点出发到达其他节点的难易程度等。比较常用的指标有节点的度、中介中心度及接近中心度。

节点的度定义为该节点占有连接数量，节点的连接数量越多，它的度数就越大，表示其在网络中的位置也越重要。节点的中介中心度定义为网络中一个节点处在其他节点的联系路径上的次数，这个数值越大，该节点的中介中心度的值也就越大。如果一个节点在网络中处于其他两个节点最短路径之上，那么它就具有控制两节点之间信息扩散及物质交换的能力，扮演了联系中介的角色。该节点的中介中心度越高，表明该节点在整个网络中位置越重要，活动越频繁。其计算公式如下：

$$C_k = \frac{\sum_{i,j \neq k} \frac{p_k(i,j)}{p(i,j)}}{\frac{(n-1)(n-2)}{2}}$$

其中，$p_k(i,j)$ 为节点 i 和 j 之间通过节点 k 的最短路径数；$p(i,j)$ 为节点 i 和 j 之间最短路径数；n 为网络中的节点总数。

接近中心度是指"一个节点进行信息扩散或资源交换等活动时不依赖其他节点的程度"。若一个节点和其他节点距离小，就表示其与其他节点比较接近，则在信息扩散或资源交换过程中对其他节点的依赖程度就比较低。接近中心度和该节点与整个网络中其他节点间最短距离之和的倒数成正比，其计算公式如下：

$$C_i = \frac{n-1}{\sum_j l_{ij}}$$

其中，n 为网络中的节点总数；l_{ij} 为节点 i 和 j 之间的距离。

2. 网络的整体特征分析

在复杂网络理论中，可以按照连接有无指向性将网络分成有向（directed）网络和无向（undirected）网络两大类，也可以按照连接的影响程度不同将网络分成加权（weighted）网络和无权（unweighted）网络两大类。在典型的无向网络研究中，一般考虑网络的整体特征属性有：度和度分布，网络集聚程度，最短路径长度，中心度等（Newman，2006）。

度分布符合幂分布的复杂网络称为无标度网络，现实中网络大多也具有无标度特征（Barabási and Albert，2006）。可以定义 p_k 为网络节点的度分布，即任意节点的度恰好为 k 的概率，则无标度网络的度和度分布服从幂函数形式。

$$p_k = CK^{-\alpha}$$

进行对数变换后，可以得到度分布的对数 $\ln p_k$ 和度的对数 $\ln k$ 之间的线性函数。

$$\ln p_k = -\alpha \ln k + C$$

无标度网络的最大特征就是有优先连接机制（preferential attachment），即网络中不断产生的新节点更容易与那些度较大的节点相连接。

4.3.2 基于模块度最优法的网络结构识别

本节基于模块度最优算法对于共被引网络和共现网络的结构和关系进行分析。模块度最优法是当前应用比较广泛的网络分析方法，它通过计算网络节点间关系的远近亲疏程度来区分和分析网络的整体结构，属于比较高级和复杂的网络分析法。模块度最优法基本假设是网络本身会自然地分成自团体（Newman，2006），其计算公式如下：

$$Q = \frac{1}{2m} \sum_{i,j} \left[A_{ij} - \frac{k_i k_j}{2m} \right] \delta(c_i, c_j)$$

通过模块度算法，一个复杂的网络可以根据节点之间的联系紧密程度被区分成若干不同的团体。每个团体内部的节点之间的联系会较为紧密，而不同团体之间的节点联系会较为稀疏，因此通过模块度最优法区分出来的属于同一个团体的参考文献在主题、研究方法和内容等方面较为相似。

4.4 方法与设计

4.4.1 数据来源

本章的数据来源于汤森路透（Thomson Reuters）的 Web of Science 核心合集数据库。Web of Science 是一个基于 Web 而构建的数据库平台，包含了美国科学情报研究所（Institute for Scientific Information，ISI）创建的科学引文索引（Science Citation Index Expanded，SCI）、社会科学引文索引（Social Sciences Citation Index，SSCI）及艺术和人文引文索引（Arts & Humanities Citation Index，A&HCI）三个被世界各国的学者广泛使用的核心数据库，是目前世界公认的权威科技文献检索数据库。内容涵盖自然科学、工程技术、社会科学、艺术与人文等诸多领域内的 8 500 多种学术期刊以及其他免费开放资源、图书、专利、会议录、网络资源等。同时，Web of Science 具有知识的检索、提取、分析、评价、管理与发表等多项功能，更为研究者提供了动态的数字研究环境、强大的检索技术以及基于内容的连接能力，加速了科学发现与创新。研究者可以同时对多个数据库进行单库或跨库检索，并凭借内嵌于平台的独特的引文检索机制和强大的交叉检索功能，实现将高质量的信息资源、独特的信息分析工具和专业的信息管理软件的无缝整合。Web of Science 能对文献的出版时间范围、文献类型、语种等做明确的限定，检索结果包括文献的题录和摘要以及详细的引用参考文献的记录、论文被引用情况及相关文献记录，为文献的共被引分析提供了高质量、可信赖的数据基础。

4.4.2 检索方案

本章采取主题检索的方式，由于主题涉及重大工程管理和社会责任两大领域的内容，对于检索词进行了反复的精心筛选。对于重大工程的限定，本章参考了 Mok 等（2015）的方法，选择检索词为："mega construction project"、"major infrastructure project"、"mega infrastructure project"、"large construction project"、"complex construction project" 和 "civil engineering project"。对于社会责任的限定，选择检索词为："social responsibility"、"ethic"、"stakeholder"、"CSR"、"corporate responsibility"、"sustainability"、"sustainable development" 和 "unethic"。同时检索对象限定为文章（article）和综述（review），时间跨度为 1985~2015 年。为了尽可能地涵盖所有相关的研究内容，研究中没有对特定的研究方向加以限制。具体的检索方式如表 4-1 所示。

表 4-1　文献检索方式

主题	（"mega construction project" or "major infrastructure project" or "mega infrastructure project" or "large construction project"，"complex construction project" or "civil engineering project"）and （"social responsibilit" or ethic or sustainability or stakeholder or "CSR" or "corporate responsibility" or "sustainable development" or unethic）
文献类型	article or review
时间跨度	1985~2015 年
索引	SCI-Expanded, SSCI, A&HCI, CPCI-S, CPCI-SSH, ESCI, CCR-Expanded, IC
研究领域	不限

4.4.3 软件工具

本章采用通用的 CiteSpace 和 Gephi 软件来进行文献的可视化分析。CiteSpace 是美国德雷克塞尔大学信息科学与技术学院的陈超美博士基于 Java 语言开发的科技文献分析软件（http://cluster.cis.drexel.edu/~cchen/citespace/）。软件主要用于发现特定的学科或者研究领域中研究发展的关键节点，特别是知识拐点（turning point）和突变节点（pivotal point）。同时，软件提供了各种功能来帮助用户理解科学研究中的网络模式。软件提供了词频跳变算法，通过考察词频的时间分布，识别频次变化率高、频次增长速度快的突现词（burstterm），展现学科或者科学领域的研究热点和前沿。软件还可以通过对文献数据的引文网络分析，勾勒合作的地理空间格局，并利用 Pathfinder 算法探测和描绘给定学科的研究前沿随着时间演进的过程、路径与趋势、学科的知识基础以及相互关系（Chen，2004，2006）。Gephi 是基于 Java 虚拟机（Java virtual machine，JVM）的跨平台复杂网络分析软件，是一款适用于各种网络和复杂系统、动态和分层图的交互可视化与探测开源工具。在本章中，使用 CiteSpace 进行文献数据挖掘和初步的分析，使用 Gephi 进行网络的绘制和网络属性的计算。

4.5 结 果 分 析

根据上文所述的检索方案，共生成符合条件的文献 475 篇，其中共包含引文 16 265 条，其中被引次数 2 以上的文献有 595 篇。这 595 篇参考文献因为格式的原因而出现重复，经过合并最终得到 585 篇参考文献信息，共有 2 320 个连接数。

4.5.1 总体性描述统计

从检索生成的重大工程社会责任文献的时间分布来看，相关的研究正变得越来越热（表 4-2 和图 4-2）。在 2000 年以前，针对重大工程社会责任相关主题的研究只是零星出现（一共只有 8 篇）。2000 年以后，相关研究开始增加，2000 年一年就发表了 8 篇，2000~2005 年一共发表了 36 篇。2007 年以后，重大工程社会责任的研究开始快速增加，每年的发文量保持在两位数以上并且有明显增加。特别是 2010 年以后，相关研究的文章开始大量出现，2015 年一年就发表了 113 篇，约占整体样本的 23.8%，说明关于重大工程社会责任的研究正蒸蒸日上。

表 4-2　1994~2015 年重大工程社会责任文献时间分布表

年份	文献数量	年份	文献数量
1994	1	2005	12
1995	1	2006	8
1996	2	2007	10
1997	2	2008	28
1998	2	2009	30
1999	0	2010	35
2000	8	2011	35
2001	4	2012	52
2002	4	2013	58
2003	3	2014	62
2004	5	2015	113

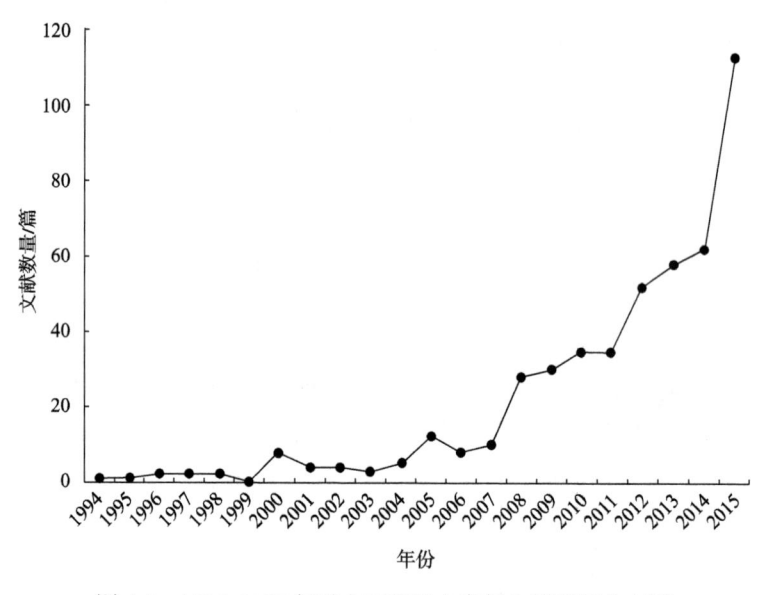

图 4-2　1994~2015 年重大工程社会责任文献时间分布图

从检索生成的重大工程社会责任文献的期刊分布来看，相关的文献都出现在了工程管理主流的期刊上（表 4-3 和图 4-3）。排名前 10 的分别是 *Journal of Construction Engineering and Management*、*International Journal of Project Management*、*Journal of Management in Engineering*、*Automation in Construction*、*Journal of Cleaner Production*、*Project Management Journal*、*Building Research and Information*、*Journal of Infrastructure Systems*、*Journal of Civil Engineering and Management* 和 *Canadian Journal of Civil Engineering*。其中

在排名前四位的期刊发表的文章约占整体样本的 24.8%，这些期刊是重大工程社会责任研究领域的核心期刊。

表 4-3 重大工程社会责任文献期刊分布表

期刊名称	文献数量
Journal of Construction Engineering and Management	45
International Journal of Project Management	26
Journal of Management in Engineering	26
Automation in Construction	21
Journal of Cleaner Production	10
Project Management Journal	10
Building Research and Information	9
Journal of Infrastructure Systems	9
Journal of Civil Engineering and Management	8
Canadian Journal of Civil Engineering	7
Journal of Green Building	7
Proceedings of the Institution of Civil Engineers-municipal Engineer	7
Sustainability	7
Ksce Journal of Civil Engineering	6
Proceedings of the Institution of Civil Engineers-civil Engineering	6
Renewable & Sustainable Energy Reviews	6
Technological and Economic Development of Economy	6
Transportation Research Record	6
International Journal of Construction Management	5
Journal of Professional Issues in Engineering Education and Practice	5
Proceedings of the Institution of Civil Engineers-engineering Sustainability	5
Resources Conservation and Recycling	5
Sustainable Development	5

4.5.2 重大工程社会责任研究热点结构分析

1. 重大工程社会责任主题网络特征分析

在检索得到的 475 篇文献的基础上，通过识别重大工程社会责任前沿文献的关键词及其共现关系，构建重大工程社会责任的关键词共现矩阵，绘制出主题网络。最终，数据挖掘的关键词总数是 1 433 个，经过合并同类项，剩下 1 319 个关键词。所有关键词中的 1 189 个组成了一个联通的网络，剩下的那些网络散落在周围，因此将散落的关键词剔除，最终得到 1 189 个关键词，存在 4 762 个共现关系。重大工程社会责任主题网络平均度为 7.615，即平均每个关键词与另外 7.615

```
                      Journal of Construction Engineering and Management
                               International Journal of Project Management
                                       Journal of Management in Engineering
                                                   Automation in Construction
                                               Journal of Cleaner Production
                                                    Project Management Journal
                                                Building Research and Information
                                                  Journal of Infrastrtcture Systems
                                          Journal of Civil Engineering and Management
                                                  Canadian Journal of Civil Engineering
                                                            Journal of Green Building
期                    Proceedings of the Institution of Civil Engineers-municipal Engineer
刊                                                                      Sustainability
名                                                           Ksce Journal of Civil Engineering
称                        Proceedings of the Institution of Civil Engineers-civil Engineering
                                                  Renewable & Sustainable Energy Reviews
                                              Technological and Economic Development of Economy
                                                          Transportation Research Record
                                                  International Journal of Construction Management
                               Journal of Professional Issues In Engineering Education and Practice
                        Proceedings of The Institution of Civil Engineers-engineering Sustainability
                                                  Resources Conservation and Recycling
                                                          Sustainable Devel opment
```

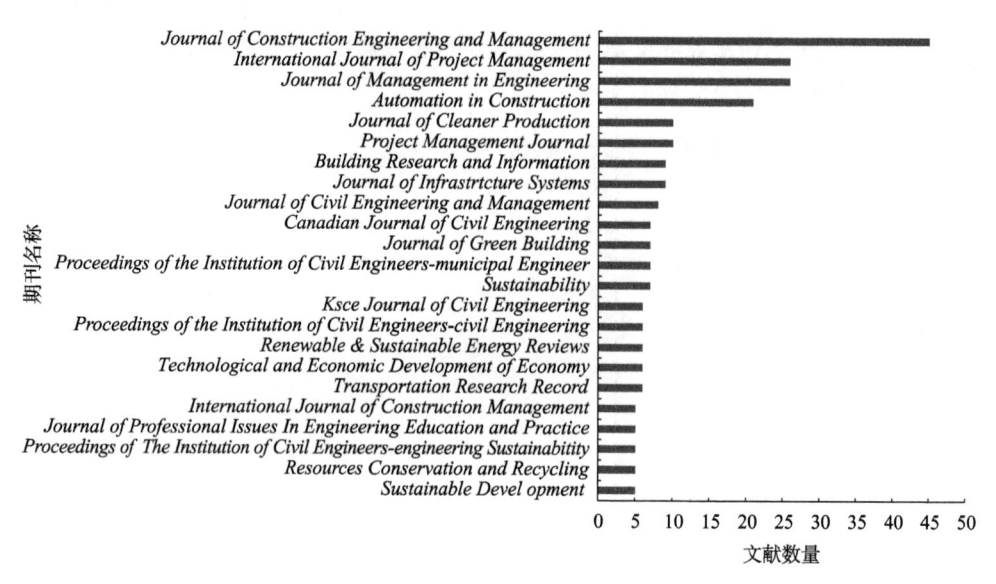

图 4-3　重大工程社会责任文献期刊分布图

个关键词存在共现关系。网络密度为 0.007，聚集系数为 0.877，平均路径长度为 3.438，具体如表 4-4 所示。从网络属性来看，重大工程社会责任主题网络最大的特征是高聚集度，聚集系数为 0.877，主题网络即节点的两个邻居存在连接的概率为 87.7%，主题网络中存在大量的三角形结构。

表 4-4　重大工程社会责任主题网络属性

平均度	密度	节点数	连接数	聚集系数	平均路径长度
7.615	0.007	1 189	4 762	0.877	3.438

2. 重大工程社会责任主题网络的节点属性测度

重大工程社会责任主题群中出现次数最多的关键词是可持续（sustainability），共出现 69 次，即 475 篇重大工程社会责任前沿文献中有 69 篇将可持续标注为关键词，其他比较重要的关键词有主题决策、风险管理、建造管理、全生命周期评估等。这些出现次数较多的关键词大都具备较好的网络属性，具体如表 4-5 所示（选取了出现次数超过 5 次的关键词）。

表 4-5　重大工程社会责任主题网络节点属性测度

序号	关键词	次数	首现年份	度	接近中心度	中介中心度
1	sustainability	69	1997	238	0.487	0.304
2	construction	34	2000	147	0.444	0.128
3	sustainable development	34	1997	150	0.454	0.166

续表

序号	关键词	次数	首现年份	度	接近中心度	中介中心度
4	project management	28	2008	105	0.431	0.106
5	construction industry	26	2004	88	0.410	0.075
6	construction projects	25	2009	102	0.414	0.094
7	infrastructure	22	2005	107	0.428	0.110
8	decision making	21	1997	86	0.419	0.057
9	risk management	17	2009	71	0.408	0.049
10	construction management	14	2002	73	0.401	0.048
11	public private partnership（PPP）	14	2008	70	0.398	0.066
12	sustainable construction	13	2007	38	0.387	0.022
13	China	13	2009	49	0.387	0.034
14	infrastructure projects	12	2005	47	0.392	0.039
15	infrastructure planning	12	2002	38	0.366	0.023
16	life cycle assessment	10	2011	44	0.375	0.036
17	critical success factors	9	2009	38	0.391	0.019
18	projects	9	2009	38	0.379	0.012
19	stakeholder management	9	2009	31	0.352	0.015
20	building information modeling（BIM）	8	2012	36	0.346	0.036
21	Innovation	8	2005	37	0.387	0.023
22	Procurement	8	2006	40	0.368	0.020
23	environment	8	1997	24	0.382	0.009
24	partnerships	7	2002	34	0.371	0.008
25	waste management	7	2007	23	0.375	0.007
26	developing countries	6	2001	28	0.344	0.021
27	Risk	6	2010	30	0.389	0.020
28	Hong Kong	6	2003	22	0.368	0.004
29	stakeholders	6	2010	21	0.366	0.010
30	assessment	6	2008	28	0.360	0.004
31	private sector	6	2002	37	0.353	0.010
32	LEED	6	2011	22	0.377	0.007
33	decision support system	5	2007	19	0.336	0.005
34	contracts	5	2010	26	0.360	0.005
35	communication	5	2008	23	0.336	0.008

续表

序号	关键词	次数	首现年份	度	接近中心度	中介中心度
36	environmental impact	5	2011	19	0.327	0.016
37	cost-benefit analysis	5	2010	38	0.339	0.018
38	Australia	5	2008	26	0.379	0.008
39	performance	5	2008	23	0.384	0.012
40	information technology	5	2008	19	0.339	0.006
41	optimization	5	2000	28	0.371	0.011
42	social impact	5	2002	7	0.350	0.001
43	water supply	5	2011	33	0.397	0.013
44	contractors	5	2002	22	0.355	0.008
45	project delivery	5	2013	21	0.359	0.003
46	risk analysis	5	2006	25	0.369	0.007

从研究主题的首现年份上来看，可持续概念（sustainability 和 sustainable development）很早就被提出（1997年），但最初还是关注承包商（contractors，2002 年）的建造管理（construction，2000 年；construction management，2002 年），项目管理（project management）到 2008 年开始出现，风险管理（risk management）和利益相关者管理（stakeholder management）都是 2009 年才开始出现，对于全生命周期（life cycle assessment）的关注则是在 2011 年才出现。另外对于中国（China，2009年）的关注也是最近才开始并逐渐变成焦点（13次），项目的移交（project delivery，2013 年，5 次），水资源（water supply，2011 年，5 次）和 BIM（2012年，8次）则可能是潜在的热点问题，值得引起重视。

重大工程社会责任全部 1 319 个主题词聚集成 29 个主题群，每个主题群内的主题之间关系较为紧密，不同社区之间主题的关系较为疏远。每个主题群因为相互之间存在较强的共现关系而凝聚在一起，主题群的研究热点都具备一定的独立性。主题词的数量和频次的分布不均匀，表 4-6 列出了出现频次大于 100 且包含不少于 50 个主题词的 7 个主题群。

表 4-6　重大工程社会责任主题网络子群体

子群体 ID	主题词出现频次	主题词数量	代表主题词	平均出现次数
8	176	87	construction projects	2.02
3	168	71	sustainability	2.37
18	163	82	project management	1.99
22	143	65	construction industry	2.20

续表

子群体 ID	主题词出现频次	主题词数量	代表主题词	平均出现次数
24	137	86	public private partnership（PPP）	1.59
19	119	65	sustainable development	1.83
20	107	53	Construction	2.02

（1）建造项目（construction projects，ID=8）。以建造项目（construction projects，25次，首现年份2009年）为主的8号主题群包含87个不同的主题词，共出现176次，平均出现次数为2.02次，其中66个主题词仅出现1次，其余重要5个关键词分别为决策（decision making，21次，首现年份1997年）、废物管理（waste management，7次，首现年份2007年）、利益相关者（stakeholders，6次，首现年份2010年），评估（assessment，6次，首现年份2008年）和承包商（contractors，5次，首现年份2002年）。相比于其他主题群，该主题群边界不是很清晰，主要是因为建造项目概念的范畴较大，主要关注其决策、废物管理、利益相关者（主要是承包商）及评估。

（2）可持续（sustainability，ID=3）。以可持续（sustainability，69次，首现年份1997年）为主的3号主题群包含71个不同的主题词，共出现168次，平均出现次数为2.37次（最高），其中63个主题词仅出现1次，其余重要的3个关键词分别为中国（China，13次，首现年份2009年）、基础设施项目（infrastructure projects，12次，首现年份2005年）和可恢复性（resilience，6次，首现年份2009年）。这说明中国基础设施工程的可持续发展，特别是可恢复性正受到全世界的关注。

（3）项目管理（project management，ID=18）。以项目管理（project management，28次，首现年份2008年）为主的18号主题群包含82个不同的主题词，共出现163次，平均出现次数为1.99次，其中61个主题词仅出现1次，其余重要的5个关键词分别为建造管理（construction management，14次，首现年份2002年）、环境（environment，8次，首现年份1997年）、信息技术（information technology，5次，首现年份2008年）、生命周期（life cycle，4次，首现年份2005年）和能源消耗（energy consumption，4次，首现年份2005年）。这说明项目管理涉及社会责任的研究主要集中在建造管理的环境问题上以及从生命周期角度的能源消耗问题上。

（4）建筑产业（construction industry，ID=22）。以建筑产业（construction industry，26次，首现年份2004年）为主的22号主题群包含65个不同的主题词，共出现143次，平均出现次数为2.20次，其中46个主题词仅出现1次，其余重要的6个关键词分别为风险管理（risk management，17次，首现年份2009

年）、伙伴关系（partnerships，7 次，首现年份 2002 年）、私营部门（private sector，6次，首现年份2002年）、合同（contracts，5次，首现年份2010年）、绩效（performance，5 次，首现年份 2008 年）和项目移交（project delivery，5 次，首现年份 2013 年）。这说明目前从产业角度研究重大工程社会责任主要还集中在风险管理、合作机制等方面。

（5）公私合作［public private partnership（PPP），ID=24］。以公私合作［public private partnership（PPP），14次，首现年份2008年］为主的24号主题群包含 86 个不同的主题词，共出现 137 次，平均出现次数为 1.59 次，其中 72 个主题词仅出现 1 次，其余重要的 5 个关键词分别为关键成功因素（critical success factors，9次，首现年份2009年）、利益相关者管理（stakeholder management，9 次，首现年份 2009 年）、香港（Hong Kong，6 次，首现年份 2003 年）、澳大利亚（Australia，5 次，首现年份 2008 年）和规划（planning，4 次，首现年份 2011 年）。这说明目前在公私合作制度下的重大工程社会责任研究对象集中在香港和澳大利亚，主要关注影响项目成功的因素和利益相关者管理。

（6）可持续发展（sustainable development，ID=19）。以可持续发展（sustainable development，34 次，首现年份 1997 年）为主的 19 号主题群包含 65 个不同的主题词，共出现 119 次，平均出现次数为 1.83 次，其中 53 个主题词仅出现 1 次，其余重要的 5 个关键词分别为 LEED 认证（LEED，6 次，首现年份 2011 年）、指标（indicators，9 次，首现年份 2010 年）、系统动力学（system dynamics，4 次，首现年份 2010 年）、知识管理（knowledge management，3 次，首现年份 2000 年）和运输（transport，4 次，首现年份 2005 年）。这说明指标体系是重大工程可持续发展研究中的一个重要主题。

（7）建造（construction，ID=20）。以建造（construction，34 次，首现年份2000 年）为主的 20 号主题群包含 53 个不同的主题词，共出现 107 次，平均出现次数为 2.02 次，其中 43 个主题词仅出现 1 次，其余重要的 5 个关键词分别为项目（projects，9 次，首现年份 2009 年）、层次分析法（AHP，4 次，首现年份 2012年）、信任（trust，4 次，首现年份2007年）和模型（model，3 次，首现年份 2012 年）。

4.5.3 重大工程社会责任知识网络结构分析

从文献被引次数的多少来看（表 4-7），在重大工程社会责任的相关研究中，Project Management Institute 的项目管理知识体系（第 1 位：*A Guide to the Project Management Body of Knowledge*）是重大工程社会责任管理中最基础的理论（或知识）。利益相关者理论（第 3 位：*Strategic Management：A Stakeholder Approach*）是另一种基础理论。除去 Freeman 的经典著作之外，在最重要的 20 篇文献中，涉及利益相关者理论还有 6 篇，分别为第 4 位的 *Stakeholder management for public private partnerships*、第 8 位的 *Evaluation of stakeholder influence in the implementation of construction projects*、第 11 位的 *Stakeholder impact analysis in construction project management*、第 12 位的 *A comparative study of factors affecting the external stakeholder management process*、第 14 位的 *Toward a theory of stakeholder identification and salience：defining the principle of who and what really counts* 和第 18 位的 *Exploring critical success factors for stakeholder management in construction projects*。对于研究方法来说，案例研究最为常用（第 6 位：*Case study research：design and methods* 和第 16 位：*Building theories from case study research*），另外一种重要方法则是层次分析法（第 13 位：*The Analytic Hierarchy Process*）。从研究内容来看，指标开发及评价是重要议题，在最重要的 20 篇文献中共有 4 篇文献，分别为第 2 位的 *Sustainability appraisal in infrastructure projects*（SUSAIP）*Part 1. Development of indicators and computational methods*、第 10 位的 *A methodology to identify sustainability indicators in construction project management—application to infrastructure projects in Spain*、第 15 位的 *Sustainability appraisal in infrastructure projects*（SUSAIP）*Part 2. A case study in bridge design* 和第 20 位的 *Key performance indicators and assessment methods for infrastructure sustainability：a South African construction industry perspective*。另外一个研究主题是影响工程项目的因素，在最重要的 20 篇文献中共有 4 篇文献，分别为第 8 位的 *Evaluation of stakeholder influence in the implementation of construction projects*、第 11 位的 *Stakeholder impact analysis in construction project management*、第 18 位的 *Exploring critical success factors for stakeholder management in construction projects* 和第 19 位的 *Analysis of factors influencing project cost estimating practice*。从作者来看，Ugwu O. O. 和 Olander S. 各有 3 篇文献进入最重要的 20 篇文献列表中，对重大工程社会责任相关主题的研究做出了巨大的贡献。

表 4-7 重大工程社会责任知识网络节点属性测度

序号	文献题名及类型	第一作者	被引次数	发表年份	度	接近中心度	中介中心度
1	*A Guide to the Project Management Body of Knowledge* [M]	PMI	20	2000	28	0.300	0.159
2	*Sustainability appraisal in infrastructure projects*（SUSAIP） *Part 1. Development of indicators and computational methods* [J]	Ugwu O.O.	19	2006	5	0.187	0.022

续表

序号	文献题名及类型	第一作者	被引次数	发表年份	度	接近中心度	中介中心度
3	Strategic Management: A Stakeholder Approach [M]	Freeman R.E.	18	1984	14	0.219	0.009
4	Stakeholder management for public private partnerships [J]	El-Gohary N.M.	17	2006	5	0.219	0.004
5	Our Common Future: World Commission on Environment and Development [M]	Hurlem B.G.	17	1987	19	0.241	0.041
6	Case Study Research: Design and Methods [M]	Yin R.K.	17	2003	11	0.253	0.026
7	Megaprojects and Risk: An Anatomy of Ambition [M]	Flyvbjerg B.	15	2003	5	0.238	0.004
8	Evaluation of stakeholder influence in the implementation of construction projects [J]	Olander S.	14	2005	5	0.207	0.001
9	Rethinking Construction: Report from the Construction Task Force [M]	Egan J.	12	1998	5	0.167	0.000
10	A methodology to identify sustainability indicators in construction project management—application to infrastructure projects in Spain [J]	Fernández-Sánchez G.	12	2010	5	0.219	0.005
11	Stakeholder impact analysis in construction project management [J]	Olander S.	12	2007	7	0.203	0.002
12	A comparative study of factors affecting the external stakeholder management process [J]	Olander S.	12	2008	7	0.210	0.001
13	The Analytic Hierarchy Process [M]	Satty T.L.	11	1980	5	0.205	0.024
14	Toward a theory of stakeholder identification and salience: defining the principle of who and what really counts [J]	Mitchell R.K.	11	1997	6	0.186	0.000
15	Sustainability appraisal in infrastructure projects (SUSAIP) Part 2. A case study in bridge design [J]	Ugwu O.O.	11	2006	6	0.163	0.001
16	Building theories from case study research [J]	Eisenhardt K.M.	11	1989	5	0.238	0.010
17	Sustainable construction: principles and a framework for attainment [J]	Hill R.C.	10	1997	5	0.227	0.004
18	Exploring critical success factors for stakeholder management in construction projects [J]	Yang J.	10	2009	11	0.230	0.002
19	Analysis of factors influencing project cost estimating practice [J]	Akintoye A.	10	2000	5	0.187	0.000
20	Key performance indicators and assessment methods for infrastructure sustainability: a South African construction industry perspective [J]	Ugwu O.O.	9	2007	6	0.204	0.002
21	Lean processes for sustainable project delivery [J]	Lapinski A.R.	9	2006	5	0.209	0.000

续表

序号	文献题名及类型	第一作者	被引次数	发表年份	度	接近中心度	中介中心度
22	Stakeholder salience in global projects [J]	Aaltonen K.	9	2008	5	0.194	0.000
23	Contractor selection for construction works by applying SAW - G and TOPSIS grey techniques [J]	Zavadskas E.K.	8	2010	9	0.160	0.003
24	Strategies for assessing and managing organizational stakeholders [J]	Savage G.T.	8	1991	9	0.199	0.001
25	Architects' perspectives on construction waste reduction by design [J]	Osmani M.	8	2008	5	0.175	0.000
26	Stakeholder influence strategies [J]	Frooman J.	8	1999	6	0.187	0.000
27	Project stakeholder management [J]	Karlsen J.T.	8	2002	11	0.195	0.001
28	Causes of construction delay: traditional contracts [J]	Odeh A.M.	7	2002	5	0.201	0.000
29	Response strategies to stakeholder pressures in global projects [J]	Aaltonen K.	7	2009	6	0.203	0.001
30	Examining the business impact of owner commitment to sustainability [J]	Beheiry S.M.	7	2006	6	0.210	0.001
31	Stakeholder management in construction [J]	Atkin B.	7	2008	7	0.229	0.007
32	A ladder of citizen participation [J]	Arnstein S.R.	7	1969	5	0.218	0.001
33	Selection of the effective dwelling house walls by applying attributes values determined at intervals [J]	Zavadskas E.K.	7	2008	6	0.158	0.001
34	Key assessment indicators (KAIs) for the sustainability of infrastructure projects [J]	Shen L.Y.	7	2010	11	0.266	0.021
35	A comparative study of causes of time overruns in Hong Kong construction projects [J]	Chan D.W.M.	7	1997	5	0.214	0.002
36	Application of system dynamics for assessment of sustainable performance of construction projects [J]	Shen L.Y.	7	2005	6	0.220	0.003
37	Measuring construction project participant satisfaction [J]	Leung M.Y.	7	2004	5	0.234	0.005
38	Critical success factors for PPP/PFI projects in the U.K. construction industry [J]	Li B	7	2005	5	0.231	0.004
39	Sustainable Construction: Green Building Design and Delivery [M]	Kibert C.J.	7	2008	5	0.206	0.000
40	Moving beyond dyadic ties: a network theory of stakeholder influences [J]	Rowley T.J.	7	1997	10	0.200	0.001
41	Causes and effects of delays in Malaysian construction industry [J]	Sambasivan M	7	2007	6	0.220	0.001

通过模块度最优法，重大工程社会责任的知识基础根据共被引的远近亲疏关

系聚集成了 21 个群体（ID：0~20），本章对平均被引次数最多的 4 个主要知识群进行详细的分析，具体如表 4-8 所示。

表 4-8　重大工程社会责任知识群

ID	代表作	被引次数	参考文献个数	平均被引次数
19	Strategic Management：A Stakeholder Approach [M]	267	49	5.45
7	Sustainability appraisal in infrastructure projects（SUSAIP）Part 1. Development of indicators and computational methods [J]	157	35	4.49
9	Case Study Research：Design and Methods [M]	45	11	4.09
11	A Guide to the Project Management Body of Knowledge [M]	182	45	4.04

（1）利益相关者（ID=19）。选择 ID 为 19 号（评价被引次数排名第一）的重大工程社会责任知识群，可以发现被引次数超过 10（排名前 6）的文献都与利益相关者理论有关（表 4-9）。因此，再次证明利益相关者理论是重大工程社会责任的基础理论之一。

表 4-9　重大工程社会责任知识群之利益相关者

序号	文献题名、类型/期刊	第一作者	被引次数	发表年份
1	Strategic Management：A Stakeholder Approach[M]	Freeman R.E.	18	1984
2	Stakeholder management for public private partnerships[J]/International Journal of Project Management	El-Gohary N.M.	17	2006
3	Evaluation of stakeholder influence in the implementation of construction projects[J]/International Journal of Project Management	OlanderS.	14	2005
4	Stakeholder impact analysis in construction project management[J]/Construction Management and Economics	OlanderS.	12	2007
5	A comparative study of factors affecting the external stakeholder management process[J]/Construction Management and Economics	OlanderS.	12	2008
6	Toward a theory of stakeholder identification and salience：defining the principle of who and what really counts[J]/ Academy of Management Review	MitchellR.K.	11	1997

（2）评价指标（ID=7）。选择 ID 为 7 号（评价被引次数排名第二）的重大工程社会责任知识群，可以发现被引次数超过 10（排名前 3）的文献都与评价指标有关（表 4-10）。因此，这证明评价指标是重大工程社会责任热点问题之一。

表 4-10　重大工程社会责任知识群之评价指标

序号	文献题名、类型/期刊	第一作者	被引次数	发表年份
1	Sustainability appraisal in infrastructure projects（SUSAIP）Part 1. Development of indicators and computational methods[J]/ Automation in Construction	Ugwu O.O.	19	2006
2	The Analytic Hierarchy Process[M]	SattyT.L.	11	1980

续表

序号	文献题名、类型/期刊	第一作者	被引次数	发表年份
3	UGWUOO/Sustainability appraisal in infrastructure projects (SUSAIP) Part 2. A case study in bridge design. Automation in Construction[J]/Automation in Construction	Ugwu O.O.	11	2006

（3）案例研究（ID=9）。选择 ID 为 9 号（评价被引次数排名第三）的重大工程社会责任知识群，可以发现被引次数超过 10 的文献只有 R. K. Yin 的 *Case Study Research: Design and Methods*。这证明案例研究是重大工程研究的主要方法。

（4）利益相关者管理（ID=11）。选择 ID 为 11 号（评价被引次数排名第四）的重大工程社会责任知识群，可以发现被引次数超过 10 的文献只有 PMI 的 *A Guide to the Project Management Body of Knowledge*。因此，项目管理的知识体系是重大工程社会责任的基础理论之一。

4.6 本章小结

当前，我国正处于社会、经济的深刻变革与转型期，超大规模重大工程投资和建设在为经济、社会和科学技术发展提供了强劲动力和坚实保障的同时，也因投资规模巨大、实施周期长、不确定因素复杂、利益相关者众多、对生态环境潜在影响深远的特点而面临前所未有的战略机遇期、环境敏感期和价值重构期，社会责任已经成为影响重大工程可持续发展的关键之一（Zeng et al., 2015）。与重大工程建设规模和复杂性增长不相匹配的是，现有研究对重大工程社会责任的相关研究还停留在概念阶段，缺乏对重大工程社会责任的深刻认知和创新，缺乏对我国国情特点的深刻反映。

为了科学地展示重大工程社会责任相关理论演进的过程和概貌，本章将科学计量学方法、信息可视化技术等新方法运用于对重大工程社会责任的研究前沿和研究热点的分析中，绘制和分析了关于重大工程社会责任研究的关键词共现及文献共被引网络图谱，揭示了重大工程社会责任研究的动态知识结构及其在不同发展阶段的主题变化，整体上提高了分析过程的效率、范围和客观性。基于文献的分析发现，全世界对重大工程社会责任的关注正在快速升温，这是可持续发展的关键内容之一。研究的对象从关注承包商（2002 年开始）、建造管理（2000 年开始）开始向项目的全生命周期管理（2011 年开始）和利益相关者管理（2009 年）转移，并且中国（2009 年开始）的重大工程开始逐渐变成焦点，特别是面向重大工程的可恢复性研究。同时，评估指标体系也是重大工程可持续发展研究中的一个重要主题，为重大工程的实践提供指导。基于文献共被引分析的知识网络结构揭示，Project Management Institute 的项目管理知识体系是重大工程社会责任管理中最基础的理论（或知识），利益相关者理论也是重要的基础理论。案例研究在重大工程社会责任研究中最为常用，层次分析法也是一种重要的方法。知识结构分析再次证明了指标开发及评价是重大工程社会责任研究的重要议题。这些结果初步描绘了重大工程社会责任的历史演进，全面而系统地揭示重大工程社会责任管理这一科学领域目前的发展状况和趋势以及知识结构，为重大工程社会责任理论与方法的科学构建夯实了基础。

第5章 重大工程社会责任的社会治理框架

本章在前文研究基础上，通过对现有文献的归纳演绎，综合提出重大工程社会责任的"社会治理"。以 BGS 模型为基础，构建社会治理的框架，分析指出：重大工程社会责任治理需要把握治理中双中心性、分布性、多样性及动态性的特征，整合企业、政府、社会公众多方面的资源，通过审慎决策，合理行为，一致、透明与可追责的控制手段，追求重大工程可持续共享价值的最大化。

5.1 重大工程社会责任治理：背景

近年来全世界已经发起、设计、建设并运营了大量的重大基础设施工程，然而，有关重大工程经济、社会、环境方面的"绩效悖论"（performance paradox）却从未消失过（Davies et al., 2009; van Marrewijk et al., 2008）。鉴于重大工程在国民社会经济发展中的重要战略角色，其社会责任与可持续性已受到越来越多的关注（Demetriades and Mamuneas, 2000; Flyvbjerg, 2014; 盛昭瀚, 2009）。重大工程社会责任，即其各利益相关者在项目全生命周期内，以可持续发展为目标，通过透明和合乎道德的行为，为其决策和行为对人类社会带来影响而承担的责任。其内容涵盖移民安置、污染控制、生态保护、职业健康与安全、反腐败、防灾减灾、贫困消除等议题。重大工程社会责任的全生命周期动态性、利益相关者异质性、多元化社会责任交互性等特征给其治理带来了巨大挑战。

基于此，本章将基于前文研究，关注重大工程社会责任的综合治理问题。要分析这一问题，首先需要明确何为（好的）治理。从组织的角度，治理系统（governance systems）即为组织管理的框架，其中权益、职责、规章等要素以保障管理运营的有效性及合理性（Too and Weaver, 2014）。由于重大工程社会责任议题并不局限于组织管理或项目管理的传统范畴之内，其治理框架的研究需要从利益相关者网络中的组织内及组织间的关系出发，对具体的社会责任议题展开系统化分析。好的治理是通过一致、透明、可追责的决策与行动为重大工程利益相关者实现可持续的共享价值（Porter and Kramer, 2011）。

此外，重大工程社会责任治理需要特定的治理框架（Miller and Hobbs, 2005）。首先，不同于管理学领域的公司治理或政治学领域的公共治理，重大工程的治理主体较为模糊；尤其是在当前许多重大工程推行 PPP 模式的实践背景下（Zhang et al., 2015），其社会责任治理呈现"双中心化"的特征。其次，相比一般建设项目管理或治理，重大工程更高的复杂性、冲突性、不确定性给其治理带来了更多难度与挑战（Sanderson, 2012）。最后，对于项目治理来说，环境与伦理的目标同传统的质量、成本、工期三大目标有所不同，社会责任治理需要项目全生命周期内企业、政府、社会等多方的互动，其市场驱动、政府规制、公众参与的协同机制更为复杂（Matten and Moon, 2008）。现有文献中对于工程社会责任议题的研究虽然较多，但整体上呈碎片化状态，针对重大工程社会责任治理框架的系统性讨论相对缺乏。因此，本章力求面向全生命周期内为利益相关方创造可持续共享价值的需求，基于系统集成的思想，从 BGS 视角出发构建重大工程社会责任的治理框架。

5.2 重大工程社会责任治理：社会治理的概念与特征

5.2.1 社会治理的概念

英国项目管理协会将项目管理中的治理问题视为企业治理中同项目管理相关的部分。显然，这一定义仍然局限在公司治理的范畴之内。然而，由于重大工程具有超长的生命周期、高度异质化的利益相关者及深刻的社会影响，故其社会责任治理的范畴是远大于企业治理的。因此，重大工程社会责任需要一个新的概念。本章采用了 BGS 方法，整合了包含重大工程的参与者以及外部利益相关者的治理框架，具体包括三方面：B（business），即商业组织，其社会责任主要依赖于自我治理（self-governance），处于网络状的商业环境中；G（government），即政府机构，其社会责任治理既包括组织内部事宜（属于自我治理），也包括组织外部的事宜（通常被涵盖在公共治理的范围内），处于层级状的政治体系中；S（society），即社会公众，其社会责任治理既涉及媒体、NGO 这一类组织在重大工程中的决策与行动，还包括非组织化（semi-organized）的社区、公众的事宜，其治理处于半组织化的社会系统中。重大工程社会责任治理依赖于 BGS 间互动以组成共同治理的系统框架（Steiner G A and Steiner J F，1980；Steurer，2010），进而实现社会治理（Kooiman，1993）。在这一框架中，重大工程网络中的各利益相关者以实现社会责任共担和谋求可持续发展为共同目标而开展决策与行动（Moon，2002；Steurer，2010）。综上，重大工程社会责任的社会治理可以概述为：在项目全生命周期内，重大工程的各利益相关者（包括商业组织、政府机构、社会公众等）以创造可持续共享价值为目标，通过审慎决策、规范行动、协调控制等实现各方利益均衡、社会责任共担的治理框架要求。

5.2.2 社会治理的特征

不同于公司治理及政府治理，重大工程社会责任的社会治理具有 4D 的特征。

1. 双中心性

通常，高管团队（top management team，TMT）被认为是公司治理的核心主体，对应于领导官员在政府治理中的地位；相比之下，社会治理的核心并不清晰（Too and Weaver，2014）。由于重大工程中众多参与者及合作者的介入，其管理中起到协调与控制作用的核心并不始终唯一（van Marrewijk et al.，2008）。重大工程中不同的参与方（利益相关方）分别承担着多方面不同的社会责任内容，其角色与作用亦随着项目全生命周期的演进而产生变化。企业与政府的双元组合，在重大工程社会责任治理中扮演着核心角色；在 PPP 模式普遍应用于现代重大工程管理的情境下，这一核心角色尤为突出。首先，二者均在重大工程全生命周期中发挥积极而重要的功用：设计方、承包商、运营商、供应商等企业是工程的实践者；与一般建设项目不同的是，政府通常是基础设施工程的投资方、推动者或监管者；因而，企业与政府其正面或负面的社会责任行为都将直接影响项目可持续性。其次，在重大工程社会责任网络中，企业与政府处于核心地位且都与其他利益相关方有着密切关系与交互。在面向重大工程的社会与环境影响中，企业与政府是主要责任者（responsible actors），而其他利益相关者是被影响者（impacted actors）或关注者（interested actors）（El-Gohary et al.，2006）。

2. 分布性

高度异质性的利益相关者组成了重大工程的社会网络，各方面的工程社会责任通过网络中复杂的关系呈现出不对称的分布性。在面对社会责任问题中，利益相关者间正式与非正式的关系及利益冲突带来了社会责任的差异化分布，而平衡各利益相关方的权益并有效解决冲突即为社会责任分配及履行的过程（Mok et al., 2015）。需要指明的是，尽管重大工程建设中公众参与往往是被动的（相比处于双中心的企业与政府），但其在许多社会责任议题中亦需要承担相应的责任。比较来看，企业社会责任的议题往往是一对多的关系，即企业组织同该社会责任议题对应的利益相关者，责任通常由企业承担，而重大工程社会责任则不同，其复杂性造成了许多议题是多对多的关系，责任由多方承担。在某些重大工程环境影响造成的社会责任问题中，施工方、当地政府、监管部门、NGO、媒体及社区群众均牵涉其中，复杂的利益相关者关系及冲突使社会责任的承担呈现差异化分布[①]。

3. 多样性

重大工程相比一般项目具有更为广泛而深刻的社会影响；重大工程社会责任不仅涵盖一般建设项目中的员工的健康与安全问题（Oliver, 1997），还涉及工程所在地移民安置、污染控制、生态保护问题，以及工程反腐败等社会问题。这些问题包括经济、法律、伦理、政治等不同社会责任维度，故其具有多层次性。此外，重大工程治理涉及多利益相关者管理，是一个跨学科的领域（El-Gohary et al., 2006），因而其社会责任治理需要从多视角展开解读与分析。从法律的视角出发，社会责任议题和规制与合法性密切相关；从经济的视角出发，绝大多数重大基础设施为所在地创造了就业机会并促进了区域经济；从政治学与社会学的视角出发，重大工程通常会带来复杂的社会问题并产生市场反应及政治效应（Miller and Hobbs, 2005）。因此，重大工程的社会责任治理具有多样性。

4. 动态性

不同于企业等一般组织，重大工程组织在项目全生命周期中具有特定性与临时性（Muller et al., 2014）；其发展过程、制度框架及外部环境均呈现出动态性及非线性的特点。此外，如第3章所述，社会责任在全生命周期不同阶段具有不同的重点议题；利益相关者网络亦随着工程的推进而不断演化。社会治理的动态变化在项目全生命周期具有阶段性。通常重大工程在初始阶段具有极高的风险与不确定性（Miller and Hobbs, 2005），随着工程的实施这一不确定性逐渐减少（Winch, 2001）。相应地，由于重大工程决策及行为相应的不可逆性，社会责

---

① 例如，2010年香港一位66岁的女士对港珠澳大桥香港段两份环评报告提起司法复核，使项目遭受到了65亿港元的损失（http://www.nfpeople.com/）。

任相关风险在全生命周期初始阶段很高。因此，重大工程的社会治理框架必须考虑到工程实施过程的可变性及项目全生命周期动态性。

5.3 重大工程社会责任治理：社会治理的框架

5.3.1 社会治理的主体

不同于企业高管团队在企业社会责任管理中的主体地位，重大工程社会责任治理的主体相对模糊且具有开放性。如图 5-1 所示，参与或涉及重大工程实施的利益相关者形成了具有成员分级性和边界渗透性的元组织结构（Lundrigan et al., 2015）。重大工程的社会责任治理的关键是确保利益相关者做出负责任的决策及行为（Miller and Hobbs, 2005），故从利益相关者的视角对社会责任治理进行分析是必要的。基于社会责任视角出发的利益相关者可以分为三大部分：企业（business）、政府（government）及社会（society）（Steiner G A and Steiner J F, 1980）。需要注意的是，由于重大工程作为（准）公共物品，其影响涉及经济、社会、环境等多方面（Haughwout, 2002），因此企业、政府、社会的任何一部分都无法独自承担重大工程社会责任（Too and Weaver, 2014）。

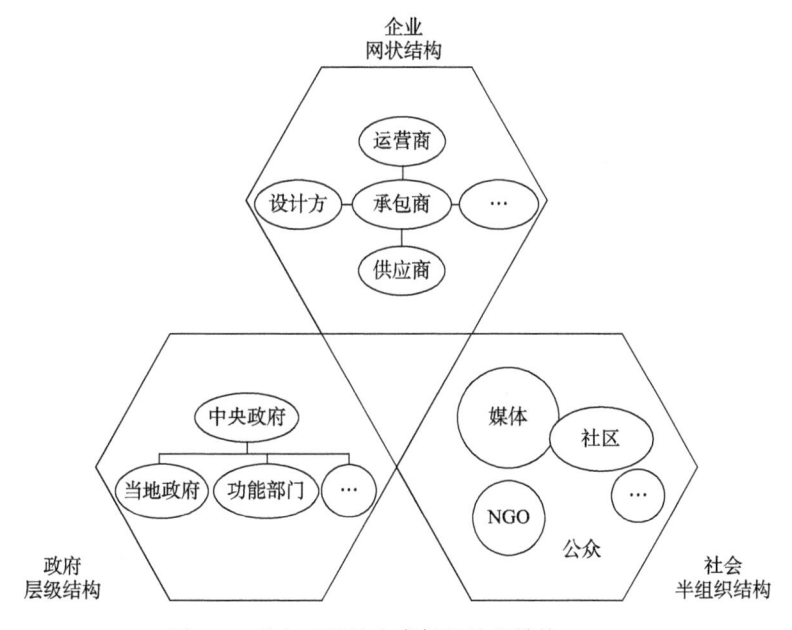

图 5-1 重大工程社会责任的治理结构：BGS

首先，尽管一项基础设施的建设总有项目经理负责计划、组织和控制等工程管理决策及行为，但仍有许多社会责任问题是超出了项目经理的职责和能力范围（如工程环境污染问题和区域经济效应问题）。总承包商在重大工程中的角色十分关键，需要整合分包商、供应商、设计方等完成重大工程项目，但仍有诸多工程造成所在地社区问题时需要当地政府来协调和解决（如工程反腐败问题）。因为重大工程社会责任涉及的许多方面并不仅仅是商业活动问题，企业（或者项目经理、高管团队）是无法作为单独的项目治理主体的。其次，虽然政府可以通过资本投入、资源配置、监管规制等多种方式参与重大工程（Miller and Hobbs，2005），但其作用始终是一个相对间接的角色。许多工程内部的社会与环境问题是无法由当地政府机关或者职能监管部门控制或解决的，故政府也无法作为单独的项目治理主体。最后，政府和企业之外的诸多外部利益相关者——如社区、NGO、社会媒体等——在受到工程直接或间接影响的同时，也显著影响或者密切关注着重大工程建设。他们甚至在特定情境下能直接参与到重大工程社会责任履行活动中（Szyliowicz and Goetz，1995）。

重大工程利益相关者具有高度异质性，在多样化的社会责任议题中扮演的角色均有所不同，因此社会治理需要从利益相关者元组织结构中梳理出这些不同角色。参照 El-Gohary 等（2006）的方法，本章将重大工程社会责任的利益相关者划分为三类：负责方，即应当对某一社会责任议题承担责任的利益相关者；受影响方，即受到某一社会责任议题的直接影响的利益相关者；关注方，即并不受到某一社会责任议题直接影响，但会主动参与和关注该议题的利益相关者。总体上来说，在关系到重大工程对于宏观经济社会发展的责任治理中，如工程反腐败和就业改善，政府扮演着负责方的角色，而在关系到工程或组织微观层面的社会责任治理中，如员工职业发展和工程安全保障，企业扮演着负责方的角色，而外部公众型利益相关者通常扮演着受影响方或者关注方的角色。但考虑到重大工程深刻的社会影响，媒体、NGO、社区等也在项目全生命周期中主动参与决策与实施，并且在一些特定社会责任治理中，这些利益相关者的角色亦会发生转变。

5.3.2　社会治理的客体

重大工程社会责任具有丰富的外延，想在本章中全面地阐述所有议题并不现实。这一节将着重从 BGS 模型中负责方视角讨论社会治理的客体，如图 5-2 所示。

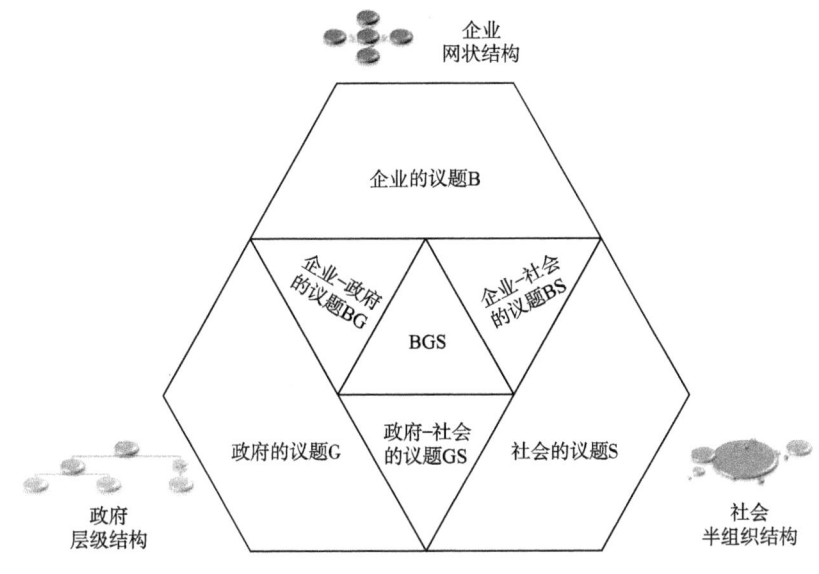

图 5-2 重大工程社会责任的治理框架：BGS

1. 企业议题

企业承担的重大工程社会责任议题由企业治理，但同时又受到政府与社会的极大影响。作为负责方，企业在重大工程中需遵循建筑行业的社会责任标准，如保障股东权益、确保员工的职业健康与安全、控制工程质量、协调同供应商与合作方的关系（Zhao et al., 2012）。企业在重大工程中承担的社会责任对于员工、社区、竞争者及上下游合作伙伴均有显著影响，而对其社会责任决策及行为感兴趣的利益相关者包括政府、媒体、NGO 等。企业作为负责方的社会责任议题对于重大工程创造可持续共享价值十分关键。例如，在国际工程市场中承包商不负责任的行径不仅会给企业自身带来负面的声誉，还将对本国建筑行业的可持续发展造成损害。

2. 政府的议题

重大工程需要巨额投资，而其中大多是由政府发起并注资的，政府的非伦理行为并不罕见（如在招投标阶段收受贿赂）。通常来说，重大工程对于当地经济是具有巨大的推动作用的，然而在政府内部各方——尤其是中央政府与地方政府之间——对于重大工程社会责任决策仍存在一些矛盾。因而协调政府内部各方之间潜在的分歧是重大工程社会责任治理的重要议题，尤其要避免不公平竞争、效率低下的资源配置，甚至会导致突发性群体事件的发生。例如，国内出现了名为"新保路运动"的现象：沪昆高铁规划制定时，湖南省邵阳市争取在市区设站,但在和相邻的娄底市的竞争中处在了下风,于是出现了十万邵阳群众高喊"争不到高铁,书记、市长下课",不少政府官员"舍身拼命"等乱象。类似地,还有"争项目""争审批"等,背后都有着权力寻租的影子[①]。这些重大工程决策中政府的社会责任问题关系到地区经济发展与社会稳定。

3. 社会的议题

不同于企业或政府,社会公众处于半组织状态:大多数社会大众并不以组织形式参与重大工程治理,但受到许多如媒体、NGO 等社会组织的显著影响或引导。在大多数社会责任议题中,社会公众并不直接参与工程决策与行动,是被动的利益相关方,但工程所在社区组织作为最受影响一方通常还扮演了社会责任决策与行动的监督者的角色。许多重大工程属于公共基础设施,其建设过程中常存在"邻避运动"(not in my back yard, NIMBY)的现象(Hunter and Leyden, 1995),这一工程所在社区的负外部效应可能带来公众的非理性行为,甚至引发激烈的公共群体性冲突事件,如近年来在国内各地出现的抵制 PX 项目运动[②]。对于社会组织,在重大工程社会责任治理中应适当地引导公众合理参与项目决策与行动,从而积极正面地推动重大工程的社会责任履行,尤其是媒体的客观报道与 NGO 的引导在这一部分社会责任议题的治理中十分关键。

4. 企业-政府的议题

许多社会责任无法仅仅由企业、政府或社会中的一方独立承担,因此需要专门讨论这些由多方利益相关者共同承担的社会责任议题。随着 PPP 模式被越来越多的重大工程所采用,大量的社会责任议题由政府与企业所主导并承担。重大工程实施过程中,公共部门的政策与企业行为不可避免地互相影响,并为公众所关注(Albareda et al., 2007)。例如,政府推行企业可持续发展报告的激励政策,出台强制要求工程提高决策透明度的规章,颁布环境标准与建筑安全条例等。作为社会责任的一种体现,重大工程信息披露成为众多利益相关者关注的焦点,需要政府以及企业的共同努力。特别是在政府、企业、社会三方信息高度不对称的情境下,重大工程中的利益冲突容易被放大,进而导致严重的公共事件,如工程现场安全事故(Loosemore and Phua, 2011)。目前,国内工程建设中财务与技术信息披露的规制已比较健全且翔实,然而,环境与伦理等相关信息披露的规制仍需要推广、细化并落实,这些信息内容包括招投标过程的合规性、环境影响评估、工程质量

---

① 详情见 https://baike.baidu.com/item/%E4%BA%89%E8%B7%AF%E8%BF%90%E5%8A%A8/16695437?fr=aladdin。

② 详情见 http://opinion.people.com.cn/GB/363551/364053/index.html。

管控及安全事故防治等。此外,在信息披露中,应注意保障随项目推进而实时更新;对于披露信息的解读以及对于外部利益相关者的反馈也需要跟进。

5. 企业-社会的议题

重大工程可视为一种社会矛盾的产物,其实施可能导致一系列涉及企业与公众的社会问题(Jia et al., 2011)。在企业同公众的大多数矛盾中,首当其冲的是工程所在社区,对于工程所在社区,其主要关注的社会责任议题为工程建设活动中对其居住环境、安全、健康等造成的危害(Zhao et al., 2012)。现有研究表明,工程行业企业同工程所在社区建立和谐的关系是避免不必要摩擦和减少建设运营风险的重要手段(Zhai et al., 2009),进一步地,积极的手段可以推动工程可持续性发展。例如,企业可以利用基础设施为所在地区创造就业机会甚至培养专业人才(Leigh and Neill, 2011)。相反,如果企业在这一类社会责任议题中出现非伦理性行为(如环境违法性事件),其负面效应因重大工程而被媒体和公众聚焦和放大,从而蒙受更大的损失(Zou et al., 2015a)。

6. 政府-社会的议题

这一部分社会责任议题涉及政府同社区、媒体、NGO 间的互动与合作,如有关工程环境影响方面的公共政策制定与公众参与(Albareda et al., 2007)。鉴于重大工程对于民生的不可逆的重大影响,正式与非正式的公众参与对于政府有关重大工程决策以及相关政策的实施均十分关键。尤其是在项目全生命周期的立项阶段时项目的审批,这对于工程的社会与环境效应具有决定性影响(张万宽等,2010)。然而在实践中,有效的公众参与并不多见,且流于形式(Szyliowicz and Goetz, 1995)。面对这一问题,政策制定者应拓宽正式与非正式重大工程社会参与渠道,并提高公众与媒体参与的热情与深度。此外,在面对如工人罢工、重大安全事故、重大污染事故等突发性事件时,政府与社会的交互更为关键。在我国工程实践中,有效保障和实现公众参与的机制仍较为缺乏,因此重大工程社会责任治理要求保证工程项目信息的公开化,进一步地,应建立项目全生命周期的公众参与平台,广泛吸收意见,通过规章保证公众参与渠道的流畅性以及意见反馈的有效性。

7. 企业-政府-社会的议题

此外,重大工程中还有许多社会责任议题需要由企业、政府及社会共同承担,并且这一类议题治理时应优先考虑。在其中,该类议题的受影响方及关注方需要通过协同合作来帮助重大工程避免极端性后果。例如,重大工程的移民安置就属于这一类,重大工程往往涉及大量的民众迁移,关系到社会公平、区域不平等、社会稳定等一系列问题。据统计,中国大约有 1 600 万个移民是水利基础设施造成的,其中水库移民遗留问题和长远发展问题还没有得到根本解决,仍有相当数量的水库移民存在生存环境恶劣、居住不安全、生活贫困等突出问题[①]。政府机构在这一社会责任中通常作为负责方,统筹移民解决方案,而工程移民及参与企业作为被影响方和参与方。政府需通过政策颁布与执行落实移民生产扶持计划、企业组织加强移民培训工作,所在社区帮助拓宽移民增收渠道等。只有政府机构、企业组织、社会公众(移民目的地社区)三方协同配合,才能实现可持续共享价值的创造,解决移民安置问题。

5.3.3 社会治理的原则与思路

重大工程社会责任治理的目标是确保在项目全生命周期内工程的决策与行动满足利益相关者的期望(Galloway et al., 2012; Gil and Lundrigan, 2012),并为所有利益相关者创造可持续的共享价值(Porter and Kramer, 2011)。要实现这一目标,需要在社会责任实践中遵循以下治理原则与思路。

1. 社会治理的原则

OECD(1999)提出公司治理的原则包括:保护股东权益、公平地对待所有股东、保障利益相关者权益、准确清晰的信息披露及尽力向董事会负责等。显然,上述基于组织的治理原则还是主要面向股东,然而,重大工程社会责任治理的范畴超越了企业社会责任治理。基于其治理主体的异质性与复杂性,重大工程社会责任治理是面向利益相关者决策与行动,而非利益相关者本身。重大工程治理对象包括在全生命周期内利益相关者的决策、行动及控制。决策是指工程实施的概念、设计及计划;行动是指工程实施的实践行为;控制是指保障决策与行为有效性的规则与章程等。具体地,重大工程社会责任的社会治理原则包括以下三个方面。

第一,决策的审慎性。重大工程社会责任决策面向在各利益相关者利益均衡与可持续共享价值最大化上,建立在对所有可行性方案的鉴别与选择基础上。对于重大工程社会责任,决策的审慎性需要社会化决策过程,以对各利益相关者的期望,尤其是在全生命周期的初期,此时的决策具有不可逆转的深刻影响(Galloway et al., 2012)。决策的审慎性还应体现在同利益相关者网络内各方的持续性交流互动上,从被影响方和关注方获取及时的反馈,进而充分认知工程

[①] 详情见国家发展和改革委员会、财政部、水利部《关于进一步加强大中型水库移民后期扶持工作的通知》。

可能存在的社会责任问题，制定措施评估并预防潜在风险。

第二，行动的合理性（reasonableness of action-taking）。重大工程社会责任行动需建立在寻找并认知相关社会责任议题信息的基础上，行动合理性的标准在于这些行动是否避免了由于工程可能产生的社会矛盾或者解决了工程中已存在的社会责任问题，负责方需要掌握可靠的相关信息从而明确具体的行动方式与内容，从而实现社会责任的履行（Galloway et al.，2012）。

第三，控制的一致性、透明性及可追责性（uniformity, transparency, and accountability of controlling）。重大工程社会责任控制是保障前两方面原则有效实现的规则与章程。一致性是指社会治理的政策、程序及流程应具有一条清晰的路径，且明确地划分出以明确重大工程中所有利益相关者决策与行动的边界。透明性是指负责方应该积极向被影响方和关注方披露社会责任的相关信息，并解释其中可能存在的疑问。社会责任报告制度作为透明性原则的体现，能帮助重大工程管理中杜绝或预防如工程腐败等社会责任问题（Chhotray and Stoker，2009）。可追责性是指所有利益相关者当其在重大工程某一社会责任议题成为负责方时，其责任都具有可追溯性。

2. 社会治理的思路

社会治理的 BGS 框架需要社会化的机制来实现和维系重大工程的社会责任治理。考虑到重大工程超长生命期与深刻的社会影响，其治理是一个动态的柔性过程，包括社会参与、社会学习、社会交互及社会整合等。所有这些过程形成了重大工程社会责任治理思路，并帮助解决社会责任问题和提高社会责任绩效。

第一，社会参与。重大工程的实施涉及众多相关方的利益，因此实现好的社会责任治理需要从各方的参与开始。这要求企业及政府通过多种方式实现公众参与（Szyliowicz and Goetz，1995），促使工程所在社区以及社会大众积极参与到工程社会责任的决策及日常行动中。

第二，社会学习。当各利益相关者均能参与到重大工程社会责任治理时，持续的社会学习过程将促进社会责任绩效的提升（Gond and Herrbach，2006；Sanderson，2012）。作为能同时提高组织与项目绩效的重要手段（Davies et al.，2009；Scarbrough et al.，2004），重大工程中的学习行为能有效降解复杂性并规避潜在的社会责任冲突（Sanderson，2012）。在学习过程中，利益相关者网络中的各方不仅交流了项目信息以降低不必要的误解与冲突，还营造了更佳的组织与项目氛围。

第三，社会交互。这是重大工程各利益相关者通过交流互动而建立与维护紧密联系的过程（van Marrewijk et al.，2008），不仅包括项目组织与团队内的交流与联系,还涵盖了同外部利益相关者(如媒体、公众等)共同营建基于重大工程的良好的外部环境,以实现社会治理的一致性、透明性以及可追责性。

第四,社会整合。实现好的重大工程社会责任治理,需要从系统集成的角度出发考虑项目全生命周期各阶段的决策与行为(Davies et al., 2009)。这一系统集成的思想,需要涵盖前文所述所有的社会责任议题,同时需要综合考虑各利益相关者的期望,通过整合协同实现最大化的社会责任治理效力与效率。

5.4　结论与讨论

学术界关于公司治理以及公共治理已有较为充分的探讨,然而这两方面的探讨对于重大工程治理的解析都存在局限性。重大工程的社会治理是基于多方的治理结构,需要通过社会参与、社会学习、社会交互及社会整合,从而促使各利益相关方兼容治理目标与治理原则,互补功能与绩效,共担资源与责任。

第一,重大工程社会责任治理需要各方目标与行动的战略可包容性。面对重大工程实施中大量的社会与环境问题,众多利益相关方的利益出发点呈多样化特征。因此,创造可持续共享价值需要各利益相关方的核心观点与原则具有可兼容性,且其决策与行动必须具有协调性。随着全生命周期中各方交互的不断推进,其组织战略与价值管理应不断改进与调和以适应重大工程社会责任实现的需要。在这一过程中,共享与可兼容性的原则是利益相关者间信任的基础,有利于社会治理中的各方整合。其中,政府扮演了关键的角色,要作为公共物品(基础设施)的保护者与协调者维系其立场独立性(Flyvbjerg et al., 2003;Miller and Hobbs, 2005)。企业作为工程实践活动的核心,在重大工程社会责任事务中应扮演好执行者与调停者的角色,以保证项目全生命周期内社会责任有效且高效地履行(van Marrewijk et al., 2008)。第二,重大工程社会责任治理需要各方功能互补与信息披露。各利益相关方在项目全生命周期各阶段的社会责任的分布性,需要重大工程从跨时间跨部门的视角出发实现社会责任履行的功能互补。社会治理需要各利益相关者主动参与合作处理社会责任议题,开展有效联系与互动对于解决冲突和实现利益均衡十分关键;持续性的信息反馈、多方的协作互补及切实的后评估才能保证重大工程社会责任绩效在这一框架下有效实现。第三,重大工程社会责任治理需要各方的资源共享与责任共担。在 BGS 社会治理框架中，多元化的资源整合是实现重大工程效用最大化的关键，成功的资源整合并不是意味着资源所有权的共享，而是各方对于资源利用权的共享与监督。治理机制的透明性必须得到保证以防止共谋或腐败现象的出现。资源的共享带来了责任的共享，多方参与共同治理也意味着追责的复杂性，社会治理为重大工程社会责任中合同监控、网络协调、资源保障及行为约束等方面带来了更高的要求。

本章可能存在如下的理论贡献与实践启示。首先，面向学术研究与工程实践中有关重大工程经济、社会、环境等可持续性方面的"绩效悖论"，本章关注重大工程治理问题，并聚焦现有文献中相对缺乏讨论的社会责任议题。其次，虽然许多学者已经对工程建设中涉及的社会与环境问题展开了丰富的讨论，但这一方面的研究仍呈碎片化状态且缺乏系统性。基于此，本章构建了重大工程社会责任治理的 BGS 系统性框架。这一框架面向全利益相关者的利益均衡并致力于创造可持续共享价值，可以为重大工程社会责任治理实践提供路线图。最后，本章突破了原有重大工程管理中局限于公司治理与政府治理的固有思维，并在整合前两者的基础上，进一步融合了社会大众层面的元素，提出社会治理的概念。通过在 BGS 模型内明确社会治理的主体、客体，本章明确企业、政府、社会三方面交互在社会治理中的重要性。本章的治理框架希望能够促使重大工程中的企业管理者和政府决策者重新思考其在社会责任议题中的角色，并通过有效合作及协调，加强与社区、媒体、NGO、公众等外部利益相关者间的交互，切实提高重大工程社会责任。

本章存在一些局限性。首先，社会治理的概念框架主要建立在文献综述以及一系列学者及产业界专家访谈基础上，一些子命题及细节性的假设还需要通过后续的量化研究及案例分析加以修改及验证。其次，对于某一特定重大工程的社会责任治理，还有许多内外部的因素需要加以考虑，如项目类型、组织战略、政府规制、区域环境、制度条件、文化背景等（Winch，2001）。因此，这些内部因素的耦合机理以及外部环境的调节作用还需要更为深入的实证研究加以分析，此外，治理框架尚缺乏实际案例的支撑，这也需要在后续的工程案例调研与社会责任实践应用中加以完善。

5.5 本章小结

本章在前文研究基础上，通过对现有文献的归纳演绎，面向重大工程社会责任项目全生命周期动态性、利益相关者异质性、社会责任维度交互性的特征，构建重大工程社会责任治理的系统框架。以为全体利益相关者创造可持续共享价值为目标，本章提出了重大工程社会责任的社会治理的概念，阐明了其 4D 特征：双中心性、分布性、多样性及动态性；并基于 BGS 模型，分析了社会治理的主体与客体，提出了社会治理的原则与思路。

重大工程社会责任：
实证研究篇

第6章　重大工程社会责任的指标体系

本章基于"全生命周期-利益相关者-社会责任"三维动态模型,通过总结、梳理和整合文献及资料,初步构建了重大工程社会责任指标体系,并利用专家访谈、现场考察和问卷调研等方法得出了核心指标的权重分配,为后续构建重大工程社会责任指数奠定了基础。

6.1　引　言

重大工程为社会生产和居民生活提供基础性的公共服务,是现代社会发展的基础(Flyvbjerg, 2014; Gil and Beckman, 2009)。当前,全球产业结构加速调整,基础设施工程,特别是重大工程建设方兴未艾,据麦肯锡公司估计,到2030年,全球预计将需要57万亿美元的基础设施投资。与一般项目相比,重大工程投资规模巨大、实施周期长、不确定因素复杂、利益相关者众多,冲突属性尤显复杂,主要表现为目标冲突、公共资源消耗、环境影响与绩效冲突、利益相关者的利益诉求冲突等。因此,对重大工程的考量需要超越工程本身的功能和技术问题,更加关注其对经济、环境和社会的影响(Ansar et al., 2014; Levitt, 2007; Lin et al., 2016a; Qiu, 2007; Shen et al., 2010b; Xue et al., 2015)。

重大工程社会责任是重大工程参与方在项目全生命周期中为履行实现更广泛社会福祉的责任而采用的政策和实践(Zeng et al., 2015)。作为一个有效的理论集成框架,重大工程社会责任对于重大工程的可持续发展至关重要。在现实中,重大工程社会责任的缺失将引发严重的后果。例如,无论是卡拉库姆运河还是三门峡都已经无法从自身引起的生态灾难中抽身。即便是三峡大坝,作为世界上最大的水电工程和中国的符号,也在环境、生物多样性和移民安置等方面饱受批评(Stone, 2008; Wu et al., 2003; Xie, 2003)。目前,我国正在掀起新一轮的基础设施投资热潮,一系列的重大工程不断兴建,包括世界上最大的风电基地、连接欧亚的高速公路等。特别是"一带一路"国家倡议的提出，为我国重大工程产业的转型升级创造了千载难逢的良机。但是在全球化和可持续发展视野中，我国重大工程管理的战略层面正面临着一系列前所未有的严峻挑战，必须重新审视重大工程的可持续发展问题。在现实中，我国重大工程建设实践面临前所未有的战略机遇期、环境敏感期和价值重构期，亟须对其未来发展路线图进行全新思考，促进其与人、社会和自然环境的可持续发展。特别是从社会层面看，重大工程的投入使用可以缓解当地社会矛盾，如南水北调工程缓解北方的水危机，交通基础设施解决人口流动矛盾，发电重大工程可以解决用电矛盾。重大工程的实施也对社会产生不利影响，导致员工健康危害、征地移民问题、自然景观和文物古迹淹没等社会问题，因此重大工程社会责任正逐渐成为学界和业界的关注热点。重大工程作为社会先行资本，通过投资对经济增长起到直接促进作用，也作为公共物品对经济增长起到间接促进作用（刘生龙和胡鞍钢，2010），促进生产率整体提升，促进市场繁荣，降低失业率（Leigh and Neill，2011），实现优化资源配置、改善区域贸易、促进区域经济一体化（Behrens，2011；张学良，2012），以及积极影响制造业的发展，提升整体的"出口复杂度"（王永进等，2010），乃至改善社区居民心理健康（Ludwig et al.，2012）。同时，如果重大工程投资在时间维度分布不均衡就会造成短期供给过度、长期供给不足，空间维度分布不均衡也会扩大集聚效应的落差（张光南等，2010），建设过程中对利益相关者考虑不周也会对直接影响的社区居民，特别是非自愿移民，带来"外力冲击"而使其陷入"次生贫困"（杨云彦等，2008），以及对环境造成严重的破坏（Stone，2008）。如何综合考虑重大工程的建设战略和可持续发展，合理评估重大工程建设所带来的经济、社会及环境影响，是当前重大工程管理面临的焦点问题和紧迫问题（Zeng et al.，2015）。

更进一步，重大工程管理实践的不断发展对构建重大工程社会责任指标体系提出了现实要求。如何合理地去测度及评估重大工程的社会责任，如何合理地引导或驱动重大工程全生命周期不同阶段的众多利益相关者积极地、协同地履行其社会责任，这就需要有合适的方法和技术来评估重大工程各参与方社会责任的履行情况。目前的社会责任评价指标体系都是针对企业开发的，没有全面反映重大工程参与方履行社会责任的评价体系。针对工程项目可持续发展的评价指标体系往往都是从工程自身的功能或者建造过程出发的，缺乏针对不同工程全生命周期特定阶段的指标，因此从重大工程社会责任理论出发，涵盖重大工程全生命周期、不同利益相关者及众多社会责任维度的指标体系开发具有重要的理论价值和实践指导意义。

6.2 重大工程社会责任

可持续发展问题一直是全球关注的热点问题（McMichael et al., 2003）。随着中国经济的快速发展，在全球化中的影响不断增大，基于中国情景的可持续发展备受关注（Liu and Diamond, 2005）。作为可持续发展的一个重要组成部分，社会责任，尤其是企业社会责任自 20 世纪 90 年代已经成为热门的学术话题（Aguilera et al., 2007；Aguinis and Glavas, 2012；Campbell, 2007）。社会责任概念覆盖面广，主要话题涉及了人权、劳资关系、环境保护、公平运营、消费者问题、社区参与和发展等方面（ISO 26000）。学者对于企业社会责任的研究已经非常系统全面，如企业社会责任的构想（Carroll, 1999），企业社会对企业绩效的影响（Brammer and Millington, 2008；Peloza, 2009；Waddock and Graves, 1997），企业社会责任的测度（Wood, 2010），企业社会责任的价值创造作用（Peloza and Shang, 2011），等等。同时，各个领域也纷纷引入社会责任概念，产生了大量的研究成果，如市场营销（Sen and Bhattacharya, 2001）、创新（Lin et al., 2014）、组织行为（Aguinis and Glavas, 2012）、运营（Brammer et al., 2009）和信息系统（Elliot, 2011）等。

近年来，作为国民经济和社会发展的生命线，重大工程给区域经济发展带来巨大效益的同时，因为本身涉及的质量和安全事故，也给周边地区的环境和经济社会造成了巨大的影响。重大工程的可持续发展问题受到了全球的密切关注，如三峡工程带来的环境（Stone, 2008）及生态问题（Wu et al., 2003）和青藏铁路建设与环境保护、生态平衡、移民及社会发展之间的问题（Peng et al., 2007；Qiu, 2007）。陆佑楣（2005）提出了水利工程的社会责任概念，为通过有效的社会责任管理从区域尺度上构建一个和谐的耦合系统，保障重大工程建设的顺利实施、安全运行和可持续发展提供了一条全新的思路。虽然重大工程的社会责任问题一般遵循企业社会责任的研究范式（Matten and Moon, 2008），也受制度层面、组织层面及个人层面等要素的约束，但是重大工程社会责任与企业社会责任有着显著区别。重大工程具有环境、主体、对象、方案、方法等多层次、多领域、多阶段的复杂性，在决策、组织、质量、安全、资源利用、环境与社会影响等方面所遇到的现实问题都远远超越了一般工程项目管理的范畴（Flyvbjerg, 2014；Gil and Beckman, 2009）。特别是当下，重大工程的可持续发展得到了学界和业界的很大关注，学者从不同角度进行了探索性研究，涉及了众多的话题。从企业的角度来看，学者专注于建筑行业的企业，研究主题包括分包商的关系

（Zeng et al., 2003）、健康和安全（Fang et al., 2004）、绿色建筑（Qi et al., 2010; Tam et al., 2004）、环境管理（Zeng et al., 2003）及公共社会压力（Gluch, 2009）。企业关注社会问题被认为是为了满足利益相关者的需求，并获得合法性的重要途径（Lin et al., 2014）。从项目的角度来看，重大工程管理涉及超过公司业务或一般的建设项目的更广泛和更复杂的利益相关者，包括了重大工程全生命周期中的政治团体、压力集团、媒体及社区等。例如，在重大工程决策中政府扮演着至关重要的角色，在重大工程建造过程中也需要高度的公众关注。因此，在重大工程全生命周期中，需要合适的利益相关者管理方法来协同各方利益相关者的利益（Mok et al., 2015），使计划方、设计方、建造方和运营方相互协调、协作（Levitt, 2007）。从社会的角度来看，重大工程常常因为其自身特点导致重大安全事故频发、环境破坏严重、社会负面效应深远等超越工程本身功能的影响（Flyvbjerg, 2014; Gil and Beckman, 2009），如三峡大坝对环境和生态的影响（Stone, 2008; Wu et al., 2003），青藏铁路对青藏高原带来的社会和环境冲击（Peng et al., 2007; Qiu, 2007）。从更广的范围来看，研究表明，重大工程投资建设能提高整个国家或地区的生产力（Morrison and Schwartz, 1996; Fernald, 1999），加快市场一体化（Faber, 2014; Zheng and Kahn, 2013），拉动经济增长（Ghani et al., 2016），提高区域卫生水平（Guikema, 2009），促进就业机会的创造（Demetriades and Mamuneas, 2000; Leigh and Neill, 2011）。在前人研究的基础上，Zeng 等（2015）集成众多重大工程社会责任的主题，提出了一个综合的三维概念模型。这个三维模型覆盖了重大工程全生命周期的动态性、利益相关者的异质性和社会责任的多维复杂性和互动交叉性，为重大工程社会责任的研究开辟了一条全新的路径，同时也为本章的重大社会责任指标体系开发提供了理论基础。

鉴于上述的重大工程社会责任研究进展，目前迫切需要合适的方法和技术来评估重大工程项目可持续发展。这种方法需要贯穿重大工程全生命周期，整合不同利益相关者并覆盖众多的主题。由于重大工程社会责任在相当大的程度上反映了重大工程的可持续发展，因此从某种意义上来说，迫切地需要一个全面的重大工程社会责任指标体系。但目前对社会责任的理解众说纷纭，现有的企业社会责任评估方法并不适用于重大工程社会责任的评价。首先，从公司的视角得出的各项指标仅仅是单个企业社会责任的评价，而且也只专注于企业社会责任的细节不同方面。学者、专家和组织研究和开发了不少此类指标体系，涵盖了慈善、伦理、安全等一系列的问题。比较有名的如 KLD Research & Analytics，Inc.（Peloza, 2009）。国际标准化组织也建立了社会责任相关的国际管理标准，以推进企业实现更好的社会表现，如 ISO 26000、ISO 14001、OHSAS 18001 和 SA8000 等。从适用性来看，这些指标体系只适合对建筑行业的企业进行评估

（O'Connor and Spangenberg，2008；Tam et al.，2006；Zhao et al.，2012）。重大工程大多数的利益相关者都被排除在这些指标体系之外。其次，从项目角度得出的各项指标往往只关注施工阶段的环境保护，对项目立项和设计阶段鲜有涉及，由此建立的指标体系无法准确地反映重大工程全生命周期各个阶段中所面临的不同的社会责任问题。最后，从社会角度得出的各项指标往往都关注宏观层面的结果，而忽略了微观层面的东西（Ugwu et al.，2006）。此外，这些碎片化的社会责任评价指标难以用相同的原则进行整合。当前关于重大工程可持续发展的计划、战略、框架和过程往往强调了国家愿景和战略目标，如经济、社会、环境等，很难将这些目标在微观层面转化为参与方实际的行动。

当然，也有学者已经尝试用各种方法建立了适用不同领域的可持续发展指标体系（Hueting and Reijnders，2004；Shen et al.，2010a；Wood，2010），如产业生态法就考虑了整个产品生命周期的环境影响（Erkman，1997；Seager and Theis，2004）。这种方法基于产业的角度来分析生产和消费系统中的物质流、能量流、资本流、劳力流和信息流，从而来评估产业的可持续发展。还有学者采用了群体决策、生命周期成本分析、环境管理系统和工具等。多目标决策分析（multi-critna decision analysis，MCDA）则因其能综合考虑所有重要因素和相互作用的影响而越来越受欢迎，成为常用的一种评价体系开发方法（Ugwu et al.，2006）。因为可持续发展的目标多维度和社会经济系统的复杂性，不同利益相关方的意见都应该予以认真考量并整合到决策过程中来。多目标决策方法为这种决策提供了一个良好的解决方案。本章就借鉴现有的文献，采用多目标决策的方法来开发重大工程社会责任指标体系。

6.3　方法与设计

本章采用半结构化和结构化问卷相结合的实证方法，具体流程如图6-1所示。

6.3.1　问卷设计

问卷研究方法是目前管理学定量研究中最为普及的方法之一（陈晓萍等，2012）。问卷法可操作性强，通过将研究目标转化为特定问题，能以较低成本快速有效地搜集数据，得到高质量的研究结果。由于问卷调研的结果依赖于初期的设计，本章遵循问卷设计的相关原则设计问卷。这些原则包括：合适的问卷长度（正常情况下30分钟内完成）；与研究问题直接相关的内容；简单易懂的题项；

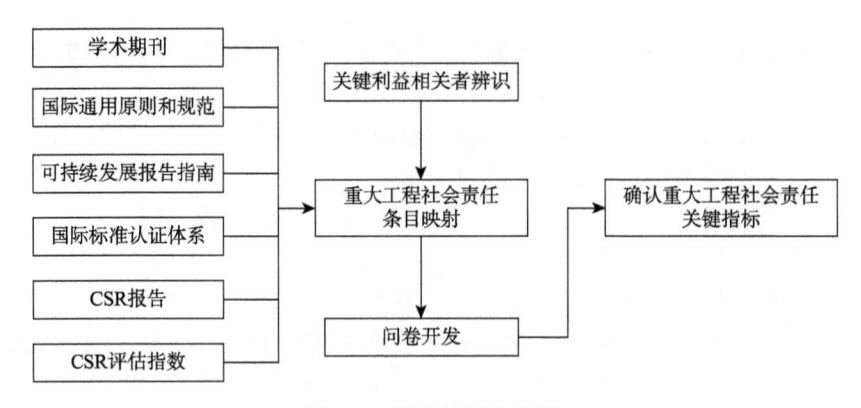

```
┌─────────────────┐
│    学术期刊      │─┐
├─────────────────┤ │      ┌──────────────────┐
│ 国际通用原则和规范 │─┤      │ 关键利益相关者辨识 │
├─────────────────┤ │      └────────┬─────────┘
│ 可持续发展报告指南 │─┤               │
├─────────────────┤ ├─→ ┌──────────────┐   ┌──────────────────┐
│ 国际标准认证体系  │─┤   │重大工程社会责任│ → │ 确认重大工程社会责任│
├─────────────────┤ │   │  条目映射    │   │    关键指标      │
│    CSR报告      │─┤   └──────┬───────┘   └──────────────────┘
├─────────────────┤ │          │
│   CSR评估指数    │─┘   ┌──────▼───────┐
└─────────────────┘     │   问卷开发    │
                        └──────────────┘
```

图 6-1　研究框架和流程

中性化的描述；方便受访者回答的设置；不涉及个人隐私。本节的问卷调研过程具体分为四个阶段，具体如下。

第一阶段：文献梳理和内容分析。

基于前文的文献综述及重大工程社会责任研究的历史演进，课题组研究人员详细查阅了关于重大工程管理、社会责任、可持续发展等方面的研究文献及资料，将相关文献进行归纳总结，最后确定了重大工程社会责任指标的来源（Zhao et al., 2012），具体内容如表6-1所示。

表 6-1　重大工程社会责任指标来源

重大工程社会责任指标来源	具体描述
学术期刊	用 social responsibility、stakeholder、indicator 等关键词进行检索得到 2001~2015 年的学术文献
国际通用原则和规范	联合国全球契约（United Nations Global Compact，2000 年）
可持续发展报告指南	全球报告倡议组织的国际可持续发展报告指南（Global Reporting Initiative，GRI）
国际标准认证体系	社会责任标准 SA 8000 AA 1000 系列标准 国际标准组织的 ISO 9001，ISO 14001，ISO 26000 职业健康安全管理体系（OHSAS 18001，OHSAS 18002）
企业社会责任报告	重大工程相关企业或组织发布的社会责任报告
企业社会责任评估指数	润灵环球责任评级（Rankins CSR ratings，RKS）指数 上证责任指数 道琼斯可持续发展指数（Dow Jones sustainability index，DJSI） FTSE KLD 400 Social Index
行业规范	中国对外承包工程行业社会责任指引

指标来源涵盖了目前三大企业社会责任国际标准 GRI、ISO 26000、AA 1000。其中 GRI 是由全球报告倡议组织（www.globalreporting.org）发布的，旨在为各种规模、各行各业、世界各地的机构提供一套披露其经济、环境、社会绩效的能

够被普遍认可的框架指导性文件。文件界定了可持续发展报告的内容和确保报告质量的原则，阐明了标准披露内容，包括绩效指标和其他信息披露项，以及提出了可持续发展报告中所涉及的具体技术问题的指引。ISO 26000 是适用于包括政府在内的所有社会组织的"社会责任"国际标准化组织指南标准，提供了社会责任融入组织的可操作性建议和工具。ISO 26000 强调了遵守法律法规并鼓励组织承担组织超越遵守法律的责任义务，强调了对利益相关方的关注，强调了透明度、可持续发展及人权和多样性。但 ISO 26000 只是指南，不是管理体系，不能用于第三方认证，不能作为规定和合同来使用，和国际标准组织的质量管理体系标准（ISO 9001）以及环境管理体系标准（ISO 14000）有着显著不同。AA 1000 是社会与伦理责任研究所（Institute for Social and Ethical Account Ability）发布的框架标准，目标是帮助组织通过提高社会责任与伦理责任的会计、审计和报告质量来推动组织更好地履行社会责任。AA 1000 的框架由标准、指南和专业资格三个部分构成。与其他侧重于绩效的标准不同，AA 1000 标准强调了过程的标准性，它规定了基本的原则和一系列过程标准，包括企业社会责任管理中计划、会计、审计与报告、融合、利益相关方参与五个阶段的标准，同时强调要求其采纳组织承诺遵守实质性、完整性和回应性三原则。在 GRI、ISO 26000、AA 1000 之外，研究还考虑了国际通用原则和规范，如联合国全球契约等，内容涉及企业在各自的影响范围内遵守、支持以及实施一套在人权、劳工标准、环境及反贪污方面的十项基本原则。通过文献梳理和内容分析以及多渠道的指标来源保证了重大工程社会责任指标体系开发的可行性、全面性和科学性。

第二阶段：专家访谈与实地考察。

由于我国政治、文化及制度等方面与西方国家都有着显著的差异，重大工程的管理模式也有着国情的特殊性。为保证重大工程责任指标体系开发的工作能符合国内重大工程建设的实际情况，研究人员进行了多次专家访谈和实地考察，部分工作如下。

2014 年 2 月，课题组研究人员赴美国佛罗里达大学设计、建筑与规划学院（College of Design, Construction and Planning）进行考察。

2014 年 5 月，课题组研究人员赴山东济南，分别走访了黄河管委会、山东省公路局和山东省高速集团。研究人员与黄河管委会的管理及技术人员探讨了重大工程建设过程中水利生态系统保护问题和南水北调工程建设过程中所遇到的社会责任问题。南水北调工程是世界上规模最大的调水工程，是为改变我国南涝北旱局面的重大战略性工程，由于其投资巨大，影响范围广而全球瞩目，也是本章重点关注的重大项目（Barnett et al., 2015；Lin et al., 2016a；Stone and Jia, 2006）。研究人员还与山东省公路局的总工程师进行了访谈，了解了高速公路在规划、建设和运营过程中所面临的不同社会责任诉求。另外，研究人员与山东省高速集团有关负责人进行了座谈，探讨了高速公路、桥梁建设过程中的产业需求、技术孵化等问题，了解了重大工程建设的社会经济影响。

2014年6月，课题组研究人员考察了青藏铁路。作为我国21世纪四大工程之一，青藏铁路于2001年6月开工，2006年7月正式投入运营。青藏铁路的建造，克服了多年冻土、高原缺氧、生态脆弱、天气恶劣四大难题，在海拔4 000米以上路段长达960千米，多年冻土地段550千米，翻越唐古拉山最高海拔5 072米，是世界上海拔最高、在冻土上路程最长的铁路。全线路桥梁675座、涵洞2 050座、隧道7座。青藏铁路是世界闻名的"绿色铁路"（Peng et al.，2007；Qiu，2007）。青藏铁路工程用于环保工程投资约占工程总投资的8%，在全球范围内的单项工程中实属罕见。青藏铁路的建设在全国工程建设中首次引进环保监理，首次为野生动物开辟迁徙通道。青藏铁路经过可可西里和羌塘两个国家级自然保护区，为保护野生动物，铁路沿线修建了25处野生动物迁徙通道。青藏铁路的社会责任表现，特别是其战略意义、生态环境保护及技术创新对于重大工程社会责任管理具有重要的启示意义和参考价值。

2014年7月，课题组研究人员组织举办了"对话：重大基础设施工程的社会责任与可持续发展"论坛，邀请中冶天工集团、上海建科工程咨询有限公司、上海林同炎李国豪土建工程咨询有限公司、中伦律师事务所、上海隧道工程股份有限公司、中铁十三局集团有限公司、法利咨询（上海）有限公司数十位具有丰富实践经验的工程师、设计师以及项目经理参加研讨。论坛讨论了在中国情景下重大工程社会责任应该涉及的主题，并辨识了重大工程全生命周期不同阶段的关键利益相关者，具体如图6-2所示。例如，重大工程的主要参与方包括了政府、项目法人、承包商、监理、供应商、运营商、设计方、媒体、社区和NGO等，而在重大工程立项阶段，政府和媒体起到了关键作用，在建设阶段，项目法人、承包商、监理和供应商对重大工程社会责任履行影响更大。

2014年7月，课题组研究人员赴美国考察了分列美国第一、第二的胡佛大坝（Hoover Dam）和格兰大坝（Glen Canyon Dam）的社会责任问题，特别是美国在重大工程的建设管理中应对生态与环境保护方面挑战的措施（Fahrenkamp-Uppenbrink，2015）。

2014年10月，课题组研究人员赴江苏省水利厅、江苏省南水北调办公室和南水北调东线江苏水源有限责任公司进行走访调研，深入了解工程建设过程中所遇到的生态、环境、移民等问题及应对措施。

2015年5月20日，课题组研究人员组织举办了"'一带一路'与重大基础设施工程社会责任"高峰论坛，邀请泛华集团、中冶天工集团、上海建科工程咨询有限公司、金钟律师事务所、上海隧道工程股份有限公司、必维国际法利咨询（上海）有限公司、瑞安建筑有限公司、苏州工业园区建设监理有限公司、浙江

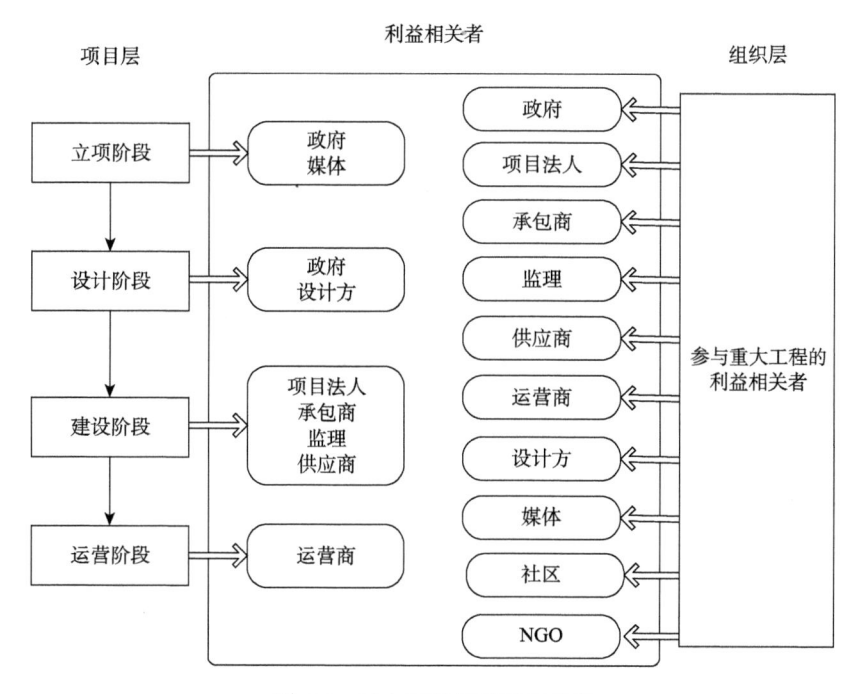

图 6-2 重大工程的利益相关者

欣捷建设有限公司等数十位产业界精英参加研讨，对初步开发的重大工程社会责任指标进行讨论修改。

2015年9月，课题组研究人员赴港珠澳大桥管理局和中铁山桥集团（原山海关桥梁厂）调研，考察了港珠澳大桥的建设对珠海、香港、澳门三地经济、环境和社会的影响，以及重大工程"上马"对行业核心竞争力的培育作用。

第三阶段：深度预调研。

根据前两个阶段开展的研究工作，初步确定了重大工程社会责任指标，并完成原始问卷的设计。问卷量表设计采用七点量表法，每一个指标项均采用 Likert 七点计分（1=非常不同意，7=非常同意）。指标项得分越高，表示受访者对该指标的认可程度越高，重要性也越高。问卷设计还包括其他部分的内容：①卷首语（自我介绍、问卷调查的主要目的、保密承诺等）；②填写说明及概念解释；③受访对象的单位信息（利益相关者类型、重大项目参与情况）；④受访对象的个人信息（性别、年龄、学历、专业、职位、工作经验及社会责任认知情况等），具体见附录1。

其中重大工程社会责任指标体系包含了组织层指标和项目层指标两大部分（表 6-2 和表 6-3）。在组织层指标中，除去经济、法律、伦理和政治责任四个维度以外，还增加了组织战略指标（社会责任管理顶层设计），来反映组织是否主动地去履行社会责任。

表 6-2　重大工程社会责任组织层指标

利益相关者	社会责任维度（一级）	指标（二级）
政府	社会责任管理顶层设计	重大工程社会责任规划
		重大工程社会责任管理制度
		相关事故及公共事件的处理
	法律责任	遵纪守法
	伦理责任	环境规制
	政治责任	地区社会影响（稳定、文化、就业、贫困等）
		反腐败
重大工程的参与企业	组织社会责任管理	组织社会责任规划
		组织社会责任管理制度
	经济责任	保障股东经济利益
		质量与成本控制
	法律责任	遵守法律及行业规章制度
		员工经济权益保障
	伦理责任	环境保护与资源合理利用
		职业健康及安全
		职业教育及培训
		员工人文关怀
	政治责任	慈善活动
公众（社区）	法律责任	利益诉求方式的遵纪守法
	伦理责任	保护环境
	政治责任	维护社会稳定
NGO	法律责任	活动的遵纪守法
	伦理责任	活动的公益性与独立性
		对伦理及环境问题的关注
	政治责任	维护社会稳定

表 6-3　重大工程社会责任项目层指标

全生命周期	利益相关者	社会责任维度（一级）	指标（二级）
立项阶段	政府	经济责任	项目的经济可行性决策
			项目的技术可行性决策
			各利益相关者的经济影响考量
		法律责任	信息公开
			积极组织公众参与
		伦理责任	对环境、生态影响考量
		政治责任	关注当地社区关系及影响

续表

全生命周期	利益相关者	社会责任维度（一级）	指标（二级）
立项阶段	媒体	法律责任	活动的遵纪守法
			报道的独立性与公正性
		伦理责任	关注伦理及环境问题
		政治责任	关注社区与公众的需求
设计阶段	设计方	经济责任	设计质量及经济可行性
			创新与技术进步
		法律责任	设计符合行业标准
		伦理责任	绿色设计
		政治责任	关注社区需求
	政府	经济责任	项目设计成本控制
		法律责任	项目设计方案信息公开
		政治责任	项目设计方案公众参与
建设阶段	项目法人	经济责任	完善的工程项目治理机制
			关注工程质量与安全建造
			投资资金安全与合理回报
		伦理责任	绿色建造采纳
		政治责任	关注社区与公众的需求
			维护社会稳定
	承包商	经济责任	工程施工质量与安全保障
			工程施工成本及工期控制
			施工创新与技术进步
		法律责任	依照法律及行业规范施工
		伦理责任	施工阶段的资源合理利用
			施工地区生态环境保护
			施工当地社区环境保护
		政治责任	维护社区关系
			施工阶段紧急公共事件处理
	监理	经济责任	项目工程质量与安全监督
			项目施工员工权益监督
		伦理责任	项目施工环境保护监督
	供应商	经济责任	施工材料的质量保障
		伦理责任	绿色材料的使用与推广
运营阶段	运营商	经济责任	工程的常规养护
			工程运营成本控制及质量保障
		法律责任	依照法律及行业规范运营
		伦理责任	地区生态环境保护

续表

全生命周期	利益相关者	社会责任维度（一级）	指标（二级）
运营阶段	运营商	伦理责任	社区环境保护
			资源合理利用
		政治责任	维护社区关系

在原始问卷设计完成后，研究者与多位领域内资深教授和博士生进行深入交流，听取他们的意见和建议，确认问卷中的各个题项语义表达的准确性和量表适用性。然后，对调查量表的说明和题项表述等做进一步的修正和完善，保证问卷设计科学、合理，语言表达通俗易懂、无明显歧义，又能符合拟调查对象（企业）的实际情况。之后，研究者进行了小样本预测试，先将设计好的问卷由研究团队的其他成员填写，根据反馈结果进一步调整完善，再选择一家工程企业进行预测试，根据结果测量相关量表的信度和效度，最终修改并确定正式的调查问卷。

6.3.2 问卷发放及回收

在完成正式问卷后，研究者进行大规模的发放工作。由于重大工程的承担单位往往都是国企，参与工程项目的人往往都在工地一线，为保证调查对象的有效性，在问卷发放过程中主要采取拜访调研的方式，保障了受访者填写问卷的积极性和认真性。同时，为了避免出现信息失真，本次研究在问卷设计过程中对问卷题项的表述方式进行了优化以外，在受访对象选择方面也进行了严格的筛选，要求受访对象至少参与过一项重大工程项目的实际工作。

6.4 结果分析

6.4.1 样本描述性统计分析

本次研究总共发放问卷 300 份，共回收 188 份有效问卷。受访者的分类别统计信息如表 6-4 所示。

表 6-4 受访者的个人信息总览

Panel a：利益相关者类型	人数	所占比例
承包商	113	60.1%
投资方	9	4.8%

续表

Panel a：利益相关者类型	人数	所占比例
监理	31	16.5%
项目法人	4	2.1%
设计方	18	9.6%
供应商	5	2.7%
运营商	3	1.6%
授权检测机构	5	2.7%
总计	188	100%
Panel b：个人信息	人数	所占比例
性别		
男	163	86.7%
女	25	13.3%
平均年龄	35.11	
教育程度		
博士研究生	4	2.1%
硕士研究生	17	9.0%
本科（学士）	156	83.0%
高中	5	2.7%
高中以下	6	3.2%
专业背景		
工程技术	126	67.0%
工程管理	39	20.7%
财务和金融	6	3.2%
其他	17	9.1%
职位		
高管	16	8.5%
项目经理或部门经理	59	31.4%
项目技术负责人	36	19.1%
工程师	51	27.1%
其他	26	13.9%
工作经验		
1~5 年	59	31.4%
5~10 年	41	21.8%
10 年以上	88	46.8%

注：表中数据进行过舍入修约

利益相关者类型：在188份有效问卷的受访者中，有113位来自承包商，占样本总数的60.1%，是比例最高的利益相关者群体。占第二位的是监理，共有31位，占样本总数的16.5%；有18位来自设计方，占样本总数的9.6%；来自投资方的有9位，占样本总数的4.8%；另外还有5位来自供应商，5位来自授权检测机构，4位来自项目法人，3位来自运营商，分别占样本总数的2.7%、2.7%、2.1%和1.6%。样本的分布状况基本能反映目前国内重大工程行业的构成，能够保证研究结果的客观性、全面性和可靠性。

性别：受访者中，男性和女性分别为163位和25位，分别占样本总数的86.7%和13.3%，男女比例超过6：1，这种性别比例符合重大工程行业中男性远多于女性的特征。

教育程度：从有效样本的受访者教育程度来看，有156位受访者有本科学历，占样本总数的83.0%；有17位是硕士研究生，占样本总数的9.0%；有4位是博士研究生，占样本总数的2.1%；有5位是高中毕业，占样本总数的2.7%；有6位是高中以下学历，占样本总数的3.2%。

专业背景：从有效样本的受访者专业背景来看，工程技术专业出身的有126位，占样本总数的67.0%；工程管理专业出身的有39位，占样本总数的20.7%；财务和金融专业出身的有6位，占样本总数的3.2%；其他专业出身的有17位，占样本总数的9.1%。

职位：从有效样本的受访者工作职位来看，担任公司高管的有16位，占样本总数的8.5%；担任项目经理或部门经理的有59位，占样本总数的31.4%；担任工程师的有51位，占样本总数的27.1%；担任项目技术负责人有36位，占样本总数的19.1%；担任其他职位的有26人，占样本总数的13.9%。

工作经验：从有效样本的受访者工作经验来看，工作经验在1~5年内的有59位，占样本总数的31.4%；工作经验在5~10年内的有41位，占样本总数的21.8%；工作经验在10年以上的有88位，占样本总数的46.8%；我们可以看出样本具有丰富的行业从业经验，进一步保证了研究结果的可靠性。

6.4.2 重大工程社会责任核心指标得分

根据问卷数据，对重大工程社会责任核心指标取均值可以得到这些核心指标的得分，排序后的结果如表6-5所示。对于结果的分析反映了当前我国重大工程社会责任管理的问题和趋势。

表 6-5　重大工程社会责任核心指标的评估得分

指标内容（二级）	社会责任维度（一级）	利益相关者	全生命周期	层次	指标评估值（均值，标准差）	排序
PCoConF01：工程施工质量与安全保障	经济责任	承包商	建设阶段	项目层面	6.45（0.94）	1
OGovL01：遵纪守法	法律责任	政府	全程	组织层面	6.44（1.22）	2
OGovP02：反腐败	政治责任	政府	全程	组织层面	6.35（1.01）	3
OGovM03：相关事故及公共事件的处理	社会责任战略	政府	全程	组织层面	6.32（1.05）	4
PCoProF02：关注工程质量与安全建造	经济责任	项目法人	建设阶段	项目层面	6.32（0.94）	5
PCoSupF01：项目工程质量与安全监督	经济责任	监理	建设阶段	项目层面	6.31（1.00）	6
OGovE01：环境规制	伦理责任	政府	全程	组织层面	6.29（1.07）	7
OGovM02：重大工程社会责任管理制度	社会责任战略	政府	全程	组织层面	6.28（1.06）	8
POpOpeL01：依照法律及行业规范运营	法律责任	运营方	运营阶段	项目层面	6.21（1.05）	9
OOrgE02：职业健康及安全	伦理责任	企业	全程	组织层面	6.20（1.14）	10
OGovM01：重大工程社会责任规划	社会责任战略	政府	全程	组织层面	6.19（1.19）	11
PCoConP02：施工阶段紧急公共事件处理	政治责任	承包商	建设阶段	项目层面	6.18（1.13）	12
OOrgL01：遵守法律及行业规章制度	法律责任	企业	全程	组织层面	6.17（1.09）	13
PCoConL01：依照法律及行业规范施工	法律责任	承包商	建设阶段	项目层面	6.17（1.09）	14
OPubE01：保护环境	伦理责任	公众	全程	组织层面	6.16（1.17）	15
OOrgF02：质量与成本控制	经济责任	企业	全程	组织层面	6.15（1.05）	16
POpOpeF01：工程的常规养护	经济责任	运营方	运营阶段	项目层面	6.15（1.04）	17
OGovP01：关注当地社区关系及影响	政治责任	政府	全程	组织层面	6.14（1.21）	18
PDeDesF01：设计质量及经济可行性	经济责任	设计方	设计阶段	项目层面	6.14（1.02）	19
PCoConF02：工程施工成本及工期控制	经济责任	承包商	建设阶段	项目层面	6.12（1.06）	20
PCoSuppF01：施工材料的质量保障	经济责任	供应商	建设阶段	项目层面	6.12（1.12）	21
PInGovE01：对环境、生态影响考量	伦理责任	政府	立项阶段	项目层面	6.10（1.27）	22
OOrgL02：员工经济权益保障	法律责任	企业	全程	组织层面	6.09（1.19）	23
PDeDesL01：设计符合行业标准	法律责任	设计方	设计阶段	项目层面	6.06（1.01）	24

续表

指标内容（二级）	社会责任维度（一级）	利益相关者	全生命周期	层次	指标评估值（均值，标准差）	排序
OPubL01：利益诉求方式的遵纪守法	法律责任	公众	全程	组织层面	6.03（1.20）	25
OOrgE01：环境保护与资源合理利用	伦理责任	企业	全程	组织层面	6.02（1.25）	26
POpOpeF02：工程运营成本控制及质量保障	经济责任	运营方	运营阶段	项目层面	6.02（1.12）	27
POpOpeE02：社区环境保护	伦理责任	运营方	运营阶段	项目层面	6.01（1.08）	28
POpOpeE01：地区生态环境保护	伦理责任	运营方	运营阶段	项目层面	6.01（1.13）	29
PCoConE01：施工阶段的资源合理利用	伦理责任	承包商	建设阶段	项目层面	6.00（1.09）	30
ONGOL01：活动的遵纪守法	法律责任	NGO	全程	组织层面	6.00（1.21）	31
PDeDesE01：绿色设计	伦理责任	设计方	设计阶段	项目层面	5.99（1.00）	32
PCoProF01：完善的工程项目治理机制	经济责任	项目法人	建设阶段	项目层面	5.98（1.17）	33
PCoSupE01：项目施工环境保护监督	伦理责任	监理	建设阶段	项目层面	5.97（1.20）	34
OOrgE03：职业教育及培训	伦理责任	企业	全程	组织层面	5.95（1.17）	35
PInGovF02：项目的技术可行性决策	经济责任	政府	立项阶段	项目层面	5.94（1.21）	36
POpOpeE03：资源合理利用	伦理责任	运营方	运营阶段	项目层面	5.93（1.11）	37
PCoConE02：施工地区生态环境保护	伦理责任	承包商	建设阶段	项目层面	5.93（1.13）	38
PInMedL01：活动的遵纪守法	法律责任	媒体	立项阶段	项目层面	5.93（1.17）	39
PInMedL02：报道的独立性与公正性	法律责任	媒体	立项阶段	项目层面	5.93（1.33）	40
PInMedE01：关注伦理及环境问题	伦理责任	媒体	立项阶段	项目层面	5.93（1.16）	41
OPubP01：维护社会稳定	政治责任	公众	全程	组织层面	5.92（1.27）	42
OOrgF01：保障股东经济利益	经济责任	企业	全程	组织层面	5.92（1.13）	43
PInGovL01：信息公开	法律责任	政府	立项阶段	项目层面	5.91（1.30）	44
PInGovF01：项目的经济可行性决策	经济责任	政府	立项阶段	项目层面	5.90（1.20）	45
OOrgE04：员工人文关怀	伦理责任	企业	全程	组织层面	5.90（1.25）	46
POpOpeP01：维护社区关系	政治责任	运营方	运营阶段	项目层面	5.90（1.02）	47

续表

指标内容（二级）	社会责任维度（一级）	利益相关者	全生命周期	层次	指标评估值（均值，标准差）	排序
PInGovP01：关注当地社区关系及影响	政治责任	政府	立项阶段	项目层面	5.87（1.21）	48
PCoConE03：施工当地社区环境保护	伦理责任	承包商	建设阶段	项目层面	5.86（1.12）	49
PCoProP02：维护社会稳定	政治责任	项目法人	建设阶段	项目层面	5.86（1.26）	50
PCoProF03：投资资金安全与合理回报	经济责任	项目法人	建设阶段	项目层面	5.86（1.10）	51
PCoSupF02：项目施工员工权益监督	经济责任	监理	建设阶段	项目层面	5.83（1.33）	52
PDeDesF02：创新与技术进步	经济责任	设计方	设计阶段	项目层面	5.83（1.20）	53
PDeDesP01：关注社区需求	政治责任	设计方	设计阶段	项目层面	5.82（1.14）	54
ONGOP01：维护社会稳定	政治责任	NGO	全程	组织层面	5.77（1.39）	55
ONGOE01：活动的公益性与独立性	伦理责任	NGO	全程	组织层面	5.77（1.18）	56
OOrgM02：组织社会责任管理制度	社会责任战略	企业	全程	组织层面	5.77（1.38）	57
PCoProE01：绿色建造采纳	伦理责任	项目法人	建设阶段	项目层面	5.74（1.12）	58
PCoConF03：施工创新与技术进步	经济责任	承包商	建设阶段	项目层面	5.73（1.26）	59
PDeGovL01：项目设计方案信息公开	法律责任	政府	设计阶段	项目层面	5.72（1.40）	60
ONGOE02：对伦理及环境问题的关注	伦理责任	NGO	全程	组织层面	5.71（1.22）	61
PCoConP01：维护社区关系	政治责任	承包商	建设阶段	项目层面	5.70（1.26）	62
PInGovF03：对各利益相关者的经济影响考量	经济责任	政府	立项阶段	项目层面	5.70（1.26）	63
OOrgM01：组织社会责任规划	社会责任战略	企业	全程	组织层面	5.69（1.32）	64
PInGovL02：积极组织公众参与	法律责任	政府	立项阶段	项目层面	5.62（1.30）	65
PCoSuppE01：绿色材料的使用与推广	伦理责任	供应商	建设阶段	项目层面	5.61（1.24）	66
PCoProP01：关注社区与公众的需求	政治责任	项目法人	建设阶段	项目层面	5.60（1.33）	67
PDeGovF01：项目设计成本控制	经济责任	政府	设计阶段	项目层面	5.55（1.45）	68
PInMedP01：关注社区与公众的需求	政治责任	媒体	立项阶段	项目层面	5.53（1.28）	69

续表

指标内容（二级）	社会责任维度（一级）	利益相关者	全生命周期	层次	指标评估值（均值，标准差）	排序
PDeGovP01：项目设计方案公众参与	政治责任	政府	设计阶段	项目层面	5.27（1.63）	70
OOrgP01：慈善活动	政治责任	企业	全程	组织层面	4.97（1.68）	71

首先，工程质量和安全还是目前中国重大工程社会责任面临的最大问题和诉求。在得分排名前 10 的二级指标中，工程质量和安全相关的二级指标占据了第一（承包商在建设阶段的工程施工质量与安全保障）、第五（项目法人在建设阶段的关注工程质量与安全建造）和第六（监理在建设阶段的项目工程质量与安全监督）的位置。由此可见，质量控制和安全代表了重大工程社会责任的基本目标。工程建造过程中的缺陷或者事故会导致工程成本的显著增加，对于企业来说是沉重的负担。即使有细小的问题，也可能需要进行重建，不然将造成成本增加、交付延迟或运营过程中的设施损坏。特别是造成人身伤害或死亡的安全事故，给企业或者员工，乃至业主带来难以估量的损失。同时，若管理不善而带来潜在的工程质量和安全问题大幅增加了间接的成本，如保险、检查和监管等。因此质量和安全为重大工程社会责任的重中之重。此外排名第十的指标，所有企业在整个重大工程全生命周期中都应该关注员工的职业健康及安全同样也说明了对质量控制和安全的迫切需求。

其次，政府在重大工程社会责任管理中起着关键的作用。在得分排名前 10 的二级指标中，有 5 个指标是考量政府的行为，它们分别是第二（政府在重大工程全生命周期中都应该遵纪守法）、第三（政府应该大力反腐）、第四（政府应该合理地进行相关事故及公共事件的处理）、第七（政府应该做好并落实环境规制）和第八（政府需要牵头建立重大工程社会责任管理制度）。目前，我国几乎所有的重大工程都是由政府主导的。无论是过去、当前及今后的一段时期，我国经济与社会发展在很大程度上都体现并依赖于物质性的工程建设，几乎占到每年 GDP 一半的大规模工程建设是国家经济、社会和科学技术发展的强劲动力和支柱，这在世界上是绝无仅有的。政府一方面对重大工程的推进起了重要的主导作用，在拉动内需、增加就业、服务民生、促进经济社会协调发展等方面体现了积极的效果；另一方面，政府公权力的行使缺乏规范和约束，领导拍脑袋决策现象频发，导致重大工程决策失误频繁，屡屡给社会稳定、国家财产和民众的生命安全都造成了重大的不可挽回的损失，据有关部门统计，仅"七五"至"九五"期间，我国的投资失误就造成了 4 000 亿~5 000 亿元的经济损失。而且，政府的强势地位容易造成信息不公开，公众参与程序走过场，使这种决策模式更加固化，因此迫切地需要用法律把政府的公权力限制在"笼子"中。同时，"行政与市场"二元体制又给官员干预经济提供了众多的渠道，使资源分配（市场内部垄断）和权责分配失衡，重大工程投资建设过程中经常违反基本建设程序，导致非常复杂的利益博弈并异化出多种类型的机会主义行为。工程领域的腐败已经成为"顽疾"，屡禁不止。在透明国际的腐败指数中，我国的公共工程和建筑行业得分最低（Zeng et al., 2015）。在重大工程全生命周期中，反腐败也是避免潜在的工程质量问题和安全事故，减少公众的投诉，修复政府的形象和信誉的重要手段。另外，政府对公众事件（如"邻避运动"）的及时反映和恰当处理，是维护社会稳定的保障，提高重大工程信息透明和推动公众参与需要政府从自身做起，实现良好的治理。

最后，重大工程社会责任组织层指标更为基础，优先级也更高。在得分排名前10的二级指标中，组织层指标（共25项）占据了6席；在得分排名前20的二级指标中，组织层指标占据了12席。这表明社会责任需要嵌入组织日常的活动之中。例如，一个企业的经济责任要求企业能通过实现盈利而保证持续经营，从而给股东提供合理的回报，给员工提供可观的薪酬（Zhao et al., 2012）。这不仅仅只针对某一项重大工程，而是贯穿组织的运营活动。组织承担责任的对象也不仅仅只是股东、员工、债权人等内部利益相关者，还要包括那些受组织行为影响的，对组织绩效有诉求的外部利益相关者，如社区、政府、公众和 NGO 等。通过履行社会责任，组织可以清晰地表达自己的价值观和行为方式。当这些组织参与到重大工程建设过程中来时，自然而然地采用会保障其有益于社会长远发展的实践，这也是重大工程社会责任的基石所在。有趣的是，企业的慈善行为在此次调研中得分最低，这也说明慈善并不一定能反映出组织的真实动机，因为企业慈善捐赠和企业的不当行为存在显著的正相关关系，慈善通常被用来作为"装饰门面"的工具（Du, 2015）。

6.4.3 重大工程社会责任核心指标权重分配

AHP 是一种广泛使用的多准则方法，可以简便灵活而又实用地将定性问题定量化处理。其特点是把复杂决策问题中的多种因素通过相互联系的有序层次划分，并利用基于客观现实的主观判断结构和专家意见的结合，定量地描述元素的重要性。

AHP 方法的基本思想是根据问题的性质和要达到的目标，将问题分解为不同的组成要素，并按照要素间的相互关联影响以及隶属关系将这些要素按不同层次聚集组合，最终使问题归结为最低层的要素相对于最高层目标的相对重要性或相对优先顺序的排列。使用该方法构造系统模型时，具体可以分为四个步骤：①建立层次结构模型；②构造判断（成对比较）矩阵；③特定层次单排序和一致性检验；④层次总体排序和一致性检验。其中判断矩阵是表示特定层中的要素相对于上一层某一个要素的相对重要性的比较，采用的基于相对尺度的两两比较。将构建的判断矩阵 Z 对应于最大特征值 λ_{max} 的特征向量 w 经归一化处理，所得到的即是同一层次相应要素对于上一层次某要素相对重要性的排序权重值。通过检验 λ_{max} 是否等于 n 来确定判断矩阵 Z 是否为一致矩阵。当 Z 的非一致性程度严重时，所得到的结果的偏差越大。

对判断矩阵的一致性检验的具体步骤为：①计算一致性指标 CI，$CI = \lambda_{max} - n/n - 1$；②根据相对应的平均随机一致性指标 RI，计算一致性比例 CR，$CR = CI/RI$，当 CR<0.10 时，判断矩阵的一致性可以接受。

根据如上方法，从二级指标开始一层一层往上计算对应的权重（具体过程见附录2），可得到计算二级指标的权重分配，如表6-6所示。

表6-6　重大工程社会责任指标权重分配

层次	全生命周期	利益相关者	社会责任维度（一级）	指标内容（二级）	权重
组织层面	全程	政府	社会责任战略	重大工程社会责任规划（OGovM01）	0.248
				重大工程社会责任管理制度（OGovM02）	0.252
				相关事故及公共事件的处理（OGovM03）	0.253
			法律责任	遵纪守法（OGovL01）	0.258
			伦理责任	环境规制（OGovE01）	0.157
			政治责任	地区社会影响（稳定、文化、就业、贫困等）（OGovP01）	0.248
				反腐败（OGovP02）	0.256
		企业	社会责任战略	组织社会责任规划（OOrgM01）	0.228
				组织社会责任管理制度（OOrgM02）	0.231
			经济责任	保障股东经济利益（OOrgF01）	0.591
				质量与成本控制（OOrgF02）	0.618
			法律责任	遵守法律及行业规章制度（OOrgL01）	0.247
				员工经济权益保障（OOrgL02）	0.243
			伦理责任	环境保护与资源合理利用（OOrgE01）	0.150
				职业健康及安全（OOrgE02）	0.155
				职业教育及培训（OOrgE03）	0.149
				员工人文关怀（OOrgE04）	0.147
			政治责任	慈善活动（OOrgP01）	0.239

续表

层次	全生命周期	利益相关者	社会责任维度（一级）	指标内容（二级）	权重
组织层面	全程	公众（社区）	法律责任	利益诉求方式的遵纪守法（OPubL01）	0.241
			伦理责任	保护环境（OPubE01）	0.153
			政治责任	维护社会稳定（OPubP01）	0.239
		NGO	法律责任	活动的遵纪守法（ONGOL01）	0.240
			伦理责任	活动的公益性与独立性（ONGOE01）	0.144
				对伦理及环境问题的关注（ONGOE02）	0.143
			政治责任	维护社会稳定（ONGOP01）	0.233
项目层面	立项阶段	政府	经济责任	项目的经济可行性决策（PInGovF01）	0.087
				项目的技术可行性决策（PInGovF02）	0.087
				各利益相关者的经济影响考量（PInGovF03）	0.084
			法律责任	信息公开（PInGovL01）	0.185
				积极组织公众参与（PInGovL02）	0.176
			伦理责任	对环境、生态影响考量（PInGovE01）	0.128
			政治责任	关注当地社区关系及影响（PInGovP01）	0.163
		媒体	法律责任	活动的遵纪守法（PInMedL01）	0.186
				报道的独立性与公正性（PInMedL02）	0.186
			伦理责任	关注伦理及环境问题（PInMedE01）	0.123
			政治责任	关注社区与公众的需求（PInMedP01）	0.125
	设计阶段	设计方	经济责任	设计质量及经济可行性（PDeDesF01）	0.090
				创新与技术进步（PDeDesF02）	0.086
			法律责任	设计符合行业标准（PDeDesL01）	0.189
			伦理责任	绿色设计（PDeDesE01）	0.125
			政治责任	关注社区需求（PDeDesP01）	0.163
		政府	经济责任	项目设计成本控制（PDeGovF01）	0.081
			法律责任	项目设计方案信息公开（PDeGovL01）	0.179
			政治责任	项目设计方案公众参与（PDeGovP01）	0.163
	建设阶段	项目法人	经济责任	完善的工程项目治理机制（PCoProF01）	0.089
				关注工程质量与安全建造（PCoProF02）	0.093
				投资资金安全与合理回报（PCoProF03）	0.086
			伦理责任	绿色建造采纳（PCoProE01）	0.120
			政治责任	关注社区与公众的需求（PCoProP01）	0.156

续表

层次	全生命周期	利益相关者	社会责任维度（一级）	指标内容（二级）	权重
项目层面	建设阶段	项目法人	政治责任	维护社会稳定（PCoProP02）	0.163
		承包商	经济责任	工程施工质量与安全保障（PCoConF01）	0.095
				工程施工成本及工期控制（PCoConF02）	0.090
				施工创新与技术进步（PCoConF03）	0.084
			法律责任	依照法律及行业规范施工（PCoConL01）	0.194
			伦理责任	施工阶段的资源合理利用（PCoConE01）	0.125
				施工地区生态环境保护（PCoConE02）	0.123
				施工当地社区环境保护（PCoConE03）	0.122
			政治责任	维护社区关系（PCoConP01）	0.159
				施工阶段紧急公共事件处理（PCoConP02）	0.172
		监理	经济责任	项目工程质量与安全监督（PCoSupF01）	0.090
				项目施工员工权益监督（PCoSupF02）	0.086
			伦理责任	项目施工环境保护监督（PCoSupE01）	0.125
		供应商	经济责任	施工材料的质量保障（PCoSuppF01）	0.093
			伦理责任	绿色材料的使用与推广（PCoSuppE01）	0.117
	运营阶段	运营	经济责任	工程的常规养护（POpOpeF01）	0.090
				工程运营成本控制及质量保障（POpOpeF02）	0.089
			法律责任	依照法律及行业规范运营（POpOpeL01）	0.195
			伦理责任	地区生态环境保护（POpOpeE01）	0.126
				社区环境保护（POpOpeE02）	0.126
				资源合理利用（POpOpeE03）	0.123
			政治责任	维护社区关系（POpOpeP01）	0.164

但这种方案依赖于相应一级指标中包含的二级指标项数的多少，因此根据按一级指标包含的二级指标数加权，然后归一化后得到重大工程社会责任指标调整后的权重分配，如表 6-7 所示，作为最后的指标体系方案。根据权重大小对二级指标进行排序后，可以发现"承包商在建设阶段的工程施工质量与安全保障"（0.164）排名第一，"项目法人在建设阶段的关注工程质量与安全建造"（0.161）排名第二，"供应商在建设阶段的施工材料的质量保障"（0.161）排名第三，再次反映了工程的质量控制和安全是参与方履行了重大工程社会责任的首要目标。排名第四、第五的分别是"运营商在运营阶段需要依照法律及行业规范运营"（0.159），"承包商在建设阶段依照法律及行业规范加工（0.158）"，

也反映出当下重大工程的运营商和承包商在遵守法规方面的不足，需要引起重视和进行改善。而通常认为是履行企业社会责任的"慈善活动"（0.102）权重排名倒数第一，这说明慈善活动不是重大工程社会责任所要重点关注的问题。

表 6-7 重大工程社会责任指标调整后的权重分配

层次	全生命周期	利益相关者	社会责任维度（一级）	指标内容（二级）	调整后权重
组织层面	全程	政府	社会责任战略	重大工程社会责任规划（OGovM01）	0.126
				重大工程社会责任管理制度（OGovM02）	0.128
				相关事故及公共事件的处理（OGovM03）	0.129
			法律责任	遵纪守法（OGovL01）	0.131
			伦理责任	环境规制（OGovE01）	0.128
			政治责任	地区社会影响（稳定、文化、就业、贫困等）（OGovP01）	0.126
				反腐败（OGovP02）	0.130
		企业	社会责任战略	组织社会责任规划（OOrgM01）	0.116
				组织社会责任管理制度（OOrgM02）	0.118
			经济责任	保障股东经济利益（OOrgF01）	0.120
				质量与成本控制（OOrgF02）	0.125
			法律责任	遵守法律及行业规章制度（OOrgL01）	0.126
				员工经济权益保障（OOrgL02）	0.124
			伦理责任	环境保护与资源合理利用（OOrgE01）	0.122
				职业健康及安全（OOrgE02）	0.126
				职业教育及培训（OOrgE03）	0.121
				员工人文关怀（OOrgE04）	0.120
			政治责任	慈善活动（OOrgP01）	0.102
		公众（社区）	法律责任	利益诉求方式的遵纪守法（OPubL01）	0.123
			伦理责任	保护环境（OPubE01）	0.125
			政治责任	维护社会稳定（OPubP01）	0.121
		NGO	法律责任	活动的遵纪守法（ONGOL01）	0.122
			伦理责任	活动的公益性与独立性（ONGOE01）	0.117
				对伦理及环境问题的关注（ONGOE02）	0.116
			政治责任	维护社会稳定（ONGOP01）	0.118
项目层面	立项阶段	政府	经济责任	项目的经济可行性决策（PInGovF01）	0.151
				项目的技术可行性决策（PInGovF02）	0.151
				各利益相关者的经济影响考量（PInGovF03）	0.146

续表

层次	全生命周期	利益相关者	社会责任维度（一级）	指标内容（二级）	调整后权重
项目层面	立项阶段	政府	法律责任	信息公开（PInGovL01）	0.150
				积极组织公众参与（PInGovL02）	0.143
			伦理责任	对环境、生态影响考量（PInGovE01）	0.156
			政治责任	关注当地社区关系及影响（PInGovP01）	0.149
		媒体	法律责任	活动的遵纪守法（PInMedL01）	0.152
				报道的独立性与公正性（PInMedL02）	0.152
			伦理责任	关注伦理及环境问题（PInMedE01）	0.150
			政治责任	关注社区与公众的需求（PInMedP01）	0.141
	设计阶段	设计方	经济责任	设计质量及经济可行性（PDeDesF01）	0.156
				创新与技术进步（PDeDesF02）	0.148
			法律责任	设计符合行业标准（PDeDesL01）	0.154
			伦理责任	绿色设计（PDeDesE01）	0.152
			政治责任	关注社区需求（PDeDesP01）	0.149
		政府	经济责任	项目设计成本控制（PDeGovF01）	0.140
			法律责任	项目设计方案信息公开（PDeGovL01）	0.146
			政治责任	项目设计方案公众参与（PDeGovP01）	0.135
	建设阶段	项目法人	经济责任	完善的工程项目治理机制（PCoProF01）	0.153
				关注工程质量与安全建造（PCoProF02）	0.161
				投资资金安全与合理回报（PCoProF03）	0.148
			伦理责任	绿色建造采纳（PCoProE01）	0.147
			政治责任	关注社区与公众的需求（PCoProP01）	0.143
				维护社会稳定（PCoProP02）	0.149
		承包商	经济责任	工程施工质量与安全保障（PCoConF01）	0.164
				工程施工成本及工期控制（PCoConF02）	0.156
				施工创新与技术进步（PCoConF03）	0.146
			法律责任	依照法律及行业规范施工（PCoConL01）	0.158
			伦理责任	施工阶段的资源合理利用（PCoConE01）	0.152
				施工地区生态环境保护（PCoConE02）	0.150
				施工当地社区环境保护（PCoConE03）	0.149
			政治责任	维护社区关系（PCoConP01）	0.143
				施工阶段紧急公共事件处理（PCoConP02）	0.149
		监理	经济责任	项目工程质量与安全监督（PCoSupF01）	0.156
				项目施工员工权益监督（PCoSupF02）	0.148

续表

层次	全生命周期	利益相关者	社会责任维度（一级）	指标内容（二级）	调整后权重
项目层面	建设阶段	监理	伦理责任	项目施工环境保护监督（PCoSupE01）	0.152
		供应商	经济责任	施工材料的质量保障（PCoSuppF01）	0.161
			伦理责任	绿色材料的使用与推广（PCoSuppE01）	0.143
	运营阶段	运营	经济责任	工程的常规养护（POpOpeF01）	0.156
				工程运营成本控制及质量保障（POpOpeF02）	0.153
			法律责任	依照法律及行业规范运营（POpOpeL01）	0.159
			伦理责任	地区生态环境保护（POpOpeE01）	0.154
				社区环境保护（POpOpeE02）	0.154
				资源合理利用（POpOpeE03）	0.150
			政治责任	维护社区关系（POpOpeP01）	0.151

6.5 本章小结

可持续发展是全人类都关注的热点问题（McMichael et al., 2003）。由于重大工程投资规模巨大、实施周期长、不确定因素复杂、利益相关者众多、对生态环境潜在影响深远，重大工程决策往往伴随着巨大的风险。为了支撑经济的快速增长，近年来我国的重大工程投资建设规模空前，取得了世界瞩目的工程建设成就，但也给自然环境和工程移民带来了沉重的负担。在见证史诗般的重大工程完工的同时，重大工程的可持续发展问题也成为全球学者和业界人士关注的焦点。在实践中，如何辨识重大工程全生命周期各阶段特征及演化规律，以此为基础建立重大工程的社会、环境影响的评价指标，探索合理的评价方法，成为推动重大工程社会责任的履行，最大化重大工程经济、社会和环境综合效益的重要需求。

本章基于重大工程社会责任的"全生命周期-利益相关者-社会责任"三维动态模型（Zeng et al., 2015），通过总结、梳理和整合文献及资料，初步构建了重大工程社会责任指标体系，并利用专家访谈、现场考察和问卷调研等方法得出了核心指标的权重分配，为推动重大工程参与方履行自身的社会责任提供了有效的工具。首先，由于重大工程的利益相关者在重大工程全生命周期的不同阶段中对重大工程目标的实现施加了不同的影响，本章所建立的指标体系将重大工程社会责任拓展并贯穿于包括概念与立项、设计、施工建设、运营维护在内的全生命周期阶段；涵盖了众多的参与方，包括政府、业主、公众（社区）、设计方、承包商及分包商、监理方、NGO 等。其次，本章同时细化了社会责任的维度，在经济、法律、伦理和政治责任维度中相应地加入了就业、社会稳定等方面的指标，并特别突出了杜绝腐败、公众参与等一系列具有深远影响的热点问题（Xu and Yang，2010）。最后，本章采用了定量方法，是对Zhao等（2012）提议的回应。同时，前文的文献分析已经说明 AHP 方法是重大工程社会责任研究中常用的方法之一，本章选用 AHP 方法也是对这一研究范式的遵循。研究所得到的重大工程社会责任指标体系反映了当前社会对重大工程参与方履行社会责任的诉求。对于合理地引导或驱动重大工程全生命周期不同阶段的众多利益相关者积极地、协同地履行其社会责任具有理论价值和指导意义，为后续构建重大工程社会责任指数奠定了基础。

第7章 重大工程社会责任的驱动因素

本章整合制度理论、利益相关者理论、行为动机理论、意义建构理论等,并基于重大工程的问卷调研数据,对重大工程参与企业履行社会责任的内外部驱动因素进行了识别及实证检验,以期能合理地引导或驱使重大工程全生命周期不同阶段的众多利益相关者积极地、协同地履行其社会责任,为重大工程社会责任的实践提供理论基础和指导思想。

7.1 引　　言

当前,我国重大工程建设实践面临前所未有的战略机遇期、环境敏感期和价值重构期(Zeng et al., 2015),在管理上亟须审视其可持续发展战略,重新考量工程的投资建设对经济、环境和社会带来超越工程本身功能的影响,如频发的重大安全事故、严重破坏的生态环境及深远的社会负面效应等(Flyvbjerg, 2014;Gil and Beckman, 2009)。因此,重大工程社会责任的重要性和紧迫性日益凸显,已经成为影响重大工程可持续发展的关键之一。在国内,重大工程本身涉及的质量、安全事故及征地移民问题,不仅在经济上造成了巨大损失,还严重威胁了社会稳定,如"7·23甬温线高铁特别重大事故"信息披露滞后到中铁旗下公司涉及一系列暴力冲突事件,从重大工程造成的环境破坏到动拆迁引发的群体性突发事件等。在国外,社会责任缺失也让走出去的承包商尝到了不少的"苦果",一些重大工程因为过分重视经济效益,与当地社区关系处理不佳、环境保护不周、损害员工权益等社会责任缺失的问题而导致了巨额的经济亏损,并给企业乃至国家声誉带来了沉重的打击,如中海外波兰A2高速公路项目等。社会责任的缺失严重制约了我国重大工程的可持续发展。

理论上,社会责任的履行不仅影响组织未来的战略和竞争力,还决定组织未来的生存。随着经济社会的快速发展,无论是组织内部还是外部的利益相关者,对组织的要求和期望在不断地上升。例如,雇员关心起所效力的组织在社会中所扮演的角色及其影响;投资者也希望能选择负责任的企业公民;公众更是依靠组织活动的透明度而给予其社会合法性的支持。但是组织间社会责任履行行为的绝大差异表明其动力是具有异质性的。任何主体行为的选择都是在外部因素与内部动机的共同作用下发生的。只有外部因素能被有效转化,并和内部动力相包容时,才能激励组织去更好地承担社会责任。

如何更好地推动组织履行社会责任,目前的研究主要是针对企业,从制度理论、利益相关者理论、行为动机理论、意义建构理论等视角出发研究其驱动因素和耦合机理。制度理论强调组织的生存和发展依赖于其对所处制度环境的顺从和规则标准的遵守,组织履行社会责任就是获取合法性的重要途径之一(Aguilera et al., 2007; Campbell, 2006; Matten and Moon, 2008)。与制度理论不同,利益相关者理论的视角则研究特定的利益相关者对组织社会责任的影响,组织履行社会责任是对利益相关者诉求的反应(Buysse and Verbeke, 2003; Sharma and Henriques, 2005)。行为动机理论强调了组织认知的作用,其内在的动机是履行社会责任行为的主要因素。意义建构则是强调以过程为导向的组织理论,认为社会责任最重要的驱动力来自组织的传统和价值观(Russo and Fouts, 1997)。

对于重大工程而言,企业履行社会责任是参与方与更为广泛的利益相关者共同进行的价值决策过程。由于重大工程是"一次性"的工程,又具有全生命周期长、利益相关者多的特点,其社会责任与企业社会责任存在明显差异,鲜有相关的研究,更缺乏针对其影响因素或驱动机理等方面的结论(Keeble et al., 2003; Salazar et al., 2012)。本章尝试整合制度理论、利益相关者理论、行为动机理论、意义建构理论等视角,分析和探讨重大工程参与企业社会责任驱动因素,以期能合理地引导或驱动重大工程全生命周期不同阶段的众多利益相关者积极地、协同地履行其社会责任,为重大工程社会责任的实践提供理论基础和指导思想。

7.2 理论与研究假设

在战略管理、经济学、金融等众多领域,学者针对组织社会责任表现的影响因素辨识做了大量卓有成效的工作,归纳起来有外部动因和内部动因两大方面。其中外部动因有利益相关者的重要性(Agle et al., 1999)、利益相关者的活动(David et al., 2007; Marquis et al., 2007; Sen et al., 2001)和制度压力(Neubaum and Zahra, 2006)等。内部动因有组织高管的激励机制(Deckop et al.，2006；McGuire et al.，2003；Zou et al.，2015b)、高管团队的道德承诺（Muller and Kolk，2010）和 CEO 的政治意识形态（Chin et al.，2013）等。在这些研究之中，绝大部分的研究都集中在外部规范价值观（external normative value）对组织社会责任的影响上，如研究某一特定的利益相关者群体或者制度环境的影响，从而反映组织战略与特定利益相关者价值偏好的结合。相对而言，从组织或者个体层面的内部价值观（internal values）出发，如针对组织高管的伦理道德特征或者政治意识形态等开展的研究较少，而针对个人心理特质对组织社会责任表现影响的研究更为缺乏（Aguilera et al.，2007）。这种强调价值观超过其他心理特征作为组织履行社会责任的解释可能是因为企业社会责任是一种价值观念，是为了实现更好的社会服务而超越企业利益诉求和法律要求的行动（McWilliams and Siegel，2001）。但是随着全球化进程的加速和信息革命的迅速发展，组织面临的竞争环境日趋复杂，促使组织开始将关注焦点由外部市场环境转向组织内部，重视并强调自身的独特资源（包括决策者个人）和新的知识及技术的开发与积累，从而形成企业独特的核心竞争力。组织核心竞争力的塑造并不依赖于组织的产品和所处的市场结构，而是取决于其反应能力和执行行为，即对市场变化趋势的准确判断和对顾客需求变化的迅速反应。作为组织战略决策最为重要的实际制定与施行者，CEO 及高管团队往往对组织的决策方向、组织的存在形式和命运都有着举足轻重的影响，其个人的个性特征也必然会对组织的行为反应能力带来深刻影响，包括组织的社会责任履行。鉴于目前有关 CEO 以及高管心理和人格特征对组织社会责任履行的影响还是比较稀缺，因此这个方面值得重视和关注。

7.2.1 CEO 自恋

组织的战略决策是组织的决策者通过系统地考察企业的内部和外部环境，根据对复杂性和不确定性等要素的判断而做出的选择。高阶理论表明，由于高层管理人员，特别是 CEO，会影响组织企业的行为和结果，也对组织的努力和费用有着实质性的影响（Finkelstein and Boyd，1998）。研究表明高层管理人员的心理素质和经验是理解组织行为和结果的重要因素。由于决策者都具有非完全理性，从经济学的理性选择理论来解释组织的战略选择容易出现偏差，因此越来越多的学者选择从心理学的视角来解释组织的战略选择而从心理学的视角来理解（Finkelstein et al.，2009；Nadkarni and Herrmann，2010）。在众多决策者的心理要素中，CEO 之间的差别对于组织之间绩效差别的影响非常显著：Mackey（2008）发现 29.2%的组织绩效差异取决于 CEO 个人特征的差异，而且 CEO 的

"个性效应"会随着时间的推移而变得越来越显著（Quigley and Hambrick，2015）。关于 CEO 的"个性效应"的研究目前主要集中在 CEO 的五大性格特质（personality）、核心自我评价（core self-evaluation）及自恋等方面（田海峰和郁培丽，2014），其中，CEO 的自恋是当前战略管理领域研究最多，最为热门的 CEO 特征（Gerstner et al.，2013；Petrenko et al.，2016；Rijsenbilt and Commandeur，2013；Wales et al.，2013）。

自恋倾向反映出一个人在多大程度上自大并且需要别人不停地满足自己的自大感（Chatterjee and Hambrick，2011），主要表现在以下四个方面：①自我崇拜/自我中心；②自认为是领导和权威；③自我优越感和骄傲感；④认为自己的特权是应得的。从组织战略决策来看，相关研究发现自恋程度较高的 CEO 更愿意凸显自己在公司的地位（Chatterjee and Hambrick，2007）。例如，他们会把自己的照片放在公司年报中或公司网页上更为显眼的位置，会在发布的新闻或公告中更频繁地提及自己的名字，会在访谈中更多地使用第一人称单数（我）而不是复数（我们），也会拉开自己和其他高管薪酬的差距。自恋程度较高的 CEO 更愿意选择激进、冒险的战略，如组织战略重大变革、频繁的大规模收购（Gerstner et al.，2013），从而导致组织财务绩效的大起大落（Wales et al.，2013）。他们对组织的客观绩效指标变化无动于衷，而对媒体等方面的主观评价却非常敏感，希望获得外界对自己的崇拜和仰慕（Chatterjee and Hambrick，2011；Gerstner et al.，2013）。从 CEO 领导力来看，相关研究表明较自恋的 CEO 往往容易根据个人偏好而不是按照绩效表现来奖励员工，这样导致了经理人员较高的离职率和较低的员工工作热情（Resick et al.，2009）。他们缺乏服务性的领导作风，从而对企业绩效有负面效应（Peterson et al.，2012），因为自恋的 CEO 倾向于自大而不谦卑，降低了 CEO 对其他高管以及中层管理人员的授权（empowering leadership），损害了管理人员之间的社会整合（Ou et al.，2014）。但是，这种关系受到CEO组织认同感的调节，当 CEO 的组织认同感高时，CEO 自恋对高管团队的整合反而有正面效果，反之，当 CEO 的组织认同感低时，CEO 自恋对高管团队整合的负面影响才显现（Reina et al.，2014）。从公司治理来看，相关研究表明自恋程度较高的 CEO 容易按照自己以前的战略决策经历或经验来决定当前组织的战略，并且往往拒绝参考或者听从其他高管的意见（Zhu and Chen，2015a，2015b）。更进一步，特别自恋的 CEO 不仅不参考其他高管的宝贵意见，甚至还为彰显自己的权威和地位，刻意在做决策时选择与其他高管意见背道而驰的方案。如果他们在其他社会地位较高的组织参与了战略决策后，这种排斥的倾向更加明显，严重威胁到了公司的有效治理。同时，自恋的 CEO 更愿意提名和自己自恋程度差不多的人担任高管，因为那些被提名并选举上来的新高管会更欣赏并支持 CEO 的风险性决定。自恋的 CEO 也努力地去提高自己的薪酬水平，使自己薪酬与高管人员之间的薪酬差距不断拉大（O'Reilly et al., 2014）。

对于社会责任而言，组织履行社会责任的举措可能是因为领导者个人对社会关注需求以及个人形象塑造的诉求（Petrenko et al., 2016）。首先，企业社会责任兼具经济和社会两种功能。一方面，企业社会责任的经济功能体现在企业通过履行社会责任来交换资源，满足利益相关者诉求，降低企业面临的不确定；另一方面，企业社会责任社会功能体现在企业社会责任能够向社会传播正面形象，吸引利益相关者的注意力，提高企业及相应管理者的美誉度。但是当管理人员超越股东利益而决定把组织资源投入更宽泛的利益相关者，如员工、客户、环境和社区等，他们为什么使用自由裁量权做这样决定是很难琢磨的。

基于高阶理论的观点，组织优先去追求社会责任的履行很大程度上是受 CEO 的价值观和人格影响的。自恋的 CEO 对关注与赞美有较高的需求，并有强烈意愿来加强有关自己的积极意见，因而会对 CEO 做决策产生影响，并扩展到研究 CEO 的个人兴趣对企业社会责任的影响。自恋这一特质，主要表现为注重自我形象、持续寻求外界的关注和积极的自我观念的加强、尽力避免负面消息引致的批评。一个组织履行社会责任可以实现公司及 CEO 自我宣传的效果，引发媒体关注和积极的社会评价，从而成为自恋型 CEO 的一种自恋供给（narcissistic supply）途径。自恋的领导者为了维持良好的自我感觉，往往需要更多的外界关注和外在信息的确认（Chatterjee and Hambrick, 2011），在其决策函数中，企业社会责任的社会功能被显著放大，即提高企业社会责任能够带来更多公众关注的预期，从而增加企业的社会责任行为。因此对于组织来说，CEO 特质影响其战略选择，进而会影响企业社会责任表现。

另外，虽然大多数 CEO 都希望避免社会对其社会责任行为的负面批评，自恋的 CEO 会有更为强烈的动机去避免不负责任行为所招致的来自投资者、媒体、公众以及员工等多方面的批评。社会责任可以被看作一个连续统一体，其两个极端是"全面履行社会责任"和"完全不负社会责任"。因为歧视、诉讼、丑闻以及类似的不道德行为往往会带来对 CEO 的严厉批评，自恋的 CEO 很可能会避免非责任行为。从这个逻辑来看，自恋者会不惜任何代价寻求关注，即使高关注度可能会带来负面的效应。例如，自恋 CEO 青睐的收购行为，但收购"并不总是获得好评"（Shleifer and Vishny, 1991），只是因为高曝光度吸引了自恋的 CEO（Chatterjee and Hambrick, 2007）。因此提出假设：

$H_{7\text{-}1}$：重大工程参与企业 CEO 自恋与重大工程社会责任履行正相关。

7.2.2 组织社会责任认知

组织社会责任认知反映了组织对待社会责任的态度以及把社会责任相关问题纳入组织战略规划过程的程度，强调了在制定组织战略时，管理者是否考虑社会责任问题并在实践中加以落实。企业社会责任的工具性理论认为，履行社会责任也是创造财富的工具，是一种能为企业创造机会和长期回报的社会投资（Porter and Kramer，2006；Hart，1995）。通过履行社会责任，企业能比其竞争者更好地满足利益相关者的诉求，从而赢得了创造战略优势的机会或者市场机会，对企业来说是一种前瞻性的战略。综合性理论认为企业履行社会责任是对社会需求的满足，是组织对社会的承诺。这种承诺是真实、可见的，也是企业获得经济效益的基础。政治性理论和伦理性理论则认为，企业社会责任的履行是企业和社会的内在联系决定的，是企业遵守社会契约的行为，是组织该做的事情，也是企业作为社会公民着眼于全人类发展的义务（Gladwin et al.，1995）。因此，组织的社会责任认知可以分为：①社会责任是战略机遇（CSR as opportunity）；②社会责任是承诺（CSR as commitment）；③社会责任履行是做正确的事情（CSR as righteousness）。当组织对社会责任的认知越清晰时，就越容易将社会责任相关问题纳入组织战略规划过程中去，也越容易在实践中落实。

同时，当 CEO 的自恋程度比较高时，更在意持续的公共关注和大量的外部"眼球"，这种动机必须寻找合适的途径去实现。虽然社会责任作为一种手段来实现公司及 CEO 自我宣传的效果，从而引发媒体关注和积极的社会评价，自恋的 CEO 选择推动履行社会责任的行为需要把出自"自恋"的动机和对社会责任作用的判断相融合。社会责任认知则为自恋的 CEO 提供了一条道路，当 CEO 认为社会责任是战略机遇时，他可以选择履行社会责任来取得超过竞争对手业绩从而证明自身价值或突出自己的形象；当自恋的 CEO 认为社会责任是承诺时，他可以选择履行社会责任来体现自己的自大感；当自恋的 CEO 认为社会责任履行是做正确的事情时，他可以选择履行社会责任来增强自己的权威。因此，自恋的 CEO 认识到社会责任对自己个人效用的价值时，即使社会责任投入（如慈善捐赠、环境保护投资等）会增加企业成本，他也会积极地去推动这些行为而获得外界对自己的崇拜和仰慕。从而提出假设：

H_{7-2}：组织社会责任认知与社会责任履行正相关。

H_{7-3}：组织社会责任认知中介绍了重大工程参与企业 CEO 自恋与社会责任履行的关系。

7.2.3　公众诉求

随着经济的快速发展和社会进步，公众对自身利益、环境治理、社会公平等方面的意识和诉求开始凸显。特别是在重大工程立项、建设过程中，对于公众诉求合法合理的回应已经成为超越重大工程技术、功能本身而要面对的重要问题。

首先，对于重大工程的重要直接利益相关者——工程移民来说，工程的建设所带来的非自愿搬迁往往导致了移民的人力资本失效、能力受损，陷入"次生贫困"（杨云彦等，2008）。原先"重工程、轻移民""重搬迁、轻安置""重生产、轻生活"的思想在目前的社会环境下已经无法适应移民工作开展，经常受到移民对象的强烈抵制。移民补偿与移民就业保障是重大工程移民关注的首要问题，妥善处理移民问题是重大工程成功的基础和保障。以列入我国"十三五"规划纲要的百大项目——朱溪水库为例，工程设计功能以供水为主，结合防洪、灌溉，兼顾发电，总预算37亿元，其中移民补偿、安置等的预算就占项目总投资额的70%。但是在执行过程中，"谁受益，谁承担"的机制设计不足，信息公开和公众参与程度不够，仍有多起群体性维权事件发生，对区域社会稳定造成了重大隐患。

其次，对于重大工程的间接利益相关者——社区公众来说，工程的建设会造成周边地区环境污染等问题的出现，从而进一步引发大规模的"邻避运动"，特别是随着环境意识的觉醒，越来越多的公众开始有意识和有组织地表达对相关问题的关注和有效治理的强烈要求。例如，广东番禺和茂名的垃圾焚烧厂、江苏平望垃圾焚烧厂、上海松江垃圾焚烧发电厂等项目都因为该设施周围民众的抗议而匆匆"下马"。2006年，厦门市民"散步"行动阻止了临港新城石化中下游产业区项目的落地；2011年，大连市民反对PX项目的抗议游行活动迫使大连市政府决定将该项目停产并进行搬迁；2012年，江苏启东的群体性事件让王子造纸厂的废水排海项目永远取消；2014年杭州余杭区中泰垃圾焚烧项目引发了近万人的抗议，并演变成打砸暴力违法事件从而导致项目搁置。如何破解重大工程的"邻避效应"已成为政府治理现代化的重要标志。

公众诉求推动重大工程社会责任履行的基础在于是否存在通畅而有效的公民利益诉求表达渠道。因为存在政治制度、文化传统等方面的显著差异，我国的公众诉求的驱动机制和西方国家有着明显的不同。在西方的政治制度和官僚系统下，官员竞选或谋求连任时需要对特定区域的选民做出承诺，中间派选民（median voter）对公共服务、环境质量等方面的需要将直接影响地方官员的重大工程决策倾向。特别是因为理论上居民拥有完全自由的迁徙权利，他们可以随时"用脚投票"选择与其自身偏好相一致的公共服务，这向地方政府改善公共服务施加了巨大的压力。因为居民的迁出将带走人力资本，同时也将导致投资和消费的减少，最终会影响到区域经济的发展。这种潜在的"用脚投票"的"退出"威胁使官员会认真考虑公众对公共服务的需求，从而重视重大工程社会责任的履行。与西方国家的政治制度和官僚系统不同，我国政府官员是由上级任命的，晋升主要取决于上级对其执政能力和业绩的考核，虽然这种考核指标是多方面的，但是目前来说经济发展指标，特别是 GDP 依然是最核心的考核指标。由于重大工程投资体量巨大，工程完成后的政绩显示度高，政府官员往往热衷于"上马"各种重大项目来拉动经济及彰显政绩。加上信息公开和公众参与的程度很低，公众无法"用手投票"参与到涉及重大工程的公共决策当中去，再加上城乡二元的社会结构刚性较强，户籍制度和城乡差别化政策大大地限制了地区间的人口流动，居民难以"用脚投票"去选择能提供与其偏好相一致的公共服务的地区。因此，与西方国家不同，在我国公众主要通过两个途径来影响重大工程的决策和建设。一方面，公众通过正常的渠道与地方政府直接互动。例如，公众通过信访、举报等方式直接向地方政府反映其对相关重大工程决策或者建设的诉求，而地方政府则应该从对辖区公众负责的态度，响应公众的诉求而重新考虑重大工程相关的问题，从而改变政策或者决定。另一方面，公众通过上级政府而改变地方政府的行为。例如，公众通过一些过激行为（上访、群体事件等）直接向上级政府表达其对地方政府行为的不满和自身利益诉求，促进上级政府加强自上而下的监督。研究发现公众的"群体事件"能在一定程度上促进政府做出政策调整的决定，这是因为公众有限度的"忠诚的抗议"（loyalist protests）向政府传递了有价值的信息，能反映区域的治理不力或腐败问题，也可以帮助上级政府了解公众最不满的领域和政策，从而进行政策的调整或改变。同样，企业的社会合法性来自公众。企业通过履行社会责任可以同社区乃至社会大众建立良好的关系，进而获取其积极的反应、交互、支持（Berman et al., 1999）。企业通过社会责任行为可以显著提高其社会公众声誉，并将这一正面形象延伸到如产品质量、客户关注等方面（Adams and Hardwick, 1998），从而获得市场的肯定。对于重大工程参与企业来说，公众的压力也促进其履行社会责任。一方面，公众通过正常的渠道与重大工程直接互动，如通过与企业磋商、谈判等方式直接向企业反映自身利益诉求；另一方面，公众通过政府对重大工程参与企业施加压力。例如，公众用法律的手段来约束企业的违法行为，或通过一些过激行为向地方政府或主管部门表达其对企业行为的不满和利益诉求。在某种意义上，企业社会责任就是企业以一种符合甚至超过公众期望的方式来运营，而重大工程的建设往往会对当地社区的环境与居民生活带来巨大的负面影响，如果不充分考虑公众的利益，很容易造成关系恶化，给建设活动将带来直接的影响和冲击。因此，当公众诉求强度大时，重大工程的参与方必须重视公众的利益表达，从而选择更好地履行社会责任。同时，当 CEO 的自恋程度比较高时，公众的态度、媒体的关注和评价对其更为重要。当公众诉求强度大时，自恋的 CEO 更容易认识到社会责任的价值而通过推动社会责任的履行去获得公众的好评。从而提出假设：

H_{7-4}：公众诉求与重大工程参与方社会责任履行正相关。

H_{7-5}：公众诉求正向调节了重大工程参与企业CEO自恋、组织社会责任战略与社会责任履行的关系（图7-1）。

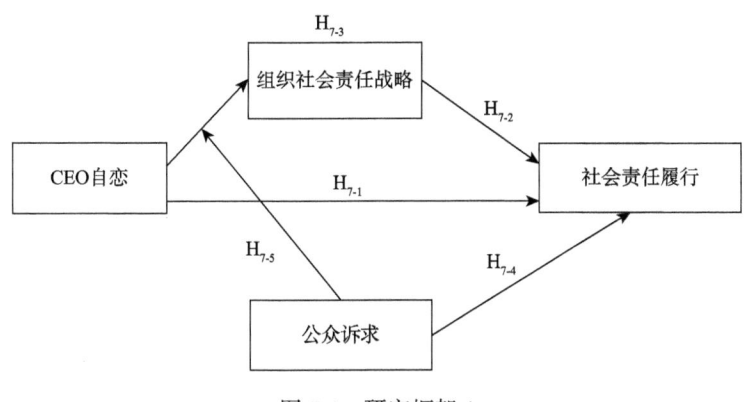

图 7-1 研究框架 1

7.2.4 规制压力

基于制度理论，制度环境（包括国家法律政策、产业环境规章、相关组织监督等）对企业社会责任履行及经济效益提升具有显著作用（Campbell，2006）。社会责任的履行可以帮助企业获取社会政治合法性（Aldrich and Fiol，1994；Wang and Qian，2011）。社会合法性与政治合法性可以帮助企业取得利益相关方的积极回应及政府的经营许可，虽然这一过程并不直接为企业带来经济效益，但对于企业的生存和成功却至关重要（Bansal and Roth，2000；Frooman，1999；Sharma，2000）。这是因为管制或制度约束给企业行为画了底线，如果违背了法律法规，企业将彻底失去生存的合法性。在企业跨国经营中，不同国家的制度环境差异巨大，并且在企业国际化深度和广度拓展中，制度约束具有高度的动态性，社会责任行为会随之显著加强（Hitt et al.，1997；Ma et al.，2016）。在产业层面，特别是行业标准（如产品质量标准、环境标准、劳工标准等）也是推动企业履行社会责任的重要因素（Dowell et al.，2000；刘瑛华，2006）。这是因为，如果企业违反规制，不仅会招致直接的经济损失（罚款、停业乃至法律诉讼），还会导致长期的声誉受损，招致生存的危机。企业对于社会的关注及相应责任的履行可以对政府释放出一种正向的信号，可以帮助政府减轻对于实施一些高成本规制的压力。因此，当规制压力大时，重大工程的参与方必须更好地履行社会责任而保证其社会政治合法性。从而提出假设：

H_{7-6}：规制压力与重大工程参与方社会责任履行正相关。

H_{7-7}：规制压力正向调节了重大工程参与企业 CEO 自恋、组织社会责任战略与社会责任履行的关系（图 7-2）。

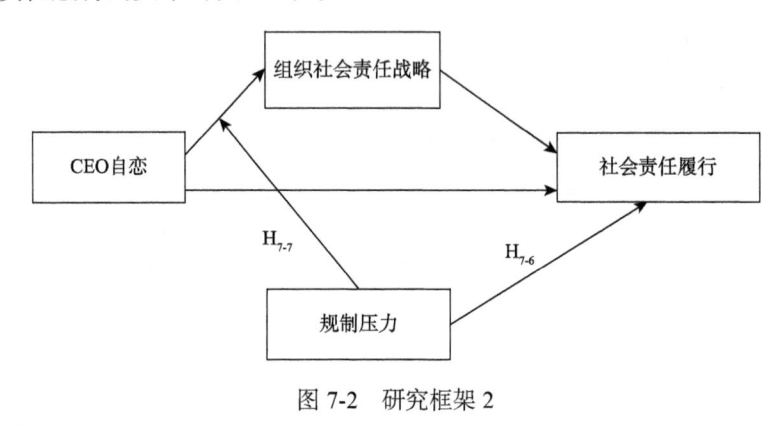

图 7-2　研究框架 2

7.2.5　竞争强度

企业积极主动地履行社会责任不仅是遵守法律法规，还可获得竞争优势（Hart，1995）。任何一家企业都存在于特定的市场环境中，其行为的选择都是根据具体的市场环境和竞争状况来决定的。大量研究表明，企业履行社会责任可以通过培育内外两方面的无形资产来赢得竞争优势（Branco and Rodrigues，2006）：一方面，企业履行社会责任能够在内部营造良好的企业文化，从而提升员工的企业认同感和工作积极性（Bauman and Skitka，2012）；另一方面，企业履行社会责任可以迎合消费者及其他利益相关者的利益诉求，在外部有效提高企业形象和产品声誉，从而帮助企业赢得更好的市场环境，进而为企业创造可持续价值（Porter and Kramer，2006；Russo and Fouts，1997；费显政等，2010）。因此，当行业竞争强度较大时，企业往往选择积极地履行社会责任。

同时，当行业竞争非常激烈时，管理者所关注的首要问题是企业的生存，即使是非常自恋的 CEO，也会变得更加务实，把注意力集中到维持企业发展上来。自恋的 CEO 迫于生存压力也要反复考虑企业社会责任的作用。当他认识到社会责任对于企业来说机会大于成本时，他会力排众议地推行社会责任的行为，期望一方面能为企业在激烈的竞争中赢得相对于竞争者的优势，另一方面也获得外界对自己的崇拜和仰慕。从而提出假设：

H_{7-8}：行业竞争强度与重大工程参与方社会责任履行正相关。

H_{7-9}：行业竞争强度正向调节了重大工程参与企业 CEO 自恋、组织社会责任战略与社会责任履行的关系（图 7-3）。

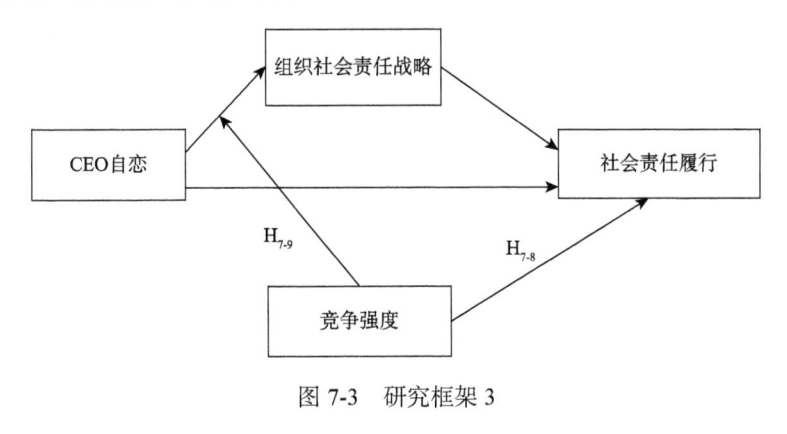

图 7-3　研究框架 3

7.3　方法与设计

借鉴现有文献的研究方法和整体理论研究模型及假设，本节也采用问卷调研的方法来搜集一手数据，进而选择合适的统计方法及计量模型进行假设检验。如前文所述，问卷研究方法是目前管理学定量研究中最为普及的方法之一（陈晓萍等，2012），如果实施得当，把研究目标准确地转化为特定问题，从而以较低的成本得到较高质量的研究结果。因此，首先，本节在前文文献评述、理论研究框架和研究假设开发的基础上，精心设计测量问卷，并合理地选择合适的调查对象。其次，进行预调研，对研究所用的调查问卷进行信度和效度检验，进一步对调查问卷中所使用的量表进行科学的修改和完善。最后，使用正式的调查问卷对合理抽样的调查对象进行大范围的问卷调查。

7.3.1　问卷设计过程

由于问卷调研的结果依赖于初期的设计，本节遵循问卷设计的相关原则设计问卷（见前文 4.3.1），具体过程如下所述。

第一阶段：文献梳理和量表选择。

通过相关研究文献的梳理，明确本节拟使用的主要变量的概念及内涵。然后根据已有的研究文献，通过全面的文献搜索，根据明确的变量概念及内涵、量表在已有实证研究中的信度和效度，选择合适的问卷量表。对于尚未在中国情境下检验的量表，研究者基于行业的特点，对相关量表进行针对性的修改，以确保拟使用测量量表能具有较高的信度和效度。

然后对拟使用的测量量表进行中英文双向翻译（Brislin，1986），并与多位重大工程管理领域内的专家学者及博士生对翻译后的量表进行仔细校正和修订，以确保测量题项表达的准确性和科学性。

第二阶段：问卷设计访谈。

由于本节的理论模型比较复杂且涉及较多的变量，并且部分变量尚未在重大工程管理领域使用过。因此，为确保问卷调查的科学性和适用性，研究者在设计调查问卷之前及过程中进行了多次问卷设计访谈。

问卷设计访谈的主要目的包括三点：第一，基于重大工程管理研究及实践的真实情况，进一步思考和修正拟研究的理论模型和假设；第二，基于中国情景和行业特点，对拟参考西方成熟量表的测量题项进行修改，确认翻译后的题项语义表达的准确性及可回答性；第三，针对目前较少或尚未在中国情境下使用的量表，讨论其适用性并进行相应的修正。

访谈对象：研究者主要通过三种方式来获取专家和业界访谈的意见和建议。首先，研究者作为主要成员参与国家自然科学基金委重大项目"重大基础设施工程的社会责任、产业竞争力与可持续发展研究"，与哈尔滨工业大学、南京大学、同济大学、华中科技大学涉及重大工程管理的专家学者比较熟悉，多次请他们针对研究问题、初始问卷发表意见和建议。其次，研究者通过举办"对话：重大基础设施工程的社会责任与可持续发展"论坛，邀请来自泛华集团、中冶天工集团、上海建科工程咨询有限公司、金钟律师事务所、上海隧道工程股份有限公司、必维国际法利咨询（上海）有限公司、瑞安建筑有限公司、苏州工业园区建设监理有限公司、浙江欣捷建设有限公司等数十位具有丰富实践经验的工程师、设计师及项目经理参加研讨。针对本次研究的研究构想、问卷内容等进行了面对面访谈，听取他们的意见并进行修改。最后，在预调查和正式调查之前，研究者走访拟参与问卷调查的企业，并与相关负责人进行面对面访谈，以取得被调查企业的基本信息，并针对问卷内容、问卷设计和发放等问题进行深入交流，以保证问卷调查的科学性和可行性。参与预调查和正式调查的企业包括上海隧道工程股份有限公司、苏州工业园区建设监理有限公司、上海建科工程咨询有限公司等。

第三阶段：小样本预测试。

在原始问卷设计完成后，研究者进行了小样本预测试，先将设计好的问卷由研究团队的其他成员填写，根据反馈结果进一步调整完善，再选择一家工程企业进行预测试，根据结果测量相关量表的信度和效度，最终修改并确定正式的调查问卷。

鉴于问卷调查容易产生共同方法偏差（common method bias）及社会称许性偏差等问题，本次研究在问卷设计的时候就采取多种方式弱化共同方法偏差和社会称许性偏差对研究结果的影响。共同方法偏差处理：为减弱共同方法偏差对研究结果的影响，本次研究在问卷设计时，将因变量和自变量在位置上进行适当分隔，从而减弱共同方法偏差对研究结果的影响。社会称许性偏差处理：为了最大程度上弱化社会称许性偏差，使调查问卷如实反映实际情况，本次研究的每份调查问卷都附有介绍信，强调本次调查是匿名，并且调查结果仅供学术研究使用。在实际调查过程中，研究者在问卷调查之前再次重复强调调查的保密性和注意事项；在问卷内容中尽量避免出现敏感性问题，同时选择成熟测量题项、使用中性措辞及反向题项等措施来降低社会称许性偏差的影响。

7.3.2 变量测度

本次研究中使用的所有测量量表都采用中文表述，并遵循翻译-反译的过程进行题项检验（Brislin，1986）。问卷中的量表题项大部分采用 Likert-7 点评分制（部分客观题目要求填详细信息或采用选择题形式）。其中，1 代表"非常不符合"，2 代表"比较不符合"，3 代表"有点不符合"，4 代表"不确定"，5 代表"有点符合"，6 代表"比较符合"，7 代表"非常符合"。相关变量的具体测量如下。

重大工程社会责任（MSR）：本次研究选用了 15 个题项来测度组织在重大工程参与过程中的社会责任绩效（在章中简称重大工程责任），要求受访者根据自己的感觉评价本单位在参与重大工程项目过程中社会责任的履行情况。其中 5 个题项用来测度重大工程社会责任的经济维度：①在该工程中所参与部分的项目成本控制及财务状况；②在该工程中所参与部分的项目工期的控制状况；③在该工程中所参与部分的项目质量状况；④在该工程中的新技术采用及工程创新程度；⑤对该工程技术规格及功能需求的符合程度。3 个题项用来测度重大工程社会责任的法律维度：①在该工程中严格遵守相关法规及行业标准；②在该工程中注重行业内的公平竞争；③在该工程中履行国际同业标准情况。4 个题项用来测度重大工程社会责任的伦理维度：①在该工程中关于资源合理利用/减少浪费的情况；②在该工程中有关员工职业健康保障的情况；③在该工程中开展的有关污染预防与治理的情况；④在该工程中开展的关于生态环境保护的情况。3 个题项用来测度重大工程社会责任的政治维度：①在该工程给所在地创造的就业机会情况；②在该工程所在地公益活动的开展情况；③与工程所在地社区的互动程度。

CEO自恋（CEO narcissism）：本次研究选用了8个题项来测度CEO自恋（Resick et al., 2009），要求受访者根据自己的感觉判断用问卷中的8个形容词来描述其单位的CEO是否符合实际情况。这8个形容词分别为：①傲慢的（arrogant）；②武断的（assertive）；③夸夸其谈的（boastful）；④自负的（conceited）；⑤利己的（egotistical）；⑥自我的（self-centered）；⑦爱表现的（show-off）；⑧爱发脾气的（temperamental）。

公众诉求（public concern）：本次研究选用了5个题项来测度公众诉求（Banerjee et al., 2003；Leonidou et al., 2017），要求受访者根据自己的感觉判断问卷中的5个问题的描述与实际情况符合的程度。这5个问题分别为：①公众对工程项目造成的社会影响非常在意；②相对于社会影响，公众对工程项目的经济效益更加关注（反向计算）；③公众对社会责任问题非常关注；④利益相关者认为社会责任是当今组织面临的一个重要问题；⑤利益相关者期望我们是履行社会责任的组织。

规制压力（regulatory pressure）：本次研究选用了6个题项来测度公众诉求（Banerjee et al., 2003；Leonidou et al., 2017），要求受访者根据自己的感觉判断问卷中的6个问题的描述与实际情况符合的程度。这6个问题分别为：①政府规制对组织社会责任行为影响非常大；②社会合法性（利益相关者认可度）影响组织的快速成长；③严格的规制是组织考虑社会影响的主要原因；④促进履行社会责任的组织生存和发展需要更严格的规制；⑤贵单位履行社会责任能推动整个行业获得社会合法性；⑥严格的政府规制对整个行业影响都很大。

组织社会责任认知（CSR cognition）：本次研究选用了9个题项来测度组织对社会责任认知（Baker and Sinkula, 2005），要求受访者根据自己的感觉判断问卷中的9个句子描述其单位对社会责任的态度是否符合实际情况。这9个描述句分别为：①社会责任能带来创造战略优势的机会；②社会责任能带来市场机会；③不仅是遵守社会规范或义务的结果，还是前瞻性的战略；④社会责任投资（财务和非财务的）是真实、具体可见的；⑤组织对社会责任的承诺是郑重其事、严肃认真的；⑥把以履行社会责任作为一种策略来提高组织的经济效益；⑦组织文化中包含对社会责任和可持续发展的承诺；⑧社会责任是组织该做的事情；⑨社会责任是服从政府指示。其中题项①~③表征了组织把履行社会责任当作战略机遇，题项④~⑥表征了组织把履行社会责任当作承诺，题项⑦~⑨表征了组织把社会责任履行当作是做正确的事情（CSR as righteousness）。

竞争强度（competitive intensity）：本次研究选用了4个题项来测度行业的竞争强度（Leonidou et al., 2017；Sarin and Mahajan, 2001），要求受访者根据自己的感觉判断问卷中的4个句子描述是否符合行业的实际情况。这4个描述句分别为：①在过去三年中，行业的竞争强度很高；②因为竞争激烈，行业中的组织在市场开拓上成本很高；③为维持市场份额，行业中的组织间竞争非常激烈；④行业中的组织遵循和平共处，共同发展的理念（反向计算）。

为了保证研究结果的可靠性和普适性，本次研究控制了一系列项目层面和组织层面特征变量。其中控制的组织层面变量包括：①销售额；②销售增长率；③市场份额；④市场份额增长率；⑤利润率；⑥资本回报率；⑦净利润；⑧资产规模；⑨员工数量；⑩政治关联（0-1变量，用单位负责人是否曾经在政府部门中任职或现在兼任政府职务、人大代表或政协委员来测度）。控制的项目层变量包括：①海外项目（项目所在地在国内的为 0，在国外的为 1）；②项目规模。由于这些变量之间存在相似的概念表征，问卷设计时把这些变量都考虑进来是为了在数据分析时为鲁棒性检验提供选择。

同时，本次研究采用信度检验与效度分析两种方法对主要研究变量的量表进行评估，从而确定量表准确性和适应性。

7.3.3　问卷发放及回收

在完成正式问卷后，研究者进行大规模的发放工作。由于调查问卷所获资料的有效程度受被调查者岗位、工作经验及知识水平等因素的影响，而重大工程的承担单位往往都是国企，参与工程项目的人往往都在工地一线，为了提高问卷调查数据的准确性和真实性，在问卷发放过程中主要采取拜访调研的方式，也确保了受访者填写问卷的积极性和认真性。同时，为了避免出现信息失真，本次研究在问卷设计过程中对问卷题项的表述方式进行了优化以外，在受访对象选择方面也进行了严格的筛选，要求至少参与过一项重大工程项目的实际工作。在实际发放过程中重点强调了调查对象的范围，因此尽可能地减少了不合格问卷的数量。

7.4　结果分析

7.4.1　样本描述性统计分析

本次研究共回收 162 份基于项目的有效问卷。受访者的分类别统计信息如表 7-1 所示。

表 7-1　样本信息总览

Panel a：利益相关者类型	人数	所占比例
承包商	117	72.2%
监理	27	16.7%
项目法人	18	11.1%
总计	162	100%
Panel b：个人信息	人数	所占比例
性别		
男	155	95.7%
女	7	4.3%
平均年龄	34.5	
教育程度		
博士研究生	2	1.2%
硕士研究生	16	9.9%
本科（学士）	140	86.4%
高中	3	1.9%
高中以下	1	0.6%
专业背景		
工程技术	110	67.9%
工程管理	45	27.7%
财务和金融	4	2.5%
其他	3	1.9%
职位		
高管	25	15.4%
项目经理或部门经理	66	40.7%
技术负责人	42	25.9%
工程师	20	12.3%
其他	9	5.5%
工作经验		
1~5 年	50	30.1%
5~10 年	38	23.5%
10 年以上	74	45.7%
Panel c：项目信息	人数	所占比例
位置		
国内	134	82.7%

续表

Panel c：项目信息	人数	所占比例
海外	28	17.3%
投资规模		
0.5亿~1亿元	20	12.3%
1亿~5亿元	56	34.6%
5亿~10亿元	26	16.0%
10亿元以上	60	37.0%

利益相关者类型：在162份有效问卷的受访者中，有117位来自承包商，占样本总数的72.2%，是比例最高的利益相关者群体。占第二位的是监理，共有27位，占样本总数的16.7%；有18位来自项目法人单位，占样本总数的11.1%。样本的分布状况基本能反映目前国内重大工程行业的构成，能够保证研究结果的客观性、全面性和可靠性。

性别：受访者中，男性和女性分别为155位和7位，分别占样本总数的95.7%和4.3%，男女比例超过22∶1，这种性别比例符合重大工程行业中男性远多于女性的特征。

教育程度：从有效样本的受访者教育程度来看，有140位受访者有本科学历，占样本总数的86.4%；有16位是硕士研究生，占样本总数的9.9%；有2位是博士研究生，占样本总数的1.2%；有3位是高中毕业，占样本总数的1.9%；有1位是高中以下学历，占样本总数的0.6%。

专业背景：从有效样本的受访者专业背景来看，工程技术专业出身的有110位，占样本总数的67.9%；工程管理专业出身的有45位，占样本总数的27.7%；财务和金融专业出身的有4位，占样本总数的2.5%；其他专业出身的有3位，占样本总数的1.9%。

职位：从有效样本的受访者工作职位来看，担任公司高管的有25位，占样本总数的15.4%；担任项目经理或部门经理的有66位，占样本总数的40.7%；担任项目技术负责人的有42位，占样本总数的25.9%；担任工程师的有20位，占样本总数的12.3%；担任其他职位的有9人，占样本总数的5.5%。

工作经验：从有效样本的受访者工作经验来看，工作经验在1~5年内的有50位，占样本总数的30.1%；工作经验在5~10年内的有38位，占样本总数的23.5%；工作经验在10年以上的有74位，占样本总数的45.7%。我们可以看出样本具有丰富的行业从业经验，进一步保证了研究结果的可靠性。

项目信息：从重大工程项目信息来看，国内项目有134项，占项目总数的82.7%；海外项目有28项，占项目总数的17.3%。其中没有投资规模在5 000万元以下的项目；投资规模在 0.5 亿~1 亿元的有 20 项，占项目总数的 12.3%；投资规模在 1 亿~5 亿元的有 56 项，占项目总数的 34.6%；投资规模在 5 亿~10 亿元的有 26 项，占项目总数的 16.0%；投资规模在 10 亿元以上的有 60 项，占项目总数的 37.0%。

7.4.2 变量的描述性统计分析

研究变量的最小值、最大值、均值和标准差如表 7-2 所示，Pearson 相关系数如表 7-3 所示。在相关系数表中，变量销售额和市场份额的相关系数为 0.789，销售增长率和市场份额增长率的相关系数为 0.858（$p<0.01$），利润率和净利润的相关系数为 0.905（$p<0.01$），利润率和资本回报率的相关系数为 0.858（$p<0.01$），净利润和资本回报率的相关系数为0.879（$p<0.01$），证明两两之间存在显著的相似性，因此在本次研究的回归分析中选择其中一个，另一个用来做鲁棒性检验。在这几对变量中分别做单一选择后，变量方差膨胀因子（VIF）的值都在 1~10，表征回归分析时，多重共线性（multicollinearity）的问题可以排除。

表 7-2 变量描述性统计表

变量名	最小值	最大值	均值	标准差
重大工程社会责任	1.96	7.00	5.33	1.03
CEO 自恋	1.00	7.00	2.45	1.39
公众诉求	1.00	7.00	5.26	1.00
规制压力	3.00	7.00	5.65	0.93
组织社会责任认知	3.11	7.00	5.56	0.93
竞争强度	1.00	7.00	5.73	0.87
政治关联	0.00	1.00	0.29	0.46
销售额	2.00	7.00	5.28	1.20
销售增长率	2.00	7.00	5.00	1.35
市场份额	1.00	7.00	4.87	1.22
市场份额增长率	1.00	7.00	4.76	1.32
利润率	1.00	7.00	4.35	1.57
资本回报率	1.00	7.00	4.40	1.47
净利润	1.00	7.00	4.29	1.60
资产规模	2.00	7.00	5.04	1.18
员工数量	1.00	7.00	4.93	1.39
海外项目	0.00	1.00	0.24	0.43
项目规模	2.00	5.00	3.78	1.08

表 7-3　Pearson 相关系数表

变量	1	2	3	4	5	6	7	8	9
1. 重大工程社会责任	1								
2. CEO 自恋	−0.220**	1							
3. 组织社会责任认知	0.459**	−0.231**	1						
4. 公众诉求	0.453**	−0.235**	0.386**	1					
5. 规制压力	0.147	−0.150	0.317**	0.259**	1				
6. 竞争强度	0.149	−0.045	0.142	0.176*	0.233**	1			
7. 政治关联	0.022	−0.079	0.055	−0.049	0.028	−0.133	1		
8. 销售额	0.392**	0.030	0.322**	−0.259**	0.204**	0.235**	0.099	1	
9. 销售增长率	0.360**	0.012	−0.396**	−0.182*	0.154	0.271**	0.152	0.480**	1
10. 市场份额	0.342**	−0.022	0.394**	0.252**	0.166*	0.086	0.135	0.789**	0.491**
11. 市场份额增长率	0.400**	0.075	0.378**	0.203**	0.161*	0.279**	0.075	0.487**	0.858**
12. 利润率	0.478**	−0.062	0.387**	0.322**	0.026	0.090	−0.040*	0.426**	0.474**
13. 资本回报率	0.479**	−0.036	0.369**	0.323**	0.039	0.187*	−0.135	0.476**	0.389**
14. 净利润	0.490**	−0.075	0.376**	0.335**	0.014	0.105	−0.056	0.486**	0.465**
15. 资产规模	0.290**	0.078	0.416**	0.237**	0.197*	0.289**	0.150	0.411**	0.448**
16. 员工数量	0.342**	−0.210**	0.283**	0.328**	0.054	0.029	0.031	0.295**	0.126
17. 海外项目	0.131	0.040	0.164	−0.036	0.067	0.011	0.128	0.125	0.065
18. 项目规模	0.104	0.101	0.238**	0.065	0.041	0.029	0.233**	0.212**	0.286**

变量	10	11	12	13	14	15	16	17	18
1. 重大工程社会责任									
2. CEO 自恋									
3. 组织社会责任认知									
4. 公众诉求									
5. 规制压力									
6. 竞争强度									
7. 政治关联									
8. 销售额									
9. 销售增长率									
10. 市场份额	1								
11. 市场份额增长率	0.430**	1							
12. 利润率	0.491**	0.467**	1						
13. 资本回报率	0.450**	0.418**	0.858**	1					

续表

变量	10	11	12	13	14	15	16	17	18
14. 净利润	0.400**	0.469**	0.905**	0.879**	1				
15. 资产规模	0.480**	0.406**	0.435**	0.372**	0.396**	1			
16. 员工数量	0.327**	0.210**	0.116	0.174*	0.139	0.315**	1		
17. 海外项目	0.071	0.123	0.127	0.079	0.118	0.202**	−0.309**	1	
18. 项目规模	0.138	0.149	0.248**	0.200*	0.238**	0.217**	−0.245**	0.155*	1

**$p<0.01$；*$p<0.05$

7.4.3 信度与效度分析

1. 信度分析

信度反映了测量工具的稳定性或一致性的程度，即不同工具测量结果的一致性程度或对同一对象重复测量得到结果的相同性程度。目前的研究通常采用Crobanch's α作为信度检验指标，若变量的Crobanch's α大于0.70时，表示测量的内在一致性良好。计算可见变量的Crobanch's α值均大于0.70，表明各量表具有较好内部一致性（表7-4）。

表 7-4 验证性因子分析结果

变量	题项	因子载荷	t 值	Crobanch's α
重大工程社会责任				0.942
经济责任	经济责任 1	0.90	8.22***	0.903
	经济责任 2	0.94	7.99***	
	经济责任 3	0.90	8.55***	
	经济责任 4	0.91	8.32***	
	经济责任 5	0.87	8.10***	
法律责任	法律责任 1	0.87	8.10***	0.824
	法律责任 2	0.77	4.31***	
	法律责任 3	0.83	7.74***	
伦理责任	伦理责任 1	0.89	8.65***	0.925
	伦理责任 2	0.91	5.28***	
	伦理责任 3	0.92	8.65***	
	伦理责任 4	0.95	9.10***	
政治责任	政治责任 1	0.92	8.86***	0.887
	政治责任 2	0.90	8.71***	
	政治责任 3	0.80	8.00***	

续表

变量	题项	因子载荷	t 值	Crobanch's α
CEO 自恋	CEO 自恋 1	0.97	9.93***	0.959
	CEO 自恋 2	0.98	10.01***	
	CEO 自恋 3	0.92	9.18***	
	CEO 自恋 4	0.89	8.93***	
	CEO 自恋 5	0.87	8.10***	
	CEO 自恋 6	0.90	8.12***	
	CEO 自恋 7	0.91	7.74***	
	CEO 自恋 8	0.88	7.91***	
组织社会责任认知				0.880
战略机遇	战略机遇 1	0.81	6.49***	0.850
	战略机遇 2	0.86	7.11***	
	战略机遇 3	0.89	7.22***	
社会承诺	社会承诺 1	0.72	6.54***	0.867
	社会承诺 2	0.89	7.19***	
	社会承诺 3	0.87	7.15***	
正当义务	正当义务 1	0.77	5.03***	0.811
	正当义务 2	0.83	6.78***	
	正当义务 3	0.84	7.25***	
公众诉求	公众诉求 1	0.72	3.65***	0.773
	公众诉求 2	0.89	7.28***	
	公众诉求 3	0.87	7.16***	
	公众诉求 4	0.77	5.77***	
	公众诉求 5	0.76	6.11***	
规制压力	规制压力 1	0.80	7.01***	0.834
	规制压力 2	0.87	7.12***	
	规制压力 3	0.88	7.54***	
	规制压力 4	0.72	7.19***	
	规制压力 5	0.89	8.15***	
	规制压力 6	0.87	7.16***	
竞争强度	竞争强度 1	0.83	5.01***	0.801
	竞争强度 2	0.82	4.88***	
	竞争强度 3	0.81	5.13***	
	竞争强度 4	0.76	6.78***	

模型拟合度
$\chi^2 = 791.24$, $p = 0.00$, $\chi^2/\mathrm{df} = 2.783$, TLI = 0.915, CFI = 0.917, IFI = 0.930, RMSEA = 0.070

***$p<0.01$

2. 效度分析

变量测量的效度分析一般包括内容效度（content validity）、效标效度（criterion-related validity）和聚合效度（convergent validity）。内容效度是测量量表内容是否适当与具有代表性，通常是利用文献分析和访谈对测量题目的代表性和适当性进行评估。本次研究中采用的研究变量的测量题项均参考已有研究的成熟量表并由国内外学者进行过实证检验，同时在此基础上根据变量概念和内涵修正以产生最终的测量题目。最后，研究通过深度访谈对所有测量量表的题目和语言表述等进行修正。因此，研究中所使用的变量测量量表具有一定程度的内容效度。效标效度指测量结果与测量概念外在效标的相关程度，相关程度越高，表示量表的效标效度越高。本次研究问卷设计过程中的文献分析、专家访谈等方式都能有效地保障量表的效标效度。

在统计上，如果变量所属题项的因子负荷大于 0.70 且估计参数的统计量 t 值显著时，就表征测量具有较好的聚合效度，在数据分析时通过验证性因子分析来检验测量的聚合效度。作为判断指标，选取了卡方（χ^2）、自由度（degree of freedom, df）、Tucker-lewis 指数（Tucker-lewis index, TLI）、近似误差均方根（root mean square error of approximation, RMSEA）、比较拟合指数（comparative-fit index, CFI）、增加拟合指数（incremental fit index, IFI）等常用的参数作为拟合优度判断指标，具体标准如表 7-5 所示。验证性因子分析的结果（表 7-4）表明变量之间具有较好的聚合效度和区分效度。

表 7-5 拟合优度指标及其建议值

指标	数值范围	建议值
RMSEA	0 以上	小于 0.08，小于 0.05 更优
TLI	0~1	大于 0.90
IFI	0~1	大于 0.90
CFI	0~1	大于 0.90

资料来源：相关文献整理

7.4.4 回归分析与假设检验

本节采用多元线性回归以及基于 bootstrap 方法的中介、被调节的中介模型进行假设检验。

首先以重大工程社会责任为因变量，将控制变量（政治关联、资本回报率、资产规模、销售增长率、海外项目和项目规模）放入回归模型假设 1（模型 1）。其次采用逐步法将自变量（CEO 自恋）放入回归模型（模型 2）。如表 7-6 所示，CEO 自恋与重大工程社会责任显著负相关（b=-0.157，p=0.002 < 0.01），这与假设 7-1 相反。这是一个非常有趣的现象，深入分析其原因可能是在我国重大工程建设与管理领域，目前还处于比较粗放的阶段，企业往往也是以经济效益为主，社会责任普遍缺失。自恋的 CEO 要赢得外界的关注，认为不是通过履行社会责任的方式。相反，越自恋的 CEO 可能认为自己能力的作用远超过履行社会责任的作用，自恋的 CEO 与组织社会责任认知的相关系数（ρ=-0.231，p<0.01）侧面表征了这种逻辑，其背后的动机需要进一步深入探究。

表 7-6　CEO 自恋对重大工程社会责任的作用

模型	模型 1		模型 2	
变量	回归系数	p 值	回归系数	p 值
CEO 自恋			−0.157	0.002
政治关联	0.119	0.481	0.049	0.765
资本回报率	0.285	0.000	0.268	0.000
资产规模	0.033	0.688	0.057	0.476
销售增长率	0.101	0.187	0.096	0.199
海外项目	0.200	0.250	0.212	0.211
项目规模	−0.047	0.512	−0.019	0.784
模型参数	R^2=0.233　F=9.138，p=0.000		R^2=0.273　F=9.659，p=0.000	

为检验组织社会责任认知对重大工程社会责任的作用，在模型 3a 中，将变量（组织社会责任认知）放入回归模型中，如表 7-7 所示，组织社会责任认知与重大工程社会责任显著正相关（b =0.642，p = 0.000），因此假设 7-2 得到了验证。为进一步检验组织社会责任认知的中介作用，在模型 3b 中再引入 CEO 自恋，此时 CEO 自恋与重大工程社会责任的关系已不再显著（p = 0.251），而组织社会责任认知与重大工程社会责任的关系仍保持不变（b =0.313，p = 0.000），因此组织社会责任认知可能存在中介作用。进一步采用基于 bootstrap 的中介检验（Hayes，2013）可以得到在以组织社会责任认知为中介的模型中 CEO 自恋到重大工程社会责任的直接作用是不显著的（p = 0.244），通过组织社会责任认知的间接作用是显著的（b =-0.104，p = 0.004 < 0.01），其中介作用检验的 Sobel 统计量 Z=−3.298（p = 0.001），因此假设 7-3 得到支持，即组织社会责任认知中介了重大工程参与企业 CEO 自恋与社会责任履行的关系。

表 7-7 组织社会责任认知对重大工程社会责任的作用

模型	模型 3a		模型 3b	
变量	回归系数	p 值	回归系数	p 值
社会责任认知	0.642	0.000	0.313	0.000
CEO 自恋			−0.053	0.251
政治关联	0.097	0.495	0.075	0.522
资本回报率	0.156	0.003	0.156	0.003
资产规模	−0.058	0.402	−0.046	0.515
销售增长率	0.015	0.819	0.017	0.790
海外项目	0.091	0.537	0.100	0.496
项目规模	−0.082	0.176	−0.071	0.247
模型参数	R^2=0.334 F=12.526, p=0.000		R^2=0.479 F=17.561, p=0.000	

为检验公众诉求对重大工程社会责任的作用，在模型 4a 中，将变量（公众诉求）放入回归模型中。如表 7-8 所示，公众诉求与重大工程社会责任显著正相关（b=0.352，p = 0.000），因此假设 7-4 得到了验证。为进一步检验公众诉求的调节作用，在模型 4b 中再引入 CEO 自恋和 CEO 自恋与公众诉求的交叉项，为避免多重共线性问题，把变量 CEO 自恋与公众诉求都中心化后再相乘，结果显示公众诉求调节了企业 CEO 自恋与重大工程社会责任的关系（交叉项系数 b=0.019，p = 0.042＜0.05）。进一步采用基于 bootstrap 的被调节的中介模型检验公众诉求、CEO 自恋、组织社会责任认知和重大工程社会责任的关系（Hayes，2013）。其结果（表 7-9）表明 CEO 自恋通过组织社会责任认知对重大工程社会责任的作用依赖于公众诉求的条件。当公众诉求分别为低（b=−0.115，S.E.=0.040，95% C.I.=−0.133～−0.083）、中（b=−0.067，S.E.=0.032，95% C.I.=−0.130～−0.016）、高（b=−0.019，S.E.=0.009，95% C.I.=−0.226～−0.047）时，这种关系都显著。因此假设 7-5 得到支持，公众诉求正向调节了重大工程参与企业 CEO 自恋、组织社会责任战略与社会责任履行的关系。

表 7-8 公众诉求对重大工程社会责任的作用

模型	模型 4a		模型 4b		模型 4c	
变量	回归系数	p 值	回归系数	p 值	回归系数	p 值
公众诉求	0.352	0.000	0.313	0.000	0.312	0.004
CEO 自恋			−0.101	0.045	−0.109	0.017
CEO 自恋×公众诉求			0.019	0.042	0.012	0.083
组织社会责任认知					0.511	0.000

续表

模型	模型 4a		模型 4b		模型 4c	
变量	回归系数	p 值	回归系数	p 值	回归系数	p 值
政治关联	0.131	0.405	0.084	0.594	0.075	0.505
资本回报率	0.215	0.000	0.213	0.000	0.156	0.009
资产规模	−0.029	0.706	−0.026	0.933	−0.046	0.595
销售增长率	0.125	0.081	0.118	0.098	0.017	0.225
海外项目	0.279	0.089	0.278	0.086	0.100	0.472
项目规模	−0.048	0.464	−0.029	0.663	−0.071	0.244
模型参数	$R^2=0.334$ $F=12.526, p=0.000$		$R^2=0.380$ $F=10.348, p=0.000$		$R^2=0.426$ $F=14.887, p=0.000$	

表 7-9 被公众诉求调节的组织社会责任认知中介作用检验

中介变量	公众诉求的调节作用			
	条件	回归系数	回归系数标准差	95%置信区间
组织社会责任认知	低	−0.115	0.040	[−0.133~−0.083]
	中	−0.067	0.032	[−0.130~−0.016]
	高	−0.019	0.009	[−0.226~−0.047]

为检验规制压力对重大工程社会责任的作用,在模型 5a 中,将变量(规制压力)放入回归模型中。如表 7-10 所示,规制压力与重大工程社会责任显著正相关($b = 0.114$,$p = 0.086 < 0.1$),因此假设 7-6 得到了验证。为进一步检验规制压力的调节作用,在模型 5b 中再引入 CEO 自恋和 CEO 自恋与规制压力的交叉项,为避免多重共线性问题,同样把变量 CEO 自恋与规制压力都中心化后再相乘,结果显示规制压力的调节作用不显著(交叉项系数 $b = 0.114$,$p = 0.365 > 0.1$),因此假设 7-7 没有得到支持。

表 7-10 规制压力对重大工程社会责任的作用

模型	模型 5a		模型 5b	
变量	回归系数	p 值	回归系数	p 值
规制压力	0.114	0.086	0.069	0.887
CEO 自恋			−0.147	0.005
规制压力×CEO 自恋			0.050	0.365
政治关联	0.124	0.461	0.053	0.748
资本回报率	0.290	0.000	0.271	0.000
资产规模	0.018	0.827	0.060	0.463
销售增长率	0.095	0.216	0.077	0.315

续表

模型	模型 5a		模型 5b	
变量	回归系数	p 值	回归系数	p 值
海外项目	0.191	0.271	0.186	0.278
项目规模	−0.046	0.516	−0.016	0.820
模型参数	R^2=0.271 F=8.195, p=0.000		R^2=0.313 F=7.687, p=0.000	

为检验竞争强度对重大工程社会责任的作用，在模型 6a 中，将变量（竞争强度）放入回归模型中。如表 7-11 所示，竞争强度与重大工程社会责任显著正相关（b = 0.033，p = 0.709 > 0.1），因此假设 7-8 没有得到支持。为进一步检验竞争强度的调节作用，在模型 6b 中再引入 CEO 自恋和 CEO 自恋与竞争强度的交叉项，为避免多重共线性问题，同样把变量 CEO 自恋与竞争强度都中心化后再相乘，结果显示竞争强度的调节作用显著（交叉项系数 b = 0.107，p = 0.047 < 0.05）。进一步采用基于 bootstrap 的被调节的中介模型检验竞争强度、CEO 自恋、组织社会责任认知和重大工程社会责任的关系（Hayes，2013）。

表 7-11 竞争强度对重大工程社会责任的作用

模型	模型 6a		模型 6b	
变量	回归系数	p 值	回归系数	p 值
竞争强度	0.033	0.709	0.031	0.728
CEO 自恋			−0.155	0.003
竞争强度×CEO 自恋			0.107	0.047
政治关联	0.130	0.449	0.084	0.618
资本回报率	0.285	0.000	0.279	0.000
资产规模	0.027	0.740	0.084	0.305
销售增长率	0.098	0.207	0.073	0.333
海外项目	0.202	0.248	0.193	0.253
项目规模	−0.046	0.518	−0.015	0.827
模型参数	R^2=0.271 F=8.195, p=0.000		R^2=0.323 F=8.049, p=0.000	

其结果（表 7-12）表明 CEO 自恋通过组织社会责任认知对重大工程社会责任的作用依赖于公众诉求的条件。当公众诉求分别为低（b=−0.120，S.E.=0.048，95% C.I.=−0.235~−0.041），中（b=−0.107，S.E.=0.035，95% C.I.=−0.130~−0.016），高（b=−0.091，S.E.=0.041，95% C.I.=−0.183~−0.019）时，这种关系都显著。因此假设 7-5 得到支持，公众诉求正向调节了重大工程参

与企业 CEO 自恋、组织社会责任战略与社会责任履行的关系。

表 7-12 被竞争强度调节的组织社会责任认知中介作用检验

中介变量	竞争强度的调节作用			
	条件	回归系数	回归系数标准差	95%置信区间
组织社会责任认知	低	−0.120	0.048	[−0.235~−0.041]
组织社会责任认知	中	−0.105	0.035	[−0.195~−0.050]
组织社会责任认知	高	−0.091	0.041	[−0.183~−0.019]

最后选择前文提及的几对相关系数高的变量，如变量销售额和市场份额、销售增长率和市场增长率、利润率和净利润、利润率和资本回报率、净利润和资本回报率等，相互替换进行鲁棒性检验，所得结果与上述的类似。

7.5 本章小结

本章整合制度理论、利益相关者理论、行为动机理论、意义建构理论等，并基于重大工程的问卷调研数据，对重大工程参与企业履行社会责任的内外部驱动因素进行了识别及实证检验。

研究结论如表 7-13 所示。研究结果表明重大工程参与企业的 CEO 自恋程度越高，其履行社会责任的程度就越低。组织的社会责任认知程度越高，其履行社会责任的程度也越高。同时，组织的社会责任认知中介绍了 CEO 自恋与社会责任履行的关系。公众诉求与重大工程参与企业的社会责任履行正相关，并正向调节了重大工程参与企业 CEO 自恋、组织社会责任认知与社会责任履行的关系。规制压力与重大工程参与方社会责任履行正相关。行业竞争强度与重大工程参与方社会责任履行之间并无显著的关系。研究结果能用来合理地引导或驱使重大工程全生命周期不同阶段的众多利益相关者积极地、协同地履行其社会责任，为重大工程社会责任的实践提供理论基础和指导思想。

表 7-13 本章假设检验结果

	假设	检验结果
H_{7-1}	重大工程参与企业 CEO 自恋与重大工程社会责任履行正相关	相反
H_{7-2}	组织社会责任认知与社会责任履行正相关	支持
H_{7-3}	组织社会责任认知中介绍了企业 CEO 自恋与社会责任履行的关系	支持
H_{7-4}	公众诉求与重大工程参与方社会责任履行正相关	支持

续表

假设		检验结果
H_{7-5}	公众诉求正向调节了重大工程参与企业 CEO 自恋、组织社会责任认知与社会责任履行的关系	支持
H_{7-6}	规制压力与重大工程参与方社会责任履行正相关	支持
H_{7-7}	规制压力正向调节了重大工程参与企业 CEO 自恋、组织社会责任认知与社会责任履行的关系	不支持
H_{7-8}	行业竞争强度与重大工程参与方社会责任履行正相关	不支持
H_{7-9}	行业竞争强度正向调节了重大工程参与企业 CEO 自恋、组织社会责任认知与社会责任履行的关系	支持

第8章　重大工程社会责任的耦合机理

本章基于系统的视角和协同的思想，整合制度理论，利用嵌套式规则体系来分析重大工程社会责任的制度性耦合机理，并基于重大工程的问卷调研数据，对重大工程参与企业履行社会责任的耦合机理进行了识别及实证检验，以期能有效地提升众多利益相关者的重大工程社会责任的协同履行。

8.1 引　　言

近年来，我国重大工程建设取得了举世瞩目的成就，先后建成一批具有广泛国际影响的工程，如三峡工程、南水北调、西气东输、高速铁路等，这些重大工程已经成为我国国民经济和社会发展的生命线（刘生龙和胡鞍钢，2010）。重大工程在给区域经济发展带来巨大效益的同时（Fan and Zhang, 2004; Zheng and Kahn, 2013；黄晓霞等, 2006；刘生龙和胡鞍钢, 2010；王永进等, 2010；杨云彦等, 2008；张光南等, 2010；张学良, 2012），也因工程质量隐患、现场安全事故等社会问题给周边地区的环境、经济和社会造成了巨大的负面影响（Flyvbjerg, 2014; Gil and Beckman, 2009）。重大工程社会责任的重要性和紧迫性日益凸显，已经成为影响重大工程可持续发展的关键之一。

作为重大工程利益相关者在项目全生命周期中为增进人类福祉，通过其决策和活动而承担的责任（Zeng et al., 2015），重大工程的社会责任与企业社会责任有着明显的差异。相比企业社会责任，重大工程的项目生命周期更长，利益相关者的范围更宽泛，社会责任维度也更多。从项目的生命周期的维度来看，重大工程的投资规模大，全生命周期（概念与立项、设计、施工建设、运营）相比一般项目要持续时间更长；从利益相关者的维度来看，重大工程项目存在的利益冲突更复杂，所涉及的政府、社区、业主、设计方、承包商等范围也更大；从项目社会责任的角度来看，重大项目投资规模大、消耗资源高、对环境影响深远、关系到国计民生，由此所带来的政治、伦理、法律、经济责任也更高。

由于重大工程存在全生命周期动态性和利益相关者异质性的显著特点，重大工程单一利益相关者的社会责任履行，都无法保证重大工程社会责任表现的整体提升。对于利益相关者而言，有着个人、组织、国家和跨国四个不同的视角和实用性（instrumental）、关系性、道德性（moral）三种社会责任动机（Aguilera et al., 2007）。因此，重大工程各内部利益相关者因自身的状况，所处的社会责任层次有所不同，其社会责任的履行存在相互影响、相互交叉的作用，也与外部的利益相关者行为有着互动。从系统的角度来看，重大工程社会责任表现的提升需要在实现重大工程全生命周期的不同阶段中主要工程参与者社会责任履行的协同。这种协同是重大工程利益相关者的社会责任的"耦合叠加"。例如，直接的、内部的、契约型的利益相关者在重大工程不同生命周期阶段对社会责任的角色，具体"责任"表现，对重大工程社会责任的影响力程度，外部的利益相关者（主要是公众/社区）关心的社会责任内容与重点以及如何通过自身参与来影响这些内部的利益相关者的表现。

在理论上，组织履行社会责任就是获取合法性的重要途径之一（Aguilera et al., 2007; Campbell, 2006; Matten and Moon, 2008），也是对利益相关者诉求的反应（Buysse and Verbeke, 2003; Sharma and Henriques, 2005）。社会责任的履行决定了组织未来的竞争力和生存基础。对于重大工程而言，其履行社会责任是参与方与更为广泛的利益相关者共同进行的价值决策过程，是工程的可持续发展的基础。由于重大工程是"一次性"的工程，又具有全生命周期长、利益相关者多的特点，其社会责任与一般的企业社会责任有着明显的差异。对于如何推动利益相关者社会责任的履行，现有的研究主要集中在企业社会责任的驱动因素上，如外部动因有利益相关者的重要性（Agle et al., 1999）、利益相关者的活动（David et al., 2007; Marquis et al., 2007; Sen et al., 2001）和制度压力（Neubaum and Zahra, 2006）等。内部动因有组织高管的激励机制（Deckop et al., 2006; McGuire et al., 2003; Zou et al., 2015b）、高管团队的道德承诺（Muller and Kolk, 2010）和CEO的政治意识形态（Chin et al., 2013）等。仅有的工程社会责任主题相关的研究也主要着眼于施工建设阶段，特别是针对绿色施工的驱动要素，如施工阶段的绿色创新技术应用（Qi et al., 2010）、资源再利用、安全管理（Fang et al., 2004; Tam et al., 2004）、环境-健康-安全管理体系集成（Tam et al., 2004）等，缺乏从更广泛的视野检视异质性的利益相关者在工程全生命周期的不同阶段社会责任贯通的关键节点和耦合机理的研究。本次研究尝试基于系统的视角和协同的思想，利用嵌套式规则体系来分析重大工程社会责任的制度性耦合机理，探究并实证检验重大工程全生命周期的不同阶段中主要工程参与者的社会责任协同动机，辨识协调现实中各工程参与方社会责任贯通的关键节点，以期能引导重大工程全生命周期不同阶段的众多利益相关者积极地、协同地履行其社会责任，为重大工程社会责任的实践提供理论基础和指导思想。

8.2 理论与研究假设

按系统论观点，耦合作用（coupling）是指两个或两个以上系统，通过各种相互作用而彼此影响以至联合起来的现象，这种联合产生了增力，实现了"1+1>2"的协同效应。耦合是在各子系统间的良性互动下，相互依赖、协调、促进的动态关联关系。

重大工程是"一次性"的工程，又具有全生命周期长、利益相关者多的特点，其社会责任的作用和效能，要通过各个利益相关者的协同、互动来实现。从系统角度而言，社会责任协同是指在重大工程的所有参与方或利益相关者协同行为产生超越个体单独作用，从而形成整个系统的联合作用，这种协同往往体现为资源共享，各工程参与方社会责任共生互长，行为模式传导的关系。由此，重大工程的所有参与方或利益相关者的行为是一个统一整体，包含了"耦合互补"以及"耦合强化"部分。规划重大工程社会责任时，需要确定各参与方在不同生命周期阶段需要完成的社会责任任务，并以系统性的思维确定相互之间的内在逻辑关系，实现良好分工协作，与外部的耦合，使它们相互支持、共同作用，形成一个良性循环的统一整体。

重大工程社会责任耦合的实现需要在一个制度性分析框架下进行辨识。完善的制度框架构建可以把政府、组织或个体等社会成员都不同程度地整合到拥有多个层次的框架中来。对于利益相关者而言，每一个主体都有自己的行为准则和价值观，有着个人、组织、国家和跨国四个不同的视角和实用性、关系性、道德性三种社会责任动机（Aguilera et al., 2007）。当这些利益相关者被"集成"的程度越高时，由于不同层次行为主体的选择结果会相互产生影响，其自行决定自己的偏好及行为的自主性也就越差。因而，这种影响不同层次行为主体的行动规则具有"嵌套式"的特征，体现了个体和群体在操作选择、集体选择的过程中，所面临的总体行动的情境。通过界定个体和集体行为者所应该担负的角色，嵌套式的规则体系把整个系统联系起来。嵌套式规则体系往往包括制度规则、集体选择规则和执行规则三个不同层次的规则。具体到重大工程社会责任的耦合中，制度规则的提供者是政府（规制的法律化），集体选择规则受制度规则的制约，是在政府指导下由其他参与方履行社会责任的规则体系，执行规则是其他参与方做出履行社会责任以及公民社会组织进行监督及信息传递所采用的具体规则。

8.2.1 政府社会责任履行

目前,我国几乎所有的重大工程都是由政府主导的。重大工程的"上马"往往体现了政府对绩效的追求。重大工程,特别是标志性工程的竣工被认为是在履行政府职能、实现政府意志的过程中管理能力和效率的体现。改革开放以来,基础设施投资是中国经济增长的一大推动力和对抗宏观经济增长放缓的策略。一方面,重大工程在拉动内需、增加就业、服务民生、促进经济社会协调发展等方面体现了积极的效果(Fan and Zhang,2004;Zheng and Kahn,2013;黄晓霞等,2006;刘生龙和胡鞍钢,2010;王永进等,2010;杨云彦等,2008;张光南等,2010;张学良,2012);另一方面,重大工程的巨额投资容易导致重大浪费,加重债务负担(Ansar et al.,2016),同时因为工程设计或者建设造成环境(Stone,2008)、生态(Wu et al.,2003)以及移民等一系列的社会问题(Peng et al.,2007;Qiu,2007)。特别是政府公权力的行使缺乏规范和约束,领导拍脑袋决策现象频发,导致重大工程决策失误频繁,屡屡给社会稳定、国家财产和民众的生命安全都造成了重大的不可挽回的损失。基于我国1984~2008年建设的95个公路和铁路基建项目的数据,研究发现有3/4的项目出现超支,从而导致了9.4万亿美元的债务负担(Ansar et al.,2016)。

政府在重大项目中的主导地位及其所拥有的特殊优势,使它在推进其他个体和组织社会责任方面起着关键性的作用。首先,政府自身的社会责任履行是重大项目社会责任表现的基础。对于政府来说,重大工程的建设不仅仅是关注基于财务成本——收益效率的结果,还应该是关注包括政治稳定、社会发展等问题在内的综合性的成本——收益结果。政府对于重大项目功能和影响的认知直接决定了重大项目的可持续发展。更进一步,政府又是制度的提供者和执行者。政府的强势地位往往导致自身行为的越线,如信息不公开、公众参与程序走过场,直接决定了重大工程社会责任的表现。"行政与市场"二元体制又给政府中的实际操作者干预经济提供了途径,导致资源分配(市场内部垄断)和权责分配失衡,演化出非常复杂的利益博弈并异化出多种类型的机会主义行为。工程参与官员的腐败已经成为"顽疾",屡禁不止(Zeng et al.,2015),成为工程质量问题和安全事故的源头。

其次,作为制度的供给者,政府又是个人或组织履行社会责任的重要驱动力量(Aguilera et al.,2007;Matten and Moon,2008;王小锡,2011)。制度理论认为制度环境,包括国家法律政策、产业环境规章、相关组织监督(如 NGO)

等，对企业社会责任履行及经济效益提升具有显著作用（Campbell，2006）。在国家层面，NBS 对于企业社会责任履行具有直接影响（Campbell，2006），在不同商业体系中，企业必须通过实施社会责任信息披露、开展社会责任活动来应对来自内部和外部不同程度的多样性的规制压力（Aguilera and Jackson，2003）。在企业跨国经营中，不同国家的制度环境差异巨大，并且在企业国际化深度和广度拓展中，制度约束具有高度的动态性，因此其社会责任行为会随之显著加强（Hitt et al.，1997；Ma et al.，2016）。在产业层面，特别是行业标准（如产品质量标准、环境标准、劳工标准等）会推动企业履行社会责任（Dowell et al.，2000；刘瑛华，2006）。同时，制度的规制给企业行为画了底线，如果企业违反规制，不仅仅会招致直接的经济损失（如罚款、停业乃至法律诉讼），更会导致长期的声誉受损，招致生存的危机。社会责任的履行是帮助企业获取社会政治合法性的一条有效路径（Aldrich and Fiol，1994；Wang and Qian，2011）。虽然这一过程并不直接为企业带来经济效益，但对于企业的生存和成功却至关重要（Bansal and Roth，2000；Frooman，1999；Sharma，2000）。

因此，在重大工程社会责任履行中，政府一方面扮演了"领头羊"的角色，带领重大工程其他参与方履行社会责任，另一方面作为制度的供给者，通过加强规制来推动重大工程其他参与方履行社会责任，可得到假设：

H_{8-1}：政府社会责任的履行与重大工程社会责任表现正相关。

H_{8-2}：规制压力与重大工程社会责任表现正相关。

H_{8-3}：政府通过加大规制压力提升重大工程社会责任表现，即规制压力中介绍了政府社会责任的履行与重大工程社会责任表现的关系。

8.2.2 公众参与

重大工程中的公众参与是指特定社会群体对重大工程决策、设计等过程中介入并提出意见和建议的一系列活动。从本质上说，重大工程的公众参与是公民的一项基本权利，同时也要求政府或其他主导方在行使可能对他人或公众产生不利影响的权力时，听取并尊重他们的意见。在此基础上，公民有权通过合法的程序参与到重大工程的决策与实施活动中去。

由于重大工程本身具有很强的公益性并和自然环境、社会经济发展有着紧密的联系和深远的影响（Flyvbjerg，2014；Gil and Beckman，2009），近年来，公众参与的呼声越来越高，社会舆论要求公众参与关乎自己生活的公共工程，特别是重大工程，发表自己的意见与看法的需求和趋势越来越明显。根据利益相关者理论，公众就是重大工程重要的利益相关者之一。对于重大工程参与企业来说，公众通过参与决策所反映的诉求是促进其履行社会责任的重要因素之一。公众可以通过正常的渠道介入重大工程的决策和实施，如听证会制度、旁听政府常务会议制度、市长热线、开放日等方式，向政府反映自身利益诉求，从而进一步推动多方利益相关者之间的措施、谈判，使其重视公众的利益表达，选择更好地履行社会责任。更进一步，公众作为重大工程最直接受害者和最前沿的利益相关者，也是一个最有效的社会监督主体，能够限制政府的非社会责任行为。政府作为公众利益的代表，在做重大工程决策的时候，要充分考虑公众的利益，也有责任居中协调衡量重大工程项目单位与居民之间的利益冲突。不但要使重大工程的决策目的更正当，而且要利于社会的发展，更要使受重大工程影响的各利益主体充分获得帮助，判断利益的必要信息，同时还要完善和通畅其表达利益诉求的渠道，以及规范的议事程序和决策规则。例如，在实际操作中，听证会就是在重大工程全生命过程中公众参与的最重要的方式之一。政府应多利用这些方式使各利益相关者的意见在参与中达到沟通、平衡、协调，这就要求政府积极推动重大工程的公众参与。法律规定了公民的权利，具体包含了知情的权利、参与立法决策的权利、监督的权利和权利受到侵犯时申诉的权利，政府为保障公众参与，在制度创设、执行的各个环节的政策是政府自身社会责任的体现。所以在重大工程中，政府的社会责任履行越好，公众参与的程度就越高，这样有利于重大工程的参与方承担更多的社会责任，创造更多的社会价值。对于重大工程参与企业来说，承担其社会责任是其自治行为，可以通过主动自我调适得以实现。公众参与则是在外部给予企业自治赋予一定的压力，是企业履行其社会责任的一股重要的驱动力量，是企业社会责任得以践行的必要保障。例如，公众可以通过参与NGO发起各种形式的社会运动，将体现公众利益的共同价值观变成社会道德规范，进而要求企业去遵循这种道德规范。NGO一般具有组织弹性和功能自发性，突破官方组织存在的资源与价值约束，有能快速察觉到社会脉动的核心，容易在企业与社会之间建立起有效的沟通平台和磋商机制。这种社会压力的形成可以对企业产生可置信的威胁，能够在事实上对企业的利益实现产生重要影响。因此，可得到假设：

H_{8-4}：公众参与与重大工程社会责任表现正相关。

H_{8-5}：政府通过推动公众参与提升重大工程社会责任表现，即公众参与中介绍了政府社会责任的履行与重大工程社会责任表现的关系。

8.2.3 媒体关注

随着经济社会的不断发展和进步，媒体发挥着收集信息并将其传播给公众的中介作用，并成为人们日常生活中密不可分的组成部分（徐莉萍等，2011）。媒体扮演着组织发布信息的平台和公众获取信息的渠道双重角色。因此,媒体往往凭借自身对公众舆论和行为的影响力,以独立的监督者身份存在,成为推进组织社会责任履行的重要因素之一。媒体可以曝光组织出现的任何不光彩的事情,也可以宣扬和褒奖其履行社会责任的信息。即使这些报道是客观中立的,媒体的关注可以使组织吸引到更多的公众眼球,并引导公众响应行为使事件对组织的负面或积极影响快速放大,从而影响组织声誉,迫使组织基于生存合法性和发展需求的双重考虑在行动上做出积极回应。组织声誉是大众和利益相关者对组织的感受、评价,是一种能创造持续竞争优势的无形资产(Lin et al.,2016b),这种声誉主要体现在社会媒体对组织的关注程度中,并且具有正反馈效果。具有良好声誉的组织承载着更多的公众期望,自然会得到媒体更高的关注,而媒体的高关注度使组织的可见度和知名度通过大量报道得到了提高,并进一步吸引公众关注和监督。研究发现,基于媒体传播的新闻舆论是公司治理不可或缺的组成部分。社会媒体不仅能够对组织的行为施加压力,还促使组织纠正其违规行为(Dyck et al.,2008),改善董事会效率(Joe et al.,2009),降低风险交易(Fang and Peress,2009),同时也表明组织会主动选择利用社会媒体来帮助与外部利益相关者建立更好的关系,改善组织声誉,进而提升业绩(de Bakker and Hellsten,2013;Lee et al.,2013),更重要的是通过媒体关注和传播所形成的社会公众舆论以及在此基础上形成的社会规范会迫使组织提升其治理的目标,超越股东价值最大化而符合更大范围的社会利益需要,即更好地履行其社会责任。

对于重大工程来说,其投资规模巨大、实施周期长、不确定因素复杂、利益相关者众多、对生态环境潜在影响深远,是媒体关注的焦点。一方面,媒体是重大项目信息公开的主要渠道。重大项目的信息公示必须通过媒体实施,媒体的关注程度越高,就越能扩大信息的传播范围,充分保障公众的知情权,也越容易激发公众参与重大工程相关决策的需求和热情,为重大工程公众参与提供了有利的信息环境条件,能够大大增强决策透明度和公众参与度,进而推动重大工程各参与方提升其社会责任表现。另一方面,媒体关于重大工程的报道能比较完整地刻画各参与方,包括政府的行为。这样,重大工程各参与方的行为更容易被公众认真审视。特别是违规或者违法的行为,更容易被迅速放大从而导致严重的后果。在较强的媒体关注下,重大工程各利益相关者会更容易感受来自规制的压力和约束,从而选择合法合规的行为。同时,积极的社会责任信息披露往往可以被用来作为塑造组织形象和声誉的重要手段。因此,面对组织自己发布的社会责任信息,尤其是其中积极的部分,公众会因为质疑其动机而怀疑信息的真实性和可靠性(Lin et al.,2016b)。媒体的相关报道比组织自己的声明更具有客观性,公众更倾向以媒体的报道作为价值判断和自身决策的依据,同时,媒体关注可以帮助公众辨识重大工程各参与方行为的差异,这种比较产生的非正式压力在组织社会责任意识较弱，社会责任的自治行为能力较差，法制建设尚不健全的情形下，对于组织履行社会责任的推动作用便显得尤为重要。因此，可得到假设：

H_{8-6}：媒体关注与重大工程社会责任表现正相关。

H_{8-7}：媒体关注调节了规制压力在政府社会责任的履行与重大工程社会责任表现中的中介作用，即媒体关注起到了加强政府、规制压力和重大工程社会责任的耦合。

H_{8-8}：媒体关注调节了公众参与在政府社会责任的履行与重大工程社会责任表现中的中介作用，即媒体关注起到了加强政府、公众参与和重大工程社会责任的耦合。

8.2.4 重大工程主要利益相关者之间关系耦合

重大工程的社会责任具有生命周期长，利益相关者广，社会责任维度多的显著特点。特别是从利益相关者的维度看，重大工程涉及政府、社区、业主、设计方、承包商等众多重要的利益相关者，而重大项目投资规模大、消耗资源高、对环境影响深远，关系到国计民生，单一的某个利益相关者主体都不具备完备的、能够独立处理各种社会责任事务的资源和能力。在重大项目整个全生命周期中，这些多元主体之间是共生共荣、相互依赖的关系，同时由于重大项目利益相关者主体的功能有所不同，彼此为了有效地推进项目建设和服务社会，需要相互补充、互通有无。例如，目前倡导的PPP机制就强调了公共部门与私人组织之间的合作与互动。在重大工程社会责任履行中，每一个利益相关者都能贡献给彼此相关的知识或者其他资源。为了实现重大项目社会责任表现的提升这个共同的治理目标，各个利益相关者之间必须相互交换资源，相互依赖。从这个角度看，重大工程社会责任的履行过程实际上就是一个合作治理的互动过程，需要政府、参与企业和社会公众等众多利益相关者共同参与、共同出力、共同安排、共同协作、实现彼此间的合作与互动。利益相关者之间是真正的合作伙伴关系，既不能当排斥异己的垄断者，也不能作事不关己的局外人，都需要有合作的愿望和相互的影响，一起做出合理的合作行动的决策。

但是，重大工程的利益相关者行为主体之间关系可能是松散的，或者都拥有各自的运作自主权，就需要通过谈判以实现共识，运用彼此之间的影响力来保障行为的不断调整。只有多利益相关者主体之间持续不断的正式或非正式对话，才可以进行充分的信息交换，减少利益相关者个体因有限理性所导致的行为短视问题；与此同时，多个利益相关者行为主体在协商的过程中，能够通过影响力和紧密关系建立起一个以互利、互信为基础的社会协调网络，设立共同的目标，也可以减少利益相关者个体的机会主义行为。从利益相关者个体来看，履行社会责任是对利益相关者诉求的反应（Buysse and Verbeke，2003；Freeman et al.，2007；Sharma and Henriques，2005；孟晓华和张曾，2013）。不同利益相关者之间也存在着相互影响，如员工和组织（Dutton et al.，1994）、媒体（Weaver et al.，1999）、公众社区（Marquis et al.，2007）等。重大工程的利益相关者之间由于项目推进的关系而在相互之间建立特定的联系，利益相关者个体要保证自己社会责任的履行能够在更大范围内或更长时间内取得影响时，势必会给和自己存在合作或者联系的其他利益相关者压力，督促他们也去履行社会责任，而这种敦促是通过利益相关者个体对其他利益相关者施加影响，利用正式或非正式的手段实现的。这保障了重大工程社会责任在全生命周期的不同阶段可以传导履行，而当利益相关者之间的关系紧密时，这种影响力的作用就更为显著。因此，可得到假设：

H_{8-9}：利益相关者影响强度调节了组织重大工程社会责任与重大工程社会责任表现的关系。

H_{8-10}：利益相关者关系强度调节了组织重大工程社会责任、利益相关者影响强度和重大工程社会责任表现的关系。

8.3　方法与设计

8.3.1　研究方法

本次研究也采用问卷调研的方法来搜集一手数据。问卷的设计和发放过程同上一个研究一致，首先在前文文献评述、理论研究框架和研究假设开发的基础上，精心设计测量问卷，并合理地选择合适的调查对象。其次，进行预调研，对研究所用的调查问卷进行信度和效度检验，进一步对调查问卷中所使用的量表进行科学的修改和完善。最后，使用正式的调查问卷对合理抽样的调查对象进行大范围的问卷调查。具体步骤见 5.3 节，问卷内容见附录 1。

8.3.2　变量测度

本次研究中使用的所有测量量表都采用中文表述，并遵循翻译-反译的过程进行题项检验（Brislin，1986）。问卷中的量表题项大部分采用 Likert-7 点评分制（部分客观题目要求填详细信息或采用选择题形式）。其中，1 代表"非常不符合"，2 代表"比较不符合"，3 代表"有点不符合"，4 代表"不确定"，5

代表"有点符合",6代表"比较符合",7代表"非常符合"。相关变量的具体测量如下。

重大工程社会责任（MSR）：与第7章不同，本次研究使用11个题项来测度重大工程社会责任的整体表现，涵盖了：①项目法人；②承包商；③设计方；④监理方；⑤供应商；⑥运营商；⑦工程所在地社区；⑧社会大众；⑨政府；⑩NGO；⑪媒体等利益相关者在该工程项目中的社会责任表现。

组织的重大工程社会责任：本次研究使用15个题项来测度参与组织的重大工程社会责任绩效（这与第7章一致）。其中重大工程社会责任的经济维度包含5个题项：①在该工程中所参与部分的项目成本控制及财务状况；②在该工程中所参与部分的项目工期的控制状况；③在该工程中所参与部分的项目质量状况；④在该工程中的新技术采用及工程创新程度；⑤对该工程技术规格及功能需求的符合程度。重大工程社会责任的法律维度包含3个题项：①在该工程中严格遵守相关法规及行业标准；②在该工程中注重行业内的公平竞争；③在该工程中的履行国际同业标准情况。重大工程社会责任的伦理维度包含4个题项：①在该工程中关于资源合理利用/减少浪费的情况；②在该工程中有关员工职业健康保障的情况；③在该工程中开展的有关污染预防与治理的情况；④在该工程中开展的关于生态环境保护的情况。重大工程社会责任的政治维度包含3个题项：①在该工程给所在地创造的就业机会情况；②在该工程所在地公益活动的开展情况；③与工程所在地社区的互动程度。

政府的重大工程社会责任：本次研究使用5个题项来测度参与特定重大项目中政府社会责任的表现：①政府在该工程中的决策与行动中关注环境问题；②政府在该工程中的决策与行动中关注社会效益；③政府在该工程中发挥的监管作用；④政府就该工程发布了专门的新闻发布会或听证会；⑤政府及时、有效地处理了该工程中的各方矛盾或冲突。

规制压力（regulatory pressure）：与第7章一致，本次研究使用6个题项来测度公众诉求（Banerjee et al.，2003；Leonidou et al.，2017）：①政府规制对组织社会责任行为影响非常大；②社会合法性（利益相关者认可度）影响组织的快速成长；③严格的规制是组织考虑社会影响的主要原因；④促进履行社会责任的组织生存和发展需要更严格的规制；⑤贵单位履行社会责任能推动整个行业获得社会合法性；⑥严格的政府规制对整个行业影响都很大。

公众参与（public engagement）：本次研究使用4个题项来测度公众参与，分别涵盖了重大工程全生命周期不同阶段的公众参与情况：①民众在该工程立项过程中参与程度；②民众在该工程设计过程中参与程度；③民众在该工程建设过程中参与程度；④民众在该工程运营过程中参与程度。

媒体关注（media attention）：本次研究使用4个题项来测度媒体关注，分别涵盖了三个不同的题项：①该重大工程受到的电视曝光程度；②该重大工程受到的报纸曝光程度；③该重大工程受到的网络曝光程度。

利益相关者影响强度：本次研究使用 11 个题项来测度参与特定重大项目的样本组织对参与该重大项目的其他利益相关者的影响程度，涵盖了：①项目法人；②承包商；③设计方；④监理方；⑤供应商；⑥运营商；⑦工程所在地社区；⑧社会大众；⑨政府；⑩NGO；⑪媒体等利益相关者。

利益相关者关系强度：本次研究使用 11 个题项来测度参与特定重大项目的样本组织和参与该重大项目的其他利益相关者之间关系的紧密程度，涵盖了：①项目法人；②承包商；③设计方；④监理方；⑤供应商；⑥运营商；⑦工程所在地社区；⑧社会大众；⑨政府；⑩NGO；⑪媒体等利益相关者。

为了保证研究结果的可靠性和普适性，本次研究控制了一系列项目层面变量，包括：①海外项目（项目所在地在国内的为 0，在国外的为 1）；②项目规模；③项目类型（铁路、公路、桥梁、机场、水利设施、市政工程、其他）；④工程中的参与角色。

8.3.3 问卷发放及回收

与上一研究一致，在完成正式问卷后，研究者进行大规模的发放工作。由于调查问卷所获资料的有效程度受被调查者岗位、工作经验及知识水平等因素的影响，而重大工程的承担单位往往都是国企，参与工程项目的人往往都在工地一线，为了提高问卷调查数据的准确性和真实性，在问卷发放过程中主要采取拜访调研的方式，也确保了受访者填写问卷的积极性和认真性。同时，为了避免出现信息失真，本次研究在问卷设计过程中对问卷题项的表述方式进行了优化以外，在受访对象选择方面也进行了严格的筛选，要求至少参与过一项重大工程项目的实际工作。在实际发放过程中重点强调了调查对象的范围，因此尽可能地减少了不合格问卷的数量。

8.4 结果分析

8.4.1 样本描述性统计分析

本次研究总共回收 162 份基于项目的有效问卷。受访者的分类别统计信息如表 8-1 所示。

表 8-1　样本信息总览

Panel a：利益相关者类型	人数	所占比例
承包商	117	72.2%
监理	27	16.7%
项目法人	18	11.1%
总计	162	100%
Panel b：个人信息	人数	所占比例
性别		
男	155	95.7%
女	7	4.3%
平均年龄	34.5	
教育程度		
博士研究生	2	1.2%
硕士研究生	16	9.9%
本科（学士）	140	86.4%
高中	3	1.9%
高中以下	1	0.6%
专业背景		
工程技术	110	67.9%
工程管理	45	27.7%
财务和金融	4	2.5%
其他	3	1.9%
职位		
高管	25	15.4%
项目经理或部门经理	66	40.7%
技术负责人	42	25.9%
工程师	20	12.3%
其他	9	5.5%
工作经验		
5~10 年	38	23.5%
10 年以上	74	45.7%
Panel c：项目信息	人数	所占比例
位置		
国内	134	82.7%
海外	28	17.3%

续表

Panel c：项目信息	人数	所占比例
投资规模		
0.5 亿~1 亿元	20	12.3%
1 亿~5 亿元	56	34.6%
5 亿~10 亿元	26	16.0%
10 亿元以上	60	37.0%

利益相关者类型：在有效问卷的受访者中，有 117 位来自承包商，占样本总数的 72.2%，是比例最高的利益相关者群体；占第二位的是监理，共有 27 位，占样本总数的 16.7%；有 18 位来自项目法人单位，占样本总数的 11.1%。样本的分布状况基本能反映目前国内重大工程行业的构成，能够保证研究结果的客观性、全面性和可靠性。

性别：受访者中，男性和女性分别为 155 位和 7 位，分别占样本总数的 95.7%和 4.3%，男女比例超过 22∶1，这种性别比例符合重大工程行业中男性远多于女性的特征。

教育程度：从有效样本的受访者教育程度来看，有 140 位受访者有本科学历，占样本总数的 86.4%；有 16 位是硕士研究生，占样本总数的 9.9%；有 2 位是博士研究生，占样本总数的 1.2%；有 3 位是高中毕业，占样本总数的 1.9%；有 1 位是高中以下学历，占样本总数的 0.6%。

专业背景：从有效样本的受访者专业背景来看，工程技术专业出身的有 110 位，占样本总数的 67.9%；工程管理专业出身的有 45 位，占样本总数的 27.7%；财务和金融专业出身的有 4 位，占样本总数的 2.5%；其他专业出身的有 3 位，占样本总数的 1.9%。

职位：从有效样本的受访者工作职位来看，担任公司高管的有 25 位，占样本总数的 15.4%；担任项目经理或部门经理的有 66 位，占样本总数的 40.7%；担任项目技术负责人的有 42 位，占样本总数的 25.9%；担任工程师的有 20 位，占样本总数的 12.3%；担任其他职位的有 9 位，占样本总数的 5.5%。

工作经验：从有效样本的受访者工作经验来看，工作经验在 1~5 年内的有 50 位，占样本总数的 30.1%；工作经验在 5~10 年内的有 38 位，占样本总数的 23.5%；工作经验在 10 年以上的有 74 位，占样本总数的 45.7%，我们可以看出样本具有丰富的行业从业经验，进一步保证了研究结果的可靠性。

项目信息：从重大工程项目信息来看，国内项目有 134 项，占项目总数的 82.7%；海外项目有 28 项，占项目总数的 17.3%。其中没有投资规模在 5 000 万元以下的项目；投资规模在 0.5 亿~1 亿元的有 20 项，占项目总数的 12.3%；投资规模在 1 亿~5 亿元的有 56 项，占项目总数的 34.6%；投资规模在 5 亿~10 亿元的有 26 项，占项目总数的 16.0%；投资规模在 10 亿元以上的有 60 项，占项目总数的 37.0%。

8.4.2 变量的描述性统计分析

研究变量的最小值、最大值、均值和标准差如表 8-2 所示，Pearson 相关系数如表 8-3 所示。在这几对变量中分别做单一选择后，变量方差膨胀因子（VIF）的值都在 1~10，表征回归分析时，多重共线性的问题可以排除。

表 8-2 变量描述性统计表

变量	最小值	最大值	均值	标准差
重大工程社会责任	2.89	6.18	4.20	1.87
组织的重大工程社会责任	1.96	7.00	5.33	1.03
政府的重大工程社会责任	1.00	6.51	2.45	1.39
规制压力	3.00	7.00	5.65	0.93
公众参与	1.00	5.99	3.01	0.79
媒体关注	1.00	5.76	4.11	0.53
利益相关者关系强度	2.32	6.21	3.90	0.65
利益相关者影响强度	2.17	6.42	4.15	0.38
海外项目	0.00	1.00	0.24	0.43
项目规模	2.00	5.00	3.78	1.08

表 8-3 Pearson 相关系数表

变量	1	2	3	4	5	6	7	8	9	10
1. 重大工程社会责任	1									
2. 组织的重大工程社会责任	0.122*	1								
3. 政府的重大工程社会责任	0.421**	273**	1							
4. 规制压力	0.182	0.147	0.299**	1						
5. 公众参与	0.321**	0.283**	0.436**	0.157	1					
6. 媒体关注	0.289**	154**	0.273**	0.102	0.241**	1				
7. 利益相关者关系强度	0.051	0.162	0.209	0.178	0.089	0.067	1			
8. 利益相关者影响强度	0.101	0.207	−0.054	0.082	0.170	0.052	0.301*	1		
9. 海外项目	0.214	0.131	0.288	0.164	−0.07	−0.217*	−0.182	−0.079	1	
10. 项目规模	0.127*	0.104	0.341**	0.238**	0.110	0.126	−0.105	0.134	0.155*	1

**$p<0.01$；*$p<0.05$

8.4.3 信度与效度分析

本次研究也采用Crobanch's α作为信度检验指标，通过计算，得到所有变量的Crobanch's α值均大于0.70，表明各量表具有较好内部一致性（表8-4）。同样本研究也采用验证性因子分析来检验聚合效度和区分效度。验证性因子分析的结果（表8-4）表明变量之间具有较好的聚合效度和区分效度。

表8-4 验证性因子分析结果

变量	题项	因子载荷	t值	Crobanch's α
组织重大工程社会责任				0.942
经济责任	经济责任1	0.90	8.22***	0.903
	经济责任2	0.94	7.99***	
	经济责任3	0.90	8.55***	
	经济责任4	0.91	8.32***	
	经济责任5	0.87	8.10***	
法律责任	法律责任1	0.87	8.10***	0.824
	法律责任2	0.77	4.31***	
	法律责任3	0.83	7.74***	
伦理责任	伦理责任1	0.89	8.65***	0.925
	伦理责任2	0.91	5.28***	
	伦理责任3	0.92	8.65***	
	伦理责任4	0.95	9.10***	
政治责任	政治责任1	0.92	8.86***	0.887
	政治责任2	0.90	8.71***	
	政治责任3	0.80	8.00***	
政府重大工程社会责任	政府1	0.70	3.28***	0.750
	政府2	0.63	2.55***	
	政府3	0.68	3.04***	
	政府4	0.67	2.89***	
	政府5	0.72	3.33***	
公众参与	公众参与1	0.81	7.22***	0.769
	公众参与2	0.79	6.78***	
	公众参与3	0.72	5.16***	
	公众参与4	0.70	3.95***	

续表

变量	题项	因子载荷	t 值	Crobanch's α
媒体关注	媒体关注1	0.79	6.22***	0.778
	媒体关注2	0.83	7.18***	
	媒体关注3	0.77	6.16***	
规制压力	规制压力1	0.80	7.01***	0.834
	规制压力2	0.87	7.12***	
	规制压力3	0.88	7.54***	
	规制压力4	0.72	7.19***	
	规制压力5	0.89	8.15***	
	规制压力6	0.87	7.16***	

模型拟合度
$\chi^2 = 265.30$,$p = 0.00$,$\chi^2/df = 2.315$,TLI = 0.901,CFI = 0.912,IFI = 0.911,RMSEA = 0.081

***p<0.01

注：因重大工程社会责任（α=0.771）,利益相关者关系强度（α=0.760）,利益相关者影响强度（α=0.75）三个变量的题项过多，文中暂略去其因子载荷和显著性水平的数据

8.4.4 回归分析与假设检验

本次研究采用多元线性回归以及基于bootstrap方法的中介、被调节的中介模型进行假设检验。

首先以重大工程社会责任为应变量，将控制变量（海外项目、项目规模和项目类型）放入回归模型假设8-1（模型1）。其次采用逐步法将自变量（政府重大工程社会责任）放入回归模型（模型2）。如表8-5所示，政府重大工程社会责任与重大工程社会责任显著正相关（b=0.313，p =0.000），支持了假设8-1。

表8-5 政府社会责任对重大工程社会责任的作用

模型	模型1		模型2	
变量	回归系数	p 值	回归系数	p 值
政府重大工程社会责任			0.313	0.000
海外项目	0.101	0.350	0.112	0.311
项目规模	0.156	0.512	0.122	0.784
项目类型	控制		控制	
模型参数	R^2=0.200 F=8.136,p=0.000		R^2=0.213 F=8.965,p=0.000	

为了检验规制压力对重大工程社会责任的作用,在模型 3a 中,将变量(规制压力)放入回归模型中。如表 8-6 所示,规制压力与重大工程社会责任显著正相关($b=0.107$,$p=0.001$),因此假设 8-2 得到了验证。为进一步检验规制压力的中介作用,在模型 3b 中再引入政府重大工程社会责任,此时政府重大工程社会责任与重大工程社会责任的关系仍然显著($b=0.207$,$p=0.008$),而规制压力与重大工程社会责任的关系却不显著($b=0.088$,$p=0.102$),因此规制压力的中介作用不存在。进一步采用基于 bootstrap 的中介检验(Hayes,2013),结果表明其中介作用检验的 Sobel 统计量 $Z=-0.102$($p>0.1$),因此假设 8-3 没有得到支持,即规制压力没有中介政府社会责任的履行与重大工程社会责任表现的关系。

表 8-6 规制压力对重大工程社会责任的作用

模型	模型 3a		模型 3b	
变量	回归系数	p 值	回归系数	p 值
政府重大工程社会责任			0.207	0.008
规制压力	0.107	0.001	0.088	0.102
海外项目	0.165	0.412	0.147	0.381
项目规模	0.100	0.442	0.189	0.673
项目类型	控制		控制	
模型参数	$R^2=0.232$ $F=7.187$,$p=0.000$		$R^2=0.267$ $F=9.009$,$p=0.000$	

为检验公众参与对重大工程社会责任的作用,在模型 4a 中,将变量(公众参与)放入回归模型中。如表 8-7 所示,公众参与与重大工程社会责任显著正相关($b=0.285$,$p=0.000$),因此假设 8-4 得到了验证。为进一步检验公众参与的中介作用,在模型 4b 中再引入政府重大工程社会责任,此时政府重大工程社会责任与重大工程社会责任的关系仍然显著($b=0.245$,$p=0.001$),而公众参与与重大工程社会责任的关系仍保持不变($b=0.174$,$p=0.000$),因此公众参与可能存在中介作用。进一步采用基于 bootstrap 的中介检验(Hayes,2013)可以得到在以公众参与为中介的模型中政府重大工程社会责任到重大工程社会责任的直接作用是显著的($b=0.144$,$p=0.001$),通过公众参与的间接作用也是显著的($b=0.101$,$p=0.001$),其中介作用检验的 Sobel 统计量 $Z=3.875$($p=0.001$),因此假设 8-5 得到支持,即公众参与中介绍了政府社会责任的履行与重大工程社会责任表现的关系。

表 8-7　公众参与对重大工程社会责任的作用

模型	模型 4a		模型 4b	
变量	回归系数	p 值	回归系数	p 值
政府重大工程社会责任			0.245	0.001
公众参与	0.285	0.000	0.174	0.000
海外项目	0.200	0.311	0.185	0.281
项目规模	0.192	0.312	0.089	0.436
项目类型	控制		控制	
模型参数	$R^2=0.192$ $F=5.874$, $p=0.000$		$R^2=0.235$ $F=8.291$, $p=0.000$	

为检验媒体关注对重大工程社会责任的作用，在模型 5a 中，将变量（媒体关注）放入回归模型中。如表 8-8 所示，媒体关注与重大工程社会责任显著正相关（b =0.151，p = 0.000），因此假设 8-6 得到了验证。为进一步检验媒体关注的调节作用，在模型 4b 中再引入政府重大工程社会责任和政府重大工程社会责任与媒体关注的交叉项。为避免多重共线性问题，把变量政府重大工程社会责任与媒体关注都中心化后再相乘，结果显示媒体关注调节了政府重大工程社会责任与重大工程社会责任的关系（交叉项系数 b =0.032，p =0.019< 0.05）。进一步采用基于 bootstrap 的被调节的中介模型检验媒体关注、政府重大工程社会责任、公众参与和重大工程社会责任的关系（Hayes，2013）。其结果（表 8-9）表明政府重大工程社会责任通过公众参与对重大工程社会责任的作用依赖于媒体关注的条件。当媒体关注分别为低（b =0.032，S.E. =0.003，95% C.I. =0.033~0.105）、中（b =0.092，S.E. =0.028，95% C.I. =0.040~0.111）、高（b =0.119，S.E. =0.034，95% C.I. =0.113~0.174）时，这种关系都显著。因此假设 8-8 得到支持，媒体关注正向调节了政府重大工程社会责任、公众参与与重大工程社会责任履行的关系。因为模型 3a 和 3b 已经证明规制压力没有中介政府社会责任的履行与重大工程社会责任表现的关系，因而假设 8-7 是显然不成立的。

表 8-8　媒体关注对重大工程社会责任的作用

模型	模型 5a		模型 5b		模型 5c	
变量	回归系数	p 值	回归系数	p 值	回归系数	p 值
媒体关注	0.151	0.000	0.145	0.000	0.142	0.004
政府重大工程社会责任			0.285	0.000	0.243	0.002
媒体关注×政府重大工程社会责任			0.032	0.019	0.029	0.042
公众参与					0.102	0.004

续表

模型	模型 5a		模型 5b		模型 5c	
变量	回归系数	p 值	回归系数	p 值	回归系数	p 值
海外项目	0.179	0.189	0.208	0.221	0.186	0.372
项目规模	0.248	0.364	0.229	0.463	0.171	0.434
	控制		控制		控制	
模型参数	R^2=0.241 F=10.326，p=0.000		R^2=0.280 F=11.483，p=0.000		R^2=0.295 F=11.764，p=0.000	

表 8-9 被媒体关注调节的公众参与中介作用检验

中介变量	媒体关注的调节作用			
	条件	回归系数	回归系数标准差	95%置信区间
公众参与	低	0.032	0.003	[0.033~0.105]
	中	0.092	0.028	[0.040~0.111]
	高	0.119	0.034	[0.113~0.174]

为检验组织重大工程社会责任、利益相关者影响强度及利益相关者关系强度对重大工程社会责任的作用，在模型 6a 中，将变量组织重大工程社会责任放入回归模型中。如表 8-10 所示，组织重大工程社会责任与重大工程社会责任弱正相关（b = 0.032，p = 0.043 < 0.05）。为进一步检验利益相关者影响强度的调节作用，在模型 6b 中再引入利益相关者影响强度与组织重大工程社会责任的交叉项。为避免多重共线性问题，把变量利益相关者影响强度与组织重大工程社会责任都中心化后再相乘，结果显示利益相关者影响强度调节了组织重大工程社会责任与重大工程社会责任表现的关系（交叉项系数 b = 0.002，p =0.048< 0.05），假设 8-9 得到了验证。为进一步检验利益相关者关系强度，在模型 6b 中再引入利益相关者关系强度，利益相关者关系强度和利益相关者影响强度的交叉项，利益相关者关系强度、利益相关者影响强度及组织重大工程社会责任的三重乘积项，结果显示变量的关系都不显著了，证明利益相关者关系强度调节组织重大工程社会责任、利益相关者影响强度和重大工程社会责任表现的关系作用不存在，即假设 8-10 没有得到支持。

表 8-10 利益相关者影响和关系强度对重大工程社会责任的作用

模型	模型 6a		模型 6b		模型 6c	
变量	回归系数	p 值	回归系数	p 值	回归系数	p 值
组织重大工程社会责任	0.032	0.043	0.041	0.040	0.002	0.221
利益相关者影响强度			0.104	0.651	0.056	0.701

续表

模型 变量	模型 6a 回归系数	p 值	模型 6b 回归系数	p 值	模型 6c 回归系数	p 值
利益相关者影响强度×组织重大工程社会责任			0.002	0.048	0.002	0.316
利益相关者关系强度					0.022	0.468
利益相关者影响强度×利益相关者关系强度					0.012	0.505
利益相关者影响强度×利益相关者关系强度×组织重大工程社会责任					0.001	0.329
海外项目	0.109	0.190	0.189	0.351	0.144	0.427
项目规模	0.212	0.264	0.157	0.420	0.100	0.381
项目类型	控制		控制		控制	
模型参数	R^2=0.274 F=9.526, p=0.000		R^2=0.282 F=9.864, p=0.000		R^2=0.126 F=6.214, p=0.000	

8.5 本章小结

本章基于系统的视角和协同的思想，整合制度理论，利用嵌套式规则体系来分析重大工程社会责任的制度性耦合机理，并基于重大工程的问卷调研数据，对重大工程参与企业履行社会责任的耦合机理进行了识别及实证检验。

研究结论如表 8-11 所示。研究结果表明政府在重大工程社会责任履行中起到"领头羊"的作用，政府自身与重大工程相关的社会责任履行越好，就越能带动其他利益相关者履行其责任，从而整体上提升重大工程社会责任的表现。政府的这种引领作用可以通过积极提高公众参与程度来给其他利益相关者造成压力。虽然规制压力也能推动利益相关者的社会责任履行，但是即便作为制度供给者的政府也无法通过及时地加强规制来推动重大工程其他参与方履行社会责任。重大工程全生命周期长，利益相关者多的特点也导致重大工程社会责任的履行过程实际上就是一个多利益相关者合作治理的互动过程。为了实现重大工程社会责任表现的提升这个共同的治理目标，各个利益相关者之间必须相互交换资源，相互依赖。组织的社会责任履行要通过对其他利益相关者的影响而把自身的社会责任绩效有效地转化为整个重大工程社会责任表现整体，这也是重大工程社会责任耦合的"接力棒"机制。在重大工程利益相关者社会责任履行的耦合过程中，媒体则起到了显著的作用，特别是媒体对重大工程关注的强度加强了政府、公众参与和重大工程社会责任的传导耦合。一方面，媒体作为重大项目信息公开的主要渠道为重大工程公众参与提供了有利条件，另一方面媒体关注所产生的非正式压力能提升组织的社会责任意识，约束其机会主义行为而推动社会责任的履行。

表8-11 本章假设检验结果

假设		检验结果
H_{8-1}	政府社会责任的履行与重大工程社会责任表现正相关	支持
H_{8-2}	规制压力与重大工程社会责任表现正相关	支持
H_{8-3}	规制压力中介了政府社会责任的履行与重大工程社会责任表现的关系	不支持
H_{8-4}	公众参与与重大工程社会责任表现正相关	支持
H_{8-5}	公众参与中介了政府社会责任的履行与重大工程社会责任表现的关系	支持
H_{8-6}	媒体关注与重大工程社会责任表现正相关	支持
H_{8-7}	媒体关注调节了规制压力在政府社会责任的履行与重大工程社会责任表现中的中介作用	不支持
H_{8-8}	媒体关注调节了公众参与在政府社会责任的履行与重大工程社会责任表现中的中介作用	支持
H_{8-9}	利益相关者影响强度调节了组织重大工程社会责任与重大工程社会责任表现的关系	支持
H_{8-10}	利益相关者关系强度调节了组织重大工程社会责任、利益相关者影响强度和重大工程社会责任表现的关系	不支持

第 9 章　重大工程社会责任的组织与行业效应

本章重点考察了重大工程社会责任在组织与行业两个层次的溢出,这是从狭义的重大工程社会责任到广义的重大工程社会责任的效应。本章在方法上采用了同一研究设计,在内容上分为两部分:一是考虑重大工程社会责任对于参与组织在经济绩效与社会责任绩效上的影响;二是考虑重大工程社会责任对于所在行业经济发展与社会责任履行方面的影响。同时,本章还引入了工程内外部利益相关者的交互作为调节变量,以进一步探究重大工程社会责任效应实现的内在机理。

9.1　重大工程社会责任的组织效应

9.1.1　引言

重大工程社会责任具有全生命周期动态性、利益相关者异质性及各维度社会责任交互性的特征,其不可逆的效应超越了工程本身。对于直接参与工程的组织而言,重大工程对于其市场竞争力以及社会责任履行均具有深刻的影响。近些年来,随着我国一大批国内基础设施工程建设以及对外承包工程行业的快速发展,工程社会责任履行受到国内外政府、媒体、民众的高度关注。重大工程参与组织在不断提高经营治理水平的同时,也面临着增强以社会责任为核心的"软实力"的内在需求,以此为基础的可持续竞争力的提升是重大工程实现发展方式转变和谋求产业价值链攀升的关键。面对这一实践情境,国家商务部于 2012 年编制并颁布了首部《中国对外承包工程行业社会责任指引》[①]，该指引借鉴了联合国全球契约和 ISO 26000 指南等国际通行做法，结合了我国承包工程行业的业务现状，为对外承包工程企业提供了可参考的行为框架，这是首部对外承包工程行业的自愿性社会责任标准。

在实践中，以承包商为代表的我国工程建筑行业内组织虽然在近些年来累积了丰富的实践经验，但在国际竞争力与社会责任等方面的表现仍不尽如人意（Lei et al., 2017）。尽管我国承包商在 ENR 发布的全球最大承包商 250 强排行榜中的数量逐年上升，但其国际化水平远远落后于国际同行（张宇，2016）。与国际一流承包商相比，我国承包商在国际市场承包工程的形式还没有很好地完成从简单的施工承包和劳务承包向总承包、BOT 和 EPC 等承包方式的转变（Pheng et al., 2004）。特别地，社会责任缺失的问题（如契约精神的缺乏、社会文化风险管控能力的不足等）为我国承包商在"走出去"的过程中带来了许多困难与障碍，甚至留下了工程失败的教训（向鹏成和牛晓晔，2012）。

基于这一实践背景，本节针对如下问题开展研究：参与重大工程，进一步地，参与重大工程社会责任履行对于工程组织绩效有何影响？理论上，重大工程及其社会责任可以通过诸多渠道与诸多方面对参与组织产生影响。在参与组织的经济绩效方面，重大工程社会责任的规模效应与品牌效应，能提高参与组织的形象与影响力，进而提高其竞争力（Sheng，2018）。此外，重大工程社会责任的网络效应，能帮助参与组织建立和维系更为广阔而稳定的社会网络，进而获取不可替代的社会资源并取得竞争优势（Mok et al., 2015）。在参与组织的社会责任绩效方面，重大工程社会责任一方面提高了参与组织履行社会责任和寻求可持续发展的意愿，从合法性与工具性的角度促使其推行社会责任政策和开展社会责任实践（Liu et al., 2016）；另一方面，重大工程社会责任增强了参与组织履行社会责任的能力，在工程社会责任实践中，参与组织学习了社会责任知识并累积了实践经验，从而提高了其在未来发展中的社会责任绩效（Reverte et al., 2016）。推动参与组织在重大工程实践中提高竞争力、实现社会责任担当并谋求可持续发展，这属于广义工程社会责任在微观视角的体现。这一微观层次的溢出不仅依赖于工程社会责任绩效，还受到工程内外部各利益相关者间互动的影响（Mok et al., 2015）。

现有文献中针对这一话题的讨论仍不充分（Li D et al., 2017），因此本节通过问卷调查所取得的基础设施工程数据，实证研究工程社会责任对于参与组织经济绩效与社会责任绩效的影响，主要贡献在于：①从合法性理论以及交易成本的视角分析基础设施工程社会责任对于参与组织的经济效应，描述组织在参与重

[①] 详情见 http://www.gov.cn/zhuanti/。

大工程建设中提升市场竞争力的内在逻辑；②基于资源基础观与注意力基础观，探究基础设施工程社会责任对于参与组织自身社会责任表现的积极作用，从提高组织履行社会责任意愿与能力的视角加以剖析；③基于利益相关者理论，解读重大工程内外部利益相关者交互对于上述关系的调节作用，加深对于社会责任组织效应的理解。

9.1.2 理论分析与研究假设

重大工程社会责任的组织效应，在本次研究中是指对于工程参与组织（企业）的影响，既包括重大工程作为项目框架内"临时组织"的影响，又涵盖重大工程社会责任履行带来的效应。在本次研究中，重大工程社会责任的微观效应的讨论将从其对组织经济效应与社会责任效应两个方面的影响展开。

1. 重大工程社会责任的组织经济效应

重大工程社会责任的履行对于参与组织在未来经济活动中的表现具有正面影响，具体体现为帮助组织取得合法性、降低其交易成本、获取更多资三方面。

首先，重大工程社会责任的履行帮助参与组织更好地获取了合法性。合法性是指基于社会规范、价值观念和信仰，组织行为在多大程度上为组织利益相关者所接受及容纳（Suchman，1995）。重大工程行业中参与组织的合法性不仅包括经济活动的合法性，还涵盖政治合法性与社会合法性等方面（Liu et al.，2016）。获取合法性是重大工程行业内组织生存发展、提高竞争力、创造可持续价值的前提，通过重大工程社会责任的履行，参与组织可以同行业内单位、工程所在地政府及相关部门、社区及公众建立并维系良好的关系，进而取得经济、政治及社会的合法性（Li J et al.，2017）。其次，重大工程社会责任的履行帮助参与组织在未来的业务经营中降低了交易成本。重大工程社会责任的履行，促进了参与组织同上下游企业的已有合作，并为再次合作奠定基础，进而帮助其在后续的商业贸易中降低相关成本（Lins et al.，2017）；重大工程社会责任的履行还促进了参与组织同政府部门的交流，从而帮助其在为未来的公共工程招投标中获取优势，降低同公共部门间合作的相关成本（Scherer et al.，2016）；此外，重大工程社会责任减少了参与组织同其他利益相关者间的信息不对称性，还降低了工程风险，尤其是技术风险以及环境风险，从而降低了不确定性及交易成本（Williamson，1985；Ng and Loosemore，2007）。最后，重大工程社会责任的履行帮助参与组织获取了更多的资源。社会责任的履行帮助参与组织更好地累积工程实践经验，尤其是应对复杂利益相关者关系及议题，并且将这一实践经验加以转化，进而获取竞争优势（Giezen et al., 2015），同时，通过社会责任履行帮助参与组织建立了同业界及公共部门间的关系，有利于其在未来获得更多的市场机会，也有利于从政府部门处获取优惠政策及相应补贴（Lin et al., 2014）。此外，社会责任的履行能帮助参与组织提高在业界以及社会中的良好声誉，进而提高其竞争力（Orlitzky et al., 2003）。综上所述，提出假设：

H_{9-1}：重大工程社会责任的履行促进了参与该工程组织的经济绩效。

重大工程利益相关者是指影响工程社会责任履行或被工程社会责任履行情况所影响的组织或个人（Freeman, 1984），其在项目全生命周期中的角色与作用具有异质性（El-Gohary et al., 2006）。根据与重大工程的关系，这些利益相关者可以分为：内部契约型利益相关者和外部伦理型利益相关者。其中，内部契约型利益相关者主要包括直接参与工程设计、建设及运营的企业方，如设计单位、承包商、分包商、供应商、运营商、监理方等；外部伦理型利益相关者主要是除内部契约型利益相关者之外的间接参与方或被影响方，如政府机关、监管机构、NGO、媒体、工程所在社区、公众等。

重大工程内部利益相关者之间有较为明确的契约与合作关系，并且具有十分频繁的业务与贸易往来。更强的内部利益相关者间互动，能进一步促进这一关系与往来的社会责任正效应。在重大工程这一"临时组织"框架内，当内部利益相关者间的交互越强，参与组织能更容易获取经济合法性（Branco and Rodrigues, 2006），尤其是对于一些相对新兴的企业，参与重大工程能帮助其拓展业务市场，增加行业内其他竞争对手与合作伙伴的交互机会。由此，重大工程社会责任的正向作用随着内部利益相关者间交互作用的提高而愈发明显和强烈。同时，内部利益相关者间的交互还能帮助参与组织降低同其他参与该工程单位间的信息不对称，从而在未来的经济活动中减少贸易摩擦和交易成本，进而提高组织的经济绩效（Lins et al., 2017）。另外，当内部利益相关者间交流的深度增加时，社会责任的履行更能促进参与组织对于工程新知识、新技术的学习与利用，进而提高其吸收能力与创新水平，增强组织的市场竞争力（Davies et al., 2009）。综上，提出假设：

H_{9-2}：重大工程内部利益相关者间的交互越强，工程社会责任与参与组织经济绩效间的关系越强。

相比之下，外部利益相关者的交互对于重大工程社会责任与参与组织经济绩效间关系的影响主要体现在合法性与声誉方面。一方面，重大工程外部利益相关者间的交互越强，越能帮助参与组织在经营活动中取得政治合法性与社会合法性。重大工程中同地方政府、监管部门等利益相关者间的交互越强，参与组织能更多地得到同公共部门获取信息以及实现沟通的渠道，进而在重大工程履行社会责任时更容易取得政治合法性（Scherer et al., 2016）。另一方面，重大工程社会责任议题与诸多民生问题息息相关，当同社区、媒体、NGO 等外部利益相关者交互更强时，参与组织能与社会公众建立更为良好的关系，实现有效的信息披露与沟通，进而在社会责任履行时更好地获取社会合法性（Darendeli and Hill，2016）。此外，外部利益相关者的互动越强，重大工程社会责任给参与组织带来的积极宣传也就越强，从而可以更好地帮助组织树立正面形象，取得良好的声誉。在公共部门中良好的声誉可以帮助组织在未来工程的招投标中更好地发挥竞争优势，而在社会公众中的声誉也能帮助组织在未来工程实施中降低运营风险（Schrempf-Stirling et al.，2016）。据此，提出假设：

H_{9-3}：重大工程外部利益相关者间的交互越强，工程社会责任与参与组织经济绩效间的关系越强。

2. 重大工程社会责任的组织社会效应

重大工程社会责任的履行不仅对其参与组织的经济活动具有积极影响，还为其未来的社会责任绩效带来了正面效应，具体体现为提高了其履行社会责任的意愿和能力。

一方面，基于注意力基础观（attention based view，ABV），重大工程社会责任使参与组织更加深入理解与感受到社会责任履行的制度压力，进而提高其社会责任履行的意愿（动机）。履行社会责任的制度压力来自模仿性（mimetic processes）、强制性（coercive isomorphism）及规范性（normative pressures）三方面（Campbell，2006；Matten and Moon，2008）。首先，重大工程社会责任帮助参与组织了解了行业中合作伙伴、竞争者等对于社会责任议题的标准，进而提高参与组织实施社会责任模仿性意愿（mimetic motivation）（Matten and Moon，2008）；其次，参与组织在重大工程社会责任履行中还获取了公共部门对于环境、安全、健康等相关政策与法规，从而增强了其实施社会责任举措的强制性意愿（coercive motivation）（Matten and Moon，2008）；最后，由于重大工程受到极高的社会关注度，参与组织可以了解公众、NGO 等外部利益相关者对于其社会责任的需求，进而提升了其社会责任履行的规范性意愿（normative motivation）（Matten and Moon，2008）。

另一方面，基于资源基础观（resource based view，RBV），重大工程社会责任使参与组织获取了履行社会责任所需要的知识、人力、财力等资源，进而提高了其社会责任履行的能力。首先，参与组织在重大工程社会责任履行中可以学习和积累如绿色施工建造等有关社会责任实施的技术、知识、经验等，并加以推广和应用到其他项目中，进而提高组织社会责任绩效（Eriksson et al.，2017）。其次，目前工程建筑市场中企业对于社会责任的管理与实践还处于起步阶段，相关人才配套与制度建设尚不完善（Zhao et al., 2012），而重大工程对于社会责任的高标准与高要求，可以帮助参与组织在工程实践中培养一批社会责任管理与实施的人才，并且更为系统化地完善社会责任管理制度，进而提高其组织的社会责任绩效（Eriksson et al., 2017）。最后，重大工程社会责任的履行建立或巩固了组织的利益相关者网络，参与组织因而可以通过这一网络拓展更多渠道，从中获取财务资源、政治资本、社会资本等，进而提高其履行社会责任的能力（Eriksson et al., 2017）。综上，提出假设：

H_{9-4}：重大工程社会责任的履行促进了参与该工程组织的社会责任绩效。

重大工程内部利益相关者交互的调节作用主要体现在组织的内部学习能力以及外部制度环境等方面。在更强的内部利益相关者交互中，组织学习的正向效应更加显著（Davies et al., 2009）。在重大工程建设中，参与组织可以通过与合作方更为频繁而深入的知识学习与技术交流，提升在环境保护、安全管理、员工培训等方面的能力（Davies et al., 2009），从而有效提高社会责任绩效。在更强的内部利益相关者交互中，组织面临的制度环境促使其提高社会责任绩效。例如，在与设计方的交互中，绿色设计与建造方案给承包商提出了更高的施工标准，也给建材供应商提出了更高的材料要求，从而提高参与组织的可持续性竞争力与社会责任绩效；在与监理方的交互中，工程建设的环境、社区影响等方面的评估与监理促使组织更为注重社会责任措施的落实（Li et al., 2013）。据此，提出假设：

H_{9-5}：重大工程内部利益相关者间的交互越强，工程社会责任与参与组织社会责任绩效间的关系越强。

重大工程外部利益相关者交互的调节作用主要体现在对于参与组织履行社会责任的意愿方面。一方面，当重大工程与公共部门的交互越强时，工程社会责任的履行可以帮助组织从公共部门获取更好的制度条件，如享受绿色补贴政策、获取环境标准认证或奖励（Qi et al., 2010）等，进而提高其履行社会责任的欲望。另一方面，当重大工程与社会公众的交互越强时，工程社会责任的履行使重大工程参与组织的决策者更加考虑其组织行为对于环境与社会的影响，进而在后续经营活动中注重社会责任方面的决策。这一决策随着高管形象、企业声誉的提高，组织对于其社会责任负面新闻（如环境违法事件）带来的风险管控更为关注（Zou et al., 2015a）。因此，随着重大工程同NGO、媒体、社区等外部利益相关者交互的增强，工程社会责任对于组织社会责任的正面作用愈加明显。因此，提出假设：

H_{9-6}：重大工程利益相关者间的交互越强，工程社会责任与参与组织社会责任绩效间的关系越强。

9.1.3 研究设计与样本

1. 研究方法与设计

本次研究采用问卷法开展定量分析,结合半结构化访谈,将研究目标转化为特定问题,进而快速有效地搜集数据。具体研究步骤如下所述。

第一,文献梳理与总结。通过相关研究文献的系统梳理,明确研究问题及思路,构建基本的概念模型以及理论假设,厘清研究拟使用的主要变量;并立足我国情境与工程实践,整理访谈框架,综合考虑共同方法偏差与社会称许性偏差控制处理,基于 Likert-7 点量表完成调研问卷初稿。第二,专家访谈。依托国家自然科学基金委重大项目课题"重大基础设施工程的社会责任、产业竞争力与可持续发展研究",同合作团队中来自哈尔滨工业大学、南京大学、同济大学、华中科技大学的重大工程管理领域学者开展学术探究,进一步完善研究的理论框架。所在团队开展"对话:重大基础设施工程的社会责任与可持续发展"论坛,同来自泛华集团、中冶天工、中铁十三局、上海建科工程咨询、金钟律师事务所、上海隧道工程股份、必维国际法利咨询、瑞安建筑、苏州工业园区建设监理、浙江欣捷建设等数十位业界专家进行直接探讨,参照他们的建议修改研究设想与问卷初稿。第三,工程实地调研。实地走访参与问卷调研的企业,并深入项目工地开展调研;针对问卷内容、设计和发放等问题进行交流。实地调研的工程对象包括:港珠澳大桥工程、南水北调工程江苏段、台州朱溪水库等。第四,问卷设计及预测试。同工程管理领域内的多位业界专家、学者、博士研究生讨论量表的适用性,并进一步修改、优化和校正量表,以确保量表中题项表达的科学性与准确性。随后,将问卷由研究团队成员交由填写,根据反馈进一步调整;再选择工程企业进行预测试,根据测量结果的信度和效度修改量表,最终完成正式的问卷。参与预测试的工程企业包括:上海隧道工程股份、苏州工业园区建设监理、上海建科工程咨询等。第五,问卷的发放及回收。通过实地访问并发放纸质问卷,保证被试者填写问卷积极与认真的态度。同时,被试者经过严格筛选,要求在近五年内至少直接参与过一项基础设施工程项目;且被试者所在组织涵盖了重大工程主要内部利益相关者:设计单位、承包商、分包商、运营商、监理方、法律顾问、工程咨询等。问卷详情请参看附录1。

2. 变量定义与测度

调研问卷中的量表题项主要采用 Likert-7 点评分制。其中,1 代表"非常不符合",2 代表"比较不符合",3 代表"有点不符合",4 代表"不确定",5 代表"有点符合",6 代表"比较符合",7 代表"非常符合"。变量的具体测量如下所述。

因变量：参与该工程组织的经济绩效（OEP）。测度了被试者所在组织在参与重大工程后可能带来的经济层面效应，采用 Likert-7 点评分制，4 个题项为：①参与该工程帮助提高了组织的行业竞争力；②参与该工程帮助提高了组织在行业内的声誉；③参与该工程帮助组织获取了更多资源；④参与该工程有利于组织向海外市场发展。

因变量：参与该工程组织的社会责任绩效（OSP）。测度了被试者所在组织在参与重大工程后可能带来的社会层面效应，采用 Likert-7 点评分制，4 个题项为：①参与该工程帮助提高了组织履行社会责任的积极性；②参与该工程促使组织更加考虑利益相关者的影响；③参与该工程促使组织更多考虑节能环保措施；④参与该工程过程中累积的社会责任经验会应用到组织未来行为中。

自变量：工程社会责任（MSR）。从不同利益相关者和不同社会责任维度这两个角度出发来测度重大工程的社会责任履行情况。一方面，要求被试者根据自身在重大工程实施过程中的感知，对该工程内外部利益相关者社会责任表现进行评分，包括：项目法人、承包商、设计方、监理方、供应商、运营商、员工、工程所在社区、社会大众、当地政府、NGO、媒体等，并据此计算工程社会责任绩效（MSR-SH）。另一方面，要求被试者根据自身感知，对重大工程社会责任的不同维度进行评分。其中，采用 5 个题项测度重大工程社会责任的经济与质量维度（MSR-EQ）：①该工程项目成本控制及财务状况；②该工程项目工期的控制状况；③在该工程中项目质量状况；④在该工程中的新技术采用及工程创新程度；⑤对该工程技术规格及功能需求的符合程度。采用 5 个题项测度重大工程社会责任的法律与规范维度（MSR-LR）：①该工程中严格遵守相关法规及行业标准；②该工程中注重行业内的公平竞争；③该工程中的履行国际同业标准情况；④工程相关信息公开的及时性及有效性；⑤该工程中社会责任工作的公众参与情况。采用 5 个题项测度重大工程社会责任的伦理与环境维度（MSR-EE）：①在该工程中关于资源合理利用/减少浪费的措施；②该工程中对现场安全的预防控制的措施；③该工程中有关员工职业健康保障的措施；④该工程中有关污染预防与治理的措施；⑤在该工程中关于生态环境保护的措施。采用 5 个题项测度重大工程社会责任的政治与公益维度（MSR-PC）：①为该工程给所在地创造就业机会；②该工程所在地公益活动的开展；③受到工程所在地社区的支持；④受到工程所在地民众的支持；⑤受到工程所在地政府及相关部门的支持。

调节变量：工程内部契约型利益相关者间的交互（INR）。根据重大工程利益相关者的划分，测度了工程内部利益相关者间的互动与交流程度，采用 Likert-7 点评分制测度了项目法人、承包商、设计方、监理方、供应商、运营商、员工等内部利益相关者在重大工程中的交互程度。

调节变量：工程外部伦理型利益相关者间的交互（EXR）。采用 Likert-7 点评分制测度了工程所在社区、社会大众、当地政府、NGO、媒体等外部利益相关者在重大工程中的交互程度。

控制变量：工程复杂性（COM）。采用 Likert-7 点评分制从组织复杂性、文化复杂性、环境复杂性、技术复杂性、信息复杂性、目标复杂性六个维度测度工程复杂性。工程风险（RIS）。采用 Likert-7 点评分制从社会风险、技术风险、经济风险、环境风险、政治风险五个维度测度工程复杂性。工程所在地（OVS）：若该重大工程建设所在地为海外，计 1；否则计 0。工程成本（COS）：问卷针对工程计划成本提供五个单选选项，"5 000 万元以下""0.5 亿~1亿元""1亿~5亿元""5亿~10亿元""10亿元以上"，测度时分别计1~5分。工程工期（TIM）：问卷针对工程计划工期提供五个单选选项："0~5 年""5~10 年""10~15 年""15~20 年""20 年以上"，测度时分别计1~5分。政府主导（GOV）：若该重大工程由政府主导，计 1；否则计 0。民营资本介入（PRI）：若该重大工程有民营资本介入，计 1；否则计 0。海外资本介入（FOR）：若该重大工程有海外资本介入，计 1；否则计 0。工程类型（TYP）：工程类型包括交通运输类、水利设施类、市政工程类以及其他类，并据此设置哑变量。

3. 计量模型

本次研究样本为横截面数据，采用 OLS 回归模型进行假设检验，具体回归模型如下：

$$\text{Organizational effects} = \beta_0 + \beta_1 \cdot \text{MSR} + \beta_2 \cdot \text{INR} + \beta_3 \cdot \text{EXR} + \beta_4 \cdot (\text{MSR} \times \text{INR}) + \beta_5 \cdot (\text{MSR} \times \text{EXR}) + \gamma \cdot \text{Controls} + \varepsilon$$

9.1.4 结果分析

1. 描述性统计

本次研究总共发放调研问卷 300 份，回收后经过预处理，总共含有效问卷 160 份。表 9-1 为研究样本中 160 个观测值的描述性统计情况。因变量：组织的经济绩效（OEP）的均值为 5.202，标准差为 1.454；组织的社会责任绩效（OSP）的均值为 5.212，标准差为 1.396。自变量：在采用利益相关者视角测度的工程社会责任（MSR-SH）的均值为 4.942，标准差为 1.349；在采用不同社会责任维度来测度工程社会责任时，工程社会责任的经济与质量维度（MSR-EQ）的均值为5.344，标准差为 1.224；法律与规范维度（MSR-LR）的均值为 5.447，标准差为1.279;伦理与环境维度(MSR-EE)的均值为5.329,标准差为1.276;政治与慈善维度(MSR-PC)的均值为4.923,标准差为1.449。从问卷统计结果来看,四个社会责任维度中,法律与规范维度的绩效得分最多,随后的经济与质量维度、伦理与环境维度得分接近,而政治与慈善维度的绩效得分最低。调节变量:内部契约型利益相关者间的交互(INR)的均值为5.154,标准差为1.367;外部伦理型利益相关者间的交互(EXR)的均值为4.345,标准差为1.586。相比之下,工程同内部利益相关者的互动要大于同外部利益相关者的互动。控制变量:工程复杂性(COM)的均值为5.049,标准差为1.221;工程风险(RIS)的均值为4.598,标准差为1.531;工程所在地(OVS)的均值为0.231,即海外项目约占样本23.1%,标准差为0.423;工程工期(TIM)的均值为1.313,标准差为0.626;政府主导(GOV)的均值为0.850,即样本中约85%的项目由政府主导,标准差为0.358;民营资本介入(PRI)的均值为0.138,即约14%的项目有民营资本参与,标准差为0.345;海外资本介入(FOR)的均值为0.100,标准差为0.301。表9-2给出了研究样本中各变量的Pearson相关系数。

表9-1 重大工程社会责任的组织效应:描述性统计

变量	研究样本	均值	标准差	最小值	最大值
OEP	160	5.202	1.454	0	7
OSP	160	5.212	1.396	0	7
MSR-SH	160	4.942	1.349	0	7
MSR-EQ	160	5.344	1.224	0	7
MSR-LR	160	5.447	1.279	0	7
MSR-EE	160	5.329	1.276	0	7
MSR-PC	160	4.923	1.449	0	7
INR	160	5.154	1.367	1	7
EXR	160	4.345	1.586	1	7
COM	160	5.049	1.221	1	7
RIS	160	4.598	1.531	1	7
OVS	160	0.231	0.423	0	1
COS	160	3.794	1.094	1	5
TIM	160	1.313	0.626	1	3
GOV	160	0.850	0.358	0	1
PRI	160	0.138	0.345	0	1
FOR	160	0.100	0.301	0	1

表 9-2　重大工程社会责任的组织效应：相关系数矩阵

序号	变量	1	2	3	4	5	6	7
1	OEP	1.000						
2	OSP	0.768***	1.000					
3	MSR	0.635***	0.725***	1.000				
4	INR	0.450***	0.467***	0.431***	1.000			
5	EXR	0.370***	0.382***	0.485***	0.672***	1.000		
6	COM	0.129	0.244***	0.170**	0.138*	0.037	1.000	
7	RIS	0.165**	0.196**	0.272***	0.117	0.200**	0.673***	1.000
8	OVS	0.428***	0.255***	0.109	0.302***	0.182**	−0.152*	−0.106
9	COS	0.138*	0.041	0.073	0.116	0.071	0.041	−0.017
10	TIM	−0.064	−0.083	0.103	0.168**	0.166**	0.153*	0.196**
11	GOV	0.074	0.061	0.096	0.151*	0.107	0.031	0.100
12	PRI	−0.087	−0.100	−0.125	−0.136*	−0.103	−0.001	0.015
13	FOR	0.180**	0.133*	0.093	0.085	0.096	0.001	0.085

序号	变量	8	9	10	11	12	13
1	OEP						
2	OSP						
3	MSR						
4	INR						
5	EXR						
6	COM						
7	RIS						
8	OVS	1.000					
9	COS	0.213***	1.000				
10	TIM	−0.085	0.434***	1.000			
11	GOV	0.147*	0.017	0.070	1.000		
12	PRI	−0.133*	−0.058	−0.142*	−0.341***	1.000	
13	FOR	0.460***	0.159**	−0.033	−0.093	0.048	1.000

***$p<0.01$，**$p<0.05$，*$p<0.10$

2. 信度与效度分析

本研究采用 Crobanch's α 作为变量的信度检验指标，根据表 9-3 中第二列所示，所有变量的 Crobanch's α 均大于 0.88，这表明测量的内部一致性较好。为检验变量的效度，研究采用了验证性因子分析（CFA），表 9-3 中第四至五列给出了各题项在验证性因子分析中的因子载荷以及估计参数的统计量 t 值。各变量所属题项的因子负荷值均大于 0.7 且 t 值显著，这表明测量具有较好的聚合效度与区分效度。此外，本研究还测度了模型的结构拟合优度，采用了卡方自由度比（χ^2/df）、比较拟合指数（Comparative-fit index，CFI）、Tucker-lewis 指数（Tucker-lewis index，TLI）、近似误差均方根（Root mean square error of approximation，RMSEA）等常用指标，其中 χ^2/df =2.783，CLI=0.915，TFI=0.917，RMSEA=0.075，在可接受范围内。

表 9-3 重大工程社会责任的组织效应：信度与效度

变量	Crobanch's α	Item	Loading	T value
OEP	0.898 4	OEP1	0.957 1	1.90[*]
		OEP2	0.936 1	6.07[***]
		OEP3	0.908 0	8.14[***]
		OEP4	0.747 8	8.70[***]
OSP	0.928 4	OSP1	0.867 6	6.56[***]
		OSP2	0.842 8	7.09[***]
		OSP3	0.870 9	6.46[***]
		OSP4	0.882 0	6.09[***]
MSR-SH	0.970 0	MSR-SH1	0.828 4	8.01[***]
		MSR-SH2	0.824 0	8.05[***]
		MSR-SH3	0.875 4	7.78[***]
		MSR-SH4	0.889 3	7.59[***]
		MSR-SH5	0.897 9	7.62[***]
		MSR-SH6	0.875 7	7.82[***]
		MSR-SH7	0.821 5	8.13[***]
		MSR-SH8	0.908 0	7.19[***]
		MSR-SH9	0.885 7	7.47[***]
		MSR-SH10	0.883 7	7.78[***]
		MSR-SH11	0.811 5	7.99[***]
		MSR-SH12	0.831 8	8.02[***]
MSR-EQ	0.928 9	MSR-EQ1	0.880 3	6.27[***]
		MSR-EQ2	0.837 5	6.92[***]
		MSR-EQ3	0.887 5	5.51[***]
		MSR-EQ4	0.814 3	7.53[***]
		MSR-EQ5	0.882 4	5.64[***]

续表

变量	Crobanch's α	Item	Loading	T value
MSR-LR	0.884 0	MSR-LR1	0.820 5	7.18***
		MSR-LR2	0.914 6	3.14***
		MSR-LR3	0.785 3	7.67***
		MSR-LR4	0.871 6	6.82***
		MSR-LR5	0.778 7	8.60***
MSR-EE	0.957 3	MSR-EE1	0.872 0	7.57***
		MSR-EE2	0.900 2	6.73***
		MSR-EE3	0.918 4	6.40***
		MSR-EE4	0.925 4	5.72***
		MSR-EE5	0.914 4	6.20***
MSR-PC	0.917 6	MSR-PC1	0.764 4	8.14***
		MSR-PC2	0.920 3	4.83***
		MSR-PC3	0.883 3	6.59***
		MSR-PC4	0.898 1	6.72***
		MSR-PC5	0.796 7	8.38***
INR	0.892 6	INR1	0.785 3	6.92***
		INR2	0.763 8	7.52***
		INR3	0.852 8	5.77***
		INR4	0.703 8	7.96***
		INR5	0.742 8	7.64***
		INR6	0.780 5	7.38***
		INR7	0.725 7	8.23***
EXR	0.913 3	EXR1	0.730 5	8.22***
		EXR2	0.867 4	7.17***
		EXR3	0.730 5	8.28***
		EXR4	0.875 7	6.24***
		EXR5	0.903 0	4.75***
COM	0.902 2	COM1	0.790 3	8.09***
		COM2	0.737 5	7.82***
		COM3	0.784 9	7.41***
		COM4	0.784 5	7.39***
		COM5	0.850 7	6.09***
		COM6	0.805 4	6.99***

续表

变量	Crobanch's α	Item	Loading	T value
RIS	0.917 7	RIS1	0.865 3	6.42***
		RIS2	0.840 4	6.98***
		RIS3	0.842 9	6.94***
		RIS4	0.828 1	7.24***
		RIS5	0.766 6	7.86***

***$p<0.01$,**$p<0.05$,*$p<0.10$

3. 回归分析

表 9-4 及表 9-5 给出了基于 OLS 回归的重大工程社会责任的组织效应。

表 9-4　重大工程社会责任的组织效应（MSR-SH）：OLS 回归结果

模型	（1）	（2）	（3）	（4）	（5）	（6）
DV	OEP	OEP	OEP	OSP	OSP	OSP
MSR-SH	0.636***	0.600***	0.971***	0.772***	0.717***	0.832***
	（0.067）	（0.072）	（0.256）	（0.060）	（0.064）	（0.228）
INR		0.150*	0.800***		0.161**	0.599***
		（0.086）	（0.247）		（0.076）	（0.220）
EXR		−0.048	−0.281		−0.009	−0.328
		（0.077）	（0.253）		（0.068）	（0.226）
MSR-SHINR			−0.144***			−0.100**
			（0.051）			（0.046）
MSR-SHEXR			0.065			0.078*
			（0.053）			（0.047）
COM	0.110	0.075	0.100	0.273***	0.240***	0.254***
	（0.089）	（0.092）	（0.090）	（0.080）	（0.081）	（0.081）
RIS	0.059	0.076	0.062	−0.082	−0.076	−0.085
	（0.077）	（0.079）	（0.078）	（0.068）	（0.070）	（0.069）
OVS	1.420***	1.277***	1.281***	0.752***	0.574***	0.598***
	（0.232）	（0.244）	（0.241）	（0.207）	（0.216）	（0.215）
COS	0.105	0.112	0.111	−0.016	−0.008	−0.005
	（0.092）	（0.091）	（0.090）	（0.082）	（0.081）	（0.080）
TIM	−0.457**	−0.481***	−0.461***	−0.348**	−0.364**	−0.354**
	（0.177）	（0.178）	（0.175）	（0.159）	（0.157）	（0.156）

续表

模型	（1）	（2）	（3）	（4）	（5）	（6）
DV	OEP	OEP	OEP	OSP	OSP	OSP
GOV	−0.304	−0.309	−0.354	−0.248	−0.250	−0.295
	（0.254）	（0.253）	（0.249）	（0.227）	（0.224）	（0.222）
PRI	0.048	0.047	−0.090	−0.019	−0.012	−0.090
	（0.249）	（0.249）	（0.250）	（0.223）	（0.220）	（0.223）
FOR	−0.413	−0.358	−0.360	−0.175	−0.116	−0.102
	（0.311）	（0.311）	（0.306）	（0.278）	（0.275）	（0.272）
TYP	YES	YES	YES	YES	YES	YES
Cons.	1.258**	1.032*	−0.850	0.824*	0.494	−0.080
	（0.532）	（0.553）	（1.370）	（0.475）	（0.489）	（1.222）
N	160	160	160	160	160	160
Adjusted R^2	0.536	0.540	0.558	0.599	0.610	0.619
F	16.31	14.34	13.55	20.76	18.77	17.15

***$p<0.01$，**$p<0.05$，*$p<0.10$

表 9-5　重大工程社会责任的组织效应（MSR-Sub）：OLS 回归结果

模型	（1）	（2）	（3）	（4）	（5）	（6）	（7）	（8）
DV	OEP	OEP	OEP	OEP	OSP	OSP	OSP	OSP
IV	MSR-EQ	MSR-LR	MSR-EE	MSR-PC	MSR-EQ	MSR-LR	MSR-EE	MSR-PC
MSR（Sub）	0.963***	0.650**	0.491**	0.824***	0.668**	0.314	0.200	0.855***
	（0.285）	（0.254）	（0.237）	（0.201）	（0.272）	（0.230）	（0.214）	（0.191）
INR	0.893***	0.671**	0.348	0.779***	0.716**	0.289	0.199	0.846***
	（0.294）	（0.288）	（0.274）	（0.233）	（0.280）	（0.262）	（0.247）	（0.222）
EXR	−0.238	−0.385	−0.287	−0.198	−0.464*	−0.550**	−0.582**	−0.202
	（0.278）	（0.268）	（0.274）	（0.223）	（0.264）	（0.243）	（0.246）	（0.213）
MSR×INR	−0.147***	−0.088*	−0.033	−0.114**	−0.111**	−0.014	−0.003	−0.121**
	（0.055）	（0.052）	（0.051）	（0.049）	（0.053）	（0.047）	（0.046）	（0.047）
MSR×EXR	0.055	0.068	0.056	0.042	0.104**	0.099**	0.117**	0.053
	（0.050）	（0.048）	（0.050）	（0.045）	（0.048）	（0.043）	（0.045）	（0.043）
COM	0.018	−0.007	−0.087	0.013	0.158*	0.116	0.032	0.173*
	（0.098）	（0.096）	（0.099）	（0.099）	（0.093）	（0.087）	（0.089）	（0.094）
RIS	0.188**	0.216***	0.217***	0.119	0.068	0.105	0.100	−0.020
	（0.081）	（0.081）	（0.080）	（0.082）	（0.077）	（0.074）	（0.072）	（0.078）

续表

模型	(1)	(2)	(3)	(4)	(5)	(6)	(7)	(8)
DV	OEP	OEP	OEP	OEP	OSP	OSP	OSP	OSP
OVS	1.334***	1.154***	1.242***	1.160***	0.635***	0.376	0.534**	0.435*
	(0.254)	(0.253)	(0.249)	(0.256)	(0.242)	(0.230)	(0.225)	(0.244)
COS	0.084	0.126	0.082	0.069	−0.013	0.026	−0.029	−0.050
	(0.096)	(0.095)	(0.094)	(0.095)	(0.092)	(0.086)	(0.084)	(0.091)
TIM	−0.490***	−0.541***	−0.430**	−0.567***	−0.386**	−0.410**	−0.295*	−0.475***
	(0.185)	(0.183)	(0.182)	(0.184)	(0.176)	(0.166)	(0.164)	(0.175)
GOV	−0.276	−0.371	−0.420	−0.512*	−0.204	−0.292	−0.369	−0.461*
	(0.262)	(0.261)	(0.258)	(0.264)	(0.249)	(0.237)	(0.232)	(0.252)
PRI	−0.124	−0.290	−0.100	−0.174	−0.199	−0.336	−0.159	−0.272
	(0.257)	(0.257)	(0.252)	(0.256)	(0.245)	(0.234)	(0.228)	(0.244)
FOR	−0.337	−0.296	−0.397	−0.462	−0.065	0.008	−0.124	−0.210
	(0.322)	(0.320)	(0.316)	(0.323)	(0.307)	(0.291)	(0.285)	(0.308)
TYP	YES	YES	YES	YES	YES	YES	YES	YES
Cons.	−1.460	0.020	1.291	−0.078	0.023	1.869	2.890**	−0.348
	(1.604)	(1.485)	(1.398)	(1.113)	(1.528)	(1.349)	(1.260)	(1.060)
N	160	160	160	160	160	160	160	160
Adj. R^2	0.506	0.513	0.527	0.508	0.515	0.565	0.583	0.517
F	11.20	11.48	12.05	11.27	11.54	13.91	14.92	11.62

***$p<0.01$，**$p<0.05$，*$p<0.10$

表9-4使用了基于利益相关者测度的自变量（MSR-SH）。其中模型1-3以重大工程参与组织的经济绩效作为因变量（OEP），检验了假设 H_{9-1}、H_{9-2}、H_{9-3}。模型1引入了所有控制变量及自变量，结果表明重大工程社会责任对于组织的经济绩效具有显著的正效应（$\beta=0.636$，$p<0.01$），支持了假设 H_{9-1}。模型2在模型1基础上引入了重大工程内部外部利益相关者的交互情况（INR及EXR），结果表明，内部利益相关者的交互对于组织经济绩效有显著正向作用（$\beta=0.150$，$p<0.10$），而外部利益相关者的交互的作用不显著。模型3在模型2基础上引入了交互项，结果表明内部利益相关者的交互越强，重大工程社会责任对于组织经济绩效的正效应越弱（$\beta=-0.144$，$p<0.01$），即调节效应为负，与假设 H_{9-2} 相反；外部利益相关者的调节效应不显著，假设 H_{9-3} 不被支持。模型4-6以重大工程参与组织的社会责任绩效作为因变量（OSP），检验了假设

$H_{9\text{-}4}$、$H_{9\text{-}5}$、$H_{9\text{-}6}$。类似地，模型4引入了所有控制变量及自变量，结果表明重大工程社会责任对于组织的社会责任绩效具有显著的正效应（$\beta=0.772$，$p<0.01$），支持了假设$H_{9\text{-}4}$。模型5在模型4基础上引入了重大工程内部外部利益相关者的交互情况（INR及EXR），结果表明，内部利益相关者的交互对于组织社会责任绩效有显著正向作用（$\beta=0.161$，$p<0.05$），而外部利益相关者的交互的作用不显著。模型6在模型5基础上引入了交互项，结果表明内部利益相关者的交互越强，重大工程社会责任对于组织社会责任绩效的正效应越弱（$\beta=-0.100$，$p<0.05$），即调节效应为负，与假设$H_{9\text{-}5}$相反；而外部利益相关者的调节效应显著为正（$\beta=0.078$，$p<0.10$），假设$H_{9\text{-}6}$得到支持。

控制变量中，工程复杂性对于组织经济绩效的影响并不显著，但对于组织社会责任绩效的影响显著为正，这可能是工程复杂性对其社会责任履行提出了更高的要求，进而促使组织在工程建设中取得了更多的社会责任实践经验与能力。在海外的工程对于参与组织的经济与社会责任绩效均有显著的正向作用，这可能是有两方面的原因，一方面海外市场具有更高的规制要求，从而可以提升组织竞争优势与社会责任履行积极性；另一方面海外工程为组织带来了更高的声誉和行业影响力，进而推动其市场竞争力和提高社会责任要求。工程计划工期的回归系数显著为负，即计划工期越长的工程对于其参与组织绩效的影响并不意味着更好，这可能是由于工程工期越长，其财务控制与社会责任规划的难度以及风险越大，由此造成组织在经济绩效和社会责任绩效方面带来的不利的影响。其余控制变量的回归系数并不显著。

表9-5使用了基于社会责任维度来测度自变量（MSR-Sub）。其中模型1~模型4以重大工程参与组织的经济绩效作为因变量（OEP），检验了不同社会责任维度下的假设$H_{9\text{-}1}$、$H_{9\text{-}2}$、$H_{9\text{-}3}$。模型1以重大工程社会责任的经济与质量维度作为自变量（MSR-EQ），回归结果表明：重大工程的经济与质量责任履行对于参与组织的经济绩效有显著正效应（$\beta=0.963$，$p<0.01$）；内部利益相关者互动对于这一正效应有负向的调节作用（$\beta=-0.147$，$p<0.01$）；外部利益相关者互动调节作用并不显著。模型2以重大工程社会责任的法律与规制维度作为自变量（MSR-LR），回归结果表明：重大工程的法律与规制责任履行对于参与组织的经济绩效有显著正效应（$\beta=0.650$，$p<0.05$）；内部利益相关者互动对于这一正效应有负向的调节作用（$\beta=-0.088$，$p<0.10$）；外部利益相关者互动调节作用并不显著。模型3以重大工程社会责任的环境与伦理维度作为自变量（MSR-EE），回归结果表明：重大工程的环境与伦理责任履行对于参与组织的经济绩效有显著正效应（$\beta=0.491$，$p<0.05$）；内外部利益相关者互动调节作用均不显著。模型4以重大工程社会责任的政治与慈善维度作为自变量

（MSR-PC），回归结果表明：重大工程的政治与慈善责任履行对于参与组织的经济绩效有显著正效应（$\beta = 0.824$，$p < 0.01$）；内部利益相关者互动对于这一正效应有负向的调节作用（$\beta = -0.114$，$p < 0.10$）；外部利益相关者互动调节作用并不显著。

其中模型 5~模型 8 以重大工程参与组织的社会责任绩效作为因变量（OSP），检验了不同社会责任维度下的假设 $H_{9\text{-}4}$、$H_{9\text{-}5}$、$H_{9\text{-}6}$。模型 5 以重大工程社会责任的经济与质量维度作为自变量（MSR-EQ），回归结果表明：重大工程的经济与质量责任履行对于参与组织的社会责任绩效有显著正效应（$\beta = 0.668$，$p < 0.05$）；内部利益相关者互动对于这一正效应有负向的调节作用（$\beta = -0.111$，$p < 0.10$）；外部利益相关者互动具有正向的调节作用（$\beta = 0.104$，$p < 0.05$）。模型 6 以重大工程社会责任的法律与规制维度作为自变量（MSR-LR），回归结果表明：重大工程的法律与规制责任履行对于参与组织的社会责任绩效的效应并不显著；内部利益相关者互动的调节作用亦不显著；外部利益相关者互动具有正向的调节作用（$\beta = 0.099$，$p < 0.05$）。模型 7 以重大工程社会责任的环境与伦理维度作为自变量（MSR-EE），回归结果表明：重大工程的环境与伦理责任履行对于参与组织的社会责任绩效的效应并不显著；内部利益相关者互动的调节作用亦不显著；外部利益相关者互动具有正向的调节作用（$\beta = 0.117$，$p < 0.05$）。模型 8 以重大工程社会责任的政治与慈善维度作为自变量（MSR-PC），回归结果表明：重大工程的政治与慈善责任履行对于参与组织的社会责任绩效有显著正效应（$\beta = 0.855$，$p < 0.01$）；内部利益相关者互动对于这一正效应有负向的调节作用（$\beta = -0.121$，$p < 0.10$）；外部利益相关者互动调节作用并不显著。

9.1.5　结论与讨论

本次研究从制度理论、利益相关者理论等视角出发，基于重大工程问卷调研数据，实证研究了重大工程社会责任在组织层面的效应，研究结果加深了工程社会责任对于参与组织在经济和社会责任方面效应的理解。研究结论主要包括以下内容。

第一，重大工程社会责任对于参与组织经济层面的绩效有积极的影响，更具体地来看，社会责任的四个维度——经济与质量、法律与规制、环境与伦理、政治与慈善——均具有显著的正向作用。工程社会责任的履行帮助参与组织在制度环境中取得了多方面的合法性、降低了交易成本，从而提升了市场竞争力。第二，当内部利益相关者互动较强时，上述组织经济层面的效应有所减弱，这一调节效应具体体现在经济与质量、法律与规制、政治与慈善等维度。内部利益相关者互动有助于参与组织在市场竞争中的关系累积以及资源获取，因而降低了其对于通过社会责任追求合法性以及降低交易成本的需求，因而带来了这一工程社会责任效应的减弱，而外部利益相关者交互的调节作用不显著。第三，重大工程社会责任对于参与组织社会层面的绩效有积极的影响。更具体地，工程社会责任两方面的维度——经济与质量、政治与慈善——具有显著的正向作用，而另外两方面维度的效应不显著，这表明工程社会责任对于参与组织社会表现的作用更多地体现在对其履行社会责任能力的提升方面，即资源基础观的解释更为有力。第四，当内部利益相关者互动较强时，上述组织社会责任绩效的效应有所减弱。这可能是由于内部利益相关者间大多是建立在契约关系上，其交互更多地关注经济层面效益，缺乏对社会层面效益的关注，甚至会演化为合谋等非伦理性行为。因此，在本次研究中调节作用为负。外部利益相关者互动较强时，对于参与组织履行社会责任的意愿与能力均有正向的交互作用，这与原假设一致。

总体来说，我国重大工程社会责任的履行对于参与组织在经济与社会层面绩效均有显著的正向效应。然而，内部利益相关者交互对上述正向效应具有负向的调节作用，而外部利益相关者交互则对社会层面效应具有正向的调节作用。

虽然重大工程社会责任相比企业社会责任在我国乃至全世界的范围内仍处于发展的初步阶段，但其对于参与组织的正向影响是显著的，即从微观层面来看，重大工程社会责任具有显著的正效应。因此，行业内组织应积极加入"一带一路"背景下的重大工程建设中来，在实践工程社会责任的过程中，提升自身的市场竞争力与社会责任绩效。此外，重大工程具有复杂异质的利益相关者网络，在全生命周期内项目利益相关者间的互动对于工程社会责任效应具有重要影响。从研究结果来看，内部利益相关者间的互动对于这一效应的提升具有消极的影响，鉴于此，通过市场激励、政策规制等措施改善这一状况是十分必要的。考虑到外部利益相关者间互动的正面调节，进一步鼓励公众参与，加强同政府、媒体间的交流，推动信息披露，是提升参与组织社会责任意愿和实践社会责任行为的有效手段。

本次研究也存在一些不足之处。首先，考虑到问卷调研的局限性，样本量相对有限，且变量大多采用被试者的主观感知与判断，故后续研究需要在更为广泛地采集样本的同时，尽可能收集客观数据或第三方评测对研究结论加以验证。其次，对于综合内外部利益相关者在社会网络背景下的交互性与协同性特征还有待进一步挖掘与探究，以拓展狭义工程社会责任在微观层面溢出的更深层次理论解读。

9.2 重大工程社会责任的行业效应

9.2.1 引言

重大工程其超大规模和高技术要求的特征往往使其成为行业内的标杆性项目,尤其是近些年来我国已建成了一批受到全球瞩目的大型基础设施工程,如三峡水利枢纽、南水北调工程、高速铁路网络等,重大工程实施及其社会责任的履行对于工程建筑行业发展具有深远的影响。

重大工程有利于工程建筑行业整体竞争力的提升。在我国大型桥梁建设史上,从 1955 年开工建设的武汉长江大桥,到 2016 年全线贯通的港珠澳大桥,大型标志性的桥梁建设对于桥梁产业发展的推动有目共睹。重大工程不仅为产业发展累积了资本和经验,还促进行业内技术创新和人才队伍的培养,推进了产业协同整合,从而提升产业竞争力与经济绩效。一方面,重大工程独特性的特征通常促使其率先应用大量前沿的设计方法、施工技术、装备建材等,如武汉长江大桥桥墩建设时首次试验成功的"管柱钻孔法"、芜湖长江大桥建设时首次使用的国产 Q370 桥梁钢等。此外,重大工程需要行业的协同与整合,这一整合提升了产业的资源配置效率,为中国工程"走出去"奠定了基础。另一方面,工程建筑行业,尤其是基础设施建设领域,其公共属性与社会属性较强,重大工程社会责任也处于整个工程行业的先驱者地位。例如,2001 年开工的青藏铁路建设的环保投入就达 20 多亿元,占工程总投资的 8%,是我国政府环保投入最多的铁路建设项目,在全国工程建设中首次引进环保监理,首次与地方环保部门签订环境保护责任书,并在铁路建设史上首次提出"创质量环保双优"的工程目标,这对工程建设产业的环境责任做出了表率也提出了更高的要求。

基于我国重大工程的实践背景,本节针对如下问题开展研究:重大工程及其社会责任的履行对于工程建筑行业发展的效应如何?理论上,重大工程对于产业发展具有"领头羊"效应(Flyvbjerg,2017),这具体涵盖在经济发展与社会责任两个方面。经济发展方面的效应既包括工程建设本身的影响,也包括社会责任对于经济发展的推动。现有文献对于组织社会责任与财务绩效关系的研究十分丰富,但在工程建设行业,尤其是针对"一次性"与"独特性"的重大工程,其社会责任对行业发展的影响体现在网络规模集聚、交易成本降低及行业声誉提升等方面(Straub,2011)。对于社会责任方面,重大工程社会责任除了带动行业内环境保护、能源节约、安全管理、公众参与等方面的标准,还能促进行业内外各方对于可持续发展方面的资源有效投入（Li et al., 2013）。重大工程社会责任履行对于产业竞争力提升与可持续发展的影响，这属于工程社会责任中观效应的范畴，这一中观效应不仅依赖于工程社会责任绩效，还受到工程各利益相关者间互动的影响（Mok et al., 2015）。

现有文献针对这一研究方向的讨论尚不多见，因此，本节继续基于 9.1 节中所述的基础设施工程问卷调查数据，实证研究工程社会责任对于工程建筑行业的经济发展与社会责任履行的影响。其主要贡献在于：①从产业协同以及声誉提升等视角出发，解析重大工程社会责任对于行业经济发展的效应；②基于注意力基础观与资源基础观，分析工程社会责任通过在产业链的传导与辐射，进而对于行业整体社会责任履行的促进作用；③基于利益相关者理论，研究重大工程内外部利益相关者交互对于上述关系的调节作用，从而拓展对于工程社会责任行业效应的理论解读。

9.2.2 理论分析与研究假设

重大工程社会责任的行业效应，既包括重大工程自身功能实现带来的行业正向溢出，也涵盖狭义重大工程社会责任行为造成的行业影响。因此，在本次研究中，重大工程社会责任的行业溢出的讨论将从经济效应与社会效应两个方面展开。

1. 重大工程社会责任的行业经济效应

首先，重大工程作为社会先行资本，其本身功能的实现与社会责任的履行对行业发展有着深刻的影响。一方面，重大工程社会责任推动了行业内的交流，促进了产业的规模效应。重大工程（尤其是交通基础设施）的修建，能够推动行业内的技术协同与区域集聚，产生行业发展的规模效应（Banister and Thurstain-Goodwin, 2011）。公共基础设施作为一种外部冲击，能改善本行业相关产业外部环境（如促进区域劳动力市场和配套服务业的发展），进而提高行业的整体竞争力（Graham, 2007）。另一方面，从微观的视角，重大工程的多方直接参与者与间接相关者在工程全生命周期中建立了行业内联系更为紧密的社会网络，而良好的社会责任履行能够推进这一网络内的技术交流与知识共享，尤其是帮助行业内组织增加网络资本，实现行业生产率的提升（Jones et al., 2014; Straub, 2011）。

其次，重大工程社会责任能显著降低行业内交易成本与运营风险。基础设施工程在提高行业内贸易效率的同时，还降低了行业内的交易成本，特别是高速铁路与高速公路的建设或改善能帮助消除地区间的交通壁垒，从而促进行业的贸易增长（Datta，2012；Donaldson，2017），降低了产业链中交易的不确定性（Li H and Li Z，2013；李涵和唐丽淼，2015）。具体到对于重大工程相关产业来说，生产资料的库存与物料成本极高，交通基础设施工程修建为其物流带来了便利，并相应地降低库存水平节约了成本（Shi and Huang，2014）。此外，通过社会责任履行，如清洁生产与建造，能提高企业生产效率与营利能力，进而增强行业在国际市场的竞争力（Tseng et al.，2009）。聚焦重大工程相关的建筑建材业、装备制造业，工程社会责任的履行可以帮助产业内的生产与运营成本得到良好的管控（Zuo and Zhao，2014），如绿色建筑工程的实施能推动行业内绿色建筑材料以及施工方法等相关标准的推行，进而节约能源消耗和提高资源利用效率（Coelho and de Brito，2012）。

最后，重大工程作为关系国计民生的大型基础设施项目，受到社会大众与产业界的广泛关注。重大工程的成功建设与运营必将极大地提升行业的声誉，为行业整体发展获取更多来自政府与公众的支持（Sherratt，2015；Zheng and Kahn，2013）。重大工程社会责任的履行能有效提升产业在国际市场的影响力与竞争力，从而为建筑相关行业带来更多的市场机遇（Zhao et al.，2012）。综上，提出假设：

$H_{9\text{-}7}$：重大工程社会责任的履行促进了行业的经济效应。

利益相关者是指影响工程社会责任履行或被工程社会责任履行情况所影响的组织或个人（Freeman，1984）。重大工程利益相关者在项目的全生命周期中呈现多元性和动态性的特点（Aaltonen et al.，2015；Missonier and Loufrani-Fedida，2014），在重大工程社会责任影响行业发展的过程中扮演着重要角色。

重大工程内部利益相关者间有着较为明确的契约与合作关系，受到更为正式的法律或行业规范的制度约束，其交流与互动同工程实践密切相关。在重大工程这一"临时组织"内，承包商、分包商、设计方、供应商间的交流能帮助技术和知识的交流，也有利于行业内技术标准的推行以及创新网络的形成与巩固（Davies et al.，2009）。因此，当重大工程内部利益相关者交互更强时，其产业集聚与创新协同的效应更强，因而能有效增加产业竞争力，提升产业经济绩效。此外，在较为频繁以及深入的内部利益相关者互动中，参与重大工程的各方企业能通过信息交流以及合作经验的累积，在未来行业内的工程建设中更好地降低信息不确定性，并减少一些不必要的正式合约，进而更为有效地分配重大工程产业链上下游间的资源（Lins et al.，2017）。重大工程生命周期长，项目内部各企业间可以开展长期而稳定的合作。这一合作能有效减低行业中的交易成本，同时促进相互间的组织学习并由此获益（Grabher，2004；Ruuska et al.，2011）。综上，提出假设：

H_{9-8}：重大工程内部利益相关者间的交互越强，工程社会责任与行业经济发展间的关系越强。

相比之下，重大工程外部利益相关者间的关系并不具有明确的契约关系，主要受到社会文化与环境等非正式的制度约束，其交流与互动决定了重大工程外部制度环境，进而对于工程社会责任的效应产生影响。一方面，机关部门、监管机构等政府类利益相关者能从政策、法规上给重大工程相关行业的商业活动以及工程实践带来直接的影响。当重大工程相关的政府类利益相关者互动较强时，行业受到政府的关注以及支持更多，得到的优惠政策与制度条件的可能性更高，这对于行业内交易成本的降低具有正面影响（van Marrewijk et al., 2008），也有利于行业内政治资本的累积，进而提升行业整体竞争力与发展水平。另一方面，NGO、媒体、社区、公众等大众类利益相关者在重大工程中的积极互动，能为工程实践以及行业发展提供良好的社会环境。社会类利益相关者在重大工程实施过程中的互动有利于提高工程决策、建设及运营中的信息透明度，从而降低工程行业内与社会大众间的信息不对称性，减少工程实践的社会风险和不必要成本（Sanderson, 2012；张劲文和盛昭瀚, 2014）。同时，公众类利益相关者的对于重大工程的积极互动与响应，可以帮助工程参与组织在社会责任履行中更好地累积在行业与社会中的声誉，从而提高重大工程相关行业的整体竞争力，增加经济绩效（Ruuska et al., 2011）。据此，提出假设：

H_{9-9}：重大工程外部利益相关者间的交互越强，工程社会责任与行业经济发展间的关系越强。

2. 重大工程社会责任的行业社会效应

重大工程对于相关行业内产业链的形成与巩固具有显著影响（Flyvbjerg, 2014）。随着行业中集聚化与协同化这一趋势的不断加强，重大工程社会责任的履行会沿着产业链扩展，最终推动全行业社会责任绩效的提升（Airike et al., 2016）。这一提升具体体现在行业整体对于社会责任履行意愿的增加以及对于社会责任履行能力的增强。

从注意力基础观出发，重大工程的高投资规模和巨大社会影响，不论是好的社会责任表现（如积极披露工程相关信息、采用绿色设计及绿色建材等），还是负面的社会责任事件（如发生工程安全责任事故、对生态造成严重影响等），都能使重大工程唤醒与提高行业内履行社会责任的意识（Sherratt, 2015），而正面、积极的工程社会责任的履行将成为行业内的标杆，经过重大工程框架内社会责任履行的实践摸索与经验累积，行业内将更加推动正式或非正式的社会责任标准的形成与提高（Ciliberti et al., 2008；Flyvbjerg, 2017），这将为行业内在环境保护、劳动培训、安全控制等方面的社会责任实践提供依据与约束（Zhao et al., 2012）。此外，如前文所述，良好的重大工程社会责任绩效也有利于降低行业内的生产和运营方面的成本及风险，这也成为重大工程相关行业提升社会责任履行的重要动机（Tam et al., 2006; Coelho and de Brito, 2012）。

从资源基础观出发，更好的重大工程社会责任绩效也提高了行业在未来发展中履行社会责任的能力。一方面，作为行业标杆，重大工程在社会责任方面的尝试为后续行业内的相关实践提供了知识与经验（Ciliberti et al., 2008; Lepoutre and Heene, 2006），同时也为行业培养了一批社会责任管理相关的专业人才队伍（Mamic, 2005），行业内部知识与人才这两方面的积累为重大工程相关行业未来发展中社会责任履行提供坚实的基础。另一方面，重大工程社会责任的履行还帮助行业从外部获取了政治支持与社会资本等方面的有利资源，从而提升其社会责任履行的能力。尤其是在一些需要政府以及公众参与的社会责任议题中（如环境保护、移民安置等），重大工程社会责任的履行将为行业树立正面形象、累积良好声誉，从而为后续的工程实践与社会责任履行获取更好的外部制度环境（Ness, 2010; Qi et al., 2016）。综上，提出假设：

H_{9-10}：重大工程社会责任的履行促进了行业的社会责任发展。

企业类利益相关者在重大工程中的互动，有利于产业整体履行社会责任能力的提升。首先，重大工程的实施能推动行业层面的协同与集聚，这其中包括社会责任相关的研讨、交流活动等，由此产生重大工程社会责任履行的标杆效应，将更加有利于相关行业标准的颁布与推行（沈岐平和杨静，2010）。其次，当参与企业在重大工程项目全生命周期内互动的频度与深度较高时，行业内相关绿色施工技术、环保措施等方面的交流也更为频繁与深入（叶晓甦和邓云，2014）。最后，围绕重大工程产业链，上下游企业间除了供应链上的互相关联，在企业文化与价值观方面也存在显著影响。企业间可以通过互相要求、彼此监督、共同培训等多种方式推动合作方社会责任的提升，进而对产业整体社会责任绩效产生正面效应（Ciliberti et al., 2008）。据此，提出假设：

H_{9-11}：重大工程内部利益相关者间的交互越强，工程社会责任与行业社会责任发展间的关系越强。

政府类以及公众类等外部利益相关者在重大工程中的互动，有利于产业整体履行社会责任意愿的提升。一方面，政府类利益相关者主要决定了重大工程的正式外部制度环境，为其提供政治合法性（Wang and Qian, 2011）。当政府类利益相关者在项目中的互动较强，其通过法律规制、政策激励等手段促进工程社会责任带来的行业社会效应更加显著。例如，英国发布"关于建筑行业的重新思考"等一系列政府报告大大完善了建筑业安全管理、员工培训、环境管理等领域的行业标准，有力地促进了工程行业社会责任的提升（Egan, 1998; Loosemore and Lim, 2017）。另一方面，公众类利益相关者主要决定了重大工程的非正式外部制度环境，为其提供社会合法性（Wang and Qian, 2011）。其对于重大工程社会责任的期望与要求易转化为对于整个工程建筑行业的社会舆论压力，这一舆论压力成为行业社会责任履行的监督与驱动力（Loosemore and Lim, 2017; Ness, 2010），同公众类利益相关者的交互还提高了行业声誉，由此促进行业对于社会责任提升的内部动机与外部制度需求（时茜茜等，2017）。由此，提出假设：

H_{9-12}：重大工程外部利益相关者间的交互越强，工程社会责任与行业社会责任发展间的关系越强。

9.2.3 研究设计与样本

1. 研究方法与设计

与 9.1.3 节"重大工程社会责任的组织效应"采用同一研究方法及问卷设计，详情请见 9.1.3 节。

2. 变量定义及测度

因变量：行业的经济效应（IEP），测度了重大工程对行业可能带来的经济效应，采用 Likert-7 点评分制，4 个题项为：①该工程给本行业带来了更多的发展机遇；②该工程提高了本行业环境的变化程度；③该工程提高了本行业的包容程度；④该工程推动了本行业的技术创新。

因变量：行业的社会效应（OSP），测度了重大工程对行业可能带来的社会效应，采用 Likert-7 点评分制，4 个题项为：①该工程的社会责任履行在本行业内树立了标杆；②该工程促进了行业内社会责任相关法规的发展；③该工程促进了行业内社会责任相关标准的发展；④该工程培养了行业内一批工程社会责任的专业人才。

自变量：工程社会责任（MSR），同 9.1.3 节。
调节变量：工程内部契约型利益相关者间的交互（INR），同 9.1.3 节。
调节变量：工程外部伦理型利益相关者间的交互（EXR），同 9.1.3 节。
控制变量：同 9.1.3 节。

3. 计量模型

本次研究样本为横截面数据，因此采用 OLS 回归模型进行假设检验，具体回归模型如下：

$$\text{Industrial effects} = \beta_0 + \beta_1 \cdot \text{MSR} + \beta_2 \cdot \text{INR} + \beta_3 \cdot \text{EXR} + \beta_4 \cdot (\text{MSR} \times \text{INR})$$
$$+ \beta_5 \cdot (\text{MSR} \times \text{EXR}) + \gamma \cdot \text{Controls} + \varepsilon$$

9.2.4 结果分析

1. 描述性统计

表 9-6 为研究样本中 160 个观测值的描述性统计情况。因变量：行业经济绩效（IEP）的均值为 4.956，标准差为 1.449；行业的社会责任绩效（ISP）的均值为 4.927，标准差为 1.551。自变量与控制变量的描述性统计值与 9.1.4 节中保持一致。表 9-7 给出了研究样本中各变量的 Pearson 相关系数。

表 9-6　重大工程社会责任的行业效应：描述性统计

变量	研究样本	均值	标准差	最小值	最大值
IEP	160	4.956	1.449	0	7
ISP	160	4.927	1.551	0	7
MSR	160	4.942	1.349	0	7
MSR（EQ）	160	5.344	1.224	0	7
MSR（LR）	160	5.447	1.279	0	7
MSR（EE）	160	5.329	1.276	0	7
MSR（PC）	160	4.923	1.449	0	7
INR	160	5.154	1.367	1	7
EXR	160	4.345	1.586	1	7
COM	160	5.049	1.221	1	7
RIS	160	4.598	1.531	1	7
OVS	160	0.231	0.423	0	1
COS	160	3.794	1.094	1	5
TIM	160	1.313	0.626	1	3
GOV	160	0.850	0.358	0	1
PRI	160	0.138	0.345	0	1
FOR	160	0.100	0.301	0	1

表 9-7　重大工程社会责任的行业效应：相关系数矩阵

变量	1	2	3	4	5	6	7	8	9	10	11	12	13
1　IEP	1.000												
2　ISP	0.786***	1.000											
3　MSR	0.667***	0.698***	1.000										
4　INR	0.541***	0.429***	0.431***	1.000									
5　EXR	0.462***	0.426***	0.485***	0.672***	1.000								
6　COM	0.092	0.438***	0.170**	0.138*	0.037	1.000							
7　RIS	0.204***	0.485***	0.272***	0.117	0.200**	0.673***	1.000						
8　OVS	0.155*	0.062	0.109	0.302***	0.182**	−0.152*	−0.106	1.000					
9　COS	0.103	0.127	0.073	0.116	0.071	0.041	−0.017	0.213***	1.000				
10　TIM	0.060	0.158**	0.103	0.168**	0.166**	0.153*	0.196**	−0.085	0.434***	1.000			
11　GOV	0.115	0.141*	0.096	0.151*	0.107	0.031	0.100	0.147*	0.017	0.070	1.000		
12　PRI	−0.101	−0.040	−0.125	−0.136*	−0.103	−0.001	0.015	−0.133*	−0.058	−0.142*	−0.341***	1.000	
13　FOR	−0.055	0.009	0.093	0.085	0.096	0.001	0.085	0.460***	0.159**	−0.033	−0.093	0.048	1.000

***$p<0.01$，**$p<0.05$，*$p<0.10$

2. 信度与效度分析

本次研究采用 Crobanch's α 作为变量的信度检验指标，根据表 9-8 中第二列所示，所有变量的 Crobanch's α 均大于 0.88，这表明测量的内部一致性较好。为检验变量的效度，研究采用了验证性因子分析（CFA），表 9-8 中第四至第五列给出了各题项在验证性因子分析中的因子载荷以及估计参数的统计量 t 值。各变量所属题项的因子负荷值均大于 0.7 且 t 值显著，这表明测量具有较好的聚合效度与区分效度。此外，本次研究还测度了模型的结构拟合优度，采用了卡方自由度比（χ^2/df）、比较拟合指数（CFI）、Tucker-lewis 指数（TLI）、近似误差均方根（RMSEA）等常用指标，其中，$\chi^2/df=2.012$，CLI=0.923，TFI=0.918，RMSEA=0.073，在可接受范围内。

表 9-8　重大工程社会责任的行业效应：信度与效度

变量	Crobanch's α	Item	Loading	T value
IEP	0.929 1	IEP1	0.810 6	8.09***
		IEP2	0.919 6	4.67***
		IEP3	0.911 2	5.35***
		IEP4	0.849 5	7.79***

续表

变量	Cronbach's α	Item	Loading	T value
ISP	0.903 9	ISP1	0.799 6	5.63***
		ISP2	0.882 8	4.20***
		ISP3	0.889 7	3.17***
		ISP4	0.790 7	5.62***
MSR-SH	0.970 0	MSR-SH1	0.828 4	8.01***
		MSR-SH2	0.824 0	8.05***
		MSR-SH3	0.875 4	7.78***
		MSR-SH4	0.889 3	7.59***
		MSR-SH5	0.897 9	7.62***
		MSR-SH6	0.875 7	7.82***
		MSR-SH7	0.821 5	8.13***
		MSR-SH8	0.908 0	7.19***
		MSR-SH9	0.885 7	7.47***
		MSR-SH10	0.883 7	7.78***
		MSR-SH11	0.811 5	7.99***
		MSR-SH12	0.831 8	8.02***
MSR-EQ	0.928 9	MSR-EQ1	0.880 3	6.27***
		MSR-EQ2	0.837 5	6.92***
		MSR-EQ3	0.887 5	5.51***
		MSR-EQ4	0.814 3	7.53***
		MSR-EQ5	0.882 4	5.64***
MSR-LR	0.884 0	MSR-LR1	0.820 5	7.18***
		MSR-LR2	0.914 6	3.14***
		MSR-LR3	0.785 3	7.67***
		MSR-LR4	0.871 6	6.82***
		MSR-LR5	0.578 7	8.60***
MSR-EE	0.957 3	MSR-EE1	0.872 0	7.57***
		MSR-EE2	0.900 2	6.73***
		MSR-EE3	0.918 4	6.40***
		MSR-EE4	0.925 4	5.72***
		MSR-EE5	0.914 4	6.20***
MSR-PC	0.917 6	MSR-PC1	0.764 4	8.14***
		MSR-PC2	0.920 3	4.83***

续表

变量	Crobanch's α	Item	Loading	T value
MSR-PC	0.917 6	MSR-PC3	0.883 3	6.59***
		MSR-PC4	0.898 1	6.72***
		MSR-PC5	0.796 7	8.38***
INR	0.892 6	INR1	0.785 3	6.92***
		INR2	0.763 8	7.52***
		INR3	0.852 8	5.77***
		INR4	0.703 8	7.96***
		INR5	0.742 8	7.64***
		INR6	0.780 5	7.38***
		INR7	0.725 7	8.23***
EXR	0.913 3	EXR1	0.730 5	8.22***
		EXR2	0.867 4	7.17***
		EXR3	0.730 5	8.28***
		EXR4	0.875 7	6.24***
		EXR5	0.903 0	4.75***
COM	0.902 2	COM1	0.790 3	8.09***
		COM2	0.737 5	7.82***
		COM3	0.784 9	7.41***
		COM4	0.784 5	7.39***
		COM5	0.850 7	6.09***
		COM6	0.805 4	6.99***
RIS	0.917 7	RIS1	0.865 3	6.42***
		RIS2	0.840 4	6.98***
		RIS3	0.842 9	6.94***
		RIS4	0.828 1	7.24***
		RIS5	0.766 6	7.86***

***$p<0.01$, **$p<0.05$, *$p<0.10$

3. 回归分析

表9-9及表9-10给出了基于OLS回归的重大工程社会责任的行业效应。

表 9-9 重大工程社会责任的行业效应（MSR-SH）：OLS 回归结果

模型	（1）	（2）	（3）	（4）	（5）	（6）
DV	IEP	IEP	IEP	ISP	ISP	ISP
MSR	0.642***	0.538***	0.635**	0.700***	0.637***	0.652***
	（0.071）	（0.072）	（0.253）	（0.065）	（0.069）	（0.246）
INR		0.369***	0.965***		0.106	0.586**
		（0.085）	（0.244）		（0.082）	（0.238）
EXR		−0.077	−0.583**		0.067	−0.416*
		（0.076）	（0.250）		（0.074）	（0.244）
MSRINR			−0.137***			−0.112**
			（0.051）			（0.049）
MSREXR			0.121**			0.113**
			（0.052）			（0.051）
COM	−0.062	−0.144	−0.125	0.264***	0.252***	0.266***
	（0.094）	（0.091）	（0.089）	（0.086）	（0.088）	（0.087）
RIS	0.174**	0.203**	0.191**	0.208***	0.193**	0.183**
	（0.081）	（0.079）	（0.077）	（0.074）	（0.076）	（0.075）
OVS	0.590**	0.215	0.258	0.308	0.147	0.192
	（0.244）	（0.242）	（0.239）	（0.224）	（0.234）	（0.232）
COS	0.076	0.093	0.099	0.024	0.030	0.036
	（0.097）	（0.091）	（0.089）	（0.089）	（0.088）	（0.086）
TIM	−0.348*	−0.397**	−0.384**	0.036	0.039	0.049
	（0.187）	（0.176）	（0.173）	（0.172）	（0.171）	（0.168）
GOV	−0.157	−0.166	−0.234	0.134	0.137	0.076
	（0.268）	（0.251）	（0.246）	（0.246）	（0.243）	（0.240）
PRI	−0.014	−0.009	−0.109	0.361	0.380	0.306
	（0.263）	（0.247）	（0.247）	（0.241）	（0.239）	（0.240）
FOR	−0.964***	−0.830***	−0.803***	−0.496	−0.457	−0.428
	（0.327）	（0.308）	（0.302）	（0.301）	（0.298）	（0.294）
TYP	YES	YES	YES	YES	YES	YES
Cons.	1.338**	0.696	0.219	−1.426***	−1.792***	−1.853
	（0.560）	（0.548）	（1.354）	（0.515）	（0.530）	（1.318）
N	160	160	160	160	160	160
Adjusted R^2	0.482	0.545	0.566	0.618	0.628	0.641
F	13.33	14.59	13.95	22.45	20.17	18.71

***$p<0.01$，**$p<0.05$，*$p<0.10$

表 9-10　重大工程社会责任的行业效应（MSR-Sub）：OLS 回归结果

模型	（1）	（2）	（3）	（4）	（5）	（6）	（7）	（8）
DV	IEP	IEP	IEP	IEP	ISP	ISP	ISP	ISP
IV	MSR-EQ	MSR-LR	MSR-EE	MSR-PC	MSR-EQ	MSR-LR	MSR-EE	MSR-PC
MSR	0.600**	0.286	0.219	0.805***	0.665**	0.493*	0.449*	0.906***
IV（Sub）	MSR-EQ (0.288)	MSR-LR (0.256)	MSR-EE (0.247)	MSR-PC (0.206)	MSR-EQ (0.285)	MSR-LR (0.260)	MSR-EE (0.243)	MSR-PC (0.201)
INR	1.206*** (0.296)	0.843*** (0.291)	0.799*** (0.285)	1.135*** (0.238)	1.001*** (0.293)	0.758** (0.295)	0.840*** (0.281)	0.801*** (0.233)
EXR	−0.653** (0.280)	−0.715*** (0.271)	−0.676** (0.285)	−0.223 (0.229)	−0.594** (0.277)	−0.502* (0.274)	−0.610** (0.281)	−0.010 (0.224)
MSR×INR	−0.165*** (0.056)	−0.083 (0.053)	−0.079 (0.053)	−0.146*** (0.050)	−0.177*** (0.055)	−0.113** (0.053)	−0.136*** (0.053)	−0.126** (0.049)
MSR×EXR	0.129** (0.051)	0.124** (0.048)	0.126** (0.052)	0.048 (0.046)	0.147*** (0.050)	0.115** (0.049)	0.147*** (0.051)	0.030 (0.045)
COM	−0.171* (0.099)	−0.215** (0.097)	−0.236** (0.103)	−0.160 (0.101)	0.212** (0.098)	0.183* (0.099)	0.165 (0.101)	0.198** (0.099)
RIS	0.305*** (0.082)	0.340*** (0.082)	0.324*** (0.083)	0.262*** (0.084)	0.316*** (0.081)	0.345*** (0.083)	0.330*** (0.082)	0.249*** (0.082)
OVS	0.271 (0.256)	0.121 (0.255)	0.216 (0.259)	0.141 (0.262)	0.214 (0.253)	0.042 (0.259)	0.164 (0.256)	0.020 (0.256)
COS	0.097 (0.097)	0.125 (0.096)	0.097 (0.097)	0.061 (0.097)	0.035 (0.096)	0.059 (0.097)	0.032 (0.096)	−0.012 (0.095)
TIM	−0.438** (0.186)	−0.464** (0.185)	−0.397** (0.189)	−0.461** (0.188)	−0.003 (0.184)	−0.051 (0.188)	0.027 (0.187)	−0.053 (0.184)
GOV	−0.128 (0.264)	−0.223 (0.264)	−0.253 (0.268)	−0.335 (0.271)	0.182 (0.261)	0.074 (0.268)	0.022 (0.265)	−0.066 (0.265)
PRI	−0.176 (0.259)	−0.279 (0.260)	−0.173 (0.263)	−0.232 (0.262)	0.189 (0.256)	0.040 (0.263)	0.159 (0.259)	0.131 (0.256)
FOR	−0.781** (0.325)	−0.751** (0.323)	−0.824** (0.329)	−0.882*** (0.331)	−0.400 (0.321)	−0.371 (0.328)	−0.469 (0.325)	−0.537* (0.323)
TYP	YES	YES	YES	YES	YES	YES	YES	YES
Cons.	−0.375	1.291	1.776	−1.042	−2.773*	−2.017	−1.602	−3.320***

续表

模型	(1)	(2)	(3)	(4)	(5)	(6)	(7)	(8)
DV	IEP	IEP	IEP	IEP	ISP	ISP	ISP	ISP
Cons.	(1.617)	(1.501)	(1.454)	(1.139)	(1.599)	(1.520)	(1.434)	(1.113)
N	160	160	160	160	160	160	160	160
Adj. R^2	0.495	0.500	0.484	0.482	0.569	0.552	0.562	0.568
F	10.75	10.94	10.34	10.24	14.11	13.24	13.76	14.05

***$p<0.01$，**$p<0.05$，*$p<0.10$

表 9-9 使用了基于利益相关者视角的自变量（MSR-SH）。其中模型 1~模型 3 以重大工程行业的经济绩效作为因变量（IEP），检验了假设 H_{9-7}、H_{9-8}、H_{9-9}。模型 1 引入了所有控制变量及自变量，结果表明重大工程社会责任对于行业的经济绩效具有显著的正效应（$\beta=0.642$，$p<0.01$），支持了假设 H_{9-7}。模型 2 在模型 1 基础上引入了重大工程内部外部利益相关者的交互情况（INR 及 EXR），结果表明，内部利益相关者的交互对于行业经济绩效有显著正向作用（$\beta=0.369$，$p<0.01$），而外部利益相关者的交互的作用不显著。模型 3 在模型 2 基础上引入了交互项，结果表明内部利益相关者的交互越强，重大工程社会责任对于行业经济绩效的正效应越弱（$\beta=-0.137$，$p<0.01$），即调节效应为负，与假设 H_{9-8} 相反，而外部利益相关者的调节效应为正（$\beta=0.121$，$p<0.05$），假设 H_{9-9} 得到支持。模型 4~模型 6 以重大工程行业社会责任绩效作为因变量（ISP），检验了假设 H_{9-10}、H_{9-11}、H_{9-12}。类似地，模型 4 引入了所有控制变量及自变量，结果表明重大工程社会责任对于行业的社会责任绩效具有显著的正效应（$\beta=0.700$，$p<0.01$），支持了假设 H_{9-10}。模型 5 在模型 4 基础上引入了重大工程内部外部利益相关者的交互情况（INR 及 EXR），结果表明，内外部利益相关者的交互的作用不显著。模型 6 在模型 5 基础上引入了交互项，结果表明内部利益相关者的交互越强，重大工程社会责任对于行业社会责任绩效的正效应越弱（$\beta=-0.112$，$p<0.05$），即调节效应显著为负，与假设 H_{9-11} 相反；而外部利益相关者的调节效应显著为正（$\beta=0.113$，$p<0.05$），假设 H_{9-12} 得到支持。

控制变量中，工程复杂性对于行业经济发展的影响并不显著，但对于行业社会责任绩效的影响显著为正，这可能是由于工程复杂性对其社会责任履行提出了更高的要求，因而带动整个行业社会责任标准的提升。工程风险对于行业经济发展与社会责任的影响显著为正，这同上述逻辑保持一致，即项目风险越高的重大工程对于社会责任的需求更高，对于财务控制方面的要求也更高，从而对于行业的影响也更为显著。此外，工程计划工期以及海外资本接入对于行业经济发展的影响为负,一方面,重大工程工期越长,财务控制的压力越高,这不利于行业内资源的有效配置;另一方面,海外资本介入可能带来了额外的成本和竞争压力,进而不利于行业的经济发展。其余控制变量的回归系数并不显著。

表 9-10 使用了基于社会责任维度来测度自变量(MSR-Sub)。其中模型 1~模型 4 以重大工程行业的经济绩效作为因变量(IEP),检验了不同社会责任维度下的假设 H_{9-7}、H_{9-8}、H_{9-9}。模型 1 以重大工程社会责任的经济与质量维度作为自变量(MSR-EQ),回归结果表明:重大工程的经济与质量责任履行对于行业经济绩效有显著正效应($\beta = 0.600$,$p < 0.05$);内部利益相关者互动对于这一正效应有负向的调节作用($\beta = -0.165$,$p < 0.01$);外部利益相关者的调节作用显著为正($\beta = 0.129$,$p < 0.05$)。模型 2 以重大工程社会责任的法律与规制维度作为自变量(MSR-LR),回归结果表明:重大工程的法律与规制责任履行对于行业经济绩效无显著效应;内部利益相关者调节作用亦不显著;外部利益相关者互动则具有显著的正向调节作用($\beta = 0.124$,$p < 0.05$)。模型 3 以重大工程社会责任的环境与伦理维度作为自变量(MSR-LR),回归结果表明:重大工程环境与伦理责任的履行对于行业经济绩效无显著效应;内部利益相关者调节作用亦不显著;外部利益相关者互动则具有显著的正向调节作用($\beta = 0.126$,$p < 0.05$)。模型 4 以重大工程社会责任的政治与慈善维度作为自变量(MSR-PC),回归结果表明:重大工程的政治与慈善责任履行对于行业经济绩效有显著正效应($\beta = 0.805$,$p < 0.01$);内部利益相关者互动对于这一正效应有负向的调节作用($\beta = -0.146$,$p < 0.05$);外部利益相关者互动调节作用并不显著。

其中模型 5~模型 8 以重大工程行业的社会责任绩效作为因变量(ISP),检验了不同社会责任维度下的假设 H_{9-10}、H_{9-11}、H_{9-12}。模型 5 以重大工程社会责任的经济与质量维度作为自变量(MSR-EQ),回归结果表明:重大工程的经济与质量责任履行对于行业社会责任绩效有显著正效应($\beta = 0.665$,$p < 0.05$);内部利益相关者互动对于这一正效应有负向的调节作用($\beta = -0.177$,$p < 0.01$);外部利益相关者互动具有正向的调节作用($\beta = 0.147$,$p < 0.01$)。模型 6 以重大工程社会责任的法律与规制维度作为自变量(MSR-LR),回归结果表明:重大工程的法律与规制责任履行对于行业社会责任绩效具有正效应($\beta = 0.493$,$p < 0.10$);内部利益相关者互动对于这一正效应有负向的调节作用($\beta = -0.113$,$p < 0.05$);外部利益相关者互动具有正向的调节作用($\beta = 0.115$,$p < 0.05$)。模型 7 以重大工程社会责任的环境与伦理维度作为自变量(MSR-EE),回归结果表明:重大工程的环境与伦理责任履行对于行业社会责任绩效具有正效应($\beta = 0.449$,$p < 0.01$);内部利益相关者互

动对于这一正效应有负向的调节作用（$\beta = -0.136$，$p < 0.05$）；外部利益相关者互动具有正向的调节作用（$\beta = 0.147$，$p < 0.01$）。模型 8 以重大工程社会责任的政治与慈善维度作为自变量（MSR-PC），回归结果表明：重大工程的政治与慈善责任履行对于行业社会责任绩效有显著正效应（$\beta = 0.906$，$p < 0.01$）；内部利益相关者互动对于这一正效应有负向的调节作用（$\beta = -0.126$，$p < 0.05$）；外部利益相关者互动调节作用并不显著。

9.2.5　结论与讨论

本次研究从交易成本理论、利益相关者理论等视角出发，基于重大工程问卷调研数据，实证研究了重大工程社会责任在行业层面的效应，研究结果拓展了工程社会责任对于建筑工程行业经济发展和社会责任方面的探讨。研究结论如下所述。

第一，重大工程社会责任对于建筑工程行业的经济发展具有积极的影响，更具体地来看，工程的经济与质量责任、政治与慈善责任的正向效应显著。重大工程经济与质量这一维度社会责任的履行，是实现行业内资源配置效率提升、交易成本降低及技术创新实现的标志，这对于帮助提升产业整体竞争力具有显著正效应。政治与慈善这一维度社会责任的履行，能帮助产业获取更好的政治与社会影响，进而为企业赢得声誉，为产业发展获取有利的外部制度环境。第二，当内部利益相关者互动较强，上述行业经济层面的效应有所减弱。内部利益相关者的互动，对于产业链中资源配置、技术协同已有较为积极的作用，因而在具有更频繁互动内部利益相关者的重大工程项目中，行业从工程社会责任中获取的正向经济效应相对地有所减少。外部利益相关者的调节作用显著为正。当政府、媒体、公众等外部利益相关者交互更强时，产业竞争力的提升具有更为良好的政治环境与社会环境，重大工程社会责任的提升能帮助整个产业获得更有利的政策资源以及社会支持。第三，重大工程社会责任对于行业在社会层面的发展具有积极作用，更具体地，工程社会责任的四个维度——经济与质量、法律与规制、伦理与环境、政治与慈善——均具有显著的正效应。重大工程作为业内的标杆，其社会责任能极大地带动整个行业的社会责任标准以及绩效的提升。第四，当内部利益相关者互动较强时，上述行业社会层面的效应有所减弱。工程实践中，重大工程的直接参与者（内部利益相关者）对于社会责任的认识与实践仍有所不足，而互动的增强并不利于重大工程社会责任在行业层面的推广，甚至还会对其加以抵制。因此，这一调节作用在本次研究中为负向。外部利益相关者交互较强时，工程社会责任（包括经济与质量、法律与规制、伦理与环境三个维度）在社会层面的效应有所增强，与原假设一致。这表明，外部利益相关者在重大工程中的参与及互动，是推动工程建筑行业在提升社会责任绩效，实现可持续发展的重要外部条件。

总体来说，我国重大工程社会责任的履行对于工程建筑行业在经济与社会层面都具有显著的正向效应。然而，内部利益相关者的交互并不利于这一正向效应的实现，而外部利益相关者的交互则相反。

从产业这一中观层面来看，重大工程及其社会责任的实施，对于中国工程行业的发展具有深刻的影响。推动工程社会责任政策的颁布，积极落实工程社会责任行为，是实践中国工程"走出去"和谋求可持续发展的关键。研究结果还表明，内外部利益相关者在工程社会责任产业溢出中的作用差异明显，直接参与工程项目设计、建设、运营的内部利益相关者交互的消极作用应当加以重视。在社会责任研究与实践的发展中，内部利益相关者的决策与行动需要进一步加以规范，尤其是防范如招投标中合谋、串谋等非伦理性行为，为提升产业竞争力与社会形象创造积极的行业内部环境。此外，考虑到外部利益相关者交互的正向调节作用，政府引导、媒体监督、公众参与等重大工程同外部伦理型利益相关者的交互是十分必要的。值得注意的是，尽管有些重大工程已经在这一领域取得了成绩，但只有在行业层面进一步出台相应的例行规范才能确保这一积极效应的实现。

本次研究还存在一些不足。首先，同 9.1 节中的研究类似，问卷调研的局限性对于本次研究结果的可靠性提出了挑战，这需要在未来工作中进一步加以完善。其次，作为行业中观层面效应的探讨，本次研究更多地集中在工程建筑行业，而对于重大工程产业密切相关的其他行业，如金融业、制造业等缺乏关注，因此后续工作可以进一步拓展，以丰富对于狭义工程社会责任在中观层面溢出的理解。

9.3　本章小结

本章研究从交易成本理论、利益相关者理论、制度理论等视角出发，基于重大工程问卷调研数据，实证分析了重大工程社会责任在微观与中观层面的社会溢出效应。

研究发现，在组织层面，我国重大工程社会责任对于参与组织在财务绩效与社会责任绩效均有显著的积极影响。在行业层面，重大工程社会责任对于工程建筑行业在经济与社会层面也都具有显著的积极作用。此外，重大工程内部利益相关者的交互减弱了上述正向效应，而外部利益相关者的交互则具有正向的调节作用。这表明在工程内部中出现了低效率的资源配置，甚至存在为合谋等非伦理性行为，不利于可持续竞争力的提升；而外部利益相关者的参与及互动，是提高组织和行业整体竞争力和社会责任表现的重要外部条件。本章具体假设检验的结果详见表 9-11 和表 9-12。

表 9-11　重大工程社会责任的组织效应：假设检验结果

	假设	检验结果
H_{9-7}	重大工程社会责任的履行促进了参与该工程组织的经济绩效	支持
H_{9-8}	重大工程内部契约型利益相关者间的交互越强，工程社会责任与参与组织经济绩效间的关系越强	相反
H_{9-9}	重大工程外部伦理型利益相关者间的交互越强，工程社会责任与参与组织经济绩效间的关系越强	不支持
H_{9-10}	重大工程社会责任的履行促进了参与该工程组织的社会责任绩效	支持
H_{9-11}	重大工程内部契约型利益相关者间的交互越强，工程社会责任与参与组织社会责任绩效间的关系越强	相反
H_{9-12}	重大工程外部伦理型利益相关者间的交互越强，工程社会责任与参与组织社会责任绩效间的关系越强	支持

表 9-12　重大工程社会责任的行业效应：假设检验结果

	假设	检验结果
H_{9-7}	重大工程社会责任的履行促进了行业的经济发展	支持
H_{9-8}	重大工程内部契约型利益相关者间的交互越强，工程社会责任与行业经济发展间的关系越强	相反
H_{9-9}	重大工程外部伦理型利益相关者间的交互越强，工程社会责任与行业经济发展间的关系越强	支持
H_{9-10}	重大工程社会责任的履行促进了行业的社会责任发展	支持
H_{9-11}	重大工程内部契约型利益相关者间的交互越强，工程社会责任与行业社会责任发展间的关系越强	相反
H_{9-12}	重大工程外部伦理型利益相关者间的交互越强，工程社会责任与行业社会责任发展间的关系越强	支持

第 10 章　重大工程社会责任的企业与政府治理

本章研究聚焦重大工程社会责任治理，从公司与政府两个视角展开，具体分为两部分：一是从企业承担的社会责任出发，结合我国工程"走出去"的时代背景，分析大型国际承包商在海外业务经营中的多样化战略对于其社会责任绩效的影响；二是从公共部门在工程社会责任履行中的角色出发，以 PPP 模式为研究视角，揭示工程内外部风险因素对于工程社会责任治理的作用机理。

10.1　承包商企业战略与社会责任：国际多样性的视角

10.1.1　引言

以承包商作为代表的众多企业直接参与到重大工程的设计、建设、运营等环节中，其社会责任治理成为重大工程治理的重要组成部分。作为重大工程内部利益相关者网络中的核心，承包商社会责任治理亦是工程社会责任治理的关键。随着近些年来中国工程"走出去"的步伐不断加快，承包商社会责任的决策与行为受到国际市场环境与其国际化战略的影响。这其中，国际多样性作为一项重要的组织国际化战略受到了越来越多的关注（Chen et al., 2014; Hitt et al., 2006; Lu and Beamish, 2004）。国际多样性是指企业在海外市场内向不同国家和地区拓展其不同商品或服务的战略（Gomes and Ramaswamy, 1999），可以划分为国际化深度以及国际化广度两个方面（Geringer et al., 1989; Hitt et al., 2006）。现有文献针对企业国际多样性与财务绩效间的关系开展了广泛而深入的研究

（Capar and Kotabe，2003；Grant，1987），然而，有关国际多样性与社会责任绩效这一关系的研究尚不充分（Husted and Allen，2006），并且从发展中国家企业视角出发的研究更是缺乏（Meyer，2004；Nachum，2004）。鉴于此，本次研究聚焦来自中国的国际承包商，探究承包商国际多样性战略同社会责任之间的关系。

基于制度理论与利益相关者理论，承包商履行社会责任的目的是满足外部环境中关于社会伦理及自然环境方面的制度需求，并维系同利益相关者的良好关系（Campbell，2006）。对于发展中国家企业的国际扩张，海外市场中显性及隐性的制度情境和文化会对其战略选择产生极大的影响（Hoskisson et al.，2005；Peng et al.，2008）。国际承包商面临着海外市场中不熟悉的制度环境和利益相关者网络，需要通过一系列本土化实践获取合法性，而这些本土化实践通常与社会责任密切相关（Yang and Rivers，2009）。

随着国际化进程的不断推进，承包商面临的社会责任相关的需求与压力也显著增加（Kang，2013），这其中至少有三方面的原因。首先，承包商在国际化过程中受到国外制度条件的约束，包括来自政府的外部规制、来自产业的自我规制及来自其他组织（如 NGO）的监督等，这些约束能有效影响其社会责任的决策及行为。随着海外业务的深入及多元化，其面对来自不同国家的制度约束的动态性和复杂性增高，企业需要进一步增进社会责任的投入与实践（Hitt et al.，1997；Campbell，2006，2007）。一些学者基于国家商业系统的视角来解读全球市场中不同国家间社会责任议题的异质性（Aguilera et al.，2007；Maignan，2001；Matten and Moon，2008），研究发现，不同国家和地区间商业系统的差异性导致了跨国企业在国际化进程中面临的有关社会责任的制度压力不断上升（Aguilera and Jackson，2003）。

其次，跨国企业的利益相关者数量庞大且多样（Clarkson，1995），对于其利益相关者需求的响应十分复杂（Brammer et al.，2006）。承包商海外经营时面对的利益相关者包括：员工、分包商、供应商、外国政府、项目所在地社区及公众等。不同于没有海外业务或只有极少海外业务的本土企业，国际承包商在海外市场竞争中需要应对大量的社会责任议题，面对的来自不同国家的利益相关者具有显著的异质性。这不仅带来了多样化的复杂环境（Jackson and Apostolakou，2010），还造成了利益相关者需求、期望及利益的多样化（Brammer et al.，2006）。随着持续性的国际化步伐，该异质性不断累积而促使外部利益相关者的作用增强，从而推动承包商履行社会责任承诺并提高社会责任表现（Wood，2010）。

最后，随着企业在海外市场中业务的不断拓展，其能从利益相关者处通过技术、市场、社会等多方面的组织学习而取得竞争优势（Barkema and Vermeulen，1998；Pennings et al.，1994）。来自发达国家的跨国企业在其母国就已受到严格的社会责任规制，且其海外经营已相对趋于成熟；相比之下，来自发展中国家的跨国企业在海外市场中缺乏足够的知识与经验同来自发达国家的企业竞争。其中，社会责任也成为发展中国家跨国企业追求可持续发展战略中重要的一环，因此在提升国际化深度与广度过程中，国际承包商需要通过加强同各利益相关者的对话和持续性的组织学习来提高社会责任绩效。社会责任报告制度是一项有效的组织学习工具，一方面能促使企业动态地记录其社会责任实践，另一方面可以将其社会责任表现展示给外部利益相关者以接受监督（Gond and Herrbach，2006）。Yeoh（2004）的实证研究验证了对于处于国际化初级阶段的企业，其国际多样性与组织学习呈正相关；利益相关者网络对企业国际化具有显著作用，同利益相关者的交互能帮助企业更好地应对社会责任方面的外部需求，从而帮助企业取得可持续竞争力。

本次研究聚焦来自中国的国际承包商，其不仅在国内的基础设施建设与城市发展中扮演了重要角色（Low and Jiang，2003），自 2000 年以来还在全球建筑业市场中取得了极大的成绩（Shen et al.，2006a；Zhao et al.，2009）。中国承包商在全世界范围内拓展业务的同时，积极采取多方面的措施以在国际竞争中实现可持续发展，如寻求国际标准认证、于所在国家遵循规章制度、学习行业规范及参与社区事务等。然而，其社会责任实践仍存在巨大而复杂的挑战。例如，2011 年波兰 A2 高速公路项目中，忽视了生态保护的相关行为导致中海外集团蒙受巨大损失。根据南非伦理研究机构（Ethics Institute of South Africa，EISA）的报告，中国承包商在非洲承担项目时，工程质量问题致其声誉受损，并且存在针对当地员工缺乏尊重及拖欠工资等伦理问题。因此，针对我国承包商开展多样化战略与社会责任的研究具有重要的实践意义。

现有文献大多关注企业国际战略的财务绩效影响，而对其社会责任绩效影响的讨论相对缺乏，针对这一现状，本次研究基于国际多样性的视角研究了承包商在海外工程实施中的社会责任履行。本章从制度理论、利益相关者理论、组织学习理论等视角出发，解读国际化过程中承包商社会责任履行的战略机制，并基于我国大型国际承包的数据样本，通过实证分析其不同国际多样性战略（深度、广度）等对于其社会责任绩效的直接与交互效应。

10.1.2 理论分析与研究假设

企业为何要在面向全球扩张中推行社会责任行为呢？从外部环境来看，全球市场中文化和制度差异性给企业国际化步伐造成了环境不确定性（Peng，2012）。企业需要通过履行社会责任来积极回应海外经营中的外部利益相关者，进而降低潜在的运营风险（Bartlett and Ghoshal，1989）。从内部治理来看，社会责任不仅帮助企业应对公众诉求和获取正面声誉，还能帮助企业取得经营合法性和满足可持续发展的需求（Porter and Kramer，2006）。来自新兴经济体的企业的国际化进程仍处于初级阶段（Gao，2009；Nachum，2004），更需要通过组织学习或组织适应来实践社会责任（Gond and Herrbach，2006），进而在海外市场立足或取得竞争优势（Porter and Kramer，2006）。基于此，本次研究提出相应假设来分析承包商国际多样性与企业社会责任绩效的关系，并分析不同国际化战略是如何影响企业社会责任的。

1. 国际多样性的深度与承包商社会责任

随着海外业务体量的不断增加，新兴经济体企业在获取资源和市场的同时，还面临如外来者劣势（liability of foreignness）等许多管理风险（Chen et al.，2014），这些风险通常源于海外业务涉及国家不熟悉的制度环境和利益相关者关系（Attig et al.，2016）。一项基于569家中国制造业企业的调查显示，海外市场的风险管理已经成为中国企业国际化进程中的重大挑战（Zeng et al.，2009），尤其是发展中国家社会责任规制相对较弱（Wang et al.，2011）。当企业在海外经营时更容易面临如环境保护、劳工权益、地区文化等方面更大的社会和环境压力（Moura-Leite et al.，2012）。这些制度同构化的压力驱动企业在国际扩张中推行社会责任政策和实践以降低潜在的不确定性和获取合法性（Peng et al.，2009）。此外，建筑行业中承包商面临复杂的利益相关者问题（Mok et al.，2015）。随着国际化程度的提高，承包商面临着更高的利益相关者压力，如国外政府部门、海外竞争者、国外客户及社区、国际NGO、海外媒体等（Christmann，2004；Kang，2013）。这些利益相关者促使承包商参与更多的社会责任相关实践以维持良好的运营环境，进而有利于其获取竞争优势。不同于来自发达国家的企业，其在环境规制压力较低的海外国家可能会减少环境保护措施（即"污染天堂"现象），发展中国家的企业总是面临着相对母国较高的规制水平。并且，我国许多承包商实施国际业务的时间相对较短，缺乏足够的海外经验，因此其会通过持续性的社会学习来提高适应国外市场及制度的要求的能力并改进同海外利益相关者的关系（Swanson，1999）。综上，提出假设：

$H_{10\text{-}1}$：我国工程承包商的国际化程度越高，其社会责任得分越高。

2. 国际多样性的广度与承包商社会责任

企业国际多样性的广度包括地理（区域）多样性（Nachum，2004；Strike et al.，2006）以及产品（行业）多样性（Hitt et al.，1997）。本次研究基于承包商的建筑行业背景，研究其国际化战略的地理多样性与项目多样性对其社会责任的影响。需要注意的是，本次研究中所有涉及的项目均为海外工程项目，故项目多样性可以认为是企业国际多样性广度中的一方面。

国际多样性广度的一方面，即地理多样性，是基于承包商国际业务在全球不同区域的分布。在全球某一特定区域中，当地的文化背景、客户类型、规制标准及经济发展水平较为相似（Qian et al.，2008）。在这些区域多样化的业务分布水平越高，则承包商面临的利益相关者需求和社会责任事务越多（Kang，2013）。从国家商业系统的视角来看，社会责任内容的区域化差异分布是源于该区域的政治体制、金融体制、教育体制、劳动力结构、文化背景等因素的区域异质性（Matten and Moon，2008）。不同海外区域具有截然不同的外部制度环境（Qian et al.，2008），海外业务分布越广泛，利益相关者的数量和多样性就越高。由于经济、社会、文化、法律等方面差异性带来的利益相关者关系越复杂（Sharfman et al.，2004），因此，承包商海外业务的地理多样性越高，更高水平的利益相关者需求促使其开展更多的社会责任实践（Matten and Moon，2008）。此外，由于同发达国家相比发展中国家社会责任规制并不完善与成熟，企业在社会责任实践方面的经验相对缺乏，因此承包商在海外扩张中能累积大量在国内没有的社会责任相关知识、经验及资源。业务地理分布越广的承包商相比之下可以获取更多的机会通过组织学习提高社会责任实践的能力（Hitt et al.，2006），进而在同国内外多样化利益相关者的互动之中提高社会责任绩效（Strike et al.，2006）。据此提出假设：

$H_{10\text{-}2}$：我国工程承包商在国际化进程中地理多样性越高，其社会责任得分越高。

同时，地理多样性对于承包国际化程度与社会责任绩效的关系具有调节效应。一方面，根据企业国际化的路径分析（Johanson and Vahlne，1977），发展中国家承包商更愿意在海外扩张的初级阶段选择与其地理距离和文化距离相近的国家开展业务，进而，随着地理多样性的提高，承包商同海外业务所在国地理距离和文化距离将进一步增大，经营的成本随之提高。同时，地理多样性水平的提高增加了其海外经营环境的复杂性，由此带来了额外的制度压力（Jackson and Apostolakou，2010）。对于国际承包商来说，这一不断增大的制度压力带来了在不同国家承包项目时面临的环境复杂性与不确定性，利益相关者需求的内容更多且范围更广，因而其履行社会责任的要求更高。另一方面，对比只在有限几个国家从事跨国业务的企业，具有更高地理多样性的企业能获取更多全球资源和市场机会，这能帮助企业通过组织学习更好地实践社会责任行为。在全球不同区域及复杂环境中的管理实践能帮助企业获取更多的社会责任相关知识与经验（Ruigrok and Wagner，2003），如环境标准、劳工保护等，这些知识与经验能推动企业在全球其他区域履行社会责任，并提高其海外扩张时的效率和优势（Dowell et al., 2000）。据此提出：

H$_{10-3}$：国际化进程中的地理多样性正向调节了我国工程承包商国际化程度与社会责任得分之间的关系。

国际多样性广度的另一方面，即项目多样性，对于承包商社会责任绩效有类似的影响。现有文献已经对企业产品（行业）多样性同财务绩效间的关系做了深入研究，其中大多是综合性地讨论国内国外市场中企业产品的多样性（Hitt et al., 1997）。相比之下，本次研究集中探究承包商在国际工程市场中在九个不同项目类型中的业务分布情况（具体分类请看 5.1.4 节）。项目多样性可以被解读为承包商在建筑业中不同细分市场的业务分布水平；作为一种关联性业务的多元化战略，项目多样性能帮助企业通过整合不同业务间的协同进而提高企业绩效（Hitt et al., 2006）。

建筑业中同一类型项目建设的承包商面临包括公众关注、媒体报道、政府规制、公众要求在内的社会责任压力相对趋同。而不同项目类型对于社会责任的标准和规制要求及侧重均有所差异。例如，普通商用或民用建筑更重视绿色材料的使用以及对周边社区的影响，而海外的大坝等水利设施项目需要更多关注对于当地自然环境和生态平衡的作用。国际承包需要遵循海外市场中这些社会责任相关的标准、规范、法律等从而获取合法性和竞争优势。同时，建筑业不同细分市场间承包商的利益相关者（尤其是外部利益相关者）具有显著差异（Mok et al., 2015）。专注于普通建筑的承包商侧重于满足周边民众等利益相关者对于社区文化和环境保护的需求，而以铁路建设为主要业务的承包商则通常需要通过当地政府以及相关职能部门交互以处理社会责任相关事务。因而，业务涉及更多不同项目类型的承包商需要面临更多的项目标准、行业规范及法律法规和应对更广泛的利益相关者压力（Oliver, 1997）。并且，这类承包商通过更多与内外部利益相关者的互动，应用组织学习从更多类型的项目实施中获取社会责任实践的知识与经验，进而提高社会责任绩效（Mathur et al., 2008）。据此提出假设：

H$_{10-4}$：我国工程承包商在国际化进程中项目多样性越高，其社会责任得分越高。

现有文献已对产品多样性对于国际化程度与财务绩效间关系的调节效应展开了讨论（Hitt et al., 2006），本次研究在此基础上探究项目多样性对国际化程度与承包商社会责任间关系的调节作用。随着国际化步伐的推进，承包商不断拓展其商业网络并巩固其同海外市场利益相关者的关系。相比业务较为单一的承包商，项目多样性高的承包商需要应对更复杂的利益相关者关系（Strike et al., 2006）。现有文献从组织学习的视角探究了国际化同产品多样性对于企业绩效的交互作用（Hitt et al., 1997; Sambharya, 1996），而在建筑行业中，由于不同业务线之间联系较强，故项目多样性带来的组织学习效应更强。此外，海外市场中业务的多元化拓展通常带来了更多吸收相关知识的机会（Oh and Contractor，2012）。因此，承包商在国际化进程中，项目类型的多元化能促使其提高社会责任相关学习的能力，从而帮助在全球化情境中更好地应对国际标准与规范，更好地取得竞争优势。综上，提出假设：

H_{10-5}：国际化进程中的项目多样性正向调节了我国工程承包商国际化程度与社会责任得分之间的关系。

10.1.3 研究设计与样本

1. 样本选择与数据来源

本次研究样本为进入美国《工程新闻记录》（*Engineering News Record*，ENR）[①]所发布的 ENR TOP Contractors 年度榜单的中国承包商。由于中国政府在 2009 年颁布了企业社会责任报告标准（Marquis and Qian，2013），故本次研究选取了 2010~2014 年的时间窗口。具体数据主要来源于三方面：①从 ENR 发布的年度最大 225 家国际承包商排行榜（2013 年起提升为 250 家）中提取承包商在国际化进程的相关信息，2010~2014 年每年分别有 54、51、52、55、62 家中国大陆承包商上榜，在剔除了相关信息缺失的 8 家承包商后，总观测值数为 266。②由于样本中 67%的企业并不是上市公司，无法通过上市公司年报获取相关数据，故本次研究从国家工商行政管理总局获取了样本承包商的相关财务数据。③为测度承包商社会责任，本次研究从承包商的官方网站及其年度社会责任报告提取了相关的社会责任信息，具体测度将在后文详细说明。

2. 变量定义与测度

因变量：承包商社会责任得分（CSR score），由于企业社会责任包含的维度多而复杂（Carroll，1991），其测度往往采用第三方机构评测的方法，如针对美国上市公司社会责任的研究多基于 KLD 评测数据（Strike et al.，2006），针对英国上市公司社会责任的研究多基于 EIRS（Ethical Investment Research Services）评测数据（Brammer et al.，2006）。在我国，文献中针对社会责任的评测也多依赖于第三方机构，如财富中国的社会责任排名、南方周末的社会责任

---

① 美国《工程新闻纪录》是 McGraw-Hill 公司出版的一本为全球范围内的建筑业从业者及相关人士提供咨询、分析、数据和观点的权威周刊杂志。杂志信息主要来源于承包商、项目业主、工程师、建筑师、负责公共工程的政府或官方组织以及行业内的其他信息提供者。

打分（Wang et al.，2011）、中国社会科学院（Chinese Academy of Social Sciences，CASS）的社会责任指数、上海国家会计学院（SNAI）的社会责任指数（Li and Zhang，2010）。这些社会责任排名与指数都仅仅针对上市公司，然而本次研究的样本中有33%的承包商并没有在中国大陆或海外上市，为此本次研究设计了一个社会责任测度方法。

本次研究的测度方法基于 Wood（2010）的社会责任结构模型，该模型涵盖了社会责任的原则、流程及产出，同时，还参照了 Gao（2009）的研究，即针对企业发布的社会责任相关信息展开内容分析。具体打分方法如下：①若该承包商于该年度发布了社会责任报告或可持续发展报告，计1分，否则计0分。企业社会责任报告反映了企业在战略层面针对社会责任活动的原则、态度及管理方式。②若该承包商于该年度中官方网站设有企业社会责任相关专栏，计1分，否则计0分。企业网站中如企业愿景、核心价值、企业文化等社会责任相关专栏反映了企业社会责任行为在日常运营中的体现。③若该承包商于该年度在官方网站披露了有关社会责任的具体活动（如慈善捐款、环境保护、社区关爱等），计1分，否则计0分。这些活动细节的披露反映了企业社会责任在实践中的表现。综上三方面的加总得分，即为该承包商于该年度的社会责任得分。

自变量：国际化程度（DOI），参照 Qian 等（2008）的研究，本次研究采用了海外营收占总营收比例（FRTR）来测度承包商的国际化程度。

$$DOT = Foreign\ Revenue/Total\ Revenue$$

自变量及调节变量：地理多样性（GD），在研究样本中，ENR 将国际承包商的海外区域划分成北美地区、拉美地区、加勒比地区、欧洲地区、中东地区、亚洲及澳洲地区、北非地区、中非及南非地区八个地区。本次研究参照现有文献（Hitt et al.，1997；Zhang et al.，2010），根据上述划分计算逆赫芬达尔-赫希曼指数（Inverse Herfindahl index，IHI）来表征承包商在国际化进程中的地理多样性。

$$GD = 1/\sum G_i^2 - 1$$

其中，G_i 代表该承包商于该年度内在海外区域 i 的具有工程承包业务的国家数占海外区域 i 所有国家数的比例。当逆赫芬达尔指数越大时，地理多样性越高，承包商业务的地理分布越广。特别地，如果该承包商于该年内仅在某一个海外区域有业务，则其逆赫芬达尔指数为0。

自变量及调节变量：项目多样性（PD），在研究样本中，ENR 将国际承包商的工程项目划分为普通建筑类、制造类、能源类、水利类、污水及固体废物处理类、工业合成及石油类、交通类、有害废弃物处理类、电信类九种类型。同样地，本次研究根据上述划分计算逆赫芬达尔指数来表征承包商在国际化进程中的项目多样性。

$$PD = 1/\sum P_i^2 - 1$$

其中，P_i 代表该承包商于该年度内在海外业务中承包的第 i 类项目数占其总项目数的比例。当逆赫芬达尔指数越大时，项目多样性越高，承包商业务的项目业务分布越宽。

控制变量：企业年龄（firm age），由于承包商的已有经验可能影响其国际化战略及社会行为（Strike et al., 2006），因此本次研究控制了企业年龄。资产回报率（ROA）：企业财务绩效通常与企业社会绩效（CSP）正相关（Waddock and Graves, 1997），具有更好财务绩效的企业通常受到更大的来自利益相关者的压力，同时拥有更多的资源进而促使其履行社会责任。新合同规模（contract）：本次研究计算了该承包商于该年度内新获取的承包合同总额的对数，以控制其市场竞争力。业务涉及国家数（NNS）：海外业务涉及国家数在一定程度上可以反映企业的国际化水平（Gomes and Ramaswamy, 1999）。所有制：相比非国有企业，国有企业通常能从国家系统中获取更多的政府支持与关注，故本次研究设置哑变量来控制承包商是否为国有控股。上市情况（listed）：相比非上市企业，上市企业承受着更多来自利益相关者的压力及与社会责任相关的规制和要求。例如，2008 年上海证券交易所发布了针对上市企业有关环境信息披露要求的规定。本次研究设置了哑变量来控制承包商是否上市。此外，根据承包商海外业务地理区域的划分，设置了地理区域哑变量（geographic dummies）；根据承包商海外工程项目类型的划分，设置了项目类型哑变量（project dummies）。

3. 计量模型

研究样本时间跨度是 5 年（2010~2014 年）的非平衡面板数据。根据 Wooldridge（2007）的研究，当数据同时具有横截面与时间序列特征且不呈现组内自相关关系时，OLS 回归模型相比面板回归模型更合适。本次研究采取了怀特检验（White test）与 BP 检验（Breusch-Pagan Lagrange multiplier test），检验结果显示 OLS 回归模型适用于研究样本。进而，本次研究参照国际多样性与企业社会责任的现有文献（Kang, 2013；Strike et al., 2006），给出了如下回归模型：

$$\begin{aligned} \text{CSRscore} = &\beta_0 + \beta_1 \cdot \text{DOI} + \beta_2 \cdot \text{GD} + \beta_3 \cdot (\text{GD} \times \text{DOI}) + \beta_4 \cdot \text{PD} + \beta_5 \cdot (\text{PD} \times \text{DOI}) \\ &+ \gamma_1 \cdot \text{YearDummies} + \gamma_2 \cdot \text{GeographicDummies} + \gamma_3 \cdot \text{ProjectDummies} \\ &+ \gamma_4 \cdot \text{OtherControls} + \varepsilon \end{aligned}$$

10.1.4 结果分析

1. 描述性统计

表 10-1 为本次研究中 266 个观测值的描述性统计情况。承包商社会责任得分的均值为 1.357，标准差为 1.042；国际化程度均值为 0.476，标准差为 0.377，最大值为 1，最小值为 0.022；地理多样性的分布较为对称，均值为 1.981，标准差为 1.206，最大值为 5.388，最小值为 0；项目类型多样性的均值为 0.750，标准差为 1.096，最大值为 8.337，最小值为 0。方差膨胀因子（VIF）均不大于 8.217。表 10-2 为样本的 Pearson 相关系数表，相关系数均不大于 0.62。故 OLS 回归的多重共线性在可接受范围内。

表 10-1 承包商企业战略与社会责任：描述性统计

变量	研究样本	最大值	最小值	均值	标准差	VIF
CSR score	266	3	0	1.357	1.042	
Firm age	266	50	1	19.612	8.691	1.276
ROA	266	0.503	0	0.037	0.062	1.504
Contract	266	5.175	1.013	3.163	0.750	2.431
NNS	266	85	1	14.524	15.122	3.666
Ownership	266	1	0	0.850	0.358	1.874
Listed	266	1	0	0.320	0.467	2.068
DOI	266	1.000	0.022	0.476	0.377	1.626
GD	266	5.388	0	1.981	1.206	8.217
PD	266	8.337	0	0.750	1.096	2.073

表 10-2 承包商企业战略与社会责任：相关系数矩阵

	变量	1	2	3	4	5	6	7	8	9	10
1	CSR s.	1									
2	DOI	−0.05	1								
3	GD	0.29**	−0.12*	1							
4	PD	0.18**	0.07	0.13*	1						
5	F. age	−0.01	0.20**	0.01	0.11	1					
6	ROA	0.12*	0.13*	0.00	0.17**	0.06	1				
7	Con.	0.42**	−0.72**	0.43**	0.05	−0.22**	−0.02	1			
8	NNS	0.50**	−0.16**	0.62**	0.33**	−0.02	0.00	0.55**	1		
9	Own.	0.04	0.18**	0.16**	0.21**	0.10	0.08	0.05	0.22**	1	
10	Listed	0.53**	−0.26**	0.41**	0.20**	−0.07	−0.06	0.51**	0.53**	0.11	1

***$p<0.01$，**$p<0.05$，*$p<0.10$

2. 回归分析

表 10-3 报告了 OLS 回归结果。模型 1 涵盖了所有控制变量。模型 2 的结果表明，国际化程度与承包商社会责任得分呈显著正相关（$\beta=0.546$，$p<0.01$），故假设 $H_{10\text{-}1}$ 被支持，且模型 3~模型 7 中国际化程度的系数也均显著为正，即承包商的国际化程度越高，其社会责任表现越好。模型 3 加入了地理多样性，结果表明承包商海外业务的地理多样性对其社会责任得分并无显著的直接影响，假设 $H_{10\text{-}2}$ 不被支持。模型 4 引入了地理多样性与国际化程度的交互项，回归系数显著为负（$\beta=-0.326$，$p<0.05$），这与假设 $H_{10\text{-}3}$ 预测的相反，即当承包商海外业务地理多样性较高时，其国际化程度与社会责任得分之间的正相关关系变弱。模型 5 报告了承包商项目多样性对于其社会责任得分的显著正向影响（$\beta=0.116$，$p<0.05$），且模型 6 中项目多样性的系数仍显著为正，即假设 $H_{10\text{-}4}$ 得到了实证支持。模型 6 加入了项目多样性与国际化程度的交互项，回归系数为正但并不显著，假设 $H_{10\text{-}5}$ 不被支持。总体来说，不同的国际化战略对于承包商的社会责任绩效具有不同的影响。

表 10-3 承包商企业战略与社会责任：OLS 回归结果

变量	Model 1	Model 2	Model 3	Model 4	Model 5	Model 6	Model 7
Intercept	1.433*** (0.366)	0.972** (0.384)	0.922** (0.393)	0.717* (0.397)	1.098*** (0.386)	1.105*** (0.387)	0.905** (0.410)
Firm age	0.004 (0.006)	0.002 (0.006)	0.002 (0.006)	0.006 (0.006)	0.002 (0.006)	0.001 (0.006)	0.005 (0.006)
ROA	2.650*** (0.925)	2.159** (0.917)	2.15** (0.918)	1.614* (0.933)	2.119** (0.910)	2.168** (0.920)	1.620* (0.943)
Contract	0.153 (0.102)	0.279** (0.107)	0.280*** (0.107)	0.325*** (0.107)	0.286*** (0.106)	0.282*** (0.107)	0.327*** (0.108)
NNS	0.027*** (0.006)	0.026*** (0.006)	0.026*** (0.006)	0.025*** (0.006)	0.026*** (0.006)	0.026*** (0.006)	0.025*** (0.006)
Own.	-0.914*** (0.176)	-0.998*** (0.174)	-0.998*** (0.174)	-1.082*** (0.176)	-1.054*** (0.175)	-1.055*** (0.175)	-1.131*** (0.177)
Listed	0.657*** (0.144)	0.729*** (0.143)	0.730*** (0.143)	0.668*** (0.144)	0.717*** (0.142)	0.712*** (0.143)	0.657*** (0.144)
Year Dum.	Included	Included	Included	Included	Included	Included	Included
Geog. Dum.	Included	Included	Included	Included	Included	Included	Included
Proj. Dum.	Included	Included	Included	Included	Included	Included	Included
DOI		0.546*** (0.162)	0.555*** (0.163)	0.576*** (0.161)	0.559*** (0.161)	0.560*** (0.161)	0.577*** (0.161)
GD			-0.063 (0.105)	-0.018 (0.105)			0.051 (0.111)
DOI×GD				-0.326** (0.130)			-0.311** (0.131)

续表

变量	Model 1	Model 2	Model 3	Model 4	Model 5	Model 6	Model 7
PD					0.119** (0.057)	0.114* (0.059)	0.112* (0.061)
DOI×PD						−0.049 (0.123)	−0.009 (0.123)
Indices							
N	266	266	266	266	266	266	266
F	9.24***	9.71***	9.36***	9.46***	9.65***	9.30***	9.03***
Adj. R^2	0.456	0.479	0.478	0.489	0.486	0.485	0.492

***$p<0.01$，**$p<0.05$，*$p<0.10$

模型7包括了所有的变量及交互项，其结果同模型1~模型6保持一致。在控制变量中，承包商的资产回报率（$\gamma=1.620$，$p<0.10$）及新合同规模（$\gamma=0.327$，$p<0.01$）均对其社会责任得分具有显著正向影响，即承包商的财务绩效及竞争力同其社会责任正相关。业务涉及国家数的回归系数显著为正（$\gamma=0.025$，$p<0.10$），由于业务涉及国家数可以作为国际化程度的代理变量，故这也部分支撑了 $H_{10\text{-}1}$。此外，回归结果还表明，国有控股承包商的社会责任表现较差（$\gamma=-1.131$，$p<0.01$）而已经上市的承包商的社会责任表现更好（$\gamma=0.657$，$p<0.01$）。

3. 稳健性检验

OLS 回归模型中包含了7个重要的控制变量、8个地理区域哑变量及9个项目类型哑变量，这可以有效降低内生性的潜在影响。此外，本次研究还进行了一系列稳健性检验，如应用了不同的变量测度方法、调整了控制变量、使用其他回归模型等（表10-4）。首先，本次研究参照 Zhang 等（2010）的研究，还采用熵权法来测度承包商海外业务的地理多样性与项目多样性[①]。报告了采用熵权法的回归结果，国际化程度对于社会责任的作用仍然显著为正（支持了假设 $H_{10\text{-}1}$），地理多样性同国际化程度的交互作用显著为负（支持了假设 $H_{10\text{-}3}$），项目多样性的直接效应显著为正（支持了假设 $H_{10\text{-}4}$），而假设 $H_{10\text{-}2}$ 与假设 $H_{10\text{-}5}$ 不被支持，这与前文实证结果保持一致。其次，本次研究还采用了年盈利变量代替新合同规模来控制承包商在国际市场中的竞争力，回归结果保持一致。最后，考虑到样本为非平衡面板数据，本

---

① 熵权法的测量公式为：GD entropy $=\sum G_i \ln(1/G_i)$，PD entropy $=\sum P_i \ln(1/P_i)$，其中熵值越大表明多样性水平越高。

研究参照 Strike 等（2006）的研究额外采用了 GLS 模型来针对可能存在的内生性即自相关等问题，同时，本次研究还额外使用 Ordered logit 模型来针对应变量为离散性。上述稳健性检验的回归结果都与 OLS 回归保持一致。

表 10-4　承包商企业战略与社会责任：稳健性检验

模型	Model 1	Model 2	Model 3	Model 4
Intercept	0.894** （0.407）	−0.908 （0.603）	0.905** （0.384）	
Firm age	0.005 （0.006）	0.008 （0.006）	0.005 （0.006）	0.008 （0.017）
ROA	1.591* （0.931）	2.157*** （0.821）	1.620* （0.882）	4.586* （2.487）
Revenue	0.305*** （0.11）	0.740*** （0.147）	0.327*** （0.101）	0.899*** （0.31）
NNS	0.024*** （0.006）	0.022*** （0.006）	0.025*** （0.005）	0.112*** （0.025）
Own.	−1.122*** （0.178）	−1.100*** （0.170）	−1.131*** （0.166）	−3.323*** （0.547）
Listed	0.657*** （0.144）	0.639*** （0.138）	0.657*** （0.134）	1.606*** （0.403）
Year Dum.	Included	Included	Included	Included
Geog. Dum.	Included	Included	Included	Included
Proj. Dum.	Included	Included	Included	Included
DOI	0.577*** （0.160）	1.164*** （0.209）	0.577*** （0.150）	1.681*** （0.456）
GD	0.107 （0.366）	0.063 （0.108）	0.051 （0.104）	0.452 （0.322）
DOI×GD	−0.789** （0.317）	−0.270** （0.125）	−0.311** （0.123）	−0.829** （0.374）
PD	0.260** （0.114）	0.132** （0.060）	0.112* （0.058）	0.435* （0.228）
DOI×PD	−0.050 （0.241）	0.036 （0.120）	−0.009 （0.116）	−0.070 （0.418）
Indices				
N	266	266	266	266
F	9.10***	10.13***		
Adjusted R^2	0.494	0.524		
Log likelihood			−281.480	−252.956
Wald chi^2			329.91***	
LR chi^2				219.93***
Pseudo R^2				0.303

***$p<0.01$，**$p<0.05$，*$p<0.10$

注：Model 1，采用熵权发测度 GD 与 PD；Model 2，替换控制变量合同数额与收益；Model 3，采用 GLS 模型回归；Model 4，采用 Ordered logit 模型回归

10.1.5 结论与讨论

本次研究探讨了承包商的国际多样性战略是如何影响其社会责任这一问题。通过前文理论分析及实证研究发现，国际多样性的深度与广度对于承包商的企业社会责任表现具有不同作用，具体结论如下所述。

第一，承包商国际化深度同其社会责任间的正向关系可以归结于其在国际化进程中来自复杂制度环境和多层次利益相关者的不断上升的压力，随着利益相关者需求和社会责任议题范围的不断拓展，企业需要通过组织学习来提高其社会责任绩效（Kang，2013）。

第二，研究发现：承包商海外业务的地理多样性在回归模型中呈现出负向的调节作用。当承包商采取地理扩展范围更广的海外战略时，其国际化深度同社会责任间的正向关系越弱，与假设相反。考虑到发展中国家的企业在全球市场中风险管理经验的相对缺乏，其对于海外国家的制度差异的感知相比发达国家的企业相对更高（Peng，2012）。基于此，一些学者认为企业会因此实施更多的社会责任举措来降低在海外经营中面临的社会层面与规制层面的风险（Attig et al.，2016；Kang，2013）。从长远的战略角度出发，企业社会责任能够帮助企业预防与减少企业在海外经营中的风险，如不熟悉的政府规制、劳动力市场的不确定性、自然环境压力等（Orlitzky and Benjamin，2001）。然而，多样化的地理扩展不仅为承包商带来了更多市场机会、制度约束及利益相关者压力，还意味着针对东道国政治不稳定性、金融市场不稳定性、腐败的制度环境等方面运营风险的分摊，因而更高的国际地理多样性会降低其采取社会责任举措的动机。综上，我国的国际承包商基于"将鸡蛋放在不同篮子里"的风险管理战略，在业务的地理分布更广时其履行社会责任的意愿会相对较低。

第三，国际多样性广度的两个维度，地理多样性与项目多样性对于承包商社会责任表现的影响是不同的：地理多样性对于国际化深度与社会责任表现间的关系具有负向的调节效应，没有直接效应；而项目多样性则具有负向的直接效应，调节效应并不显著。这一差异可以从两方面解读：一方面，相比项目多样性，地理多样性具有国家与社会层面的属性（如语言、宗教、文化等）且关系到国际化的路径，这导致其对社会责任的效应与其国际化深度以及在海外市场同利益相关者互动程度等具有更强的交互性。对于我国承包商的实践来说，由于不同地区东道国相比母国的政治、金融、文化等国家系统的差异程度显著不一致，因此同样程度的地理多样性并不意味面临同样程度的社会责任压力亦并不一致（Matten and Moon，2008；Qian et al.，2008）。例如，根据本次研究测度方法，即使地理多样性水平相同，主要业务集中在东亚的我国承包商受到的文化约束比业务集中在欧洲市场的承包商要低，因而前者需要付出的社会责任方面的投入较低。另一方面，由于母国的社会责任规制的范围与强度高于一些海外市场（如我国承包商海外业务起步的非洲、中东等地区），同时又低于另一些市场（如北美地区），同等地理多样性水平的我国承包商的社会责任绩效在前者较低而在后者较高，而项目多样性则不具有上述复杂影响。相比之下，同在建筑产业内，不同项目间的异质性要小得多。虽然不同国家建筑市场间的规范与标准有所不同，但是有关行业内社会责任及可持续性议题趋于一致（Zhao et al., 2012）。本次研究中，作为一种行业内关联性业务的多元化战略，项目多样性带来的组织学习过程相比地理多样性而言是更为直接有效的，故其对社会责任绩效的直接效应是显著的。

总结来说，国际多样性深度，即国际化程度对承包商社会责任绩效具有正面作用；国际多样性广度的两维度的作用并不相同，地理多样性负向调节了国际化程度与社会责任绩效的关系，而没有直接作用，而项目多样性则对于社会责任绩效具有直接正向作用，没有显著的调节作用。考虑到中国承包商的实践背景，在面临国际化进程中诸多社会责任相关议题的需求与挑战，社会责任的履行不仅受到海外制度环境与复杂利益相关者的影响，还受到承包商自身组织学习的驱动，这些影响与驱动同承包商的国际多样性战略密切相关。

本次研究具有如下的理论贡献与实践启示：首先，本次研究针对现有文献中较少探讨的国际多样性与社会责任这一话题，综合了利益相关者、制度环境、组织学习等多视角展开分析。结果表明，承包商采用不同深度及广度的差异化、国际化战略，对其社会责任绩效具有重要影响。其次，本次研究在 Wood（2010）、Gao（2009）等的研究基础上，提供了一种基于企业信息披露的社会责任测度方法，这一方法可以在后续研究中用于非上市公司的社会责任绩效测度中。最后，本次研究拓展了国际化战略与可持续性研究在发展中国家企业背景下的探讨。随着"一带一路"倡议的不断推进以及中国工程"走出去"步伐的加快，我国承包商在国际市场中面临的竞争环境也更为复杂，社会责任履行已成为实现可持续竞争力提升的内在需求。在海外竞争中，不能盲目地进行地理版图的扩展，而应该进一步增加国际化程度的同时，不断尝试拓展国际业务类型，由此才能提高社会责任绩效、提升其国际声誉，从而赢得竞争优势。

本次研究不可避免地存在一些局限性。首先，还有一些内外部因素应当纳入框架中加以完善，如海外市场风险管控的驱动力、承包商国际化的模式与路径、国外环境的特定文化背景与国家属性、高管团队的特征等。其次，本次研究的社会责任得分测度仅针对了正面的社会责任信息披露，对于承包商一些非伦理性的社会责任表现（如环境违法事件、与工程所在社区的纠纷）没有很好地加以考虑。最后，本次研究仅提取了 ENR 中我国承包商的样本，其他发展中国家甚至发达国家承包商的企业战略与社会责任的关系是否具有一致性也亟须验证。

10.2　公共部门与工程社会责任：PPP 模式的视角

10.2.1　引言

麦肯锡研究预测，全球公共基础设施建设的需求在 2013~2030 年将达到 57 万亿美元，相比过去 1996~2013 年增长 60%，与日俱增的公共基础设施建设需求与公共部门财政建设资金紧缺之间的矛盾日益凸显（Dobbs et al., 2013）。自 1992 年英国政府引入私人投资进入公共基础设施工程（英法海底隧道）以来，PPP 模式在世界范围内被广泛关注，并应用于能源、通信、交通、水利水电等多种类型的项目（Grimsey and Lewis, 2002；叶晓甦和徐春梅，2013）。根据我国财政部的数据，截至 2016 年底，中国总计入库 PPP 项目有一万个，项目金额超过 12 万亿元。近年来，由 PPP 模式衍生的工程项目绩效研究已逐渐成为学术界和产业界共同关注的热点（Li et al., 2005b；Jiang et al., 2015）。其中，有关 PPP 工程的成本、工期、质量等问题的研究已经较为丰富与充分，而针对社会责任绩效方面的讨论相对不足（Reynaers, 2014）。基于此，本次研究聚焦 PPP 工程的社会责任治理问题，并从公共部门投资与项目内外部风险的视角加以展开。

PPP 是指公共部门与私营企业为提供公共服务，通过正式协议进行资源、风险、责任、利益的分担与共享而建立起来的合作伙伴关系（温来成等，2015）。本次研究中 PPP 项目是指建立在这一合作关系上的公共基础设施工程项目，这类项目投资规模巨大、全生命周期长、涉及利益相关者众多、社会影响深远。在全球可持续发展与我国"一带一路"倡议的大背景下，PPP 模式下重大工程社会责任履行成为政府、业界及公众共同关注的焦点（Akintoye et al., 2008；Osei-Kyei and Chan, 2015）。基于此，本次研究从项目治理的财务结构出发探究这一问题：公共部门占比对于 PPP 工程社会责任绩效的影响如何？进一步地，PPP 工程内外部的哪些因素影响了公共部门的社会责任治理？

我们应当看到，PPP 模式并不仅是一种融资手段，还是一种管理模式，尤其是政府的一种公共管理模式（Kumaraswamy and Anvuur, 2008）。在工程社会责任履行中，公共部门的角色与作用相比私营部门更为关键。作为 PPP 工程的发起者与投资方，公共部门在项目实施的过程中，同私营部门利益共享、风险共担并全程合作，在控制工程成本、工期、质量等传统项目管理目标的同时，还会通过直接接入、间接引导、监督规制等多种手段实现工程社会责任的履行（Albareda et al., 2007）。基于注意力基础观，相比企业（私营部门）这一类以利润作为追求的组织，公共部门在 PPP 项目中还需要考虑项目实施对环境、社会的影响，以及对行业区域的溢出等狭义与广义的工程社会责任。因此，公共部门在 PPP 工程社会责任履行中具有更强的意愿。基于资源基础观，相比一般企业，公共部门还通过政策发布、标准制定、法律规制等方式掌握了大量非经济资源，这些资源与环境保护、施工安全、劳工保障等社会责任议题密切相关（Scherer and Palazzo, 2011；Wernerfelt, 1984）。因此，公共部门在 PPP 工程社会责任履行中具有更多重要的资源。此外，PPP 工程的内外部诸多因素亦成为项目绩效实现的关键（Zhang et al., 2015）。对于工程社会责任的履行，项目自身财务与环境压力在左右公共部门注意力并影响其决策与行动的同时，还对其资源利用产生约束。此外，基于制度理论，PPP 工程所在国的宏观经济与环境风险决定了工程实施的制度环境，尤其是公共部门，其决策与行为受到制度环境的影响显著（Henisz, 2002；Mahalingam, 2009；Zhang et al., 2015）。工程内外部的经济与环境压力是公共部门推动社会责任履行的重要条件。

然而，迄今为止，学术界大多关注 PPP 工程的成本、工期、质量等传统项目管理绩效，而对工程社会责任绩效的研究相对缺乏。针对公共部门与 PPP 工程社会责任治理的深入剖析更是罕见。基于这一现状，本次研究从注意力基础观、资源基础观、制度理论等视角出发，基于亚洲开发银行的 PPP 项目数据样本，通过实证分析公共部门投资占比对于工程社会责任绩效的影响，并引入项目层面与国家层面的经济与环境风险要素，力图深入探究工程内外部因素对于工程社会责任履行的作用机制。

10.2.2 理论分析与研究假设

1. 公共部门与工程社会责任

PPP 项目大多具有公共项目的属性，公共部门的关注程度与参与程度更大，更高的投资占比提高了公共部门推动工程社会责任绩效的意愿及能力。

一方面，从注意力基础观出发，相比私营部门，公共部门在 PPP 项目实施中更加具有履行社会责任的意愿，这一意愿来自内部因素驱动和外部利益相关者的推动（Ocasio, 1997）。首先，公共部门的职责本身就需要其在社会服务中考虑公众利益（Box, 1999），相对而言更加关注民生以及环境问题等社会责任。其次，私营部门更加考虑商业利益，在 PPP 项目中将组织自身盈利放在首位，而公共部门则并非如此，公共部门的负责人更考虑 PPP 项目带来的社会绩效，如改善民生、促进区域交通运输等（Shen et al., 2006b）。最后，相比私营部门，公共部门受到来自PPP项目所在社区、社会媒体等公众型利益相关者更多的关注和压力。因此，公共部门会更加注重PPP项目的社会责任表现。另一方面，从资源基础观出发，相比私营部门，公共部门在PPP项目履行中更加具有社会责任履行的条件和能力。首先，作为大多数PPP项目的发起者，公共部门在项目初期选择合作时会综合考虑私营企业的资质与能力，这其中包括对环境及社会责任履行方面（Miller and Hobbs, 2005）。其次，公共部门在PPP项目社会网络处于关键位置，在全生命周期中能够协调和整合各方资源。其除了通过合作取得私营部门资金和人力外，还能有效利用自身政治资源以及从政府所属科研机构获取技术支持。最后，相比企业，公共部门可以通过多种直接和间接的手段提高PPP项目的社会责任绩效。公共部门不仅可以通过推行相关法规来对企业的非伦理性行为进行监督和规制，还能采取多样化的政策有效干预私营部门在PPP项目中的利益相关者战略（Albareda et al., 2007; Scherer and Palazzo, 2011），进而提高项目决策及行为透明度，改善工程社会责任绩效。因此，公共部门具有能力和条件推动PPP项目的社会责任履行。

PPP项目中投资占比较大一方在项目的决策与行动会更加有话语权，工程各方面的绩效也越发能反映出投资方的意愿及能力。综上所述，提出假设：

H_{10-6}：公共部门在PPP项目投资中占比越高，工程的社会责任绩效越高。

2. 项目层面风险与工程社会责任

PPP项目层面风险对于假设H_{10-6}预测的关系具有调节作用，本次研究着重探讨两方面的项目层面风险：项目财务风险与项目环境风险。

PPP项目的财务风险主要是指工程实际成本超预算的不确定性。Ansar等（2014）的研究显示，重大项目成本超支并不罕见，全球范围内90%的重大项目都有超支现象，许多项目超支达50%~100%。由于公共部门更关注工程的社会责任绩效，当PPP项目具有较低的财务风险时，特别是能够达到预期回报率时，公共部门相比私营部门而言对于最大化盈利的意愿并不强烈，而会更多地关注到工程社会责任的实现；而当项目财务风险较高时，公共部门投资占比越高，其对于成本控制的敏感性越高，其注意力会更多地转移到工程的成本控制，相比之下，对于工程社会责任的关注与影响减少，进而使社会责任绩效降低（Ke et al., 2010; Liu et al., 2016）。同时，基于资源基础观视角，当PPP项目具有较好的财务绩效时，公共部门具有更多的冗余资源并将其投入工程社会责任活动中。相比之下，当PPP项目面临较高的财务压力时，工程实施过程中对于社会责任方面的财力物力投入亦会有所减少，这将显著降低公共部门推动与履行工程社会责任的能力（Ke et al., 2010; Liu et al., 2016）。据此提出假设：

H$_{10-7}$：PPP 项目的财务风险负向调节了公共部门投资占比与工程社会责任绩效之间的关系。

PPP 项目的环境风险主要是指项目建设过程中及完成后对工程所在地自然环境造成的影响[①]。当项目存在较高的环境风险时，公共部门对于工程社会责任相关议题会更加敏感，由此会在工程决策和实施中增加环境保护措施等方面的考量（Li et al.，2005a）。在对于自然环境有显著影响的大型公共项目中，公共部门会推出一些相应的制度与规范，以影响项目的承包商、供应商、运营商等其他参与方的决策与行为，进而提高工程社会责任绩效。同时，当 PPP 项目环境风险增加时，投资占比越高的公共部门其对于环境保护方面投入的资源亦会增加，如在项目中成立专门的环保部门、提高环保专项投入等，进而提高工程的社会责任绩效。据此提出假设：

H$_{10-8}$：PPP 项目的环境风险正向调节了公共部门投资占比与工程社会责任绩效之间的关系。

3. 所在国家层面风险与工程社会责任

宏观制度环境，如国家政治稳定、经济发展水平、自然环境条件等，对于大型基础设施项目具有显著影响（Li et al.，2005b；Zhang，2005），尤其是 PPP 项目中的公共部门一方，其既在工程实施中具有关键作用，同时其决策与行为又与制度环境之间密不可分。因此，本次研究假设 PPP 项目所在国环境对假设 H$_{10-6}$ 预测的关系具有调节作用，着重探讨两方面的项目所在国风险：宏观经济风险与自然环境风险。

国家宏观经济风险主要是指国民经济运行的不确定性、金融市场的不稳定性。基于制度理论，国家宏观经济风险较高时，公共部门自身的预算通常较为吃紧，对于基础设施的投资行为更为审慎，特别是在那些公共投资占比较大的 PPP 项目中，公共部门会更多地考虑到工程的投资回报率，相对而言，对于工程非经济方面的社会责任绩效关注较少。此外，较高的宏观经济风险使项目财务治理面临更大的压力，因而公共部门对于 PPP 项目工程社会责任的资金投入会受到负面的影响（Henisz，2002）。综上所述，提出假设：

H$_{10-9}$：PPP 项目所在国的宏观经济风险负向调节了公共部门投资占比与工程社会责任绩效之间的关系。

国家自然环境风险是指国家层面的来自自然资源以及生态环境方面的压力。在自然环境风险较高的国家和地区，有关自然资源循环利用及生态环境保护方面的规制较强，PPP 基础设施项目的社会责任绩效在这一制度环境下受到来自各利

[①] 详情见 https://www.adb.org/site/safeguards/environment。

益相关者更多的关注（Kang，2013）。相比私营部门，公共部门对于自然环境的风险更加敏感。当PPP所在国自然资源和生态环境的压力较大时，公共部门会对于工程社会责任有更大的驱动力，特别是更多地推出环保方面的政策以及规章，并且当 PPP 项目中公共部门占比越高，则这一驱动力的作用更为显著（Zhang，2005）。据此提出假设：

$H_{10\text{-}10}$：PPP 项目所在国的自然环境风险正向调节了公共部门投资占比与工程社会责任绩效之间的关系。

10.2.3 研究设计与样本

1. 样本选择与数据来源

本次研究样本的项目数据来自亚洲开发银行2010~2015年发布的包含完整评价文档的 PPP 项目，国家层面数据来自世界银行数据库。为了保证样本的有效性，对数据进行了预处理：合并重复的项目数据，删去相关数据缺失严重项目，删去跨国项目。经过上述的检查、更正和删误等，最终有效样本量为326。

2. 变量定义与测度

因变量：工程社会责任绩效（PSR），考虑到样本中工程类型的差异性，采用统一的连续变量测度工程的社会责任绩效并不现实，因此本次研究引入 0~1 变量来测度工程社会责任绩效（PSR）。参照亚洲开发银行设计的标准，如工程实践了某一方面的社会责任（实现节能减排、改善当地家庭用电条件、改善当地交通、改善当地居民用水条件、兴建当地农业灌溉或抗洪设施、促进区域市场发展、提升区域教育水平等），则计 1；否则计 0。

自变量：项目公共部门投资占比（PIR），本次研究采用公共部门实际投资规模占该项目实际总投资规模之比作为自变量。

调节变量：项目财务风险（PFR），项目的成本控制体现了项目的财务治理，本次研究采用项目实际总投资规模与计划总投资规模之比来测度项目财务风险。该比值越高，则表明项目超支越大，项目的财务风险越高。

调节变量：项目环境风险（PER），本次研究采用亚洲开发银行针对其项目的环境保护措施评级来测度项目的环境治理绩效，该变量为非连续变量：若评级为 A，计 3；若评级为 B，计 2；评级为 C，计 1，剩余计 0。该数值越高，表明项目的环境风险越高[①]。

[①] 详情见 https://www.adb.org/site/safeguards/safeguard-categories#section0。

调节变量：所在国宏观经济风险（NFR），参照 International Country Risk Guide（ICRG），本次研究采用 1991~2015 年所在国通货膨胀率的平均值来测度宏观经济压力。该数值越高，表明该项目所在国的宏观经济压力越大。

调节变量：所在国自然环境风险（NER），本次研究采用 1991~2012 年所在国非可再生能源消耗占总能耗的比值来测度自然环境压力。该比值越高，表明该项目所在国的自然环境压力越大。

控制变量：项目投资规模（PAI），取项目实际总投资规模的对数值。项目工期（PAD）：取项目实际持续天数的对数值。项目所在国的人均 GDP（GDPpp）：取人均 GDP 的对数值。所在国国土面积（LAND）：取国土面积的对数值。所在国人口（POP）：取人口的对数值。此外，本次研究还引入两组哑变量控制了项目记录年份（year dummies）以及项目类型（project dummies）。

3. 计量模型

本次研究的对象为非平衡面板数据，研究采用 OLS 回归，具体回归模型为

$$\begin{aligned}
\text{PSR} = & \beta_0 + \beta_1 \cdot \text{PIR} + \beta_2 \cdot \text{PFR} + \beta_3 \cdot \text{PER} + \beta_4 \cdot (\text{PIR} \times \text{PFR}) + \beta_5 \cdot (\text{PIR} \times \text{PER}) \\
& + \beta_6 \cdot \text{NFR} + \beta_7 \cdot \text{NER} + \beta_8 \cdot (\text{PIR} \times \text{NFR}) + \beta_9 \cdot (\text{PIR} \times \text{NER}) \\
& + \gamma_1 \cdot \text{YearDummies} + \gamma_2 \cdot \text{ProjectDummies} + \gamma_3 \cdot \text{OtherControls} + \varepsilon
\end{aligned}$$

10.2.4　结果分析

1. 描述性分析

表 10-5 为研究样本中 326 个观测值的描述性统计情况。工程社会责任绩效（PSR）的均值为 0.663，标准差为 0.474；公共部门投资占比（PIR）的均值为 0.226，标准差为 0.203；项目的财务风险（PFR）的均值为 0.981，标准差为 0.356，超支最严重的项目风险达到了 4.237；项目的环境风险（PER）的均值为 1.810，标准差为 0.671；项目所在国的宏观经济风险（NFR）的均值为 0.398，标准差为 1.106，各国间的经济风险差异较大；所在国的自然环境风险（NER）的均值为 0.545，标准差为 0.251，由于样本中工程涉及国家多集中在亚洲，自然环境压力的差异性并不大。方差膨胀因子（VIF）均不大于 5.2，OLS 回归的多重共线性在可接受范围内。表 10-6 给出了研究样本中各变量的 Pearson 相关系数。

表 10-5　公共部门与工程社会责任：描述性统计

变量	研究样本	均值	标准差	最小值	最大值	VIF
PSR	326	0.663	0.474	0.000	1.000	
PIR	326	0.226	0.203	0.001	0.978	1.510
PFR	326	0.981	0.356	0.020	4.237	1.460
PER	326	1.810	0.671	1.000	3.000	2.290
NFR	326	0.398	1.106	0.023	9.271	1.380
NER	326	0.545	0.251	0.063	1.000	1.740
PAI	326	18.135	1.489	13.344	22.677	2.810
PAD	326	7.588	0.811	1.386	8.458	1.570
GDPpp	326	6.892	0.669	5.805	8.451	2.000
LAND	326	12.924	2.149	5.704	16.073	3.550
POP	326	17.804	2.368	11.513	21.039	5.180

表 10-6　公共部门与工程社会责任：相关系数矩阵

	变量	1	2	3	4	5	6	7	8	9	10	11
1	PSR	1.000										
2	PIR	0.342***	1.000									
3	PFR	0.147***	0.145***	1.000								
4	PER	0.437***	0.439***	0.188***	1.000							
5	NFR	−0.126**	0.017	−0.043	−0.110**	1.000						
6	NER	−0.015	0.244***	0.092*	0.141**	0.218***	1.000					
7	PAI	0.233***	0.308***	0.448***	0.363***	−0.100*	0.134**	1.000				
8	PAD	0.342***	0.276***	0.028	0.311***	−0.361***	−0.044	−0.061	1.000			
9	GDPpp	0.000	0.246***	0.197***	0.335***	0.085	0.592***	0.262***	−0.098*	1.000		
10	LAND	0.170***	0.297***	0.130**	0.349***	−0.119**	0.161***	0.525***	0.130**	0.141**	1.000	
11	POP	0.214***	0.343***	0.085	0.392***	−0.237***	0.038	0.636***	0.143***	0.074	0.825***	1.000

***$p<0.01$，**$p<0.05$，*$p<0.10$

2. 回归分析

表 10-7 报告了 OLS 回归结果。模型 1 涵盖了所有控制变量。模型 2 引入了自变量，即项目公共部门投资占比（PIR），其回归系数显著为正（$\beta=0.437$，$p<0.01$），表明公共部门投资占比越高，PPP 项目的社会责任绩效越好，假设 $H_{10\text{-}6}$ 得到支持。模型 3 在模型 2 基础上加入了四个调节变量，结果表明：更好的项目财务治理（PFR）能显著提升 PPP 项目的社会责任绩效（$\beta=0.111$，

$p<0.05$），而项目环境治理（PER）、所在国宏观经济压力（NFR）及自然环境压力（NER）的作用亦为正，但并不显著。模型4引入了四个交互项，结果表明：项目财务治理对于公共投资占比与PPP项目社会责任绩效间的关系具有负向调节作用（$\beta=-0.303$，$p<0.10$），假设 $H_{10\text{-}7}$ 得到了支持；项目环境治理也具有负向的调节作用（$\beta=-0.607$，$p<0.05$），与假设 $H_{10\text{-}8}$ 预测相反；当项目所在国宏观经济压力越大时，公共投资占比同PPP项目社会责任绩效间的正向关系显著减弱（$\beta=-0.159$，$p<0.01$），假设 $H_{10\text{-}9}$ 得到了支持；所在国自然环境风险的交互项系数为正，但并不显著，故假设 $H_{10\text{-}10}$ 没有得到支持。

表 10-7 公共部门与工程社会责任：OLS 回归结果

模型	（1）	（2）	（3）	（4）
DV	PSR	PSR	PSR	PSR
PIR		0.437***	0.383***	1.369***
		（0.125）	（0.130）	（0.465）
PFR			0.111**	0.197***
			（0.049）	（0.062）
PER			0.026	0.150
			（0.073）	（0.092）
PIR×PFR				−0.303*
				（0.166）
PIR×PER				−0.607**
				（0.262）
NFR			0.002	0.031
			（0.023）	（0.026）
NER			0.002	−0.126
			（0.113）	（0.147）
PIR×NFR				−0.159***
				（0.058）
PIR×NER				0.647
				（0.531）
PAI	0.068***	0.062***	0.054**	0.047*
	（0.022）	（0.021）	（0.024）	（0.024）
PAD	0.166***	0.137***	0.119***	0.099***
	（0.029）	（0.030）	（0.033）	（0.034）

续表

模型	(1)	(2)	(3)	(4)
DV	PSR	PSR	PSR	PSR
GDPpp	−0.022	−0.052	−0.084*	−0.080*
	(0.036)	(0.036)	(0.046)	(0.045)
LAND	0.001	0.003	0.002	0.009
	(0.019)	(0.018)	(0.019)	(0.019)
POP	−0.013	−0.022	−0.025	−0.028
	(0.019)	(0.019)	(0.021)	(0.020)
Year Dum.	YES	YES	YES	YES
Proj. Dum.	YES	YES	YES	YES
Constant	−1.768***	−1.187***	−0.812	−0.829
	(0.416)	(0.441)	(0.514)	(0.513)
N	326	326	326	326
Adj. R^2	0.301	0.326	0.329	0.353
F	10.34	10.81	8.966	8.403

***$p<0.01$，**$p<0.05$，*$p<0.10$

控制变量中，项目实际投资规模（PAI）与项目实际工期（PAD）的回归系数显著为正，这表明 PPP 项目越大，其社会责任绩效越好，而所在国人均GDP、国土面积、人口的回归系数并不显著，这表示PPP项目的社会责任绩效与所在国家大小并无显著联系。

表 10-8 报告了使用 Probit 模型和 Logit 模型的回归结果，其中模型 1~模型 3 采用了 Probit 回归，模型 4~模型 6 采用了 Logit 回归。结果同 OLS 回归结果保持一致。

表 10-8　公共部门与工程社会责任：Probit 与 Logit 回归结果

模型	(1)	(2)	(3)	(4)	(5)	(6)
	Probit	Probit	Probit	Logit	Logit	Logit
DV	PSR	PSR	PSR	PSR	PSR	PSR
PIR	1.731***	1.701***	3.454*	2.962***	2.874***	5.433
	(0.498)	(0.554)	(1.919)	(0.931)	(1.024)	(3.612)
PFR		0.331*	0.485*		0.472	0.679
		(0.187)	(0.250)		(0.335)	(0.456)

续表

模型	（1）	（2）	（3）	（4）	（5）	（6）
	Probit	Probit	Probit	Logit	Logit	Logit
DV	PSR	PSR	PSR	PSR	PSR	PSR
PER		0.042	0.468		0.071	0.797
		(0.274)	(0.422)		(0.501)	(0.807)
PIR×PFR			−0.510			−0.491
			(0.773)			(1.427)
PIR×PER			−2.115**			−3.905**
			(1.074)			(1.956)
NFR		−0.085	0.112		−0.098	0.294
		(0.120)	(0.111)		(0.229)	(0.202)
NER		0.017	−0.614		0.077	−1.072
		(0.438)	(0.603)		(0.779)	(1.086)
PIR×NFR			−0.617**			−1.133**
			(0.274)			(0.483)
PIR×NER			3.120			5.306
			(2.190)			(4.095)
PAI	0.251***	0.227**	0.207**	0.426***	0.406**	0.379**
	(0.081)	(0.093)	(0.097)	(0.151)	(0.171)	(0.181)
PAD	0.467***	0.385***	0.376***	1.145***	1.005***	1.011***
	(0.118)	(0.131)	(0.138)	(0.305)	(0.327)	(0.350)
GDPpp	−0.204	−0.295*	−0.305*	−0.411	−0.544*	−0.533*
	(0.143)	(0.179)	(0.182)	(0.258)	(0.318)	(0.319)
LAND	0.020	0.032	0.037	0.035	0.050	0.056
	(0.068)	(0.071)	(0.072)	(0.118)	(0.124)	(0.132)
POP	−0.095	−0.122	−0.121	−0.173	−0.210	−0.210
	(0.074)	(0.081)	(0.082)	(0.129)	(0.143)	(0.148)
Year Dum.	YES	YES	YES	YES	YES	YES
Proj. Dum.	YES	YES	YES	YES	YES	YES
Constant	−6.209***	−4.705**	−4.799**	−12.699***	−10.613***	−11.082***
	(1.750)	(2.070)	(2.098)	(3.523)	(4.048)	(4.187)
N	326	326	326	326	326	326
Log likelihood	−141.6	−139.8	−134.7	−139.0	−137.9	−133.0
Chi^2	133.6	137.3	147.5	138.8	141.0	150.8
Pseudo R^2	0.321	0.329	0.354	0.333	0.338	0.362

***$p<0.01$, **$p<0.05$, *$p<0.10$

10.2.5 结论与讨论

本次研究基于注意力基础观、资源基础观及制度理论，采用了亚洲开发银行 2010~2015 年发布的 PPP 项目数据，实证分析得出如下研究结论。

第一，公共部门对于工程社会责任的履行具有显著的推动作用，其投资占比越高，工程的社会责任绩效越好，这与本次研究的假设一致。一方面，公共部门同私营部门不同，其组织目标并不是利润最大化，因而具有更强的履行社会责任意愿；另一方面，公共部门掌握了更多的资源（或渠道），且具有整合这些资源（渠道）的能力，从而能通过多种方式帮助工程实现社会责任。

第二，从项目层面的因素来看，工程的财务风险以及自然环境风险对 PPP 项目公共投资占比与其社会责任绩效间的关系具有显著的调节效应。项目本身的财务风险越高，公共部门占比与工程社会责任绩效间的正向关系越弱，这与本次研究的假设一致。这一现象可以解释为工程的财务压力转移了公共部门对于工程社会责任的注意力。尤其对于公共基础设施工程，项目的财务绩效受到媒体、大众的广泛关注；预算超支的公共项目容易让公众联想到工程腐败等一系列问题，这对政府公信力会产生极大的负面影响。因而，项目财务风险越高，公共部门采取更多的措施去控制项目成本，而对于工程建设中的某些社会责任行为（如工程质量控制不力、污染排放的不达标等）的关注相对不足。同时，更高的财务风险也使公共部门对于某些社会责任方面的资源投入减少，如一些项目中环境保护设备的投入、员工培训及福利的投入等。项目本身的自然环境风险越高，公共部门占比与工程社会责任绩效间的正向关系也越弱，这与本次研究的假设相反。这可能有两方面的原因：其一，对于自然环境风险越高的项目，其社会责任履行的难度越大，在项目治理时公共部门投入同样的资源与努力取得的社会责任绩效可能较少；但环境风险较高的项目需要更多的技术及资源来应对社会责任议题的挑战，这些技术与资源是公共部门所不具备的，进而，公共部门投资占比低的项目中私营部门的技术资源发挥的效率相对较低。因此，尽管公共部门具有很强的社会责任治理意愿，其在本身工程环境风险较高的项目中发挥的社会责任推动作用较弱。其二，参照样本中亚洲开发银行的统计标准，本次研究中对于因变量项目社会责任的测度不仅包含项目对于自然环境的影响，还涉及区域经济发展、社区条件改善等更为广泛的社会责任内容；因而，当项目的环境风险较高时，公共部门对于环境保护、污染防治方面的资源投入更高，在项目预算有限的条件下，而对于其他维度社会责任议题的关注与投入相对较少，因而造成了负向的调节效应。

第三，从工程所在国家层面的因素来看，国家的宏观经济风险对于 PPP 项目公共投资占比与其社会责任绩效间的关系具有显著的调节效应；而国家层面自然环境风险的调节作用并不显著。工程所在国的宏观经济风险越高,公共部门占比与工程社会责任绩效间的正向关系越弱,这与本次研究的假设一致。从制度理论的视角来看,在宏观经济压力较大的国家或地区,政府对于环境、劳工等方面的规制也相对较弱,基础设施工程管理面临的制度压力相对较小,具体表现在标准相对较低且社会责任违法成本较低。公共部门投资占比较高的PPP工程在社会责任相关履行中能因此降低工程标准,或在违反相关污染排放规定时取得更少的处罚。此外,从注意力基础观与资源基础观的视角来看,在具有较高经济环境压力的国家,公共部门预算相对吃紧,故更为在意大型PPP工程的财务绩效,而对于社会责任方面的关注以及投资相对更少,因而调节效应为负。工程所在国的自然环境风险的调节作用假设在本次研究的实证分析中没有得到支持,这可能是由于自然环境风险的作用具有针对工程类型差异性,即其对某些类型的PPP工程有影响(如水利基础设施),而对于其他一些类型工程的影响并不明显(如交通与信息技术类基础设施)。

  本次研究具有如下的理论贡献与实践启示:首先,本次研究基于注意力基础观与资源基础观,考察了PPP项目财务结构对于工程社会责任的影响,这一主题的讨论在现有文献中并不充分。在此基础上,本次研究从内外部要素出发,解析了项目自身风险与所在国宏观风险对于上述关系的调节效应,进而深入解读了项目内部要素与外部制度环境对于社会责任治理的作用机制,这是对于PPP项目治理领域现有研究的拓展。其次,在我国"一带一路"倡议的背景下,本次研究基于国际PPP工程数据的探究为中国工程"走出去"带来了一些实践启示,公共部门在PPP工程的社会责任履行中发挥了积极作用,我国承包商在海外PPP基础设施工程中,应加强与所在国公共部门的合作与交流,切实履行工程社会责任,降低在海外经营的风险,提高"中国工程"的品牌与国际竞争力。同时,在项目治理中应基于项目自身性质与所在国制度环境,以提高工程的社会责任绩效。

  本次研究不可避免地存在以下一些不足之处,以及进一步探究的空间。后续的研究可以从这两方面展开:第一,受限于样本信息,本次研究仅考察了公共部门投资比例对于PPP工程社会责任绩效的影响,后续可进一步探究PPP中不同合作模式(技术上、管理上)对于工程绩效的异质性作用。第二,考虑到本次研究采用了单一指标作为国家层面经济与环境风险的测度,后续研究可以进一步细化国家宏观风险的维度,如国家政治稳定性、金融市场风险、法律环境风险、劳工保护情况、社会稳定性等,或者引入一些外部的制度冲击,如国际金融危机、地区政治事件、重大自然灾害等,以求更为深入和细致地剖析制度环境对于PPP工程社会责任履行的影响机制。

10.3 本章小结

本章研究从利益相关者理论、制度理论、注意力基础观、资源基础观等视角出发,基于承包商与PPP项目的二手数据,实证分析了企业与政府在社会责任治理中的角色与作用。

研究发现,以承包商为代表的工程企业,其国际化战略对其社会责任绩效有显著影响,其国际化程度对社会责任绩效具有正面作用,而地理多样性负向调节了国际化程度与社会责任绩效的关系,而项目多样性则对于社会责任绩效具有直接正向作用。公共部门在工程社会责任履行中扮演了重要角色,其在PPP工程投资占比与工程社会责任绩效具有正向的联系。工程项目的财务风险以及自然环境风险对上述关系具有显著的负向调节效应,工程所在国的宏观经济风险则具有正向的调节效应。本章具体假设检验的结果详见表10-9和表10-10。

表10-9 承包商企业战略与社会责任:假设检验结果

	假设	检验结果
H_{10-1}	我国工程承包商的国际化程度越高,其社会责任得分越高	支持
H_{10-2}	我国工程承包商在国际化进程中的地理多样性越高,其社会责任得分越高	不支持
H_{10-3}	国际化进程中的地理多样性正向调节了我国工程承包商国际化程度与社会责任得分之间的关系	相反
H_{10-4}	我国工程承包商在国际化进程中的项目多样性越高,其社会责任得分越高	支持
H_{10-5}	国际化进程中的项目多样性正向调节了我国工程承包商国际化程度与社会责任得分之间的关系	不支持

表10-10 公共部门与工程社会责任:假设检验结果

	假设	检验结果
H_{10-6}	公共部门在PPP项目投资中占比越高,工程的社会责任绩效越高	支持
H_{10-7}	PPP项目的财务风险负向调节了公共部门投资占比与工程社会责任绩效之间的关系	支持
H_{10-8}	PPP项目的环境风险正向调节了公共部门投资占比与工程社会责任绩效之间的关系	相反
H_{10-9}	PPP项目所在国的宏观经济风险负向调节了公共部门投资占比与工程社会责任绩效之间的关系	支持
H_{10-10}	PPP项目所在国的自然环境风险正向调节了公共部门投资占比与工程社会责任绩效之间的关系	不支持

第 11 章 研究结论与展望

前文对重大工程社会责任的研究演进、指标体系、驱动要素和耦合机理进行了深入研究,并建立了一个多层次的递进框架,由重大工程社会责任的内涵与外延出发,实证探究社会责任在不同层次的效应,并从不同视角实证分析社会责任的治理,进而总结提出重大工程社会责任"社会治理"的框架。本章在对本书主要研究结论进行回顾的基础上,总结了本书的理论贡献、创新性及启示意义,并指出本书存在的局限性及展望未来需进一步探讨的问题。

11.1 研究的主要结论

可持续发展是全人类都关注的热点问题(McMichael et al., 2003)。本书立足我国重大工程管理实践和重大工程可持续发展的目标导向,在国内外现有研究的基础上,整合重大工程管理理论、利益相关者理论和社会责任理论,具体化"全生命周期-利益相关者-社会责任"三维动态模型(Zeng et al., 2015),初步构建重大工程社会责任的指标及评价体系,通过实证辨识重大工程社会责任行为的驱动和阻滞要素,初步探究重大工程社会责任互动、传导、耦合机理及多层次协同机理。针对本书主要问题所履行的研究,历经研究设计、构筑理论框架、实证检验及综合分析等阶段,业已完成,研究问题获得较好的解决,主要结论如下所述。

(1)相比企业社会责任,重大工程社会责任具有项目全生命周期动态性、利益相关者异质性及社会责任维度交互性的特征,其内容涵盖污染控制、生态保护、职业健康与安全、工程反腐败、移民安置、防灾减灾、贫困消除等关键议题。从影响范畴出发,重大工程社会责任具有狭义与广义之分,具体包括项目基础功能实现、项目管理传统目标、项目框架内的健康安全环境等责任、超出项目范围的溢出效应四个层次。重大工程社会责任的效应十分复杂,其治理需要不同利益相关方的整合与协同。以中国高铁为例,重大工程社会责任对于在社会经济发展方面具有重要外部性,这一外部性依赖于工程所在地区的发展水平与制度环境,如高铁网络建设对于农村居民收入的影响在不同地区呈马太效应。

(2) 基于 Web of Science 的核心合集数据库获取目标文献的题录和摘要以及详细的引用参考文献的记录、论文被引用情况及相关文献记录,利用科学计量学的分析工具进行关键词共现和共被引分析,再通过复杂网络算法进一步构建重大工程社会责任的主题网络及子网络和知识结构网络及子网络,结果表明对重大工程社会责任的关注正在快速升温,是全球可持续发展的关键内容之一。除去决策、风险管理、建造管理、全生命周期评估等比较传统的热点,面向重大工程的可恢复性研究和评估指标体系是目前的重要主题。项目管理知识体系和利益相关者理论是目前重大工程社会责任研究的基础理论。

(3) 重大工程社会责任治理需要整合企业、政府、社会公众各方的资源与渠道,实现"社会治理"。社会治理具有双中心性、分布性、多样性及动态性的 4D 特征,考虑到重大工程超长的生命期与深刻的社会影响,其社会责任治理是一个动态的柔性过程,包括社会参与、社会学习、社会交互及社会整合等;这一柔性过程中,应注重各利益相关方在社会责任实践中决策的审慎性、行为的合理性、控制的一致性、透明性及可追责性,进而实现各方的利益均衡与可持续共享价值的最大化。

(4) 基于"全生命周期-利益相关者-社会责任"三维动态模型(Zeng et al., 2015),整合组织和项目的视角,开发了贯穿于包括概念与立项、设计、施工建设、运营维护在内的全生命周期阶段;涵盖了包括政府、业主、公众(社区)、设计方、承包商及分包商、监理方、NGO 等众多的利益相关者,涉及经济、法律、伦理和政治四个维度的重大工程社会责任评价指标体系,并利用 AHP 对核心指标进行了赋权,结果表明工程的质量控制和安全是参与方履行了重大工程社会责任的首要目标,重大工程的运营商和承包商在遵守法规方面的不足,需要引起重视和取得改善。政府在重大工程社会责任管理中起着关键的作用,提高重大工程信息透明和推动公众参与需要政府从自身做起,实现良好的治理。

(5) 基于重大工程的问卷调研数据,对重大工程参与企业履行社会责任的内外部驱动因素进行了识别及实证检验,研究结果表明重大工程参与企业的 CEO 自恋程度越高,其履行社会责任的程度就越低。组织的社会责任认知程度越高,其履行社会责任的程度也越高。同时,组织的社会责任认知中介绍了 CEO 自恋与社会责任履行的关系。公众诉求与重大工程参与企业的社会责任履行正相关,并正向调节了重大工程参与企业 CEO 自恋、组织社会责任认知与社会责任履行的关系。规制压力与重大工程参与方社会责任履行正相关。行业竞争强度与重大工程参与方社会责任履行之间并无显著的关系。

（6）基于重大工程的问卷调研数据，对重大工程参与企业履行社会责任的耦合机理进行了识别及实证检验。研究结果表明政府在重大工程社会责任履行中起到"领头羊"的作用，政府自身与重大工程相关的社会责任履行越好，就越能带动其他利益相关者履行其责任，从而整体上提升重大工程社会责任的表现。政府的这种引领作用可以通过积极提高公众参与程度来给其他利益相关者造成压力而实现。重大工程利益相关者个体的社会责任履行要通过对其他利益相关者的影响而把自身的社会责任绩效有效地转化为整个重大工程社会责任表现整体，这解释了重大工程社会责任耦合存在着"接力棒"式的机理。在重大工程利益相关者社会责任履行的耦合过程中，媒体则起到了显著的作用，特别是媒体对重大工程关注的强度加强了政府、公众参与和重大工程社会责任的传导耦合。

（7）重大工程社会责任具有微观与中观层面的正效应。首先，我国重大工程社会责任对于参与组织在经济与社会层面绩效均有显著的积极影响。工程社会责任的实现帮助参与组织在制度环境中取得了多方面的合法性，降低了交易成本，从而提升了市场竞争力，并且有效提高了其履行社会责任的能力。其次，重大工程社会责任对于工程建筑行业在经济与社会层面都具有显著的积极作用。重大工程社会责任能促进行业内资源配置效率提升、交易成本降低及技术创新实现，能帮助产业获取更好的政治与社会影响，进而赢得声誉，为产业发展获取有利的外部制度环境。同时，重大工程作为业内的标杆，其社会责任能极大地带动整个行业的社会责任标准以及绩效的提升。最后，重大工程内部利益相关者的交互减弱了上述正向效应，而外部利益相关者的交互则具有正向的调节作用。这表明在工程内部利益相关者的互动中出现了低效率的资源配置，甚至存在为合谋等非伦理性行为，不利于重大工程的可持续竞争力的提升，而外部利益相关者在重大工程中的参与及互动，是提高组织和行业整体竞争力和社会责任绩效，实现重大工程可持续发展的重要外部条件。

（8）企业与政府在重大工程社会责任治理中具有重要作用。一方面，以承包商为代表的工程企业，其国际化战略对其社会责任绩效有显著影响。具体来说，国际多样性深度，即国际化程度对承包商社会责任绩效具有正面作用；国际多样性广度的两维度的作用并不相同，地理多样性负向调节了国际化程度与社会责任绩效的关系，而没有直接作用，而项目多样性则对社会责任绩效具有直接正向作用，没有显著的调节作用。考虑到中国承包商的实践背景，在面临国际化进程中诸多社会责任相关议题的需求与挑战，社会责任的履行不仅受到制度环境与复杂利益相关者的影响，还受到承包商自身组织学习的驱动。另一方面，在重大工程中，公共部门在工程社会责任履行中扮演了重要角色。公共部门在PPP工程投资占比越高，工程的社会责任绩效越好。公共部门相比私营部门具有更强的社会责任履行意愿；同时也掌握了更多的资源（或渠道），并且具有整合这些资源（渠道）的能力，从而能通过多种方式帮助工程实现社会责任。从项目层面的因素来看，工程的财务风险以及自然环境风险对上述关系具有显著的负向调节效应；从工程所在国家层面的因素来看，国家的宏观经济风险对于 PPP 项目公共投资占比与其社会责任绩效间的关系具有显著的调节效应，而国家层面自然环境风险的调节作用并不显著。

11.2 研究的创新性与实践启示

本书的理论创新性主要体现在以下几个方面。

（1）现有文献中针对工程社会责任的讨论多停留在狭义的社会责任，即职业健康、现场安全、环境保护的 HSE 框架内，且多依赖于企业社会责任的研究。本书的研究深化了对重大工程社会责任内涵与外延的解读，从工程自身基础功能实现与项目管理传统目标出发，拓展了重大工程社会责任狭义与广义的概念，凝练出区别于企业社会责任的关键议题，在解析其全生命周期动态性、利益相关者异质性及社会责任维度交互性三大特征的基础上，构建了重大工程社会责任三维理论框架，为未来研究提供了理论基础。

（2）利用科学计量学方法，将重大工程社会责任的研究前沿和知识基础描绘成可视化的网络形式，从科学发展的角度清晰地描绘了重大工程社会责任研究发展的热点、脉络和演进过程，全面、系统地揭示重大工程社会责任管理这一科学领域的发展状况和趋势，勾勒出重大工程社会责任研究的基础理论和知识结构，为重大工程社会责任理论与方法的科学构建提供参考。

（3）本书针对工程项目可持续发展的评价指标体系大多都是从工程自身的功能或者建造过程出发，缺乏针对工程全生命周期不同阶段指标的构建，开发了涵盖重大工程全生命周期，不同利益相关者及众多社会责任维度的指标体系。研究所得到的重大工程社会责任指标体系反映了当前社会对重大工程参与方履行社会责任的诉求，对于合理地引导或驱使重大工程全生命周期不同阶段的众多利益相关者积极地、协同地履行其社会责任具有理论价值和指导意义，为后续构建重大工程社会责任指数奠定了基础。

（4）整合制度理论、利益相关者理论、行为动机理论等，构建了重大工程社会责任驱动要素及耦合机理的理论模型，并通过问卷调研进行了实证检验，揭示了组织领导个人心理特质、认知以及社会情景要素交互对社会责任履行的影响以及政府在重大工程社会责任履行中的"领头羊"效应和重大工程参与方社会责任履行的"接力棒"式耦合机理。

（5）现有文献大多关注重大工程对于宏观经济层面的效应，从组织、产业出发的探讨相对不足。本书的研究深入分析了重大工程社会责任在微观、中观层面的溢出效应，辨识并解析了重大工程社会责任不同维度（经济与质量、法律与规制、环境与伦理、政治与慈善）对于参与组织及工程行业在经济发展与社会责任提升方面的作用，并引入内外部利益相关者交互进而揭示这一效应实现的内在机理，丰富了对于重大工程在微观及中观层面效应的理论解读。

（6）现有文献对于重大工程治理多是从公司治理、公共治理的单一角度出发，且主要关注项目成本、工期、质量控制方面的治理，综合企业、政府、社会公众多方的社会责任治理研究仍不多见。本书的研究整合了上述三方的视角，实证分析了承包商企业治理对其社会责任绩效的影响以及PPP项目中公共部门在工程社会责任中的角色，并构建重大工程社会责任"BGS"社会治理模型，综合公司治理、政府治理及非政府治理，提出各利益相关者以创造可持续共享价值为目标，通过审慎决策、规范行动、协调控制等实现各方利益均衡、社会责任共担的治理框架，拓展了重大工程可持续性治理领域的研究。

本书对实践的启示主要体现在以下几个方面。

近年来我国重大工程投资建设规模空前，取得了世界瞩目的工程建设成就，但也给自然环境和工程移民带来了沉重的负担，亟须通过有效的社会责任管理从区域尺度上构建一个和谐的耦合系统，保障重大工程建设的顺利实施、安全运行和可持续发展，特别是重大工程的参与企业要提升社会责任认知，以工程的质量控制和安全为首要目标，严格遵守法律法规，积极履行组织应该承担的社会责任。政府更应该在重大工程社会责任管理中起到表率的作用，改善自身的治理，加强规制执行力度，提高重大工程信息公开，积极推动公众参与，有效地提升规制压力和公众诉求表达，督促重大工程的参与企业去履行社会责任。特别是在重大工程社会责任治理中，需要企业、政府及社会公众等多元化的利益相关者有效地合作及协调，推动审慎决策、规范行动、协调控制的社会治理，保障各方目标兼容与行动协同、功能互补与信息披露、资源共享与责任共担，从而提高重大工程社会责任绩效，实现可持续共享价值的最大化。

我国重大工程在"一带一路"倡议指引下走出去的过程要注重与当地企业合作共赢，兼顾沿线国家和地区的利益，把基础设施的开发融入其经济发展布局和长远规划中去，不仅要建成项目，还应将生产技术、建设维护和运营管理等方面的知识和技能传授给当地的人员，提高当地人员的建设能力和技术水平，为其打造"造血"功能，而不是简单地"输血"，通过这个项目建设给它打造"造血"功能。注重保护当地的人文地理环境，树立文化协同观，加强不同文化的沟通交流，包容和分享彼此的文化，这样才能实现工程、区域乃至世界经济的可持续发展。同时，还需要关注重大社会责任的效应问题。在微观层面，企业在实践工程社会责任的过程中，提升自身的市场竞争力与社会责任绩效；在中观层面，重大工程及其社会责任的实施对于我国工程行业的发展具有深刻的影响。行业协会需要推行工程社会责任行业标准，相关部门应出台相应的政策法规，以落实工程社会责任行为。在国际竞争中，企业不能盲目地进行地理版图的扩张，而应该在增加国际化程度的同时，不断尝试拓展国际业务类型，由此才能提高社会责任绩效，提升其国际声誉，从而赢得竞争优势。

11.3 研究的局限性与展望

虽然在理论开发、数据搜集、模型运算方面做出了大量努力，然而由于笔者能力和时间有限，再加上重大工程利益相关者众多、影响因素复杂，因此本书很难在研究的广度和深度上面面俱到，存在变量测度主观程度大、研究对象样本量小等一系列研究局限，具体体现在以下几个方面。

（1）本书中使用的变量测度主要采用受访者主观判断的方法，这一方法的选用带来了可能的测量偏差。虽然这种方法在问卷调研中也被广泛使用，在研究设计过程中也充分考虑各种因素来避免共同测量方差或社会称许性偏差的干扰，但是也不能完全精确地描述变量所表征的真正内涵。即便我国的重大工程披露信息较为缺乏，在未来的研究中仍需要根据多元化的数据源对理论加以反复验证。例如，在上市公司的年报或项目环境评估报告中，通过文本分析法等技术工具来测度。社会责任的履行状况也可以考虑第三方评级机构的数据。

（2）鉴于重大工程数据的可得性不高，本书中问卷调研的样本量都偏小，从数据库挖掘取得的二手数据也不具有很大的样本量，影响了统计结果的可靠性，在今后的研究中需要扩大样本数量来验证研究结论的可靠性。另外虽然重大工程属于一个比较特殊的行业，与制造业相比，异质性非常大，但只局限于承包商、监理等传统的工程企业，特别是缺少政府这一关键的利益相关者，对样本的代表性和研究结论的可推广性也带来了影响。在未来的研究中需要精心设计研究方案，采用科学的研究方法，融合不同类型利益相关者的观点。

（3）本书以当前社会快速变迁下的中国为研究背景，由于正处于重大工程建设的热潮和"环境保护主义"的初级阶段，相关法律法规的执行和公众意识的觉醒还存在很大的空间，再加上地区发展极不平衡，政府在重大工程投资建设过程中处于主导的角色，这使研究结论存在"情景依赖"，对于发达国家的普适性借鉴意义受限。虽然可持续作为世界性的话题，在全球一体化的今天，企业在管理制度、决策流程上也存在较大的共同特征，下一步就需要把我国和发达国家的重大工程社会责任管理进行对比研究，这将是有趣和有意义的工作。

（4）重大工程社会责任的影响因素众多，机理复杂，本书选择了有限的几个要素进行了分析。重大工程利益相关者众多，相互之间的关系错综复杂，未来有必要在一个更为宏大的视角下作进一步的研究，如利益相关者在重大工程全生命周期内的互动和传导机制等。

（5）本书的研究中多针对重大工程社会责任的正面绩效，而对于一些如非伦理性行为等负面绩效（如工程腐败现象、工程污染事件）的讨论仍有不足，这也是未来研究的新思路。对于重大工程社会责任在宏观层面的效应涉及不多，这一方面的研究需要更多地从经济学与社会学的视角出发，将成为后续研究工作的一个重要方向。

参 考 文 献

陈宏辉, 贾生华. 2004. 企业利益相关者三维分类的实证分析. 经济研究, 4 (20): 80-89.

陈晓萍, 徐淑英, 樊景立. 2012. 组织与管理研究的实证方法. 北京: 北京大学出版社.

费显政, 李陈微, 周舒华. 2010. 一损俱损还是因祸得福?——企业社会责任声誉溢出效应研究. 管理世界, (4): 74-82.

高自友, 赵小梅, 黄海军, 等. 2006. 复杂网络理论与城市交通系统复杂性问题的相关研究. 交通运输系统工程与信息, 6 (3): 41-47.

郭重庆. 2007. 中国管理学界的社会责任与历史使命. 中国科学院院刊, 22 (2): 132-136.

何继善, 王进, 喻珍. 2008. 工程和谐与工程创新的互动关系研究. 中国工程科学, 10 (12): 4-9.

侯剑华, 张春博, 王续琨. 2008. 国际科学技术政策关键节点文献演进的可视化分析. 科学学与科学技术管理, 29 (11): 10-14.

胡振. 2010. 公私合作项目范式选择研究——以日本案例为研究对象. 公共管理学报, 7 (3): 113-121.

黄伟, 陈钊. 2015. 外资进入、供应链压力与中国企业社会责任. 管理世界, (2): 20-30.

黄晓霞, 黄季焜, Rozelle S, 等. 2006. 地理区位、交通基础设施与种植业结构调整研究. 管理世界, (9): 59-63.

敬嵩, 雷良海. 2006. 利益相关者参与公司管理的进化博弈分析. 管理科学学报, 9 (6): 82-86.

乐云, 张兵, 李永奎. 2013. 基于SNA视角的政府投资项目合谋关系研究. 公共管理学报, 10 (3): 29-40.

雷丽彩, 周晶, 何洁. 2011. 大型工程项目决策复杂性分析与决策过程研究. 项目管理技术, 9 (1): 18-22.

李涵, 唐丽淼. 2015. 交通基础设施投资、空间溢出效应与企业库存. 管理世界, (4): 126-136.

梁建, 陈爽英, 盖庆恩. 2010. 民营企业的政治参与、治理结构与慈善捐赠. 管理世界, (7): 109-118.

刘秉镰, 武鹏, 刘玉海. 2010. 交通基础设施与中国全要素生产率增长——基于省域数据的空间面板计量分析. 中国工业经济, (3): 54-64.

刘生龙, 胡鞍钢. 2010. 基础设施的外部性在中国的检验: 1988—2007. 经济研究, 45 (3): 4-15.

刘瑛华. 2006. 从 SA8000 看国际企业社会责任运动对我国的影响. 管理世界, (6): 159-160.

陆佑楣. 2005. 水坝工程的社会责任. 中国三峡建设, (5): 4-7.

骆永民, 樊丽明. 2012. 中国农村基础设施增收效应的空间特征——基于空间相关性和空间异质性的实证研究. 管理世界, (5): 71-87.

马龙龙. 2011. 企业社会责任对消费者购买意愿的影响机制研究. 管理世界, (5): 120-126.

孟晓华, 张曾. 2013. 利益相关者对企业环境信息披露的驱动机制研究——以 H 石油公司渤海漏油事件为例. 公共管理学报, 10 (3): 90-102.

沈岐平, 杨静. 2010. 建设项目利益相关者管理框架研究. 工程管理学报, 24 (4): 412-419.

盛昭瀚. 2009. 大型复杂工程综合集成管理模式初探——苏通大桥工程管理的理论思考. 建筑经济, 9 (5): 20-22.

盛昭瀚, 游庆仲, 陈国华, 等. 2009. 大型工程综合集成管理——苏通大桥工程管理理论的探索与思考. 北京: 科学出版社.

时茜茜, 朱建波, 盛昭瀚, 等. 2017. 基于双重声誉的重大工程工厂化预制动态激励机制. 系统管理学报, 26 (2): 338-345.

苏振民, 周梅, 葛镇东. 2010. 基于公私共生的公共工程采购模式. 工程管理学报, 24 (2): 138-142.

田海峰, 郁培丽. 2014. CEO 个性与战略研究述评及其未来展望. 外国经济与管理, 36 (11): 55-62.

王任飞, 王进杰. 2007. 基础设施与中国经济增长: 基于 VAR 方法的研究. 世界经济, 30 (3): 13-21.

王小锡. 2011. 论道德的经济价值. 中国社会科学, (4): 55-66.

王永进, 盛丹, 施炳展, 等. 2010. 基础设施如何提升了出口技术复杂度? 经济研究, (7): 103-115.

温来成, 刘洪芳, 彭羽. 2015. 政府与社会资本合作 (PPP) 财政风险监管问题研究. 中央财经大学学报, (12): 3-8.

吴晓秋, 吕娜. 2012. 基于关键词共现频率的热点分析方法研究. 情报理论与实践, 35 (8): 115-119.

吴彦俊, 林翰, 刘刚. 2014. EPC 项目分包商能力成熟度的理论分析. 管理世界, (12): 184-185.

席酉民, 韩巍, 尚玉钒. 2003. 面向复杂性: 和谐管理理论的概念、原则及框架. 管理科学学报，6（4）：1-8.

向鹏成，牛晓晔. 2012. 国际工程总承包项目失败成因及启示——以波兰 A2 高速公路项目为例. 国际经济合作，（5）：24-29.

肖海林，彭星闾，王方华. 2004. 企业持续发展的生成机理模型：基于海尔案例的分析. 管理世界，（8）：111-118.

徐光华，陈良华，王兰芳. 2007. 战略绩效评价模式：企业社会责任嵌入性研究. 管理世界，（11）：166-167.

徐莉萍，辛宇，祝继高. 2011. 媒体关注与上市公司社会责任之履行——基于汶川地震捐款的实证研究. 管理世界，（3）：135-143.

晏永刚，任宏，范刚. 2009. 大型工程项目系统复杂性分析与复杂性管理. 科技管理研究，（6）：303-305.

杨云彦，徐映梅，胡静，等. 2008. 社会变迁、介入型贫困与能力再造. 管理世界，（11）：89-98.

叶晓甦，邓云. 2014. 伙伴关系视角的 PPP 基础设施项目可持续性实现途径研究. 科技管理研究，34（12）：189-193.

叶晓甦，徐春梅. 2013. 我国公共项目公私合作（PPP）模式研究述评. 软科学，27（6）：6-9.

曾晖，成虎. 2014. 重大工程项目全流程管理体系的构建. 管理世界，（3）：184-185.

张兵，乐云，李永奎，等. 2015. 工程腐败的网络结构特征与打击策略选择——基于动态元网络视角的分析. 公共管理学报，12（3）：33-44.

张光南，李小瑛，陈广汉. 2010. 中国基础设施的就业、产出和投资效应——基于 1998~2006 年省际工业企业面板数据研究. 管理世界，（4）：5-13.

张劲文，盛昭瀚. 2014. 重大工程决策"政府式"委托代理关系研究——基于我国港珠澳大桥工程实践. 科学决策，（12）：23-34.

张勤，马费成. 2007. 国外知识管理研究范式——以共词分析为方法. 管理科学学报，10（6）：65-75.

张万宽，杨永恒，王有强. 2010. 公私伙伴关系绩效的关键影响因素——基于若干转型国家的经验研究. 公共管理学报，7（3）：103-112.

张学良. 2012. 中国交通基础设施促进了区域经济增长吗——兼论交通基础设施的空间溢出效应. 中国社会科学，（3）：60-77.

张宇. 2016. 解读 2016 年度 ENR 国际承包商 250 强. 工程管理学报，30（5）：141-146.

赵康，陈加丰. 2001. 制度理论：多样性、对话和未来的挑战——制度理论国际最新研究动态介绍. 经济研究，（7）：28-34.

周祖城. 2011. 走出企业社会责任定义的丛林. 伦理学研究，（3）：52-58.

朱玲. 1990. 公共工程对乡村贫困地区经济增长、就业和社会服务的影响——关于80年代以工代赈政策实施情况的典型调查. 经济研究，（10）：20-32.

Aaltonen K, Kujala J, Havela L, et al. 2015. Stakeholder dynamics during the project front-end: the case of nuclear waste repository projects. Project Management Journal, 46（6）: 15-41.

Abednego M P, Ogunlana S O. 2006. Good project governance for proper risk allocation in public-private partnerships in Indonesia. International Journal of Project Management, 24（7）: 622-634.

Adams M, Hardwick P. 1998. An analysis of corporate donations: United Kingdom evidence. Journal of Management Studies, 35（5）: 641-654.

Agle B R, Mitchell R K, Sonnenfeld J A. 1999. Who matters to CEOs? An investigation of stakeholder attributes and salience, corpate performance, and CEO values. Academy of Management Journal, 42（5）: 507-525.

Aguilera R V, Jackson G. 2003. The cross-national diversity of corporate governance: dimensions and determinants. Academy of Management Review, 28（3）: 447-465.

Aguilera R V, Williams C A, Conley J M, et al. 2006. Corporate governance and social responsibility: a comparative analysis of the UK and the US. Corporate Governance: An International Review, 14（3）: 147-158.

Aguilera R V, Rupp D E, Williams C A, et al. 2007. Putting the S back in corporate social responsibility: a multilevel theory of social change in organizations. Academy of Management Review, 32（3）: 836-863.

Aguinis H, Glavas A. 2012. What we know and don't know about corporate social responsibility. Journal of Management, 38（4）: 932-968.

Ainamo A, Artto K, Levitt R E, et al. 2010. Global projects: strategic perspectives. Scandinavian Journal of Management, 26（4）: 343-351.

Aires M D M, Gámez M C R, Gibb A. 2010. Prevention through design: the effect of European Directives on construction workplace accidents. Safety Science, 48（2）: 248-258.

Airike P E, Rotter J P, Mark-Herbert C. 2016. Corporate motives for multi-stakeholder collaboration-corporate social responsibility in the electronics supply chains. Journal of Cleaner Production, 131: 639-648.

Akintoye A, Beck M, Hardcastle C. 2008. Public-Private Partnerships: Managing Risks and Opportunities. Hoboken: John Wiley & Sons.

Albareda L, Lozano J M, Ysa T. 2007. Public policies on corporate social responsibility: the role of governments in Europe. Journal of Business Ethics, 74（4）: 391-407.

Aldrich H E, Fiol C M. 1994. Fools rush in? The institutional context of industry creation. Academy of Management Review, 19（4）: 645-670.

Alford H, Naughton. 2002. Beyond the share holden model of the firm: working toward the commom good of business//Cortnght S A, Naughton M J. Rethinking the Purpose of

Business: Interdisciplinary Essays from the Catholic Social Tradition. Notre Dame: University of Notre Dame Press.

Ansar A, Flyvbjerg B, Budzier A, et al. 2014. Should we build more large dams? The actual costs of hydropower megaproject development. Energy Policy, 69（6）: 43-56.

Ansar A, Flyvbjerg B, Budzier A, et al. 2016. Does infrastructure investment lead to economic growth or economic fragility? Evidence from China. Oxford Review of Economic Policy, 32（3）: 360-390.

Antoniadis D N, Edum-Fotwe F T, Thorpe A. 2011. Socio-organo complexity and project performance. International Journal of Project Management, 29（7）: 808-816.

Arora P, Dharwadkar R. 2011. Corporate governance and corporate social responsibility（CSR）: the moderating roles of attainment discrepancy and organization slack. Corporate Governance: An International Review, 19（2）: 136-152.

Atkinson R. 1999. Project management: cost time and quality, two best guesses and a phenomenon, it's time to accept other success criteria. International Journal of Project Management, 17（6）: 337-342.

Attig N, Boubakri N, Ghoul S E, et al. 2016. Firm internationalization and corporate social responsibility. Journal of Business Ethics, 134（2）: 171-197.

Baccarini D. 1996. The concept of project complexity—a review. International Journal of Project Management, 14（4）: 201-204.

Baker W E, Sinkula J M. 2005. Environmental marketing strategy and firm performance: effects on new product performance and market share. Journal of the Academy of Marketing Science, 33（4）: 461-475.

Balaban O, de Oliveira J A P. 2016. Sustainable buildings for healthier cities: assessing the co-benefits of green buildings in Japan. Journal of Cleaner Production, 163: 68-78.

Banerjee A V, Duflo E, Qian N. 2012. On the road: access to transportation infrastructure and economic growth in China. MIT Department of Economics Working Paper, No. 12-06.

Banerjee S B, Iyer E S, Kashyap R K. 2003. Corporate environmentalism: antecedents and influence of industry type. Journal of Marketing, 67（2）: 106-122.

Banister D, Thurstain-Goodwin M. 2011. Quantification of the non-transport benefits resulting from rail investment. Journal of Transport Geography, 19（2）: 212-223.

Bansal P. 2005. Evolving sustainably: a longitudinal study of corporate sustainable development. Strategic Management Journal, 26（3）: 197-218.

Bansal P, Roth K. 2000. Why companies go green: a model of ecological responsiveness. Academy of Management Journal, 43（4）: 717-736.

Barabási A L, Albert R. 2006. Emergence of scaling in random networks//Newman M, Barabási A

L, Watts D J. The Structure and Dynamics of Networks. Princeton: Princeton University Press.

Bardhan P, Mookherjee D. 2000. Capture and governance at local and national levels. American Economic Review, 90（2）: 135-139.

Barhm F, Tarziján J. 2015. Does complexity and prior interactions affect project procurement? Evidence from mining mega-projects. International Journal of Project Management, 33（8）:1851-1862.

Barkema H G, Vermeulen F. 1998. International expansion through start-up or acquisition: a learning perspective. Academy of Management Journal, 41（1）: 7-26.

Barlow J. 2000. Innovation and learning in complex offshore construction projects. Research Policy, 29（7）: 973-989.

Barnett J, Rogers S, Webber M, et al. 2015. Sustainability: transfer project cannot meet China's water needs. Nature, 527（7578）: 295-297.

Barnett M L. 2007. Stakeholder influence capacity and the variability of financial returns to corporate social responsibility. Academy of Management Review, 32（3）: 794-816.

Barney J. 1991. Firm resources and sustained competitive advantage. Journal of Management, 17（1）: 99-120.

Bartlett C A, Ghoshal S. 1989. Managing Across Borders: The Multinational Solution. London: Harvard Business School Press.

Bauman C W, Skitka L J. 2012. Corporate social responsibility as a source of employee satisfaction. Research in Organizational Behavior, 32（32）: 63-86.

Bayer A E, Smart J C, McLaughlin G W. 1990. Mapping intellectual structure of a scientific subfield through author cocitations. Journal of the American Society for Information Science, 41（6）: 444-452.

Behrens K. 2011. International integration and regional inequalities: how important is national infrastructure? The Manchester School, 79（5）: 952-971.

Benz M, Frey B S. 2007. Corporate governance: what can we learn from public governance? Academy of Management Review, 32（1）: 92-104.

Berman S L, Wicks A C, Kotha S, et al. 1999. Does stakeholder orientation matter? The relationship between stakeholder management models and firm financial performance. Academy of Management Journal, 42（5）: 488-506.

Bosch-Rekveldt M, Jongkind Y, Mooi H, et al. 2011. Grasping project complexity in large engineering projects: the TOE (technical, organizational and environmental) framework. International Journal of Project Management, 29（6）: 728-739.

Bovaird T. 2005. Public governance: balancing stakeholder power in a network society. International Review of Administrative Sciences, 71（2）: 217-228.

Bovaird T, Löffler E. 2003. Evaluating the quality of public governance: indicators, models and methodologies. International Review of Administrative Sciences, 69（3）: 313-328.

Bowen H R. 1953. Social Responsibilities of the Businessman. New York: Harper Row.

Bowen P, Akintoye A, Pearl R, et al. 2007. Ethical behaviour in the South African construction industry. Construction Management and Economics, 25（6）: 631-648.

Box R C. 1999. Running government like a business: implications for public administration theory and practice. American Review of Public Administration, 29（1）: 19-43.

Brahm F, Tarziján J. 2016. Toward an integrated theory of the firm: the interplay between internal organization and vertical integration. Strategic Management Journal, 37（12）: 2481-2502.

Brammer S, Pavelin S. 2006. Voluntary environmental disclosures by large UK companies. Journal of Business Finance & Accounting, 33（7~8）: 1168-1188.

Brammer S, Millington A. 2008. Does it pay to be different? An analysis of the relationship between corporate social and financial performance. Strategic Management Journal, 29（12）: 1325-1343.

Brammer S, Brooks C, Pavelin S. 2006. Corporate social performance and stock returns: UK evidence from disaggregate measures. Financial Management, 35（3）: 97-116.

Brammer S, Pavelin S, Porter L A. 2009. Corporate charitable giving, multinational companies and countries of concern. Journal of Management Studies, 46（4）: 575-596.

Branco M C, Rodrigues L L. 2006. Corporate social responsibility and resource-based perspectives. Journal of Business Ethics, 69（2）: 111-132.

Brislin R W. 1986. The wording and translation of research instruments//Lonner W J, Berry J W. Field Methods in Cross-cultural Research. Thousand Oaks: Sage Publication, Inc.

Buysse K, Verbeke A. 2003. Proactive environmental strategies: a stakeholder management perspective. Strategic Management Journal, 24（5）: 453-470.

Callon M, Courtial J P, Laville F. 1991. Co-word analysis as a tool for describing the network of interactions between basic and technological research: the case of polymer chemsitry. Scientometrics, 22（1）: 155-205.

Campbell J L. 2006. Institutional analysis and the paradox of corporate social responsibility. American Behavioral Scientist, 49（7）: 925-938.

Campbell J L. 2007. Why would corporations behave in socially responsible ways? An institutional theory of corporate social responsibility. Academy of Management Review, 32（3）: 946-967.

Campher H. 2005. Disaster management and planning: an IBLF framework for business response. International Business Leaders Forum, London, UK.

Capar N, Kotabe M. 2003. The relationship between international diversification and performance in service firms. Journal of International Business Studies, 34（4）: 345-355.

Carroll A B. 1979. A three-dimensional conceptual model of corporate performance. Academy of Management Review, 4（4）: 497-505.

Carroll A B. 1991. The pyramid of corporate social responsibility: toward the moral management of organizational stakeholders. Business Horizons, 34（4）: 39-48.

Carroll A B. 1999. Corporate social responsibility evolution of a definitional construct. Business & Society, 38（3）: 268-295.

Cernea M. 1988. Involuntary resettlement and development. Finance and Development, 25（3）: 44-46.

Chang R D, Soebarto V, Zhao Z Y, et al. 2016. Facilitating the transition to sustainable construction: China's policies. Journal of Cleaner Production, 131: 534-544.

Charkham J P. 1992. Corporate governance: lessons from abroad. European Business Journal, 4（2）: 8-16.

Chatterjee A, Hambrick D C. 2007. It's all about me: narcissistic chief executive officers and their effects on company strategy and performance. Administrative Science Quarterly, 52（3）: 351-386.

Chatterjee A, Hambrick D C. 2011. Executive personality, capability cues, and risk taking: how narcissistic CEOs react to their successes and stumbles. Administrative Science Quarterly, 56（2）: 202-237.

Chen C. 2004. Searching for intellectual turning points: progressive knowledge domain visualization. Proceedings of the National Academy of Sciences, 101（Suppl 1）: 5303-5310.

Chen C. 2006. Cite Space II: detecting and visualizing emerging trends and transient patterns in scientific literature. Journal of the Association for Information Science and Technology, 57（3）: 359-377.

Chen S, Chen B, Fath B D. 2015. Assessing the cumulative environmental impact of hydropower construction on river systems based on energy network model. Renewable and Sustainable Energy Reviews, 42: 78-92.

Chen Y, Jiang Y, Wang C, et al. 2014. How do resources and diversification strategy explain the performance consequences of internationalization? Management Decision, 52（5）: 897-915.

Chernev A, Blair S. 2015. Doing well by doing good: the benevolent halo of corporate social responsibility. Journal of Consumer Research, 41（6）: 1412-1425.

Chhotray V, Stoker G. 2009. Governance Theory and Practice: A Cross-Disciplinary Approach. Houndsmills: Palgrave Macmillan.

Chin M K, Hambrick D C, Treviño L K. 2013. Political ideologies of CEOs: the influence of executives' values on corporate social responsibility. Administrative Science Quarterly, 58（2）:

197-232.

Christmann P. 2004. Multinational companies and the natural environment: determinants of global environmental policy. Academy of Management Journal, 47（5）: 747-760.

Christmann P, Taylor G. 2006. Firm self-regulation through international certifiable standards: determinants of symbolic versus substantive implementation. Journal of International Business Studies, 37（6）: 863-878.

Ciliberti F, Pontrandolfo P, Scozzi B. 2008. Investigating corporate social responsibility in supply chains: a SME perspective. Journal of Cleaner Production, 16（15）: 1579-1588.

Clarkson M E. 1995. A stakeholder framework for analyzing and evaluating corporate social performance. Academy of Management Review, 20（1）: 92-117.

Clegg S R, Pitsis T S, Rura-Polley T, et al. 2002. Governmentality matters: designing an alliance culture of inter-organizational collaboration for managing projects. Organization Studies, 23（3）: 317-337.

Coelho A, de Brito J. 2012. Influence of construction and demolition waste management on the environmental impact of buildings. Waste Management, 32（3）: 532-541.

Cormier D, Magnan M. 2003. Environmental reporting management: a continental European perspective. Journal of Accounting and Public Policy, 22（1）: 43-62.

Crawford L H, Helm J. 2009. Government and governance: the value of project management in the public sector. Project Management Journal, 40（1）: 73-87.

Crawford L H, Pollack J, England D. 2006. Uncovering the trends in project management: journal emphases over the last 10 years. International Journal of Project Management, 24（2）: 175-184.

Crawford L H, Cooke-Davies T, Hobbs B, et al. 2008. Governance and support in the sponsoring of projects and programs. Project Management Journal, 39（1）: 43-55.

Dahlsrud A. 2008. How corporate social responsibility is defined: an analysis of 37 definitions. Corporate Social Responsibility and Environmental Management, 15（1）: 1-13.

Daily C M, Dalton D R, Cannella A A. 2003. Corporate governance: decades of dialogue and data. Academy of Management Review, 28（3）: 371-382.

Darendeli I S, Hill T L. 2016. Uncovering the complex relationships between political risk and MNE firm legitimacy: insights from Libya. Journal of International Business Studies, 47（1）: 68-92.

Datta S. 2012. The impact of improved highways on Indian firms. Journal of Development Economics, 99（1）: 46-57.

David P, Bloom M, Hillman A J. 2007. Investor activism, managerial responsiveness, and corporate social performance. Strategic Management Journal, 28（1）: 91-100.

Davies A, Gann D, Douglas T. 2009. Innovation in megaprojects: systems integration at London Heathrow Terminal 5. California Management Review, 51 (2): 101-125.

Davis K. 1960. Can business afford to ignore social responsibilities? California Management Review, 2 (3): 70-76.

Davis K. 1967. Unsderstanging social responsebility povide. Business Horizons, 10 (4): 45-51.

de Bakker F G, Hellsten I. 2013. Capturing online presence: hyperlinks and semantic networks in activist group websites on corporate social responsibility. Journal of Business Ethics, 118 (4): 807-823.

Deckop J R, Merriman K K, Gupta S. 2006. The effects of CEO pay structure on corporate social performance. Journal of Management, 32 (3): 329-342.

Demetriades P O, Mamuneas T P. 2000. Intertemporal output and employment effects of public infrastructure capital: evidence from 12 OECD economies. The Economic Journal, 110 (465): 687-712.

Dickson B J. 2003. Red Capitalists in China: The Party, Private Entrepreneurs, and Prospects for Political Change. Cambridge: Cambridge University Press.

Ding Y, Chowdhury G G, Foo S. 2001. Bibliometric cartography of information retrieval research by using co-word analysis. Information Processing & Management, 37 (6): 817-842.

Dobbs R, Pohl H, Lin D Y, et al. 2013. Infrastructure productivity: how to save $1 trillion a year. Report of McKinsey Global Institute, No. 88.

Doh J P, Guay T R. 2006. Corporate social responsibility, public policy, and NGO activism in Europe and the United States: an institutional‐stakeholder perspective. Journal of Management Studies, 43 (3): 47-73.

Donaldson D. 2017. Railroads of the raj: estimating the impact of transportation infrastructure. NBER Working Paper, No. 16487.

Donaldson T, Dunfee T W. 1994. Toward a unified conception of business ethics: integrative social contracts theory. Academy of Management Review, 19 (2): 252-284.

Donaldson T, Preston L E. 1995. The stakeholder theory of the corporation: concepts, evidence, and implications. Academy of Management Review, 20 (1): 65-91.

Dowell G, Hart S, Yeung B. 2000. Do corporate global environmental standards create or destroy market value? Management Science, 46 (8): 1059-1074.

Drucker P F. 1984. Converting rocial problems into rusinessr opportunities: the new meaning of corporate social responsibility. California Management Review, 26 (2): 56-63.

Du X. 2015. Is corporate philanthropy used as environmental misconduct dressing? Evidence from Chinese family-owned firms. Journal of Business Ethics, 129 (2): 341-361.

Dutton J E, Dukerich J M, Harquail C V. 1994. Organizational images and member identification.

Administrative Science Quarterly, 39（2）：239-263.

Dyck A, Volchkova N, Zingales L. 2008. The corporate governance role of the media: evidence from Russia. The Journal of Finance, 63（3）：1093-1135.

Egan J. 1998. Rethinking Construction, Construction Task Force Report for Department of the Environment, Transport and the Regions. London: HMSO.

El-Gohary N M, Osman H, El-Diraby T E. 2006. Stakeholder management for public private partnerships. International Journal of Project Management, 24（7）：595-604.

Elliot S. 2011. Transdisciplinary perspectives on environmental sustainability: a resource base and framework for IT-enabled business transformation. MIS Quarterly, 35（1）：197-236.

Epstein E M. 1987. The corporate social bolicy brocess: beyond business ethics, corporate social responsibility, and corporatesocial besponsiveness. California Management Review, 29（3）：99-114.

Eriksson P E, Leiringer R T F, Szentes H. 2017. The role of co-creation in enhancing explorative and exploitative learning in project-based settings. Project Management Journal, 48（4）：22-38.

Erkman S. 1997. Industrial ecology: an historical view. Journal of Cleaner Production, 5（5）：1-10.

Faber B. 2014. Trade integration, market size, and industrialization: evidence from China's national trunk highway system. Review of Economic Studies, 81（3）：1046-1070.

Fahrenkamp-Uppenbrink J. 2015. How rivers respond to dam removals. Science, 348（6234）：536.

Fan S G, Zhang X B. 2004. Infrastructure and regional economic development in rural China. China Economic Review, 15（2）：203-214.

Fang D P, Huang X Y, Hinze J. 2004. Benchmarking studies on construction safety management in China. Journal of Construction Engineering and Management, 130（3）：424-432.

Fang L, Peress J. 2009. Media coverage and the cross-section of stock returns. The Journal of Finance, 64（5）：2023-2052.

Fernald J G. 1999. Roads to prosperity? Assessing the link between public capital and productivity. American Economic Review, 89（3）：619-638.

Fincher R. 1991. Immigration, Urban Infrastructure and the Environment. Canberra: Australian Governmental Publication Service.

Finkelstein S, Boyd B K. 1998. How much does the CEO matter? The role of managerial discretion in the setting of CEO compensation. Academy of Management Journal, 41（2）：179-199.

Finkelstein S, Hambrick D C, Cannella A A. 2009. Strategic Leadership: Theory and Research on Executives, Top Management Teams, and Boards. Oxford: Oxford University Press.

Flinders M. 2004. Distributed public governance in the European Union. Journal of European Public

Policy, 11（3）：520-544.

Flyvbjerg B. 2011. Over budget, over time, over and over again: managing major projects//Peter W G M, Jeffrey K P, Jonas S. The Oxford Handbook of Project Management. Oxford: Oxford University Press.

Flyvbjerg B. 2014. What you should know about megaprojects and why: an overview. Project Management Journal, 45（2）：6-19.

Flyvbjerg B. 2017. Did megaproject research pioneer behavioral economics? The case of Albert O. Hirschman//Flyvbjerg B. The Oxford Handbook of Megaproject Management. Dxford: Oxford University Press.

Flyvbjerg B, Bruzelius N, Rothengatter W. 2003. Megaprojects and Risk: An Anatomy of Ambition. Cambridge: Cambridge University Press.

Flyvbjerg B, Garbuio M, Lovallo D. 2009. Delusion and deception in large infrastructure projects: two models for explaining and preventing executive disaster. California Management Review, 51（2）：170-193.

Forrer J, Kee J E, Newcomer K E, et al. 2010. Public-private partnerships and the public accountability question. Public Administration Review, 70（3）：475-484.

Frederick W C. 1960. The growing concern over business responsibility. California Management Review, 2（4）：54-61.

Frederick W C. 1994. From CSR1 to CSR2: the maturing of business-and-society thought. Business & Society, 33（2）：150-164.

Freeman R E. 1984. Strategic Management: A Stakeholder Approach. Boston: Pitman Publishing.

Freeman R E. 1994. The politics of stakeholder theory: some future directions. Business Ethics Quarterly, 4（4）：409-421.

Freeman R E, Phillips R A. 2002. Stakeholder theory: a libertarian defense. Business Ethics Quarterly, 12（3）：331-349.

Freeman R E, Martin K, Parmar B. 2007. Stakeholder capitalism. Journal of Business Ethics, 74（4）：303-314.

Friedman M. 1970-09-13. The social responsibility of business is to increase its profits. New York Times Magazine.

Frooman J. 1999. Stakeholder influence strategies. Academy of Management Review, 24（2）：191-205.

Galaskiewicz J. 1997. An urban grants economy revisited: corporate charitable contributions in the Twin Cities, 1979-81, 1987-89. Administrative Science Quarterly, 42（3）：445-471.

Galloway P D, Nielsen K, Dignum J L. 2012. Managing gigaprojects: advice from those who've been there, done that. Australasian Journal of Construction Economics & Building, 13（1）：79.

Gao Y. 2009. Corporate social performance in China: evidence from large companies. Journal of Business Ethics, 89（1）: 23-35.

Garriga E, Melé D. 2004. Corporate social responsibility theories: mapping the territory. Journal of Business Ethics, 53（1）: 51-71.

Geringer J M, Beamish P W, DaCosta R C. 1989. Diversification strategy and internationalization: implications for MNE performance. Strategic Management Journal, 10（2）: 109-119.

Gerstner W C, König A, Enders A, et al. 2013. CEO narcissism, audience engagement, and organizational adoption of technological discontinuities. Administrative Science Quarterly, 58（2）: 257-291.

Ghani E, Goswami A G, Kerr W R. 2016. Highway to success: the impact of the golden quadrilateral project for the location and performance of Indian manufacturing. The Economic Journal, 126（591）: 317-357.

Giezen M. 2012. Keeping it simple? A case study into the advantages and disadvantages of reducing complexity in mega project planning. International Journal of Project Management, 30（7）: 781-790.

Giezen M, Bertolini L, Salet W. 2015. Adaptive capacity within a mega project: a case study on planning and decision-making in the face of complexity. European Planning Studies, 23（5）: 999-1018.

Gil N, Beckman S. 2009. Infrastructure meets business: building new bridges, mending old ones. California Management Review, 51（2）: 6-29.

Gil N, Lundrigan C. 2012. The leadership and governance of megaprojects（No. 3）. CID Technical Report.

Giroud X. 2013. Proximity and investment: evidence from plant-level data. Quarterly Journal of Economics, 128（2）: 861-915.

Gladwin T N, Kennelly J J, Krause T S. 1995. Shifting paradigms for sustainable development: implications for management theory and research. Academy of Management Review, 20（4）: 874-907.

Gluch P. 2009. Unfolding roles and identities of professionals in construction projects: exploring the informality of practices. Construction Management and Economics, 27（10）: 959-968.

Gomes L, Ramaswamy K. 1999. An empirical examination of the form of the relationship between multinationality and performance. Journal of International Business Studies, 30（1）: 173-187.

Gond J P, Herrbach O. 2006. Social reporting as an organizational learning tool? A theoretical framework. Journal of Business Ethics, 65（4）: 359-371.

Grabher G. 2004. Architectures of project-based learning: creating and sedimenting knowledge in project ecologies. Organization Studies, 25（9）: 1491-1514.

Graham D J. 2007. Agglomeration, productivity and transport investment. Journal of Transport Economics and Policy, 41（3）: 317-343.

Grant R M. 1987. Multinationality and performance among British manufacturing companies. Journal of International Business Studies, 18（3）: 79-89.

Grimsey D, Lewis M K. 2002. Evaluating the risks of public private partnerships for infrastructure projects. International Journal of Project Management, 20（2）: 107-118.

Guikema S D. 2009. Infrastructure design issues in disaster-prone regions. Science, 323（5919）: 1302-1303.

Haley U C. 1991. Corporate contributions as managerial masques: reframing corporate contributions as strategies to influence society. Journal of Management Studies, 28（5）: 485-510.

Harjoto M A, Jo H. 2011. Corporate governance and CSR nexus. Journal of Business Ethics, 100（1）: 45-67.

Hart S L. 1995. A natural-resource-based view of the firm. Academy of Management Review, 20（1）: 986-1014.

Haughwout A F. 2002. Public infrastructure investments, productivity and welfare in fixed geographic areas. Journal of Public Economics, 83（3）: 405-428.

Hayes A F. 2013. Introduction to Mediation, Moderation, and Conditional Process Analysis: A Regression-Based Approach. New York: Guilford Publications.

Henisz W J. 2002. The institutional environment for infrastructure investment. Industrial and Corporate Change, 11（2）: 355-389.

Hillman A J. 2005. Politicians on the board of directors: do connections affect the bottom line? Journal of Management, 31（3）: 464-481.

Hillman A J, Keim G D. 2001. Shareholder value, stakeholder management, and social issues: what's the bottom line? Strategic Management Journal, 22（2）: 125-139.

Hinings C R, Greenwood R. 2002. Disconnects and consequences in organization theory? Administrative Science Quarterly, 47（3）: 411-421.

Hitt M A, Hoskisson R E, Kim H. 1997. International diversification: effects on innovation and firm performance in product-diversified firms. Academy of Management Journal, 40（4）: 767-798.

Hitt M A, Tihanyi L, Miller T, et al. 2006. International diversification: antecedents, outcomes, and moderators. Journal of Management, 32（6）: 831-867.

Hitt M A, Ireland R D, Hoskisson R E. 2007. Strategic Management: Competitiveness and Globalization. 7th ed. Nashville: South western Publishing Group.

Hoskisson R E, Johnson R A, Tihanyi L, et al. 2005. Diversified business groups and corporate refocusing in emerging economies. Journal of Management, 31（6）: 941-965.

Huang C F, Lien H C. 2012. An empirical analysis of the influences of corporate social responsibility on organizational performance of Taiwan's construction industry: using corporate image as a mediator. Construction Management and Economics, 30（4）: 263-275.

Huang C L, Kung F H. 2010. Drivers of environmental disclosure and stakeholder expectation: evidence from Taiwan. Journal of Business Ethics, 96（3）: 435-451.

Hueting R, Reijnders L. 2004. Broad sustainability contra sustainability: the proper construction of sustainability indicators. Ecological Economics, 50（3）: 249-260.

Hulten C R, Bennathan E, Srinivasan S. 2006. Infrastructure, externalities, and economic development: a study of the Indian manufacturing industry. World Bank Economic Review, 20（2）: 291-308.

Hung H. 1998. A typology of the theories of the roles of governing boards. Corporate Governance, 6（2）: 101-111.

Hunter S, Leyden K M. 1995. Beyond NIMBY: explaining opposition to hazardous waste facilities. Policy Studies Journal, 23（4）: 601-619.

Husted B W, Allen D B. 2006. Corporate social responsibility in the multinational enterprise: strategic and institutional approaches. Journal of International Business Studies, 37（6）: 838-849.

ISO. 2006. ISO 26000: Guidance on Social Responsibility. The International Organization for Standardization, Geneva, Switzerland.

Iyer K C, Sagheer M. 2009. Hierarchical structuring of PPP risks using interpretative structural modeling. Journal of Construction Engineering and Management, 136（2）: 151-159.

Jackson G, Apostolakou A. 2010. Corporate social responsibility in Western Europe: an institutional mirror or substitute? Journal of Business Ethics, 94（3）: 371-394.

Jamali D, Mirshak R. 2007. Corporate social responsibility（CSR）: theory and practice in a developing country context. Journal of Business Ethics, 72（3）: 243-262.

Jamali D, Safieddine A M, Rabbath M. 2008. Corporate governance and corporate social responsibility synergies and interrelationships. Corporate Governance: An International Review, 16（5）: 443-459.

Jennings P D, Zandbergen P A. 1995. Ecologically sustainable organizations: an institutional approach. Academy of Management Review, 20（4）: 1015-1052.

Jensen M C. 2002. Value maximization, stakeholder theory, and the corporate objective function. Business Ethics Quarterly, 12（2）: 235-256.

Jia G, Yang F, Wang G, et al. 2011. A study of mega project from a perspective of social conflict theory. International Journal of Project Management, 29（7）: 817-827.

Jiang Y, Peng M W, Yang X, et al. 2015. Privatization, governance, and survival: MNE investments in private participation projects in emerging economies. Journal of World Business, 50（2）：294-301.

Joe J R, Louis H, Robinson D. 2009. Managers' and investors' responses to media exposure of board ineffectiveness. Journal of Financial and Quantitative Analysis, 44（3）：579-605.

Johanson J, Vahlne J E. 1977. The internationalization process of the firm—a model of knowledge development and increasing foreign market commitments. Journal of International Business Studies, 8（1）：23-32.

Johnson H L. 1971. Business in Contemporary Society: Framework and Issues. Belmont: Wadsworth Publishing Company, Inc.

Johnson R A, Greening D W. 1999. The effects of corporate governance and institutional ownership types on corporate social performance. Academy of Management Journal, 42（5）：564-576.

Jones D A, Willness C R, Madey S. 2014. Why are job seekers attracted by corporate social performance? Experimental and field tests of three signal-based mechanisms. Academy of Management Journal, 57（2）：383-404.

Jones T M. 1995. Instrumental stakeholder theory: a synthesis of ethics and economics. Academy of Management Review, 20（2）：404-437.

Jones T W. 1990. Corporate social responsibility revisited, redefined. California Management Review, 22（3）：50-67.

Kang J. 2013. The relationship between corporate diversification and corporate social performance. Strategic Management Journal, 34（1）：94-109.

Kardes I, Ozturk A, Cavusgil S T, et al. 2013. Managing global megaprojects: complexity and risk management. International Business Review, 22（6）：905-917.

Ke Y, Wang S, Chan A P, et al. 2010. Preferred risk allocation in China's public-private partnership（PPP）projects. International Journal of Project Management, 28（5）：482-492.

Keeble J J, Topiol S, Berkeley S. 2003. Using indicators to measure sustainability performance at a corporate and project level. Journal of Business Ethics, 44（2~3）：149-158.

Kenny C. 2009. Measuring corruption in infrastructure: evidence from transition and developing countries. Journal of Development Studies, 45（3）：314-332.

Klakegg O J, Williams T, Magnussen O M, et al. 2008. Governance frameworks for public project development and estimation. Project Management Journal, 39（1）：27-42.

Kobrin S J. 2009. Private political authority and public responsibility: transnational politics, transnational firms and human rights. Business Ethics Quarterly, 19（3）：349-374.

Kooiman J. 1993. Modern Governance: New Government-Society Interactions. London: Sage.

Kumaraswamy M M, Anvuur A M. 2008. Selecting sustainable teams for PPP projects. Building and Environment, 43(6): 999-1009.

Laplume A O, Sonpar K, Litz R A. 2008. Stakeholder theory: reviewing a theory that moves us. Journal of Management, 34(6): 1152-1189.

Lau L C, Tan K T, Lee K T, et al. 2009. A comparative study on the energy policies in Japan and Malaysia in fulfilling their nations' obligations towards the Kyoto Protocol. Energy Policy, 37(11): 4771-4778.

Lee H H M, van Dolen W, Kolk A. 2013. On the role of social media in the "responsible" food business: blogger buzz on health and obesity issues. Journal of Business Ethics, 118(4): 695-707.

Lei Z, Tang W, Duffield C, et al. 2017. The impact of technical standards on international project performance: Chinese contractors' experience. International Journal of Project Management, 35(8): 1597-1607.

Leigh A, Neill C. 2011. Can national infrastructure spending reduce local unemployment? Evidence from an Australian roads program. Economics Letters, 113(2): 150-153.

Leonidou L C, Christodoulides P, Kyrgidou L P, et al. 2017. Internal drivers and performance consequences of small firm green business strategy: the moderating role of external forces. Journal of Business Ethics, 140(3): 585-606.

Lepoutre J, Heene A. 2006. Investigating the impact of firm size on small business social responsibility: a critical review. Journal of Business Ethics, 67(3): 257-273.

Levitt R E. 2007. CEM research for the next 50 years: maximizing economic, environmental, and societal value of the built environment. Journal of Construction Engineering and Management, 133(9): 619-628.

Li B, Akintoye A, Edwards P J, et al. 2005a. Critical success factors for PPP/PFI projects in the UK construction industry. Construction Management and Economics, 23(5): 459-471.

Li B, Akintoye A, Edwards P J, et al. 2005b. The allocation of risk in PPP/PFI construction projects in the UK. International Journal of Project Management, 23(1): 25-35.

Li D, Cao C, Zhang L, et al. 2017. Effects of corporate environmental responsibility on financial performance: the moderating role of government regulation and organizational slack. Journal of Cleaner Production, 166(10): 1323-1334.

Li H, Li Z. 2013. Road investments and inventory reduction: firm level evidence from China. Journal of Urban Economics, 76(1): 43-52.

Li J, He H, Liu H, et al. 2017. Consumer responses to corporate environmental actions in China: an environmental legitimacy perspective. Journal of Business Ethics, 143(3): 589-602.

Li K K, Xu Z F. 2006. Overview of dujiangyan irrigation scheme of ancient China with current theory. Irrigation and Drainage, 55（3）: 291-298.

Li T T Y, Ng S T, Skitmore M. 2013. Evaluating stakeholder satisfaction during public participation in major infrastructure and construction projects: a fuzzy approach. Automation in Construction, 29（1）: 123-135.

Li W, Zhang R. 2010. Corporate social responsibility, ownership structure, and political interference: evidence from China. Journal of Business Ethics, 96（4）: 631-645.

Liang H, Ren B, Sun S L. 2015. An anatomy of state control in the globalization of state-owned enterprises. Journal of International Business Studies, 46（2）: 223-240.

Licht A N, Goldschmidt C, Schwartz S H. 2005. Culture, law, and corporate governance. International Review of Law and Economics, 25（2）: 229-255.

Lii Y S, Lee M. 2012. Doing right leads to doing well: when the type of CSR and reputation interact to affect consumer evaluations of the firm. Journal of Business Ethics, 105（1）: 69-81.

Lin H, Zeng S X, Ma H Y, et al. 2014. Can political capital drive corporate green innovation? Lessons from China. Journal of Cleaner Production, 64（2）: 63-72.

Lin H, Zeng S X, Ma H Y. 2016a. Water scheme acts as ecological buffer. Nature, 529（7586）: 283.

Lin H, Zeng S X, Wang L, et al. 2016b. How does environmental irresponsibility impair corporate reputation? A multi-method investigation. Corporate Social Responsibility and Environmental Management, 23（6）: 413-423.

Lin H, Zeng S X, Ma H Y, et al. 2017. An indicator system for evaluating megaproject social responsibility. International Journal of Project Management, 35（7）: 1415-1426.

Lin X, Ho C M, Shen G Q. 2017. Who should take the responsibility? Stakeholders' power over social responsibility issues in construction projects. Journal of Cleaner Production, 154: 318-329.

Lin Y. 2017. Travel costs and urban specialization patterns: evidence from China's high speed railway system. Journal of Urban Economics, 98: 98-123.

Lins K V, Servaes H, Tamayo A. 2017. Social capital, trust, and firm performance: the value of corporate social responsibility during the financial crisis. Journal of Finance, 72（4）: 1785-1824.

Liu C M. 1998. Environmental issues and the south-north water transfer scheme. The China Quarterly, 156（156）: 899-910.

Liu H W, Ni W D, Li Z, et al. 2008. Strategic thinking on IGCC development in China. Energy Policy, 36（1）: 1-11.

Liu J, Diamond J. 2005. China's environment in a globalizing world. Nature, 435（7046）:

1179-1186.

Liu J, Zuo J, Sun Z, et al. 2013. Sustainability in hydropower development—A case study. Renewable and Sustainable Energy Reviews, 19（1）: 230-237.

Liu Z Z, Zhu Z W, Wang H J, et al. 2016. Handling social risks in government-driven mega project: an empirical case study from West China. International Journal of Project Management, 34（2）: 202-218.

Lizt R A. 1996. A resource-based-view of the socially responsible firm: stakeholder interdependence, ethical awareness, and issue responsiveness as strategic assets. Journal of Business Ethics, 15（12）: 1355-1363.

Lockett A, Moon J, Visser W. 2006. Corporate social responsibility in management research: focus, nature, salience and sources of influence. Journal of Management Studies, 43（1）: 115-136.

Loosemore M, Phua F. 2011. Responsible Corporate Strategy in Construction and Engineering: Doing the Right Thing? London: Spon Press.

Loosemore M, Lim B T H. 2017. Linking corporate social responsibility and organizational performance in the construction industry. Construction Management and Economics, 35（3）: 90-105.

Low S P, Jiang H B. 2003. Internationalization of Chinese construction enterprises. Journal of Construction Engineering and Management, 129（6）: 589-598.

Lu J W, Beamish P W. 2004. International diversification and firm performance: the S-curve hypothesis. Academy of Management Journal, 47（4）: 598-609.

Ludwig J, Duncan G J, Gennetian L A, et al. 2012. Neighborhood effects on the long-term well-being of low-income adults. Science, 3379（6101）: 1505-1510.

Lundrigan C P, Gil N A, Puranam P. 2015. The under performance of mega-projects: a meta-organizational perspective. INSEAD Working Paper, No. 2015/04/STR.

Ma H, Zeng S, Shen G Q, et al. 2016. International diversification and corporate social responsibility: an empirical study of Chinese contractors. Management Decision, 54（3）: 750-774.

Mackey A. 2008. The effect of CEOs on firm performance. Strategic Management Journal, 29（12）: 1357-1367.

Mahalingam A. 2009. PPP experiences in Indian cities: barriers, enablers, and the way forward. Journal of Construction Engineering and Management, 136（4）: 419-429.

Maignan I. 2001. Consumers' perceptions of corporate social responsibilities: a cross-cultural comparison. Journal of Business Ethics, 30（1）: 57-72.

Mamic I. 2005. Managing global supply chain: the sports footwear, apparel and retail sectors.

Journal of Business Ethics, 59 (1): 81-100.

Margolis J D, Walsh J P. 2003. Misery loves companies: rethinking social initiatives by business. Administrative Science Quarterly, 48 (2): 268-305.

Marquis C, Qian C. 2013. Corporate social responsibility reporting in China: symbol or substance? Organization Science, 25 (1): 127-148.

Marquis C, Glynn M A, Davis G F. 2007. Community isomorphism and corporate social action. Academy of Management Review, 32 (3): 925-945.

Martínez Aires M D, Rubio Gámez M C, Gibb A. 2010. Prevention through design: the effect of European directives on construction workplace accidents. Safety Science, 48 (2): 248-258.

Mathur V N, Price A D, Austin S. 2008. Conceptualizing stakeholder engagement in the context of sustainability and its assessment. Construction Management and Economics, 26 (6): 601-609.

Matten D, Moon J. 2008. "Implicit" and "explicit" CSR: a conceptual framework for a comparative understanding of corporate social responsibility. Academy of Management Review, 33 (2): 404-424.

McGuire J, Dow S, Argheyd K. 2003. CEO incentives and corporate social performance. Journal of Business Ethics, 45 (4): 341-359.

McGuire T W. 1963. Business & Sons. New York: McGraw Hill.

McMichael A J, Butler C D, Folke C. 2003. New visions for addressing sustainability. Science, 302 (5652): 1919-1920.

McWilliams A, Siegel D. 2001. Corporate social responsibility: a theory of the firm perspective. Academy of Management Review, 26 (1): 117-127.

Mele D. 2002. Not only stakeholder interests. The firm oriented toward the common good. Notre Dame: University of Notre Dame Press.

Meng X H, Zeng S X, Tam C M, et al. 2013. Whether top executives' turnover influences environmental responsibility: from the perspective of environmental information disclosure. Journal of Business Ethics, 114 (2): 341-353.

Meyer K E. 2004. Perspectives on multinational enterprises in emerging economies. Journal of International Business Studies, 35 (4): 259-276.

Miller R, Lessard D. 2001. Understanding and managing risks in large engineering projects. International Journal of Project Management, 19 (8): 437-443.

Miller R, Hobbs B. 2005. Governance regimes for large complex projects. Project Management Journal, 36 (3): 42-50.

Missonier S, Loufrani-Fedida S. 2014. Stakeholder analysis and engagement in projects: from stakeholder relational perspective to stakeholder relational ontology. International Journal of

Project Management, 32（7）: 1108-1122.

Mitchell R K, Agle B R, Wood D J. 1997. Toward a theory of stakeholder identification and salience: defining the principle of who and what really counts. Academy of Management Review, 22（4）: 853-886.

Mok K Y, Shen G Q, Yang J. 2015. Stakeholder management studies in mega construction projects: a review and future directions. International Journal of Project Management, 33（2）: 446-457.

Moon J. 2002. The social responsibility of business and new governance. Government and Opposition, 37（3）: 385-408.

Morrison C J, Schwartz A E. 1996. State infrastructure and productive performance. American Economic Review, 86（5）: 1095-1111.

Moura-Leite R C, Padgett R C, Galan J I. 2012. Is social responsibility driven by industry or firm-specific factors? Management Decision, 50（7）: 1200-1221.

Muller A, Kolk A. 2010. Extrinsic and intrinsic drivers of corporate social performance: evidence from foreign and domestic firms in Mexico. Journal of Management Studies, 47（1）: 1-26.

Muller R. 2012. Project governance. Farnham: Gower Publishing, Ltd.

Muller R, Turner R, Andersen E S, et al. 2014. Ethics, trust, and governance in temporary organizations. Project Management Journal, 45（4）: 39-54.

Murrary K B, Montanari S R. 1980. Strategic management of the socially responsible firm: integrating management and marketing theory. Academy of Management Review, 11（4）: 815-218.

Nachum L. 2004. Geographic and industrial diversification of developing country firms. Journal of Management Studies, 41（2）: 273-294.

Nadkarni S, Herrmann P O L. 2010. CEO personality, strategic flexibility, and firm performance: the case of the Indian business process outsourcing industry. Academy of Management Journal, 53（5）: 1050-1073.

Ness K. 2010. The discourse of "respect for people" in UK construction. Construction Management and Economics, 28（5）: 481-493.

Neubaum D O, Zahra S A. 2006. Institutional ownership and corporate social performance: the moderating effects of investment horizon, activism, and coordination. Journal of Management, 32（1）: 108-131.

Newman M E. 2006. Modularity and community structure in networks. Proceedings of the National Academy of Sciences, 103（23）: 8577-8582.

Ng A, Loosemore M. 2007. Risk allocation in the private provision of public infrastructure. International Journal of Project Management, 25（1）: 66-76.

Ng S T, Wong J M W, Wong K K W. 2013. A public private people partnerships（P4）process framework for infrastructure development in Hong Kong. Cities, 31（2）: 370-381.

O'Connor M, Spangenberg J H. 2008. A methodology for CSR reporting: assuring a representative diversity of indicators across stakeholders, scales, sites and performance issues. Journal of Cleaner Production, 16（13）: 1399-1415.

O'Reilly C A, Doerr B, Caldwell D F, et al. 2014. Narcissistic CEOs and executive compensation. The Leadership Quarterly, 25（2）: 218-231.

Ocasio W. 1997. Towards an attention-based view of the firm. Strategic Management Journal, 18（S1）: 187-206.

OECD. 1999. Measuring and Reporting Intellectual Capital: Experiences, Issues, and Prospects. Paris: OECD.

OECD. 2005. Modernising Government: The Way Forward. Paris: OECD.

Oh C H, Contractor F J. 2012. The role of territorial coverage and product diversification in the multinationality-performance relationship. Global Strategy Journal, 2（2）: 122-136.

Oladinrin T O, Ho C M F. 2014. Strategies for improving codes of ethics implementation in construction organizations. Project Management Journal, 45（5）: 15-26.

Oliver C. 1997. The influence of institutional and task environment relationships on organizational performance: the Canadian construction industry. Journal of Management Studies, 34（1）: 99-124.

Orlitzky M, Benjamin J D. 2001. Corporate social performance and firm risk: a meta-analytic review. Business & Society, 40（4）: 369-396.

Orlitzky M, Schmidt F L, Rynes S L. 2003. Corporate social and financial performance: a meta-analysis. Organization Studies, 24（3）: 403-441.

Osei-Kyei R, Chan A P. 2015. Review of studies on the critical success factors for public-private partnership（PPP）projects from 1990 to 2013. International Journal of Project Management, 33（6）: 1335-1346.

OSHA. 2007. Fourth European Working Conditions Survey. Luxembourg: Office for Official Publications of the European Communities.

Ottino J M. 2004. Engineering complex systems. Nature, 427（6973）: 399.

Ou A Y, Tsui A S, Kinicki A J, et al. 2014. Humble chief executive officers' connections to top management team integration and middle managers' responses. Administrative Science Quarterly, 59（1）: 34-72.

Pagano M, Volpin P F. 2005. The political economy of corporate governance. American Economic Review, 95（4）: 1005-1030.

Parmar B L, Freeman R E, Harrison J S, et al. 2010. Stakeholder theory: the state of the art. Academy of Management Annals, 4（1）: 403-445.

Pauget B, Wald A. 2013. Relational competence in complex temporary organizations: the case of a French hospital construction project network. International Journal of Project Management, 31(2): 200-211.

Peloza J. 2009. The challenge of measuring financial impacts from investments in corporate social performance. Journal of Management, 35(6): 1518-1541.

Peloza J, Shang J. 2011. How can corporate social responsibility activities create value for stakeholders? A systematic review. Journal of the Academy of Marketing Science, 39(1): 117-135.

Peng C H, Ouyang H, Gao Q, et al. 2007. Building a "Green" railway in China. Science, 316(5824): 546-547.

Peng M W. 2012. The global strategy of emerging multinationals from China. Global Strategy Journal, 2(2): 97-107.

Peng M W, Wang D Y, Jiang Y. 2008. An institution-based view of international business strategy: a focus on emerging economies. Journal of International Business Studies, 39(5): 920-936.

Peng M W, Sun S L, Pinkham B, et al. 2009. The institution-based view as a third leg for a strategy tripod. Academy of Management Perspectives, 23(4): 63-81.

Pennings J M, Barkema H, Douma S. 1994. Organizational learning and diversification. Academy of Management Journal, 37(3): 608-640.

Peterson S J, Galvin B M, Lange D. 2012. CEO servant leadership: exploring executive characteristics and firm performance. Personnel Psychology, 65(3): 565-596.

Petrenko O V, Aime F, Ridge J, et al. 2016. Corporate social responsibility or CEO narcissism? CSR motivations and organizational performance. Strategic Management Journal, 37(2): 262-279.

Pheng L S, Jiang H, Leong C H. 2004. A comparative study of top British and Chinese international contractors in the global market. Construction Management & Economics, 22(7): 717-731.

Phillips R A, Reichart J. 2000. The environment as a stakeholder? A fairness-based approach. Journal of Business Ethics, 23(2): 185-197.

Phillips R A, Freeman R E, Wcks A C. 2003. What stakeholder theory not. Business Ethics Quarterly, 13(1): 479-502.

Porter M E, Kramer M R. 2002. The competitive advantage of corporate philanthropy. Harvard Business Review, 80: 49-62.

Porter M E, Kramer M R. 2006. The link between competitive advantage and corporate social responsibility. Harvard Business Review, 84(12): 78-92.

Porter M E, Kramer M R. 2011. The big idea: creating shared value. How to reinvent capitalism—and unleash a wave of innovation and growth. Harvard Business Review, 89(1~2): 62-77.

Prahalad C K, Hammond A. 2002. Serving the world's poor, profitably. Harvard Business Review, 80（9）：48-58.

Preston L E, Post J E. 1975. Private management and public policy: the principle of public responsibility. California Management Review, 23（3）：56-62.

Puddicombe M S. 2011. Novelty and technical complexity: critical constructs in capital projects. Journal of Construction Engineering and Management, 138（5）：613-620.

Qi G Y, Shen L Y, Zeng S X, et al. 2010. The drivers for contractors' green innovation: an industry perspective. Journal of Cleaner Production, 18（14）：1358-1365.

Qi G Y, Zeng S X, Li X D, et al. 2012. Role of internalization process in defining the relationship between ISO 14001 certification and corporate environmental performance. Corporate Social Responsibility and Environmental Management, 19（3）：129-140.

Qi G Y, Jia Y H, Zeng S X. et al. 2016. Public participation in China's project plans. Science, 352（6289）：1065.

Qian G, Li L, Li J, et al. 2008. Regional diversification and firm performance. Journal of International Business Studies, 39（2）：197-214.

Qiu J. 2007. Riding on the roof of the world. Nature, 449：398-402.

Quigley T J, Hambrick D C. 2015. Has the "CEO effect" increased in recent decades? A new explanation for the great rise in America's attention to corporate leaders. Strategic Management Journal, 36（6）：821-830.

Reina C S, Zhang Z, Peterson S J. 2014. CEO grandiose narcissism and firm performance: the role of organizational identification. The Leadership Quarterly, 25（5）：958-971.

Remington K, Pollack J. 2007. Tools for Complex Projects. Aldershot: Gower Publishing.

Resick C J, Whitman D S, Weingarden S M, et al. 2009. The bright-side and the dark-side of CEO personality: examining core self-evaluations, narcissism, transformational leadership, and strategic influence. Journal of Applied Psychology, 94（6）：1365-1381.

Reverte C, Gómez-Melero E, Cegarra-Navarro J G. 2016. The influence of corporate social responsibility practices on organizational performance: evidence from eco-responsible Spanish firms. Journal of Cleaner Production, 112：2870-2884.

Reynaers A M. 2014. Public values in public-private partnerships. Public Administration Review, 74（1）：41-50.

Rhodes R A W. 1996. The new governance: governing without government. Political Studies, 44（4）：652-667.

Rijsenbilt A, Commandeur H. 2013. Narcissus enters the courtroom: CEO narcissism and fraud. Journal of Business Ethics, 117（2）：413-429.

Rosenstein-Rodan P N. 1943. Problems of industrialisation of eastern and South-Eastern Europe. The

Economic Journal, 53 (210/211): 202-211.

Rowley T J. 1997. Moving beyond dyadic ties: a network theory of stakeholder influences. Academy of Management Review, 22 (4): 887-910.

Ruigrok W, Wagner H. 2003. Internationalization and performance: an organizational learning perspective. Management International Review, 43 (1): 63-83.

Russo M V, Fouts P A. 1997. A resource-based perspective on corporate environmental performance and profitability. Academy of Management Journal, 40 (3): 534-559.

Ruuska I, Ahola T, Artto K, et al. 2011. A new governance approach for multi-firm projects: lessons from olkiluoto 3 and flamanville 3 nuclear power plant projects. International Journal of Project Management, 29 (6): 647-660.

Sacconi L. 2006. A social contract account for CSR as an extended model of corporate governance (Ⅰ): rational bargaining and justification. Journal of Business Ethics, 68 (3): 259-281.

Sacconi L. 2007. A social contract account for CSR as an extended model of corporate governance (Ⅱ): compliance, reputation and reciprocity. Journal of Business Ethics, 75 (1): 77-96.

Salazar J, Husted B W, Biehl M. 2012. Thoughts on the evaluation of corporate social performance through projects. Journal of Business Ethics, 105 (2): 175-186.

Salet W, Bertolini L, Giezen M. 2013. Complexity and uncertainty: problem or asset in decision making of mega infrastructure projects? International Journal of Urban and Regional Research, 37 (6): 1984-2000.

Sambharya R B. 1996. Foreign experience of top management teams and international diversification strategies of US multinational corporations. Strategic Management Journal, 17 (9): 739-746.

Sanderson J. 2012. Risk, uncertainty and governance in megaprojects: a critical discussion of alternative explanations. International Journal of Project Management, 30 (4): 432-443.

Sarin S, Mahajan V. 2001. The effect of reward structures on the performance of cross-functional product development teams. Journal of Marketing, 65 (2): 35-53.

Saynisch M. 2010. Mastering complexity and changes in projects, economy, and society via project management second order (PM-2). Project Management Journal, 41 (5): 4-20.

Scarbrough H, Swan J, Laurent S, et al. 2004. Project-based learning and the role of learning boundaries. Organization Studies, 25 (9): 1579-1600.

Scherer A G, Palazzo G. 2011. The new political role of business in a globalized world: a review of a new perspective on CSR and its implications for the firm, governance, and democracy. Journal of Management Studies, 48 (4): 899-931.

Scherer A G, Rasche A, Palazzo G, et al. 2016. Managing for political corporate social responsibility: new challenges and directions for PCSR 2.0. Journal of Management Studies, 53 (3): 273-298.

Schrempf-Stirling J, Palazzo G, Phillips R A. 2016. Historic corporate social responsibility. Academy of Management Review, 41 (4): 700-719.

Schwartz M S, Carroll A B. 2003. Corporate social responsibility: a three-domain approach. Business Ethics Quarterly, 13 (4): 503-530.

Seager T P, Theis T L. 2004. A taxonomy of metrics for testing the industrial ecology hypotheses and application to design of freezer insulation. Journal of Cleaner Production, 12 (8): 865-875.

Sen S, Bhattacharya C B. 2001. Does doing good always lead to doing better? Consumer reactions to corporate social responsibility. Journal of Marketing Research, 38 (2): 225-243.

Sen S, Gürhan-Canli Z, Morwitz V. 2001. Withholding consumption: a social dilemma perspective on consumer boycotts. Journal of Consumer Research, 28 (3): 399-417.

Sethi S P. 1975. Dimensions of corporate social performance: an analytical framework. California Management Review, 17 (3): 58-64.

Sharfman M P, Shaft T M, Tihanyi L. 2004. A model of the global and institutional antecedents of high-level corporate environmental performance. Business & Society, 43 (1): 6-36.

Sharma S. 2000. Managerial interpretations and organizational context as predictors of corporate choice of environmental strategy. Academy of Management Journal, 43 (4): 681-697.

Sharma S, Vredenburg H. 1998. Proactive corporate environmental strategy and the development of competitively valuable organizational capabilities. Strategic Management Journal, 19 (8): 729-753.

Sharma S, Henriques I. 2005. Stakeholder influences on sustainability practices in the Canadian forest products industry. Strategic Management Journal, 26 (2): 159-180.

Shaw B, Post F R. 1993. A moral basis for corporate philanthropy. Journal of Business Ethics, 12 (10): 745-751.

Shen G Z, Xie Z Q. 2004. Three Gorges Project: chance and challenge. Science, 304 (5671): 681.

Shen L Y, Lu W S, Yam M C. 2006a. Contractor key competitiveness indicators: a China study. Journal of Construction Engineering and Management, 132 (4): 416-424.

Shen L Y, Platten A, Deng X P. 2006b. Role of public private partnerships to manage risks in public sector projects in Hong Kong. International Journal of Project Management, 24 (7): 587-594.

Shen L Y, Asce M, Wu Y Z, et al. 2010a. Key assessment indicators for the sustainability of infrastructure projects. Journal of Construction Engineering and Management, 137 (6): 441-451.

Shen L Y, Tam V W, Tam L, et al. 2010b. Project feasibility study: the key to successful implementation of sustainable and socially responsible construction management practice. Journal of Cleaner Production, 18 (3): 254-259.

Sheng Z. 2018. Fundamental Theories of Mega Infrastructure Construction Management: Theoretical Considerations from Chinese Practices. New York: Springer International Publishing.

Shenhar A J, Dvir D. 2007. Reinventing Project Management: The Diamond Approach to Successful Growth and Innovation. Boston: Harvard Business School Press.

Sherratt F. 2015. Legitimizing public health control on sites? A critical discourse analysis of the responsibility deal construction pledge. Construction Management and Economics, 33 (5~6): 444-452.

Shi H, Huang S. 2014. How much infrastructure is too much? A new approach and evidence from China. World Development, 56 (2): 272-286.

Shiferaw A T, Klakegg O J, Haavaldsen T. 2012. Governance of public investment projects in Ethiopia. Project Management Journal, 43 (4): 52-69.

Shleifer A, Vishny R W. 1991. Takeovers in the '60s and the '80s: evidence and implications. Strategic Management Journal, 12 (S2): 51-59.

Small H. 1999. Visualizing science by citation mapping. Journal of the Association for Information Science and Technology, 50 (9): 799-813.

Sohail M, Cavill S. 2008. Accountability to prevent corruption in construction projects. Journal of Construction Engineering and Management, 134 (9): 729-738.

Sommer S C, Loch C H. 2004. Selectionism and learning in projects with complexity and unforeseeable uncertainty. Management Science, 50 (10): 1334-1347.

Spena T R, Chiara A D. 2012. CSR, innovation strategy and supply chain management: toward an integrated perspective. International Journal of Technology Management, 58 (1/2): 83-108.

Steiner G A. 1971. Business and Society. New York: McGraw Hill.

Steiner G A, Steiner J F. 1980. Business, Government, and Society. New York: Random House, Business Division.

Stern R N, Barley S R. 1996. Organizations and social systems: organization theory's neglected mandate. Administrative Science Quarterly, 41 (1): 146-162.

Steurer R. 2010. The role of governments in corporate social responsibility: characterising public policies on CSR in Europe. Policy Sciences, 43 (1): 49-72.

Steurer R, Langer M E, Konrad A, et al. 2005. Corporations, stakeholders and sustainable development I: a theoretical exploration of business-society relations. Journal of Business Ethics, 61 (3): 263-281.

Stone R. 2008. Three Gorges Dam: into the unknown. Science, 321 (5889): 628-632.

Stone R, Jia H. 2006. Going against the flow. Science, 313(5790): 1034-1037.

Straub S. 2011. Infrastructure and development: a critical appraisal of the macro-level literature. Journal of Development Studies, 47(5): 683-708.

Strike V M, Gao J, Bansal P. 2006. Being good while being bad: social responsibility and the international diversification of US firms. Journal of International Business Studies, 37(6): 850-862.

Su H N, Lee P C. 2010. Mapping knowledge structure by keyword co-occurrence: a first look at journal papers in technology foresight. Scientometrics, 85(1): 65-79.

Suchman M C. 1995. Managing legitimacy: strategic and institutional approaches. Academy of Management Review, 20(3): 571-610.

Surroca J, Tribó J A, Waddock S. 2010. Corporate responsibility and financial performance: the role of intangible resources. Strategic Management Journal, 31(5): 463-490.

Swanson D L. 1999. Toward an integrative theory of business and society: a research strategy for corporate social performance. Academy of Management Review, 24(3): 506-521.

Szyliowicz J S, Goetz A R. 1995. Getting realistic about megaproject planning: the case of the new Denver International Airport. Policy Sciences, 28(4): 347-367.

Tam C M, Tam V W, Tsui W S. 2004. Green construction assessment for environmental management in the construction industry of Hong Kong. International Journal of Project Management, 22(7): 563-571.

Tam V W, Tam C M, Zeng S X, et al. 2006. Environmental performance measurement indicators in construction. Building and Environment, 41(2): 164-173.

Tang L, Shen Q, Cheng E W. 2010. A review of studies on public-private partnership projects in the construction industry. International Journal of Project Management, 28(7): 683-694.

Thiry M, Deguire M. 2007. Recent developments in project-based organisations. International Journal of Project Management, 25(7): 649-658.

Too E G, Weaver P. 2014. The management of project management: a conceptual framework for project governance. International Journal of Project Management, 32(8): 1382-1394.

Tseng M L, Lin Y H, Chiu A S. 2009. Fuzzy AHP-based study of cleaner production implementation in Taiwan PWB manufacturer. Journal of Cleaner Production, 17(14): 1249-1256.

Ugwu O O, Kumaraswamy M M, Wong A, et al. 2006. Sustainability appraisal in infrastructure projects(SUSAIP): Part 1. Development of indicators and computational methods. Automation in Construction, 15(2): 239-251.

Uysal Ö Ö. 2010. Business ethics research with an accounting focus: a bibliometric analysis from 1988 to 2007. Journal of Business Ethics, 93(1): 137-160.

van Marrewijk A. 2007. Managing project culture: the case of environ megaproject. International

Journal of Project Management, 25（3）: 290-299.

van Marrewijk A, Clegg S R, Pitsis T S, et al. 2008. Managing public-private megaprojects: paradoxes, complexity, and project design. International Journal of Project Management, 26（6）: 591-600.

Varadarajan D R, Menon A. 1988. Cause-related marketing: a coalignment of marketing strategy and corporate philanthropy. Journal of Marketing, 52（3）: 58-74.

Venables A J. 2007. Evaluating urban transport improvements: cost-benefit analysis in the presence of agglomeration and income taxation. Journal of Transport Economics and Policy, 41（2）: 173-188.

Vidal L A, Marle F, Bocquet J C. 2011. Using a delphi process and the analytic hierarchy process （AHP） to evaluate the complexity of projects. Expert Systems with Applications, 38（5）: 5388-5405.

Vogel D. 1986. The study of social issues in management: a critical appraisal. California Management Review, 28（2）: 142-152.

Waddock S A, Graves S B. 1997. The corporate social performance-financial performance link. Strategic Management Journal, 18（4）: 303-319.

Wales W J, Patel P C, Lumpkin G T. 2013. In pursuit of greatness: CEO narcissism, entrepreneurial orientation, and firm performance variance. Journal of Management Studies, 50（6）: 1041-1069.

Walton C C. 1967. Corporate Social Responsibilities. Belmont: Wadsworth.

Wang H, Qian C. 2011. Corporate philanthropy and corporate financial performance: the roles of stakeholder response and political access. Academy of Management Journal, 54（6）: 1159-1181.

Wang J, Yuan H, Kang X, et al. 2010. Critical success factors for on-site sorting of construction waste: a China study. Resources, Conservation and Recycling, 54（11）: 931-936.

Wang M, Qiu C, Kong D. 2011. Corporate social responsibility, investor behaviors, and stock market returns: evidence from a natural experiment in China. Journal of Business Ethics, 101（1）: 127-141.

Wartick S L, Cochran P L. 1985. The evolution of the corporate social performance model. Academy of Management Review, 10（4）: 758-769.

Watrick S L, Mahon J F. 1994. Toward a substantive definition of the corporate issue construct: a review and synthesis of the literature. Business & Society, 33（3）: 293-311.

Watts D J, Strogatz S H. 1998. Collective dynamics of "small-world" networks. Nature, 393（6684）: 440-442.

Weaver G R, Trevino L K, Cochran P L. 1999. Integrated and decoupled corporate social performance: management commitments, external pressures, and corporate ethics practices. Academy of Management Journal, 42（5）: 539-552.

Weick K E. 1999. That's moving theories that matter. Journal of Management Inquiry, 8（2）: 134-142.

Wernerfelt B. 1984. A resource-based view of the firm. Strategic Management Journal, 5（2）: 171-180.

Wheeler D, Sillanpa M. 1998. Including the stakeholders: the business case. Long Range Planning, 31（2）: 201-210.

Williams T, Klakegg O J, Magnussen O M, et al. 2010. An investigation of governance frameworks for public projects in norway and the UK. International Journal of Project Management, 28（1）: 40-50.

Williamson O E. 1985. The Economic Institutions of Capitalism. New York: Simon and Schuster.

Winch G M. 2001. Governing the project process: a conceptual framework. Construction Management & Economics, 19（8）: 799-808.

Winter M, Smith C, Morris P, et al. 2006. Directions for future research in project management: the main findings of a UK government-funded research network. International Journal of Project Management, 24（8）: 638-649.

Wood D J. 1991. Corporate social performance revisited. Academy of Management Review, 16（4）: 691-718.

Wood D J. 2010. Measuring corporate social performance: a review. International Journal of Management Reviews, 12（1）: 50-84.

Wood D J, Lodgson J M. 2002. Business citizenship: from domestic to global level of analysis. Business Ethics Quarterly, 12（2）: 155-187.

Wooldridge J M. 2007-07-31. Difference-in-differences estimation. http://www.nber.org/WNE/lect_10_diffindiffs.pdf.

Wu J G, Huang J H, Han X G, et al. 2003. Three Gorges Dam: experiment in habitat fragmentation? Science, 300（5623）: 1239-1240.

Xie P. 2003. Three Gorges Dam: risk to ancient fish. Science, 302（5648）: 1149-1151.

Xu S, Yang R. 2010. Indigenous characteristics of Chinese corporate social responsibility conceptual paradigm. Journal of Business Ethics, 93（2）: 321-333.

Xue X, Zhang R, Zhang X, et al. 2015. Environmental and social challenges for urban subway construction: an empirical study in China. International Journal of Project Management, 33（3）: 576-588.

Yang L, Shi J J. 2009. Experimental study on the impact of rainfall on RCC construction. Journal of Construction Engineering and Management, 136（5）: 477-483.

Yang X, Rivers C. 2009. Antecedents of CSR practices in MNCs' subsidiaries: a stakeholder and institutional perspective. Journal of Business Ethics, 86（2）: 155-169.

Yeoh P L. 2004. International learning: antecedents and performance implications among newly internationalizing companies in an exporting context. International Marketing Review, 21（4/5）: 511-535.

Zeng S X, Tam C M, Deng Z M, et al. 2003. ISO 14000 and the construction industry: survey in China. Journal of Management in Engineering, 19（3）: 107-115.

Zeng S X, Xie X M, Tam C M, et al. 2009. Relationships between business factors and performance in internationalization: an empirical study in China. Management Decision, 47（2）: 308-329.

Zeng S X, Ma H Y, Lin H, et al. 2015. Social responsibility of major infrastructure projects in China. International Journal of Project Management, 33（3）: 537-548.

Zhai L, Xin Y, Cheng C. 2009. Understanding the value of project management from a stakeholder's perspective: case study of mega-project management. Project Management Journal, 40（1）: 99-109.

Zhang S, Gao Y, Feng Z, et al. 2015. PPP application in infrastructure development in China: institutional analysis and implications. International Journal of Project Management, 33（3）: 497-509.

Zhang X. 2005. Critical success factors for public-private partnerships in infrastructure development. Journal of Construction Engineering and Management, 131（1）: 3-14.

Zhang Y, Li H, Li Y, et al. 2010. FDI spillovers in an emerging market: the role of foreign firms' country origin diversity and domestic firms' absorptive capacity. Strategic Management Journal, 31（9）: 969-989.

Zhao D. 2006. Towards all-author co-citation analysis. Information Processing & Management, 42（6）: 1578-1591.

Zhao Z Y, Shen L Y, Zuo J. 2009. Performance and strategy of Chinese contractors in the international market. Journal of Construction Engineering and Management, 135（2）: 108-118.

Zhao Z Y, Zhao X J, Davidson K, et al. 2012. A corporate social responsibility indicator system for construction enterprises. Journal of Cleaner Production, 29: 277-289.

Zheng S, Kahn M E. 2013. China's bullet trains facilitate market integration and mitigate the cost of megacity growth. Proceedings of the National Academy of Sciences, 110（14）: 1248-1253.

Zhou Z, Mi C. 2017. Social responsibility research within the context of megaproject management: trends, gaps and opportunities. International Journal of Project Management, 35（7）: 1378-1390.

Zhu D H, Chen G. 2015a. CEO narcissism and the impact of prior board experience on corporate strategy. Administrative Science Quarterly, 60（1）: 31-65.

Zhu D H, Chen G. 2015b. Narcissism, director selection, and risk-taking spending. Strategic Management Journal, 36（13）: 2075-2098.

Zou H L, Zeng R C, Zeng S X, et al. 2015a. How do environmental violation events harm corporate reputation? Business Strategy and the Environment, 24（8）: 836-854.

Zou H L, Zeng S X, Lin H, et al. 2015b. Top executives' compensation, industrial competition, and corporate environmental performance: evidence from China. Management Decision, 53（9）: 2036-2059.

Zuo J, Zhao Z Y. 2014. Green building research-current status and future agenda: a review. Renewable and Sustainable Energy Reviews, 30: 271-281.

附录1　重大工程社会责任调查问卷

尊敬的先生/女士：

您好！我们是国家自然科学基金重大项目"重大基础设施工程社会责任、产业竞争力与可持续发展"课题组，关注"重大基础设施工程的社会责任、产业竞争力与可持续发展研究"。我们需要您的帮助来完成关于重大基础设施工程社会责任的学术研究！

我国是世界上首屈一指的重大工程建设大国，在重大工程关键技术、组织实施、工程战略资源整合等方面积累了丰富的经验并取得了重大成果，但是随着重大工程建设的开放性、主体多元化及新技术运用等所造成的工程复杂性日益突出，我国重大工程的管理暴露出了一系列的问题，也面临着一系列前所未有的严峻挑战。为了更好地了解我国重大基础设施工程的社会责任问题，我们设计了本调查问卷。在此，非常感谢您在繁忙的工作之余，帮助我们完成该项目的调查问卷！

本问卷问题没有对与错之分，填写本问卷也无须署名，作为学术研究人员，我们秉承学术研究的严谨、客观、理性的品质，郑重承诺将对您的回答严格保密。调查结果不会用于任何形式的个人评价，分析结果也不会泄露任何个人回答，我们愿意为此承担一切责任。

您需要 20~30 分钟的时间，每一项回答对于我们的研究都非常重要，感谢您的配合、理解与支持！

"重大基础设施工程社会责任、产业竞争力与可持续发展"课题组

二〇一五年

问卷说明：

社会责任来源于企业社会责任，是指企业在创造利润、对股东承担法律责任的同时，还要承担对员工、消费者、社区和环境的责任，企业的社会责任要求企业必须超越把利润作为唯一目标的传统理念，强调要在生产过程中对人的价值的关注，强调对环境、消费者、社会的贡献。

从企业社会责任概念拓展的社会责任是指一个组织对社会应负的责任，即一个组织应以一种有利于社会的方式进行经营和管理，需要承担的高于组织自己目标的社会义务，具体包括环境保护、安全生产、社会道德及公共利益等方面，由经济责任、持续发展责任、法律责任和道德责任等构成。

重大工程社会责任是指在重大工程全生命周期的不同阶段中，参与方所超越组织目标而履行的社会义务。我们基于三个维度设计了重大工程的社会责任：一是全生命周期的时间维度，包括可行性研究、立项、设计、施工、运营等不同阶段；二是利益相关者的维度，包括政府、承包商、设计方、监理方、员工、社区等；三是社会责任的内涵维度，包括经济、法律、伦理、政治等。

由于重大工程社会责任非常复杂，问卷在设计时进行了简化处理，并根据学者及业界专家的建议选择了相对重要的指标。请在填写问卷时，只需根据自己个人的感知，对相应的指标及问题进行重要性或者认同度判断。

第一部分：重大基础设施工程利益相关者基本社会责任指标（组织层面）

填写说明：请根据您个人的感知对以下社会责任二级指标的描述加以评价。从 1 到 7 表示从非常不同意到非常同意，1：非常不同意，7：非常同意。例如，如果您认为该项指标是该利益相关者必须履行的，则在 7 处打"√"，如果是一点都没有必要的，则在 1 处打"√"，以此类推。

注 1：社会责任是指组织为了提高整个社会的福利而采取的超越组织目标的行动，一般包括经济、法律、伦理和政治等责任，如环境保护、安全生产、社会道德及公共利益等，是组织可持续发展的重要途径。

注 2：利益相关者是指能影响组织决策和行动或受组织决策和行动影响的任何人或团体，对于企业来说，股东、债权人、雇员、供应商、消费者、政府部门、相关的社会组织和社会团体、周边的社会成员等都是其利益相关者。

注 3：重大基础设施工程基本社会责任指标（组织层面）是该利益相关者需要履行的责任。如果您觉得有重要的遗漏内容，请填写在补充栏中。

利益相关者	社会责任一级指标	社会责任二级指标	指标的认可程度（1：非常不同意……7：非常同意）						
政府	社会责任管理顶层设计	重大工程社会责任规划	1	2	3	4	5	6	7
		重大工程社会责任管理制度	1	2	3	4	5	6	7
		相关事故及公共事件的处理	1	2	3	4	5	6	7
	法律责任	遵纪守法	1	2	3	4	5	6	7
	伦理责任	环境规制	1	2	3	4	5	6	7
	政治责任	地区社会影响（稳定、文化、就业、贫困等）	1	2	3	4	5	6	7
		反腐败	1	2	3	4	5	6	7
	补充								
企业组织项目法人承包商运营商监理机构供应商设计机构检测机构金融机构	组织社会责任管理	组织社会责任规划	1	2	3	4	5	6	7
		组织社会责任管理制度	1	2	3	4	5	6	7
	经济责任	保障股东经济利益	1	2	3	4	5	6	7
		质量与成本控制	1	2	3	4	5	6	7
	法律责任	遵守法律及行业规章制度	1	2	3	4	5	6	7
		员工经济权益保障	1	2	3	4	5	6	7
	伦理责任	环境保护与资源合理利用	1	2	3	4	5	6	7
		职业健康及安全	1	2	3	4	5	6	7
		职业教育及培训	1	2	3	4	5	6	7
		员工人文关怀	1	2	3	4	5	6	7
	政治责任	慈善活动	1	2	3	4	5	6	7
	补充								
公众（社区）	法律责任	利益诉求方式的遵纪守法	1	2	3	4	5	6	7
	伦理责任	保护环境	1	2	3	4	5	6	7
	政治责任	维护社会稳定	1	2	3	4	5	6	7
	补充								
NGO	法律责任	活动的遵纪守法	1	2	3	4	5	6	7
	伦理责任	活动的公益性与独立性	1	2	3	4	5	6	7
		对伦理及环境问题的关注	1	2	3	4	5	6	7
	政治责任	维护社会稳定	1	2	3	4	5	6	7
	补充								

第二部分：重大基础设施工程社会责任评价指标（项目层面）

注：重大基础设施工程基本社会责任指标（项目层面）是该利益相关者在工

程全生命周期特定阶段需要履行的责任。如果您觉得有重要的遗漏内容，请填写在补充栏中。

项目阶段	利益相关者	社会责任一级指标	社会责任二级指标	指标的认可程度（1：非常不同意……7：非常同意）						
立项阶段	政府	经济责任	项目的经济可行性决策	1	2	3	4	5	6	7
			项目的技术可行性决策	1	2	3	4	5	6	7
			对各利益相关者的经济影响考量	1	2	3	4	5	6	7
		法律责任	信息公开	1	2	3	4	5	6	7
			积极组织公众参与	1	2	3	4	5	6	7
		伦理责任	对环境、生态影响考量	1	2	3	4	5	6	7
		政治责任	关注当地社区关系及影响	1	2	3	4	5	6	7
		补充								
	媒体	法律责任	活动的遵纪守法	1	2	3	4	5	6	7
			报道的独立性与公正性	1	2	3	4	5	6	7
		伦理责任	关注伦理及环境问题	1	2	3	4	5	6	7
		政治责任	关注社区与公众的需求	1	2	3	4	5	6	7
		补充								
设计阶段	设计方	经济责任	设计质量及经济可行性	1	2	3	4	5	6	7
			创新与技术进步	1	2	3	4	5	6	7
		法律责任	设计符合行业标准	1	2	3	4	5	6	7
		伦理责任	绿色设计	1	2	3	4	5	6	7
		政治责任	关注社区需求	1	2	3	4	5	6	7
		补充								
	政府	经济责任	项目设计成本控制	1	2	3	4	5	6	7
		法律责任	项目设计方案信息公开	1	2	3	4	5	6	7
		政治责任	项目设计方案公众参与	1	2	3	4	5	6	7
		补充								
建设阶段	项目法人	经济责任	完善的工程项目治理机制	1	2	3	4	5	6	7
			关注工程质量与安全建造	1	2	3	4	5	6	7
			投资资金安全与合理回报	1	2	3	4	5	6	7
		伦理责任	绿色建造采纳	1	2	3	4	5	6	7
		政治责任	关注社区与公众的需求	1	2	3	4	5	6	7
			维护社会稳定	1	2	3	4	5	6	7
		补充								
	承包商	经济责任	工程施工质量与安全保障	1	2	3	4	5	6	7

续表

项目阶段	利益相关者	社会责任一级指标	社会责任二级指标	指标的认可程度（1：非常不同意……7：非常同意）						
建设阶段	承包商	经济责任	工程施工成本及工期控制	1	2	3	4	5	6	7
			施工创新与技术进步	1	2	3	4	5	6	7
		法律责任	依照法律及行业规范施工	1	2	3	4	5	6	7
		伦理责任	施工阶段的资源合理利用	1	2	3	4	5	6	7
			施工地区生态环境保护	1	2	3	4	5	6	7
			施工当地社区环境保护	1	2	3	4	5	6	7
		政治责任	维护社区关系	1	2	3	4	5	6	7
			施工阶段紧急公共事件处理	1	2	3	4	5	6	7
		补充								
	监理方	经济责任	项目工程质量与安全监督	1	2	3	4	5	6	7
			项目施工员工权益监督	1	2	3	4	5	6	7
		伦理责任	项目施工环境保护监督	1	2	3	4	5	6	7
		补充								
	供应商	经济责任	施工材料的质量保障	1	2	3	4	5	6	7
		伦理责任	绿色材料的使用与推广	1	2	3	4	5	6	7
		补充								
运营阶段	运营商	经济责任	工程的常规养护	1	2	3	4	5	6	7
			工程运营成本控制及质量保障	1	2	3	4	5	6	7
		法律责任	依照法律及行业规范运营	1	2	3	4	5	6	7
		伦理责任	地区生态环境保护	1	2	3	4	5	6	7
			社区环境保护	1	2	3	4	5	6	7
			资源合理利用	1	2	3	4	5	6	7
		政治责任	维护社区关系	1	2	3	4	5	6	7
		补充								

第三部分：单位信息

以下内容请您基于贵单位的实际情况回答：
1. 贵单位名称是_____，成立于_____年
2. 在参与重大工程建设中，贵单位的角色一般是？（可多选）
□政府　　□项目法人　□承包商　□设计方　□监理方　□供应商
□运营商　□检测方　　□NGO　　□媒体　　□其他：_____

3. 在重大工程建设中，贵单位参与的项目阶段有哪些？（可多选）
□立项阶段　　□设计阶段　　□建设阶段　　□运营阶段

请根据您个人的感知对以下关于贵单位的描述加以评价：

与同行业平均水平相比，贵单位目前的经营状况	（1：非常低……7：非常高）
销售额	1　2　3　4　5　6　7
销售增长率	1　2　3　4　5　6　7
市场份额	1　2　3　4　5　6　7
市场份额增长率	1　2　3　4　5　6　7
利润率	1　2　3　4　5　6　7
资本回报率	1　2　3　4　5　6　7
净利润	1　2　3　4　5　6　7
资产规模	1　2　3　4　5　6　7
员工数量	1　2　3　4　5　6　7

是否同意下列对贵单位负责人的描述？	（1：非常不同意……7：非常同意）
傲慢的（arrogant）	1　2　3　4　5　6　7
武断的（assertive）	1　2　3　4　5　6　7
夸夸其谈的（boastful）	1　2　3　4　5　6　7
自负的（conceited）	1　2　3　4　5　6　7
利己的（egotistical）	1　2　3　4　5　6　7
自我的（self-centered）	1　2　3　4　5　6　7
爱表现的（show-off）	1　2　3　4　5　6　7
爱发脾气的（temperamental）	1　2　3　4　5　6　7

贵单位所处外部规制状况	（1：非常不同意……7：非常同意）
政府规制对组织社会责任行为影响非常大	1　2　3　4　5　6　7
社会合法性（利益相关者认可度）影响组织的快速成长	1　2　3　4　5　6　7
严格的规制是组织考虑社会影响的主要原因	1　2　3　4　5　6　7
促进履行社会责任的组织生存和发展需要更严格的规制	1　2　3　4　5　6　7
贵单位履行社会责任能推动整个行业获得社会合法性	1　2　3　4　5　6　7
严格的政府规制对整个行业影响都很大	1　2　3　4　5　6　7

贵单位所处行业环境状况	（1：非常不同意……7：非常同意）
在过去三年中，行业的技术变化很快	1　2　3　4　5　6　7
在过去三年中，行业的竞争强度很高	1　2　3　4　5　6　7
在过去三年中，行业的市场变化很大	1　2　3　4　5　6　7
因为竞争激烈，行业中的组织在市场开拓上成本很高	1　2　3　4　5　6　7
为维持市场份额，行业中的组织间竞争非常激烈	1　2　3　4　5　6　7
行业中的组织遵循和平共处，共同发展的理念	1　2　3　4　5　6　7

续表

利益相关者的社会意识如何？	（1：非常不同意……7：非常同意）
公众对工程项目造成的社会影响非常在意	1　2　3　4　5　6　7
相对于社会影响，公众对工程项目的经济效益更加关注	1　2　3　4　5　6　7
公众对社会责任问题非常关注	1　2　3　4　5　6　7
利益相关者认为社会责任是当今组织面临的一个重要问题	1　2　3　4　5　6　7
利益相关者期望我们是履行社会责任的组织	1　2　3　4　5　6　7
贵单位社会责任战略考量	（1：非常不同意……7：非常同意）
社会责任能带来创造战略优势的机会	1　2　3　4　5　6　7
社会责任能带来市场机会	1　2　3　4　5　6　7
不仅仅是遵守社会规范或义务的结果，而是前瞻性的战略	1　2　3　4　5　6　7
社会责任投资（财务和非财务的）是真实、具体可见的	1　2　3　4　5　6　7
组织对社会责任的承诺是郑重其事、严肃认真的	1　2　3　4　5　6　7
把履行社会责任作为一种策略来提高组织的经济效益	1　2　3　4　5　6　7
组织文化中包含对社会责任和可持续发展的承诺	1　2　3　4　5　6　7
社会责任是组织该做的事情	1　2　3　4　5　6　7
社会责任是服从政府指示	1　2　3　4　5　6　7
贵单位的风险感知	（1：非常不同意……7：非常同意）
高管认为不值得为了高回报去承担高财务风险	1　2　3　4　5　6　7
高管避免承担较大的财务风险	1　2　3　4　5　6　7
高管鼓励创新市场发展战略，知道存在失败的风险	1　2　3　4　5　6　7

第四部分：个人信息

以下内容请您基于您个人及贵单位的实际情况回答：
1. 您出生于_____年，性别：□男　□女
2. 您的最高学历：
□博士　□硕士　□本科　□高中　□高中以下
3. 您的专业是：
□工程技术　□管理　□金融财务　□其他
4. 您目前的职位是_____
5. 您从事基础设施工程产业的工作已经有：
□1~5年　□5~10年　□10年以上
6. 您对社会责任（social responsibility）是否了解？
□根本没听说过　□听说过，但基本不知道　□有点了解　□基本了解
□比较了解　□比较详细地了解　□非常了解

7. 您是从什么渠道了解社会责任的？
□报纸、电视等大众媒体　　□互联网　　□学习培训　　□社交场合
□其他_____

第五部分：重大工程项目信息

请您基于贵单位近期参与或完成的一项重大基础设施工程项目（以下简称重大工程）回答以下问题：

1. 该重大工程的项目名称：_____
2. 该重大工程的项目立项时间：_____年
3. 贵单位在该重大工程参与时长：_____
4. 该重大工程是否已经建设完成：
□未完成　□已完成，完成时间：_____年
5. 该重大工程的项目类型：
□铁路　　□公路　　□桥梁　　□机场　　□水利设施　　□市政工程
□其他_____
6. 该重大工程的建设所在地：
□国内，涉及的主要省（自治区、直辖市）_____　□海外，所在国家_____
7. 该重大工程的总投资规模：
□5 000万元以下　□0.5亿~1亿元　□1亿~5亿元　□5亿~10亿元
□10亿元以上
8. 该重大工程的计划工期：
□0~5年　□5~10年　□10~15年　□15~20年　□20年以上
9. 该重大工程是否由政府主导？
□是　□否
10. 该重大工程是否涉及拆迁或移民？
□是　□否
11. 该重大工程是否发生民众冲突事件？
□是　□否
12. 该重大工程是否发生施工安全事故？
□是　□否
13. 该重大工程是否有民营资本介入？
□是　□否
14. 该重大工程是否有海外资本介入？

□是　□否

15. 在该重大工程中，贵单位是否同海外组织有合作？

□是　□否

16. 在该重大工程中，贵单位的角色是？（可多选）

□政府　□项目法人　□承包商　□设计方　□监理方　□供应商
□运营商　□检测方　□NGO　□媒体　□其他：_____

17. 在该重大工程中，贵单位参与的项目阶段有哪些？（可多选）

□立项阶段　□设计阶段　□建设阶段　□运营阶段

请您继续基于您参与上述重大基础设施工程的情况，填写以下表格：

民众在该工程项目中的表现	（1：非常低……7：非常高）
民众在该工程立项过程中参与程度	1　2　3　4　5　6　7
民众在该工程设计过程中参与程度	1　2　3　4　5　6　7
民众在该工程建设过程中参与程度	1　2　3　4　5　6　7
民众在该工程运营过程中参与程度	1　2　3　4　5　6　7
该工程的媒体曝光度与声誉	（1：非常低……7：非常高）
该重大工程受到的电视曝光程度	1　2　3　4　5　6　7
该重大工程受到的报纸曝光程度	1　2　3　4　5　6　7
该重大工程受到的网络曝光程度	1　2　3　4　5　6　7
贵单位在该重大工程中同利益相关者关系密切程度	（1：非常低……7：非常高）
与该工程项目法人的关系密切程度	1　2　3　4　5　6　7
与该工程承包商的关系密切程度	1　2　3　4　5　6　7
与该工程设计方的关系密切程度	1　2　3　4　5　6　7
与该工程监理方的关系密切程度	1　2　3　4　5　6　7
与该工程供应商的关系密切程度	1　2　3　4　5　6　7
与该工程运营商的关系密切程度	1　2　3　4　5　6　7
与该工程所在地社区的关系密切程度	1　2　3　4　5　6　7
与社会大众的关系密切程度	1　2　3　4　5　6　7
与政府的关系密切程度	1　2　3　4　5　6　7
与NGO的关系密切程度	1　2　3　4　5　6　7
与媒体的关系密切程度	1　2　3　4　5　6　7
贵单位在该重大工程中社会责任行为对利益相关者造成的影响程度	（1：非常低……7：非常高）
对该工程项目法人的影响程度	1　2　3　4　5　6　7
对该工程承包商的影响程度	1　2　3　4　5　6　7
对该工程设计方的影响程度	1　2　3　4　5　6　7
对该工程监理方的影响程度	1　2　3　4　5　6　7

续表

贵单位在该重大工程中社会责任行为对利益相关者造成的影响程度	（1：非常低……7：非常高）						
对该工程供应商的影响程度	1	2	3	4	5	6	7
对该工程运营商的影响程度	1	2	3	4	5	6	7
对贵单位内部员工的影响程度	1	2	3	4	5	6	7
对该工程所在地社区的影响程度	1	2	3	4	5	6	7
对社会大众的影响程度	1	2	3	4	5	6	7
对政府的影响程度	1	2	3	4	5	6	7
对NGO的影响程度	1	2	3	4	5	6	7
对媒体的影响程度	1	2	3	4	5	6	7
贵单位在该重大工程中的社会责任行为受到来自利益相关者的影响程度	（1：非常低……7：非常高）						
受到该工程项目法人的影响程度	1	2	3	4	5	6	7
受到该工程承包商的影响程度	1	2	3	4	5	6	7
受到该工程设计方的影响程度	1	2	3	4	5	6	7
受到该工程监理方的影响程度	1	2	3	4	5	6	7
受到该工程供应商的影响程度	1	2	3	4	5	6	7
受到该工程运营商的影响程度	1	2	3	4	5	6	7
受到贵单位内部员工的影响程度	1	2	3	4	5	6	7
受到该工程所在地社区的影响程度	1	2	3	4	5	6	7
受到社会大众的影响程度	1	2	3	4	5	6	7
受到政府的影响程度	1	2	3	4	5	6	7
受到NGO的影响程度	1	2	3	4	5	6	7
受到媒体的影响程度	1	2	3	4	5	6	7
政府在该工程项目中的表现	（1：非常差……7：非常好）						
政府在该工程中的决策与行动中关注环境问题	1	2	3	4	5	6	7
政府在该工程中的决策与行动中关注社会效益							
政府在该工程中发挥的监管作用	1	2	3	4	5	6	7
政府就该工程发布了专门的新闻发布会或听证会	1	2	3	4	5	6	7
政府及时有效地处理了该工程中的各方矛盾或冲突	1	2	3	4	5	6	7

题项	指标的认可程度						
该重大工程的复杂性	（1：非常低……7：非常高）						
组织复杂性	1	2	3	4	5	6	7
文化复杂性	1	2	3	4	5	6	7

续表

题项	指标的认可程度						
该重大工程的复杂性	（1：非常低……7：非常高）						
环境复杂性	1	2	3	4	5	6	7
技术复杂性	1	2	3	4	5	6	7
信息复杂性	1	2	3	4	5	6	7
目标复杂性	1	2	3	4	5	6	7
该重大工程的实施风险	（1：非常低……7：非常高）						
工程实施的社会风险	1	2	3	4	5	6	7
工程实施的技术风险	1	2	3	4	5	6	7
工程实施的经济风险	1	2	3	4	5	6	7
工程实施的环境风险	1	2	3	4	5	6	7
工程实施的政治风险	1	2	3	4	5	6	7
该重大工程中利益相关者的交互程度	（1：非常低……7：非常高）						
该工程项目法人的交互程度	1	2	3	4	5	6	7
该工程承包商的交互程度	1	2	3	4	5	6	7
该工程设计方的交互程度	1	2	3	4	5	6	7
该工程监理方的交互程度	1	2	3	4	5	6	7
该工程供应商的交互程度	1	2	3	4	5	6	7
该工程运营商的交互程度	1	2	3	4	5	6	7
参与组织员工的交互程度	1	2	3	4	5	6	7
该工程所在地社区的交互程度	1	2	3	4	5	6	7
社会大众的交互程度	1	2	3	4	5	6	7
政府的交互程度	1	2	3	4	5	6	7
NGO 的交互程度	1	2	3	4	5	6	7
媒体的交互程度	1	2	3	4	5	6	7
该重大工程参与组织社会责任管理情况	（1：非常低……7：非常高）						
社会责任在组织文化中的重要程度	1	2	3	4	5	6	7
组织社会责任规划的完善程度	1	2	3	4	5	6	7
组织社会责任管理制度的完善程度	1	2	3	4	5	6	7
有专人或团队负责组织的社会责任工作	1	2	3	4	5	6	7
社会责任报告或可持续发展报告情况	1	2	3	4	5	6	7
该重大工程中社会责任——经济与质量部分	（1：非常差……7：非常好）						
项目成本控制及财务状况	1	2	3	4	5	6	7
项目工期的控制状况	1	2	3	4	5	6	7
项目质量状况	1	2	3	4	5	6	7
新技术采用及工程创新程度	1	2	3	4	5	6	7
对技术规格及功能需求的符合程度	1	2	3	4	5	6	7

续表

题项	指标的认可程度						
该重大工程中社会责任——法律与规范部分	（1：非常差……7：非常好）						
严格遵守相关法规及行业标准	1	2	3	4	5	6	7
注重行业内的公平竞争	1	2	3	4	5	6	7
履行国际同业标准情况	1	2	3	4	5	6	7
对工程相关信息公开的及时性及有效性	1	2	3	4	5	6	7
社会责任工作中公众参与程度如何	1	2	3	4	5	6	7
该重大工程中社会责任——伦理与环境部分	（1：非常差……7：非常好）						
关于资源合理利用/减少浪费的情况	1	2	3	4	5	6	7
针对现场安全的预防控制的情况	1	2	3	4	5	6	7
有关员工职业健康保障的情况	1	2	3	4	5	6	7
有关污染预防与治理的情况	1	2	3	4	5	6	7
关于生态环境保护的情况	1	2	3	4	5	6	7
该重大工程中社会责任——政治与公益部分	（1：非常差……7：非常好）						
给所在地创造的就业机会情况	1	2	3	4	5	6	7
工程所在地公益活动的开展情况	1	2	3	4	5	6	7
与工程所在地社区的互动程度	1	2	3	4	5	6	7
受到工程所在地民众的支持程度	1	2	3	4	5	6	7
受到工程所在地政府及相关部门的支持程度	1	2	3	4	5	6	7
该重大工程对于贵单位的影响	（1：非常不同意……7：非常同意）						
提高了贵单位的竞争力	1	2	3	4	5	6	7
提高了贵单位的社会声誉	1	2	3	4	5	6	7
帮助贵单位获取社会资源	1	2	3	4	5	6	7
帮助贵单位在海外市场得到发展	1	2	3	4	5	6	7
提高了贵单位履行社会责任的积极性	1	2	3	4	5	6	7
促使贵单位今后会更考虑利益相关者	1	2	3	4	5	6	7
促使贵单位今后会更考虑环保及节能	1	2	3	4	5	6	7
累积的社会责任经验会应用到未来工程中	1	2	3	4	5	6	7
该重大工程对于行业的影响	（1：非常不同意……7：非常同意）						
给本行业带来了更多发展机遇	1	2	3	4	5	6	7
提高了本行业环境变化程度	1	2	3	4	5	6	7
提高了本行业环境复杂程度	1	2	3	4	5	6	7
推动了本行业的创新	1	2	3	4	5	6	7
社会责任表现在本行业内树立了标杆	1	2	3	4	5	6	7
促进了行业内社会责任相关法规的发展	1	2	3	4	5	6	7
促进了行业内社会责任相关标准的发展	1	2	3	4	5	6	7
培养了行业内一批工程社会责任专业人才	1	2	3	4	5	6	7

续表

题项	指标的认可程度						
该重大工程中利益相关者社会责任履行情况	（1：非常差……7：非常好）						
工程项目法人	1	2	3	4	5	6	7
工程承包商	1	2	3	4	5	6	7
工程设计方	1	2	3	4	5	6	7
工程监理方	1	2	3	4	5	6	7
工程供应商	1	2	3	4	5	6	7
工程运营商	1	2	3	4	5	6	7
单位内部员工	1	2	3	4	5	6	7
工程所在地社区	1	2	3	4	5	6	7
社会大众	1	2	3	4	5	6	7
政府	1	2	3	4	5	6	7
NGO	1	2	3	4	5	6	7
媒体	1	2	3	4	5	6	7

附录2　重大工程社会责任AHP权重计算过程

先利用AHP方法来计算组织层面的社会责任指标权重。

（1）组织层面社会责任战略指标权重计算。

根据指标评估得分，可以构建组织层面社会责任战略指标向量[OGovM01，OGovM02，OGovM03，OOrgM01，OOrgM02]的判断矩阵为

$$\begin{bmatrix} 1 & 0.986 & 0.979 & 1.088 & 1.073 \\ 1.015 & 1 & 0.994 & 1.104 & 1.088 \\ 1.021 & 1.006 & 1 & 1.111 & 1.095 \\ 0.919 & 0.906 & 0.900 & 1 & 0.986 \\ 0.932 & 0.919 & 0.913 & 1.014 & 1 \end{bmatrix}$$

求出此矩阵的特征向量w（满足一致性要求）即为指标的权重，可得组织层面社会责任战略指标向量[OGovM01，OGovM02，OGovM03，OOrgM01，OOrgM02]的权重为[0.205，0.208，0.209，0.188，0.191]。

（2）组织层面经济责任指标权重计算。

根据指标评估得分，可以构建组织层面经济责任指标向量[OOrgF01，OOrgF02]的判断矩阵为

$$\begin{bmatrix} 1 & 0.963 \\ 1.039 & 1 \end{bmatrix}$$

求出此矩阵的特征向量w（满足一致性要求）即为指标的权重，可得组织层面经济责任指标向量[OOrgF01，OOrgF02]的权重为[0.490，0.510]。

（3）组织层面法律责任指标权重计算。

根据指标评估得分，可以构建组织层面法律责任指标向量[OGovL01，OOrgL01，OOrgL02，OPubL01，ONGOL01]的判断矩阵为

$$\begin{bmatrix} 1 & 1.044 & 1.057 & 1.068 & 1.076 \\ 0.958 & 1 & 1.013 & 1.023 & 1.028 \\ 0.946 & 0.987 & 1 & 1.010 & 1.015 \\ 0.936 & 0.977 & 0.990 & 1 & 1.005 \\ 0.932 & 0.972 & 0.985 & 0.995 & 1 \end{bmatrix}$$

求出此矩阵的特征向量 w（满足一致性要求）即为指标的权重，可得组织层面法律责任指标向量[OGovL01，OOrgL01，OOrgL02，OPubL01，ONGOL01]的权重为[0.210，0.201，0.198，0.196，0.195]。

（4）组织层面伦理责任指标权重计算。

根据指标评估得分，可以构建组织层面伦理责任指标向量[OGovE01，OOrgE01，OOrgE02，OOrgE03，OOrgE04，OPubE01，ONGOE01，ONGOE02]的判断矩阵为

$$\begin{bmatrix} 1 & 1.045 & 1.015 & 1.057 & 1.066 & 1.021 & 1.090 & 1.102 \\ 0.957 & 1 & 0.971 & 1.012 & 1.020 & 0.977 & 1.043 & 1.054 \\ 0.986 & 1.030 & 1 & 1.042 & 1.051 & 1.006 & 1.075 & 1.086 \\ 0.946 & 0.988 & 0.960 & 1 & 1.008 & 0.966 & 1.031 & 1.042 \\ 0.938 & 0.980 & 0.952 & 0.992 & 1 & 0.958 & 1.023 & 1.033 \\ 0.979 & 1.023 & 0.994 & 1.035 & 1.044 & 1 & 1.068 & 1.079 \\ 0.917 & 0.958 & 0.931 & 0.970 & 0.978 & 0.937 & 1 & 1.011 \\ 0.908 & 0.949 & 0.921 & 0.960 & 0.968 & 0.927 & 0.990 & 1 \end{bmatrix}$$

求出此矩阵的特征向量 w（满足一致性要求）即为指标的权重，可得组织层面伦理责任指标向量[OGovE01，OOrgE01，OOrgE02，OOrgE03，OOrgE04，OPubE01，ONGOE01，ONGOE02]的权重为[0.131，0.125，0.129，0.124，0.123，0.128，0.120，0.119]。

（5）组织层面政治责任指标权重计算。

根据指标评估得分，可以构建组织层面政治责任指标向量[OGovP01，OGovP02，OOrgP01，OPubP01，ONGOP01]的判断矩阵为

$$\begin{bmatrix} 1 & 0.967 & 1.235 & 1.037 & 1.064 \\ 1.034 & 1 & 1.278 & 1.073 & 1.101 \\ 0.809 & 0.783 & 1 & 0.840 & 0.861 \\ 0.964 & 0.932 & 1.191 & 1 & 1.026 \\ 0.940 & 0.909 & 1.161 & 0.975 & 1 \end{bmatrix}$$

求出此矩阵的特征向量 w（满足一致性要求）即为指标的权重，可得组织层面政治责任指标向量[OGovP01，OGovP02，OOrgP01，OPubP01，ONGOP01]的

权重为[0.211，0.218，0.170，0.203，0.198]。

（6）重大工程组织层面社会责任维度（一级指标）权重计算。

根据重大工程组织层面社会责任二级指标权重计算的结果，通过加权平均，可以得到重大工程组织层面社会责任维度（一级指标）向量[社会责任战略，经济责任，法律责任，伦理责任，政治责任]的判断矩阵为

$$\begin{bmatrix} 1 & 1.004 & 0.986 & 1.009 & 1.033 \\ 0.996 & 1 & 0.982 & 1.005 & 1.029 \\ 1.015 & 1.019 & 1 & 1.024 & 1.048 \\ 0.991 & 0.995 & 0.977 & 1 & 1.023 \\ 0.968 & 0.972 & 0.954 & 0.977 & 1 \end{bmatrix}$$

求出此矩阵的特征向量 w（满足一致性要求）即为重大工程组织层面社会责任维度（一级指标）[社会责任战略，经济责任，法律责任，伦理责任，政治责任]的权重为[0.201，0.200，0.204，0.199，0.195]。

在计算完组织层面指标权重后，再按照同样的方法计算项目层面的重大工程社会责任指标的权重。

（1）项目层面经济责任指标权重计算。

根据指标评估得分，可以构建项目层面经济责任指标向量[PInGovF01，PInGovF02，PInGovF03，PDeDesF01，PDeDesF02，PDeGovF01，PCoProF01，PCoProF02，PCoProF03，PCoConF01，PCoConF02，PCoConF03，PCoSupF01，PCoSupF02，PCoSuppF01，POpOpeF01，POpOpeF02]的判断矩阵为

$$\begin{bmatrix}
1 & 0.993 & 1.035 & 0.961 & 1.012 & 1.063 & 0.987 & 0.934 & 1.007 & 0.915 & 0.964 & 1.030 & 0.935 & 1.012 & 0.964 & 0.959 & 0.980 \\
1.007 & 1 & 1.042 & 0.967 & 1.019 & 1.070 & 0.993 & 0.940 & 1.014 & 0.921 & 0.971 & 1.037 & 0.941 & 1.019 & 0.971 & 0.966 & 0.987 \\
0.966 & 0.960 & 1 & 0.928 & 0.978 & 1.027 & 0.953 & 0.902 & 0.973 & 0.884 & 0.931 & 0.995 & 0.903 & 0.978 & 0.931 & 0.927 & 0.947 \\
1.041 & 1.034 & 1.077 & 1 & 1.053 & 1.106 & 1.027 & 0.972 & 1.048 & 0.952 & 1.030 & 1.072 & 0.973 & 1.053 & 1.003 & 0.998 & 1.020 \\
0.988 & 0.981 & 1.023 & 0.950 & 1 & 1.050 & 0.975 & 0.922 & 0.995 & 0.904 & 0.953 & 1.017 & 0.924 & 1.000 & 0.953 & 0.948 & 0.968 \\
0.941 & 0.934 & 0.974 & 0.904 & 0.952 & 1 & 0.928 & 0.878 & 0.947 & 0.860 & 0.907 & 0.969 & 0.880 & 0.952 & 0.907 & 0.902 & 0.922 \\
1.014 & 1.007 & 1.049 & 0.974 & 1.026 & 1.077 & 1 & 0.946 & 1.020 & 0.927 & 0.977 & 1.044 & 0.948 & 1.026 & 0.977 & 0.972 & 0.993 \\
1.071 & 1.064 & 1.109 & 1.029 & 1.084 & 1.139 & 1.057 & 1 & 1.078 & 0.980 & 1.033 & 1.103 & 1.022 & 1.084 & 1.033 & 1.028 & 1.050 \\
0.993 & 0.987 & 1.028 & 0.954 & 1.005 & 1.056 & 0.980 & 0.927 & 1 & 0.909 & 0.958 & 1.023 & 0.929 & 1.005 & 0.958 & 0.953 & 0.973 \\
1.093 & 1.086 & 1.132 & 1.050 & 1.106 & 1.162 & 1.079 & 1.021 & 1.101 & 1 & 1.054 & 1.126 & 1.022 & 1.106 & 1.054 & 1.049 & 1.071 \\
1.037 & 1.030 & 1.074 & 0.997 & 1.050 & 1.103 & 1.023 & 0.968 & 1.044 & 0.949 & 1 & 1.068 & 0.970 & 1.050 & 1.000 & 0.995 & 1.017 \\
0.971 & 0.965 & 1.005 & 0.933 & 0.983 & 1.032 & 0.958 & 0.907 & 0.978 & 0.888 & 0.936 & 1 & 0.908 & 0.983 & 0.936 & 0.932 & 0.952 \\
1.069 & 1.062 & 1.107 & 1.028 & 1.082 & 1.137 & 1.055 & 0.998 & 1.077 & 0.978 & 1.031 & 1.101 & 1 & 1.082 & 1.031 & 1.026 & 1.048 \\
0.988 & 0.981 & 1.023 & 0.950 & 1.000 & 1.050 & 0.975 & 0.922 & 0.995 & 0.904 & 0.953 & 1.017 & 0.924 & 1 & 0.953 & 0.948 & 0.968 \\
1.037 & 1.030 & 1.074 & 0.997 & 1.050 & 1.103 & 1.023 & 0.968 & 1.044 & 0.949 & 1.000 & 1.068 & 0.970 & 1.050 & 1 & 0.995 & 1.017 \\
1.042 & 1.035 & 1.079 & 1.022 & 1.055 & 1.108 & 1.028 & 0.973 & 1.049 & 0.953 & 1.005 & 1.073 & 0.975 & 1.055 & 1.005 & 1 & 1.022 \\
1.020 & 1.013 & 1.056 & 0.980 & 1.033 & 1.085 & 1.007 & 0.953 & 1.027 & 0.933 & 0.984 & 1.051 & 0.954 & 1.033 & 0.984 & 0.979 & 1
\end{bmatrix}$$

求出此矩阵的特征向量 w（满足一致性要求）即为指标的权重，可得项目层面经济责任指标向量[PInGovF01，PInGovF02，PInGovF03，PDeDesF01，PDeDesF02，PDeGovF01，PCoProF01，PCoProF02，PCoProF03，PCoConF01，

PCoConF02，PCoConF03，PCoSupF01，PCoSupF02，PCoSuppF01，POpOpeF01，POpOpeF02]的权重为[0.058，0.058，0.056，0.060，0.057，0.054，0.059，0.062，0.057，0.063，0.060，0.056，0.060，0.057，0.062，0.060，0.059]。

（2）项目层面法律责任指标权重计算。

根据指标评估得分，可以构建项目层面法律责任指标向量[PInGovL01，PInGovL02，PInMedL01，PInMedL02，PDeDesL01，PDeGovL01，PCoConL01，POpOpeL01]的判断矩阵为

$$\begin{bmatrix} 1 & 1.052 & 0.997 & 0.997 & 0.975 & 1.033 & 0.958 & 0.952 \\ 0.951 & 1 & 0.948 & 0.948 & 0.927 & 0.983 & 0.911 & 0.905 \\ 1.003 & 1.055 & 1 & 1.000 & 0.979 & 1.037 & 0.961 & 0.955 \\ 1.003 & 1.055 & 1.000 & 1 & 0.979 & 1.037 & 0.961 & 0.955 \\ 1.025 & 1.078 & 1.022 & 1.022 & 1 & 1.059 & 0.982 & 0.976 \\ 0.968 & 1.108 & 0.965 & 0.965 & 0.955 & 1 & 0.927 & 0.921 \\ 1.044 & 1.098 & 1.040 & 1.040 & 1.018 & 1.079 & 1 & 0.994 \\ 1.051 & 1.105 & 1.047 & 1.047 & 1.025 & 1.086 & 1.006 & 1 \end{bmatrix}$$

求出此矩阵的特征向量 w（满足一致性要求）即为指标的权重，可得项目层面法律责任指标向量[PInGovL01，PInGovL02，PInMedL01，PInMedL02，PDeDesL01，PDeGovL01，PCoConL01，POpOpeL01]的权重为[0.124，0.118，0.125，0.125，0.127，0.120，0.130，0.131]。

（3）项目层面伦理责任指标权重计算。

根据指标评估得分，可以构建项目层面伦理责任指标向量[PInGovE01，PInMedE01，PDeDesE01，PCoProE01，PCoConE01，PCoConE02，PCoConE03，PCoSupE01，PCoSuppE01，POpOpeE01，POpOpeE02，POpOpeE03]的判断矩阵为

$$\begin{bmatrix} 1 & 1.029 & 1.018 & 1.063 & 1.017 & 1.029 & 1.041 & 1.022 & 1.087 & 1.015 & 1.015 & 1.029 \\ 0.972 & 1 & 0.990 & 1.033 & 0.988 & 1.000 & 1.012 & 0.993 & 1.057 & 0.987 & 0.987 & 1.000 \\ 0.982 & 1.010 & 1 & 1.044 & 0.998 & 1.010 & 1.022 & 1.003 & 1.068 & 0.997 & 0.997 & 1.010 \\ 0.941 & 0.968 & 0.958 & 1 & 0.957 & 0.968 & 0.980 & 0.961 & 1.023 & 0.955 & 0.955 & 0.968 \\ 0.984 & 1.012 & 1.002 & 1.045 & 1 & 1.012 & 1.024 & 1.005 & 1.070 & 0.998 & 0.998 & 1.012 \\ 0.972 & 1.000 & 0.990 & 1.033 & 0.988 & 1 & 1.012 & 0.993 & 1.057 & 0.987 & 0.987 & 1.000 \\ 0.961 & 0.988 & 0.978 & 1.021 & 0.977 & 0.988 & 1 & 0.982 & 1.045 & 0.975 & 0.975 & 0.988 \\ 0.979 & 1.007 & 0.997 & 1.040 & 0.995 & 1.007 & 1.019 & 1 & 1.064 & 0.993 & 0.993 & 1.007 \\ 0.920 & 0.946 & 0.937 & 0.977 & 0.935 & 0.946 & 0.957 & 0.940 & 1 & 0.933 & 0.933 & 0.946 \\ 0.985 & 1.013 & 1.003 & 1.047 & 1.002 & 1.013 & 1.026 & 1.007 & 1.071 & 1 & 1.000 & 1.013 \\ 0.985 & 1.013 & 1.003 & 1.047 & 1.002 & 1.013 & 1.026 & 1.007 & 1.071 & 1.000 & 1 & 1.013 \\ 0.972 & 1.000 & 0.990 & 1.033 & 0.988 & 1.000 & 1.012 & 0.993 & 1.057 & 0.987 & 0.987 & 1 \end{bmatrix}$$

求出此矩阵的特征向量 w（满足一致性要求）即为指标的权重，可得项目层面伦理责任指标向量[PInGovE01，PInMedE01，PDeDesE01，PCoProE01，PCoConE01，PCoConE02，PCoConE03，PCoSupE01，PCoSuppE01，POpOpeE01，POpOpeE02，POpOpeE03]的权重为[0.086，0.083，0.084，0.081，0.084，0.083，0.082，0.084，0.079，0.085，0.085，0.083]。

（4）项目层面政治责任指标权重计算。

根据指标评估得分，可以构建项目层面政治责任指标向量[PInGovP01，PInMedP01，PDeDesP01，PDeGovP01，PCoProP01，PCoProP02，PCoConP01，PCoConP02，POpOpeP01]的判断矩阵为

$$\begin{bmatrix} 1 & 1.061 & 1.009 & 1.114 & 1.048 & 1.002 & 1.030 & 0.950 & 0.995 \\ 0.942 & 1 & 0.950 & 1.049 & 0.988 & 0.944 & 0.970 & 0.895 & 0.937 \\ 0.991 & 1.052 & 1 & 1.104 & 1.039 & 0.993 & 1.021 & 0.942 & 0.986 \\ 0.898 & 0.953 & 0.905 & 1 & 0.941 & 0.899 & 0.925 & 0.853 & 0.893 \\ 0.954 & 1.013 & 0.962 & 1.063 & 1 & 0.956 & 0.982 & 0.906 & 0.949 \\ 0.998 & 1.060 & 1.007 & 1.112 & 1.046 & 1 & 1.028 & 0.948 & 0.993 \\ 0.971 & 1.031 & 0.979 & 1.082 & 1.018 & 0.973 & 1 & 0.922 & 0.966 \\ 1.053 & 1.118 & 1.062 & 1.173 & 1.104 & 1.055 & 1.084 & 1 & 1.047 \\ 1.005 & 1.067 & 1.014 & 1.120 & 1.054 & 1.007 & 1.035 & 0.955 & 1 \end{bmatrix}$$

求出此矩阵的特征向量 w（满足一致性要求）即为指标的权重，可得项目层面政治责任指标向量[PInGovP01，PInMedP01，PDeDesP01，PDeGovP01，PCoProP01，PCoProP02，PCoConP01，PCoConP02，POpOpeP01]的权重为[0.113，0.107，0.113，0.102，0.108，0.113，0.110，0.119，0.114]。

（5）重大工程项目层面社会责任维度（一级指标）权重计算。

根据重大工程项目层面社会责任二级指标权重计算的结果，通过加权平均，可以得到重大工程项目层面社会责任维度（一级指标）向量[经济责任，法律责任，伦理责任，政治责任]的判断矩阵为

$$\begin{bmatrix} 1 & 1.009 & 1.014 & 1.043 \\ 0.991 & 1 & 1.004 & 1.033 \\ 0.987 & 0.996 & 1 & 1.029 \\ 0.959 & 0.968 & 0.972 & 1 \end{bmatrix}$$

求出此矩阵的特征向量 w（满足一致性要求）即为重大工程项目层面社会责任维度（一级指标）向量[经济责任，法律责任，伦理责任，政治责任]的权重为[0.254，0.252，0.251，0.244]。

在组织层面和项目层面指标权重计算完毕后，根据上述社会责任维度（一级

指标)权重计算的结果,通过加权平均,可以得到组织层面和项目层面指标的权重分别为 6.026 和 5.912。

根据如上结果计算二级指标的权重分配,如表 6-6 所示,再根据一级指标包含的二级指标数加权,然后归一化后得到重大工程社会责任指标调整后的权重分配,如表 6-7 所示,作为最后的指标体系方案。

附录3 重大工程社会责任AHP权重计算程序

（R语言）
data=read.csv（"d：//ahp.csv"，header=T）

library（pmr）

#lv2
datao=data[which（data[，3]=="O"），]
olv2=NULL

datam=datao[which（datao[，2]=="EE"），]
m=datam[，4]%*%matrix（1，1，nrow（datam））
so=m/t（m）
ahpm=ahp（so）
w=ahpm$w
s=ahpm$S
k=ahpm$K
write.table（cbind（so，w），file = "d：//oee.csv"，sep = "，"，col.names = NA）
msr=w%*%datam[，4]
tlv2=cbind（msr，s，k）
olv2=rbind（olv2，tlv2）

datam=datao[which（datao[，2]=="ER"），]

```
m=datam[, 4]%*%matrix（1, 1, nrow（datam））
so=m/t（m）
ahpm=ahp（so）
w=ahpm$w
s=ahpm$S
k=ahpm$K
write.table（cbind（so, w）, file = "d：//oer.csv", sep = ", ", col.names = NA）
msr=w%*%datam[, 4]
tlv2=cbind（msr, s, k）
olv2=rbind（olv2, tlv2）


datam=datao[which（datao[, 2]=="LR"）, ]
m=datam[, 4]%*%matrix（1, 1, nrow（datam））
so=m/t（m）
ahpm=ahp（so）
w=ahpm$w
s=ahpm$S
k=ahpm$K
write.table（cbind（so, w）, file = "d：//olr.csv", sep = ", ", col.names = NA）
msr=w%*%datam[, 4]
tlv2=cbind（msr, s, k）
olv2=rbind（olv2, tlv2）


datam=datao[which（datao[, 2]=="PR"）, ]
m=datam[, 4]%*%matrix（1, 1, nrow（datam））
so=m/t（m）
ahpm=ahp（so）
w=ahpm$w
s=ahpm$S
k=ahpm$K
write.table（cbind（so, w）, file = "d：//opr.csv", sep = ", ", col.names = NA）
msr=w%*%datam[, 4]
```

tlv2=cbind（msr, s, k）
olv2=rbind（olv2, tlv2）

datam=datao[which（datao[, 2]=="SR"）,]
m=datam[, 4]%*%matrix（1, 1, nrow（datam））
so=m/t（m）
ahpm=ahp（so）
w=ahpm$w
s=ahpm$S
k=ahpm$K
write.table（cbind（so, w）, file = "d：//osr.csv", sep = ", ", col.names = NA）
msr=w%*%datam[, 4]
tlv2=cbind（msr, s, k）
olv2=rbind（olv2, tlv2）

datap=data[which（data[, 3]=="P"）,]
plv2=NULL

datam=datap[which（datap[, 2]=="EE"）,]
m=datam[, 4]%*%matrix（1, 1, nrow（datam））
so=m/t（m）
ahpm=ahp（so）
w=ahpm$w
s=ahpm$S
k=ahpm$K
write.table（cbind（so, w）, file = "d：//pee.csv", sep = ", ", col.names = NA）
msr=w%*%datam[, 4]
tlv2=cbind（msr, s, k）
plv2=rbind（plv2, tlv2）

datam=datap[which（datap[, 2]=="ER"）,]
m=datam[, 4]%*%matrix（1, 1, nrow（datam））

```
so=m/t（m）
ahpm=ahp（so）
w=ahpm$w
s=ahpm$S
k=ahpm$K
write.table（cbind（so, w）, file = "d：//per.csv", sep = ", ", col.names = NA）
msr=w%*%datam[, 4]
tlv2=cbind（msr, s, k）
plv2=rbind（plv2, tlv2）

datam=datap[which（datap[, 2]=="LR"）, ]
m=datam[, 4]%*%matrix（1, 1, nrow（datam））
so=m/t（m）
ahpm=ahp（so）
w=ahpm$w
s=ahpm$S
k=ahpm$K
write.table（cbind（so, w）, file = "d：//plr.csv", sep = ", ", col.names = NA）
msr=w%*%datam[, 4]
tlv2=cbind（msr, s, k）
plv2=rbind（plv2, tlv2）

datam=datap[which（datap[, 2]=="PR"）, ]
m=datam[, 4]%*%matrix（1, 1, nrow（datam））
so=m/t（m）
ahpm=ahp（so）
w=ahpm$w
s=ahpm$S
k=ahpm$K
write.table（cbind（so, w）, file = "d：//ppr.csv", sep = ", ", col.names = NA）
msr=w%*%datam[, 4]
tlv2=cbind（msr, s, k）
```

```
    plv2=rbind（plv2, tlv2）


    #lv1
    lv1=NULL
    datam=olv2
    m=datam[, 1]%*%matrix（1, 1, nrow（datam））
    so=m/t（m）
    ahpm=ahp（so）
    w=ahpm$w
    s=ahpm$S
    k=ahpm$K
    write.table（cbind（so, w, datam[, -1]）, file = "d: //olv2.csv", sep = ", ",
col.names = NA）
    msr=w%*%datam[, 1]
    tlv1=cbind（msr, s, k）
    lv1=rbind（lv1, tlv1）

    plv1=NULL
    datam=plv2
    m=datam[, 1]%*%matrix（1, 1, nrow（datam））
    so=m/t（m）
    ahpm=ahp（so）
    w=ahpm$w
    s=ahpm$S
    k=ahpm$K
    write.table（cbind（so, w, datam[, -1]）, file = "d: //plv2.csv", sep = ", ",
col.names = NA）
    msr=w%*%datam[, 1]
    tlv1=cbind（msr, s, k）
    lv1=rbind（lv1, tlv1）

    write.table（lv1, file = "d: //lv1.csv", sep = ", ", col.names = NA）。
```